U0935326

顾准文集

顾准 著

华东师范大学出版社

图书在版编目（CIP）数据

顾准文集／顾准著．—上海：华东师范大学出版社，2014．7

ISBN 978－7－5675－2319－7

Ⅰ．①顾… Ⅱ．①顾… Ⅲ．①社会科学－文集 Ⅳ．①C53

中国版本图书馆CIP数据核字（2014）第168276号

顾准文集

著　　者　顾　准
项目编辑　许　静　储德天　陈庆生
特约编辑　邱承辉
审读编辑　魏学飞
封面设计　吕彦秋

出版发行　华东师范大学出版社
社　　址　上海市中山北路3663号，邮编200062
网　　址　www.ecnupress.com.cn
电　　话　021－60821666　行政传真　021－62572105
客服电话　021－62865537（兼传真）　门市电话　021－62869887（邮购）
地　　址　上海市中山北路3663号华东师范大学校内先锋路口
网　　店　http：//hdsdcbs.tmall.com

印 刷 者　北京京都六环印刷厂
开　　本　787×1092　16开
印　　张　24
字　　数　400千字
版　　次　2014年10月第1版
印　　次　2018年11月第5次印刷
书　　号　978－7－5675－2319－7/G．7508
定　　价　49．80元

出 版 人　王　焰

（如发现本版图书有印订质量问题，请寄回本社市场部调换或电话021－62865537联系）

目　录

王元化序

这不是一本为发表所写的著作，而是作者应他兄弟的要求断断续续写下来的笔记。时间是从1973年到1974年作者逝世前为止。我要说这是近年来我所读到的一本最好的著作：作者才气横溢，见解深邃，知识渊博，令人为之折服。许多问题一经作者提出，你就再也无法摆脱掉。它们促使你思考，促使你去反省并检验由于习惯惰性一直扎根在你头脑深处的既定看法。这些天我正在编辑自己的书稿，由于作者这本书的启示，我对自己一向从未怀疑的某些观点发生了动摇，以致要考虑把这些章节删去或改写。这本书就具有这样强大的思想力量。

如果要我勾勒一下我从本书得到的教益，我想举出下面一些题目是我最感兴趣的。这就是作者对希腊文明和中国史官文化的比较研究，对中世纪骑士文明起着怎样作用的探讨，对宗教给予社会与文化的影响的剖析，对奴隶制与亚细亚生产方式的阐发，对黑格尔思想的批判与对经验主义的再认识，对先秦学术的概述等。这些文章都显示了真知灼见，令人赞佩。作者的论述，明快酣畅，笔锋犀利，如快刀破竹。许多纠缠不清的问题，经他一点，立即豁然开朗，变得明白易晓。我觉得，这不仅由于禀赋聪颖，好学深思，更由于作者命途多蹇，历经坎坷，以及他在艰苦条件下追求真理的勇敢精神。这使他的思考不囿于书本，不墨守成规，而渗透着对革命对祖国对人类命运的沉思，处处显示了疾虚妄求真知的独立精神。他对于从1917年到1967年半世纪的历史，包括理论的得失，革命的挫折，新问题的涌现，都作了认真的思索，这些经过他深思熟虑概括出来的经验教训，成为他的理论思考的背景，从而使他这本书成为一部结合实际独具卓识的著作。读了这本书我不能不想，是什么力量推动他这样做？请想想看，他很早参加革命，解放不久在“三反”整党中就被打下去。“文化大革命”前曾两次戴上了右派帽子，一次在1957年，一次在1965年。据我所知，这是绝无仅有的。“文化大革命”开始，唯一关心他的妻子自杀了，子女与他划清界限。他断绝外界来往，孑然一身，过着孤独凄苦的生活。在异地的弟弟和他通信，他寄给他大量笔记。读了这些凝聚着智慧和心血的文字，不得不使人为之感动。他的这些笔记是在十年浩劫的那些黑暗日子里写的，没有鼓励，没有关心，也没有写作的起码权利和条件，也许今天写出来，明天就会湮没无闻，甚至招来横祸。这是怎样的毅力！我由此联想到历史上那些不计成败，宁愿忍辱负重，发愤著书的人物。记得过去每读司马迁的《报任安书》，总是引起了内心的激荡，真所谓展卷方诵，血脉已张。为中国文化作出贡献的往往是那些饱经忧患之士。鲁迅称屈原的《离骚》：“怼世俗之浑浊，颂己身之修能，怀疑自遂古之初，直至万物之琐末，放言无惮，为前人不敢言。”他指出达到这种高超境界是基于思想的解放，摆脱了世俗的利害打算。倘用他本人的话说，这就是：“灵均将逝，脑海波起，茫洋在前，顾忌皆去”。我想，本书作者在写下这些文字的时候，大概也是一样，对个人的浮沉荣辱已毫无牵挂，所以才超脱于地位、名誉、个人幸福之外，好像吐丝至死的蚕，烧燃成灰的烛一样，为了自己的使命感与责任感，义无反顾，至死方休。所以，在造神运动席卷全国的时候，他是最早清醒地反对个人迷信的人；在凡是思想风靡思想界的时候，他是最早冲破教条主义的人。仅就这一点来说，他就比我以及和我一样的人，整整超前了10年。在那时代，谁也没有像他那样对马克思主义著作读得那样认真，思考得那样深。谁也没有像他那样无拘无束地反省自己的信念，提出大胆的质疑。照我看，凡浸透着这种精神的所在，都构成了这本书的最美的篇章。

这里顺便说一下，抗战初我曾在孙冶方和顾准两人领导下从事文化工作，我为此而感到自豪。当看了顾准兄弟写的回忆文章后，我才知道孙冶方于50年代提出价值规律是受了顾准的启发。我感到幸运的是“文化大革命”后我又见到孙冶方，并多次晤谈。可是，我和顾准在1939年分手后，就再也没有见过面，后来连音信也断绝了。现在留在我记忆中的顾准仍是他20多岁时的青年形象。王安石诗云：“沉魄浮魂不可招，遗篇一读想风标。不妨举世嫌迂阔，故有斯人慰寂寥。”是的，世界上有这样的人才不会感到寂寞。我读了顾准的遗篇，才知道他的为人，才理解他的思想。可是为时已晚，当他尚在的时候，尽管困难重重，我没有去看望他，向他请教学问，终觉是一件憾事。

1989年2月24日寒夜写于沪上

从理想主义到经验主义

每一门知识的每一个进步，都是由小而大，由片面到全面的过程。前一时期的不完备的知识A，被后一时期较完备的知识B所代替，第三个时期的更完备的知识，可以是从A的根子发展起来的。所以正确与错误的区分，永远不过是相对的。每一门类的知识技术，在每一个时代都有一种统治的权威性的学说或工艺制度，但大家必须无条件地承认，唯有违反或超过这种权威的探索和研究，才能保证继续进步。所以，权威是不可以没有的，权威主义则必须打倒。这一点，在哪一个领域都不例外。

古希腊思想、基督教和中国的史官文化

一、基督教的历史背景

基督教是从犹太教的反对派开始的。

以色列—犹太民族的历史，可以从一般的古代史著作中找到它的梗概。大体说来：

1. 4000 年前的巴勒斯坦，本是苏美尔—巴比伦文明影响之下的诸古代民族并存的地区，在其中兴起了以色列—犹太民族。这个民族征服了迦南，有过一段同民族内诸部族不相统属的时期。后来，强有力的部族出现了“士师”（《旧约》有《士师记》）即法官，是强有力的部族首领，逐渐经过征服吞并，建立了以色列—犹太的统一王国，即《旧约》着重描写的扫罗、大卫、所罗门三王时期。

以色列—犹太民族的统一，和她所占地区是商队贸易的通商要道有关系。商业在西方文明的起源上总占重要地位，这是值得注意的。

2. 以色列—犹太王国好景不长，她太小，抵抗不了大帝国的征服。公元前 597 年，这个王国的首都耶路撒冷被新巴比伦王国所攻破，大部分首都居民（也许还有她的首都以外的居民）被迫移往巴比伦。这是这个民族的第一次民族流放；以后她还多次被流放过，直到她成为一个没有祖国的，流徙于全世界各地的流亡民族为止。

世界上的小民族遭到这种国破家亡，流徙各地的命运的，可以说不胜数计。他们几乎无例外地一经流放，民族就灭亡了。并不是死完了，死是死不完的，总剩下一些，只是有的剩得多，有的剩得少就是了。问题是剩下的被同化了，于是这个民族就不存在了。唯一的例外是犹太人。

3. 犹太人有自己的民族宗教。按《旧约》的记载，当他们留在他们自己祖国的时候，他们对自己民族宗教的态度是不虔诚的，许多人“崇拜偶像”。可是，他们被流放到巴比伦去以后，他们中间的“知识分子”（当时的知识分子只能是祭司兼历史家）却着手系统地编写起他们民族宗教的圣典来了。学术界一致地、无异议地认定，《旧约》最前面的五篇：《创世记》、《出埃及记》、《利未记》、《民数记》、《申命记》，即追叙他们的民族的起源，和他们第一个民族英雄摩西，怎样把全民族从埃及的依附者的地位中脱身出来，怎样经过从埃及——西奈半岛——巴勒斯坦的长征，征服迦南的历史神话，所谓摩西五书，是他们建国以后第一次被征服流放在巴比伦时编写出来的。

《旧约》是犹太教的经典。巴比伦征服以前，犹太教已经有过一些经典，它的完备化，是流放巴比伦时期搞成功的。

犹太人被巴比伦征服以后，又曾经恢复过他们的国家，不久又被波斯、亚历山大、罗马征服，有过多次民族起义。罗马帝国初期，亦即基督教兴起的时期，还有过一次轰轰烈烈的“玛加比”兄弟的起义，当然是被扑灭了。基督教兴起的时期，犹太是罗马帝国的一个行省。摆脱罗马帝国统治是民族的愿望，然而犹太教的上层是妥协派。

犹太虽然复国了，其大多数被流放的人民散之四方做买卖去了。复国后的耶路撒冷，事实上成了散处四方的犹太人——犹太教徒的宗教中心。

4. 犹太教义的特色：

A. 民族战神的一神教 《旧约》中的上帝耶和华（据说正确的译音应该是耶威）是以色列—犹太民族的战神，是保佑民族和外族作战取胜的神，而且，除了这个神而外，再也没有第二个神。以色列—犹太民族和他民族作战曾经胜利过，这就是他们征服迦南地区的时候。可是，在征服中他们也吃过败仗，以后的记录更惨，只有败仗，没有胜仗了。怎样解释呢？失败是背叛耶和华的结果。这种解释，奇怪得很，很灵。而且，这不仅是犹太人保持其民族不被同化的一个重要因素，也成为后起的基督教信仰的一个重要因素。

一神教的特点，和当时的文明民族的古希腊、罗马是迥然不同的。古希腊宗教没有经典，只有神话，古希腊神话中的神，是一个大家族，他们和她们有七情六欲，也犯罪，而且也受命运的支配。罗马的宗教，几乎全盘承袭古希腊，不过把人名改一下（例如，宙斯改成朱庇特 Jupiter）。

可是，一神教比多神教严肃得多。犹太教之所以和古希腊思想合流而成为基督教，一神教的因素是个重要因素。

B. 反对偶像崇拜　古希腊、罗马的神，是艺术的对象。金星——爱神维纳斯，被雕成一个最典型的少妇裸体像。在我的青春期，走过店铺陈列的维纳斯雕像的最粗劣的仿制品的时候，实在禁不住目迷神眩。当时还有许多民族的神是动物，《旧约》中耶和华最严厉责备的偶像崇拜，是崇拜圣牛——以金子铸成的圣牛像。

犹太教的耶和华，绝对禁止画成画像。耶和华在西奈山上向摩西显现，吩咐他布置的（不是建筑，而是布置一个帐幔，因为那时的以色列人，还在向迦南进军途中——其实是他们上古游牧生活的反映）至圣所里的至圣物，是“约柜”，是上帝吩咐摩西传布的“十诫”的文字记录（写在一块石板上）的存储木柜。

上帝没有形象，后来的宗教哲学家把它解释为全知全能的上帝，不可具备“有限”的人的形体。这又是它和古希腊思想的接触点。

后代的基督教传教师，画成耶稣和圣母的画像，人们要向之顶礼膜拜，宗教的哲学家们斥之为异教风尚。虽然如此，基督教终究是没有上帝的画像——像我们的玉皇大帝之类的。伊斯兰教也承袭了这种传统（附带说说，伊斯兰教的教义，在许多地方承袭了犹太—基督教义。不同处是，基督教宣扬爱，它宣扬征服）。

C. 以色列—犹太人是上帝的选民　这是民族的战神——上帝的本来特色，因为强烈的民族情绪，一向具备着发展到征服世界上一切民族这么一个至高点的。问题是，选民的观念，在以色列—犹太被征服后，散处四方以后，还强烈地保持下去。于是，以犹太人的现实主义来说，它变成了分散、无祖国状况下保持民族团结，保持民族特色，不被同化的一个重要武器了。

还不止此。选民观念，逐渐转化成为一种现代的伦理观念：不是选民征服一切人，而是选民解放一切人的那种观念。不过，这到后面再说吧。

D. 严峻的戒律　始见于西奈山的“十诫”，见《旧约·申命记》：“一、除

我以外，不许有别的神；二、不可崇拜任何偶像；三、不可妄称耶和华的名；四、安息日；五、孝敬父母；六、不可杀人；七、不可奸淫；八、不可偷盗；九、不可作假见证陷害人；十、不可贪恋别人的房屋、妻子、仆婢、牛驴及其一切所有的。”

其中的第九诫，不久前有人向我慨叹过，中国并无此传统。

诫命多得很。后来成为犹太教徒特色的，有一定要割包皮（叫做割礼），不准吃猪肉，不准吃一切动物的血，不准吃无鳞的鱼等。这些戒律，后来发展成为犹太人的法律体系。犹太人的律法师，是兼具人间的权威和神的权威的。马克思的父亲，就是这样一个律法师，不过也许已经兼任了当时普鲁士的律师，而且也十分文明化了。

5. 帝国罗马初期犹太人渴求解放和弥赛亚的预言。

帝国罗马初期，犹太人处在以下状况中：

甲，犹太人已是散布在罗马世界的买卖人。

乙，耶路撒冷和周围的犹太区是罗马的领土。散处在世界的犹太人以耶路撒冷为犹太教圣地，有许多捐献，这个城市很富。

丙，犹太本土不久前经历了一次玛加比兄弟的民族起义，十分壮烈，失败了。

于是，在犹太人中传布着一种弥赛亚的预言，大致是说，犹太人中将要出来一个像古代名王大卫那样的民族救主，实现“上帝的国”，压迫以色列的人都被毁灭，弥赛亚诞登大宝，世界各处都会有蜜、奶、酒像水一样流的丰饶境况。这种传说——预言毫不奇怪，我们在我国的宗教性的农民暴动中都看见过。耶稣基督就是应这种预言出来担当弥赛亚任务的角色。基督这个字，就是希腊字的弥赛亚。《新约》的四福音书，就是实在或想象中的一次民族起义流产，其领袖被捕处死的神话化了的记录（附带说说，当时罗马帝国处死叛乱分子，把他们钉在十字架上挂起来，是一种极其通行的办法）。

这次民族起义失败了。可是起义的余党（即十二门徒）还在，他们继续宣传起义的纲领。而且因为起义的失败，是罗马统治者和当权的犹太教领袖合作的结果，继续宣传起义，其矛头也针对犹太教。不久，起义纲领中的反罗马成分全被抹掉，亦即政治成分全被抹掉，只剩下反犹太教的宗教成分。“破中有立”，一个新的教义系统建立起来了。这就是基督教。

6. 原始基督教的教义：

A. 耶稣复活和弥赛亚的千年王国 最初，新宗教的教义，着重在宣传耶稣这个弥赛亚，是上帝遣来的他的儿子，是神人。他被钉在十字架上死了，可是，死后第三天已经第一次复活，并向他们的门徒显现了。这还不过是序幕。不久，他还要第二次复活。第二次复活的时候，一切埋在地下的“义人”（也许是死难烈士吧）都要复活，于是要建立起一个“千年王国”。这个千年王国的最初的含义，也许仍然是以色列人的王国，不过，不久，它的意思就完全变了。

B. 爱和传道 可是，当时的罗马帝国太强大，宣传斗争，号召斗争，那是以卵击石。运动需要坚持，需要召募皈依者，因此要宣扬爱。《新约》记载耶稣事迹的福音书，已经在强调“爱你的邻人”，要在被压迫群众中扩大新宗教的信徒，更加需要强调爱。于是基督教比之犹太教，亦即《新约》比之《旧约》，强调爱，强调通过爱的精神来布道，来扩大信徒，而不是民族战神的宗教，不是征服之神的宗教了。

不过，“选民”的基本观念还在。现在，不再是老命题“以色列人是上帝的选民”，而是新命题：“信主的是上帝的选民。”

C. 消费共产主义 适应于第二条要求的原始基督教的教会，本身就是一个消费共产主义的团体。凡“信主”的，要把一切财产捐献给教会，教会最主要的工作是为教徒办免费公共食堂。这一条要求如此之严，以致《新约》记载有富人的教徒卖掉家产，捐献教会，可是自己保留了一点，当教徒指出他的错误的时候，这个教徒就仆地死了。

D. 原罪与救赎 当教义限于以上几条的时候，新宗教还只能是犹太人中间的宗教。《新约》记载，新宗教一开始确实只限在犹太人中；把教义和传教活动扩大到外邦人（犹太人对非犹太人们的称呼）中间去，并为此目的，改变了教义的主要内容，添上了原罪与救赎这一条的是圣保罗。

《新约》说，圣保罗原是顽固的犹太旧教徒，残酷的新宗教的迫害者。有一天，上帝向其显现，从此皈依了新宗教。基督教义的制订者，事实上不是十二门徒，甚至也不是耶稣基督，而是这位圣保罗。J·大卫把他和摩西并列为基督教的两位启示者。

保罗把《旧约·创世记》中亚当、夏娃在伊甸园中听信蛇的怂恿，吃了智慧树上的果子，懂得赤身裸体的羞耻（事实上是亚当和夏娃性交并生下了孩子），这一段本来平淡无奇的传说，称做人的原罪。既然性交是罪恶，那么每个人生下来都是有罪的。因为人有罪，所以上帝罚男人要满面流汗挣面包，女人要蒙生育的痛苦传宗接代。这是《旧约》的提法。这当然不是什么可怕的事，因为人本来就是一代一代活下来的。最可怕的是，原罪还使每一个人的灵魂堕落，死后也回不到上帝那里去，上帝怜悯每个人都背上了这份原罪，于是差遣他的独生儿子耶稣来到尘世，上了十字架，用他的血为普世的凡人赎了罪。自此以后，人只要信上帝和救主耶稣的道，他的灵魂就可以得救。

这是一种耸人听闻的教义。后代的传教士在布道中绘声绘色地宣扬主耶稣为了救赎世人的原罪而上十字架受难的故事，愚夫愚妇在下面听得涕泪交泗。也就这样，基督教超越了犹太人的范围，传布到“外邦人”中间去。不久，犹太人还是犹太教徒，新宗教成了反对犹太人的非犹太宗教。原先的割礼、不吃猪肉等戒律一律废除，对外邦人无效，犹太人的基督徒还可照办；再过一些时候，犹太人皈依基督教，还必须禁绝犹太教的戒律，才准许皈依了。

E. 三位一体　犹太教只有一个耶和华，基督教增加了一个救主耶稣，据说他是上帝的独子。圣灵何能生子，玛利亚是否处女怀孕，不仅外行人要问，基督教内为此还经历过长时期的教派斗争。现在，西方基督教圣父、圣子、圣灵三位一体说，这分明和古希腊思想有关，下面再说吧。

7. 罗马帝国精神上的解体，是基督教从犹太教的异端成为罗马帝国国教的原因。

由上可见，基督教本来不过是犹太教的一个反对派，用宗教术语说，是犹太教的一个异端（其实佛教也不过是婆罗门教的一个异端。不过佛教在印度已完全消失，在世界上信徒也寥寥无几了）[①]。它怎么变成了罗马帝国的国教的呢？

原因在于，罗马从一个城邦共和国变成罗马帝国以后，不仅罗马城邦和意大利这个老根据地，而且整个罗马帝国广大领土，都遭到了精神解体的危机，基督教提供了当时迫切要求的福音。

罗马没有哲学，假如说也有哲学的话，无非是征服的哲学。现在，罗马把那时可以征服的世界，全部征服了，征服的哲学没有用了。脑满肠肥的罗马显贵享乐已经享腻了，罗马皇帝安敦倾心于不动心的古希腊斯多葛哲学。不久以后，罗马帝国陷入地方军阀争夺皇位的残酷战争之中，显贵们的未来也朝不保夕。至于原来勇敢守法的罗马公民，早已经过 Proletariat（最下等级）这一段经历，完全消失掉了。凡不是奴隶主的，不论是罗马原来公民的后裔，还是被征服的民族，还是奴隶的后代，全都呻吟在罗马的无个性的、无民族性的、无创造性的、昏天黑地的世界主义统治之下，没有未来，没有理想。现世的事情，有人看来，因为已经极度圆满而无复可为；有人看来，因为极度绝望而无复可为；大家把精神寄托到宗教上去，是唯一的出路。这个世界，证明了原罪教义是天经地义的，皈依用他的血救赎人们原罪的主耶稣吧。新宗教就这样不胫而走了。

罗马人，比起古希腊人来是蛮族。罗马文明独特的创造唯有法律；其他哲学、科学、文化、宗教、神话全都是古希腊搬来的。高度文明的古希腊人的精神危机更甚于罗马人，危机也比罗马人来得早。这个文明民族的文明人，在亚历山大征服时已经丧失了城邦的自由，不过还可以随军东征，在新建的古希腊化诸帝国中当上一份知识分子当得了的差使。当古希腊本土被罗马征服以后，有些“哲学家”被贩到罗马成了奴隶，在罗马显贵的宴会上说一些文法、逻辑、道德的箴言作为寻开心的资料；原来的古希腊诸自由城邦当然也成了罗马的行省。基督教的传布于罗马帝国各地，就是首先在希腊语人民中传布的（《新约》的最初文本是希腊文本）。其实，还可以进一步指出，新宗教在很大程度上是没落的古希腊人的宗教，它是犹太教的圣史和古希腊思想的混合品。上面所说的，圣保罗的业绩，是《新约》这么记载的。也许，这里存在着某种确实历史的核心。即使如此，《新约》中圣保罗的许多哲学化的启示，也决不是一个粗鄙的犹太人所胡诌得出来的，他至少得到了许多古希腊人信徒的帮忙，才写出了那些东西的。

新宗教的教义，因为是古希腊思想使之精致化了的，所以它才能在那时候的西方文明世界不胫而走，这是十分明显的事。

新宗教是希腊思想的宗教化，这是西方学者公认的。

［附注：这一部分，可以参阅考茨基：《基督教的起源》，叶启芳译，1955 年三联书店就 1932 年神州国光社第一版修订再版。这本书译得很差，不过大致还可以读懂。］

二、古希腊思想

1. 古希腊城邦。

当古希腊产生出她的能够作系统而概括的思考的知识分子来的时候，她是处在世界上一切古代文明民族的最独特的环境之中。

古希腊文明，也是渊源于从中亚出发的旧大陆最古文明（这个文明的一支，西迁到现在的叙利亚、伊拉克一带，成了苏美尔—巴比伦文化；另一支东迁到中国，是中国文明的来源。不过，她的西支，用铁早于中国）。这个文明，首先繁荣在两河流域和埃及；古希腊是经过克里特—迈锡尼文化，继承了这个传统的。古希腊人原来是蛮族，他们来到希腊半岛和爱琴海诸岛屿，开始也是务农。然而那里土壤太贫瘠，而爱琴海和东地中海的曲折海岸和多岛而不广阔的海域，使他们很快进入到以通商、航海和手工业为生。很幸运，他们周围是一些丰饶的文明的王国和帝国（巴比伦、埃及）；远处，黑海和地中海两边有蛮族，但也是开化的蛮族（凯尔特人、“斯基泰”人、柏柏尔人等）。既然有如此独特的地理条件，又以商业、航海和手工业为生，他们本民族无需从独立城邦建成统一的民族帝国来抵御外敌，所以，甚至荷马时代的巴西琉斯（部落王）也被民主制度（虽然多半是贵族的寡头政治）所取代了。

这种环境，是埃及、两河流域、波斯、中国、印度所没有的。她们都是大陆国家，她们不能不以牲畜和农耕为主。她们的大陆而非海岛半岛的地理环境，使她们不能不一开始就建成王国或帝国。

2. 思考宇宙问题，而不是“史官文化”。

这样，希腊哲学一开始提出来的问题是：

A. 宇宙是什么组成的？

最多的回答是四大元素，地水风火，这和中国的五行阴阳没有什么不同。但是循这条线往下辩论，问题愈来愈多了。地水风火，没有发展成为“相生相克”，倒是提出了“原子假设”。辩论发展到，宇宙的特点是运动还是静止？在这点上，有人提出，运动也是静止。所谓“飞矢不动”，这就涉及到运动的单位，和运动物体间的相对位置——再进一步涉及到运动的坐标了；也涉及到一切流变的辩证法思想，涉及到最大最小等。

B. 数学神秘主义。

众所周知的有毕达哥拉斯（Pytagoras）定理。数学神秘主义中国也有，河图洛书其实是

4	3	8
9	5	1
2	7	6

，其中纵横诸数之和都是15。不过他们锲而不舍，从这里搞出一整套几何学。又，据说，后来解析几何中的“圆锥曲线”早在亚历山大时代已被发现，这在笛卡儿以前将近2000年。

C. 诡辩、修辞、文法学。

古希腊人好辩，大概也好打官司，诡辩盛行。诡辩要修辞，由此发展出一整套文法学。我们小时候读英语，一开始就学文法，老来重翻一些文法书，发现其中一些概念都十分抽象而又严谨。回过头来看看我们的传统，我们文字很美，但是文法学直到《马氏文通》（清·马建忠著）才有专著。

数学神秘主义和文法学，其实都是思考宇宙问题的一种方式。数学是想用数学来解释宇宙的秘密；文法学，考究的是语言结构和规律。人总要有了语言才能有思想，语言就是“道”，就是说明宇宙奥秘的工具。

古希腊人并非不关心政治问题。最早的哲学家泰勒斯、梭伦也是政治家。梭伦的立法，为后来的希腊人所歌颂。大哲学家如柏拉图、亚里士多德都有政治、伦理的专著。然而，思考宇宙问题是他们首先着重的，也是古希腊思想的特色。

对比一下中国古代思想，就知道这个特色怎样强调也不为过了。孔子是第一个整理王家与诸侯典籍的思想家和教育家。在他以前，识字和文化知识，是“史官”所垄断的，他们所负责管理的文化资料，无不与政治权威有关。第一个在野的思想家和教育家孔子，自命为继承文武周公的道统，所强调的是“礼乐征伐自天子出”，目的是要在“衰世”恢复成康之治，所谓“我其为东周乎”。所以，范文澜的《中国通史》，强调中国文化传统是“史官文化”是一点不错的。这种文化的对象，几乎是唯一的对象，是关于当世的政治权威的问题，而从未“放手发动思想”来考虑宇宙问题。阴阳五行是有的，数学神秘主义也是有的，不过都是服从于政治权威的，没有，从来没有独立出来过。

“从来没有独立出来过”，说过分了。庄周、惠施，有“至大无外，至小无内”之辩；公孙龙说过什么“白马非马”。总之，战国时代有过百家争鸣，可惜为时太短。即使就是那个战国时代，学术界的祭酒荀况就大声疾呼这样的

辩论无裨于治，是奸人的奸辩，应予禁绝，只准谈“礼”。他的徒弟在秦始皇时代就实行了他的主张，只是连他自己也列入了“禁绝”之列。现在还有哲学家在歌颂荀况是唯物主义者，说他论过“名”，即文法学中的名词和逻辑学中的概念问题。不过荀况的论名的文章，一开始就说：

> 刑名从商，爵名从周，文名从礼。

然后说他所要论的“名”，是刑名、爵名、文名以外的“散名”。可见，甚至“名”，政治权威已定之名，也是神圣不可侵犯的。更何况他所以要定“散名”，还是为了“正名定分”。

所以，所谓史官文化者，以政治权威为无上权威，使文化从属于政治权威，绝对不得涉及超过政治权威的宇宙与其他问题的这种文化之谓也。

这就可见古希腊思想特色是如何地可贵了。

3. 柏拉图的第一原因，理念世界，是基督教的哲学基础。

古希腊思想对宇宙的概括，虽然也有“变动不居”的赫拉克利特，但他们的基本观念，是把宇宙看作静止不变的；着手之处，在于概括相似事物的“共相”，把世界的事事物物加以“分类”。自然界中有机界、无机界，动植物等的类别，就是从古希腊开始的。最早的动物学、植物学只是分类学，分类学也做得很仔细，要采集标本，例如植物，要从它们的茎、叶、花、实的特征，分出门、科、属、种、亚种等，这些都是进化论产生以前“自然学”的传统，这个传统是古希腊传下来的。

超脱政治权威，考究宇宙问题的人，在实验科学未发展到相当水平，还不足以把自然理解成为自然史的时候，不免对宇宙间一切事物的精致、纤巧、井然有序感到惊讶。可是对于这个世界怎么会形成这种壮丽精巧的总原因，却回答不出个所以然来。这是所谓第一原因，或极因问题。柏拉图直率地归之于某一个全能的神秘力量，这个神秘力量早就有一个候补人：一神教中的上帝。这个上帝原来是一个民族的战神那是无所谓的。把他重新打扮一下，变成超脱的全能的神就行了。就这样，犹太教的耶和华成了基督教的上帝了。

其次，文法学、逻辑学的研究，形而上学的研究，使人们对于使用语言这种工具来进行推理的能力感到惊讶。人本来已经被称为万物之灵了，现在人居然试图对整个宇宙作出解释，这种能力，不是生灭无常的人所能具有的，那是出于神授。

而且，对于这个实在的世界，柏拉图也作出了神秘的解释。这个实在世界中有形形色色的事物，人们把它分成类，每一类给它一个“共名”，来描述这一类事物的“共相”。人们还觉得，具体事物是生灭无常的，“共相”倒是永存的。具体事物，都有缺憾，都不完善，达不到这一类事物应具有的理想水平。“共相”，反倒可以代表这类事物的理想的完善性。玄思的思想家于是提出，由事物共相组成的世界——“理念世界”，才是真的世界；而实在的世界却是有缺憾的世界，它不过是这个理念世界的淡淡的影子而已。

这就是柏拉图的“理念世界”。“理念世界”是通过“理性”分析综合实在世界而达到的，这是一种神赋予人的能力，所以理性的渊源应该上溯及于一个全能的超人的力量。一神教的上帝早就是这样一种力量的候补人，这又是基督教与古希腊思想的结合点。

第一原因和理性，固然超脱了尘世的政治权威，却不得不寄托于一个超人的力量，对于古代人来说，这是无可厚非的。古代只是人掌握自然的开始，古代人还远没有今天的人那样征服自然的自信。古代人观察自然基本上只凭生理器官，没有今天那么有力的观察工具（从望远镜到反应堆等）。古代变革自然只凭简单工具，它只能观察到他是在顺应自然，而不会具有变革自然的自信，这都不足为怪。那么超脱尘世权威而拜倒在超人力量前面也就是不可避免的了。

这也就是古希腊思想—基督教把上帝视为真（“真、美、善”之一）的体现者，视为全知全能的力量的原因。这固然是神秘主义，可是它比之把尘世的政治权威视为至高无上，禁止谈论“礼法”之外的一切东西，确实大大有助于科学的发展。

中世纪，甚至直到现代，理性主义者（即所谓“哲学上的唯理论一派”）曾经大大有助于科学的发展，而理性主义者则总是把真的最终原因归之于上帝，把“理性”的威力上溯于上帝[②]。

理性主义者的贡献，多半在数学和逻辑学、天文学方面。解析几何的发明者笛卡尔是17世纪的人。莱布尼茨是微积分的发明者，是18世纪的人。他们都是理性主义者，都把理性的力量归结为上帝的威力。数学和逻辑学不是直接掌握自然的实验科学本身，然而它们是实验科学的不可缺少的工具。基督教固然阻碍了这方面的研究（例如某些教皇之所为），然而，既然它的前提是“真善”，它的存在本身就是鼓励这方面的研究。事实上，确实有许多科学家是虔诚的基督教徒，他们研究的目的，是想要证明上帝哩！

这是“史官文化”所能做到的吗？“史官文化”固然杜绝了宗教发展的道路，可是它也同时杜绝了无关于“礼法”的一切学问的发展的道路。倡导史官文化的人，只看到宗教是迷信，他们不知道基督教的上帝是哲学化了的上帝，是真的化身。不知道正因为中国史官文化占统治地位，所以中国没有数学，没有逻辑学。

4. 柏拉图的“灵魂不灭”——“善恶果报”要求有一个上帝。

正如赫胥黎在《进化论与伦理学》（即《天演论》）中所指出的，人类一个迷惑不解的问题是祸福无常，是善人得不到好的果报，恶人得不到应有的惩罚。善恶果报的问题，打动了愚夫愚妇的心灵，也打动了哲学家的心灵。柏拉图在他的《理想国》里就倡导一种恶人下地狱、善人上天堂的想象。恐怕这不是他的创造发明，不过是当时普通人对此想法的集中表现而已。

基督教要有一个赏善罚恶的上帝，很可能直接受了古希腊思想的启示；但是，在这方面，其他来源（通俗的来源）比在真的问题上要多得多。

不过基督教的上帝赏善罚恶，他的处理轮回果报，就其劝导尘世的人要走什么方向而论，和佛教、婆罗门教都是不一样的。佛教相信一切有生之伦都免不了轮回的命运，人的修炼的目的，是要超脱这种必然的命运，所谓“超脱三界外”，办法是“从根本上下手，并且通过稳步培养同（食欲和情欲）相对立的心理习性，通过博爱，通过以德报怨，通过谦恭，通过戒除邪念……来克服（食欲和情欲）……（这种结局就是涅槃）”（《进化论与伦理学》，科学出版社版，第 48 页）。做到这一条，人就变成了自己的主人，甚至也成了宇宙的主人，不受任何拘束了。严复译《天演论》用美丽的文言文描绘了这种伟大壮丽的情境：“恒河沙界，唯我独尊，则不知造物之有宰。超度四流，大患永灭，则长生久视之蕲，不仅大愚，且为罪业。祷颂无所用也，祭祀无所歆也。舍自性自度而外，无它术焉。无所服从，无所竞争，无所求助于道外众生。寂旷虚寥，冥然孤注。”（《进化论与伦理学》，科学出版社版，第 107 页）

基督教却并不教导人们超脱一切。它不是出世的，它要求人们参与人世间的活动，要求人们为善。它还“允许人们犯错误”，错误了只要忏悔，就可救赎。不仅如此，它宣扬每个人生来就都带来一份原罪，主耶稣用它的血救赎了人们的原罪。人们要信仰主耶稣的道，这是得救的唯一办法，信道的人是上帝的选民，上帝的选民解放了自己，还有责任解放全人类。

范文澜说，宗教狂会发生宗教战争，中国幸而没有宗教，所以没有宗教战争。要知道哪一次宗教战争，战士们都认为是圣战，是为上帝的道而战，是为解放被邪说蒙蔽没有皈依主的那些可怜的人而战，是解放全人类的战争的一个组成部分。还是梁启超说得公平。1908 年，李鸿章死了，慈禧、光绪也死了，梁写文评论李鸿章时说到：中国没有宗教战争，没有那种认真的狂热，什么事都干得不像样，打仗也不像个打仗的样子，中国前途很悲观。你再回想一下 30—40 年代我们的战争与革命，某种远大的理想——超过抗日的理想，以及由于这种思想而引起的狂热，宗教式的狂热，不是正好补足了梁启超所慨叹的我们所缺乏的东西吗？

5. 上面扯得远了一些，总之，柏拉图所代表的古希腊思想，是基督教的两大组成部分之一，学术界是有定论的，并且指出过，那是通过公元初期的新柏拉图派的普罗提诺的学说“传递”过去的。

基督教形成初期，古希腊思想的影响，是通过这个极端的所谓客观唯心主义者柏拉图的学说被接受的。可是古希腊思想的影响并不限于柏拉图。

亚里士多德是柏拉图的学生，他的学说比柏拉图“实证”得多，最初并不是基督教所承袭的。可是，亚里士多德的学说，在中世纪却成为当时的教士文化——经院哲学的根据。

亚里士多德认为事物有四因，其最后的一因是第一原因。亚里士多德是形式逻辑体系的第一个完整的表述者，是同一律、矛盾律、排中律这三条所谓“思想律”的第一个表述者。他的逻辑学主要是演绎逻辑——三段论法。三段论法要有大前提和小前提，据说由此可以推论出前此所不知道的东西（数学中用此法最多，实验科学根本上是凭借观察与归纳方法的）。可是它要有前提。前提一直上溯，当时并没有推到由归纳法所导出的带有或然性的命题（这种命题，理性主义者认为是可疑的，不足为据的，不是完全的真的。他们要求完全的真的前提），却还是推到全知全能的上帝身上去了。

亚里士多德观察到自然界中，植物是给动物吃的，兔子是给猛兽吃的，庄稼和家畜是给人吃的。当代科学称之为自然界的生态循环的这种现象，亚里士多德感到神秘，认为每一件事物是造物主为了某种预定的目的而安排下来的，这就是哲学上的目的论。目的论预定了上帝，这当然也是无疑的。

目的论不仅预定上帝，还可以推翻那个上帝，用人来代替上帝的位置，设定人负有神圣的使命，有其历史的终极目的。这比上帝之说当然进步了，进步得不可估量了。然而就其唯理论的特色而论，这不过是没有上帝的基督教而已。这样说，我认为是十分公平的。

所以，明末东来的传教士，带来的除《圣经》而外，还带来了逻辑学、几何学和历法。徐光启皈依基督教，不知道是皈依基督教呢？皈依古希腊思想呢？还是皈依古希腊思想的基督教？

三、中世纪和文艺复兴时期的基督教

1. 蛮族覆亡罗马帝国，是在基督教成为罗马国教之后。

蛮族征服了罗马帝国，基督教征服了蛮族。

罗马覆亡之时，许多罗马显贵投身教会，著名的教父，多半是罗马文化的显贵。

所以，教会是黑暗时期的罗马典章、罗马法制、古希腊思想的保藏库。罗马天主教的中心设在前帝国的首都，它使用的是帝国的通用语言拉丁文，直到十六七世纪，著名的哲学著作还是用拉丁文写成的。现在国际通用的动植物学名，还是用的拉丁文。《圣经》译成英、德文，是在16世纪宗教改革之后。罗马帝国覆灭了，世俗权威用蛮族的日耳曼文，在有教养的文明社会（蛮族显贵，最初都是目不识丁的）中，罗马传统还是正统。

欧洲的蛮族征服，不像在中国，由古老的文明同化了蛮族，以致蛮族文明后来竟然全部湮灭。欧洲蛮族征服之后，后来没有由“罗马人”光复过，蛮族文明以骑士文明的形态，发展成为和教士文明并行的一种文明。教士文明还是罗马传统。但是两种并行的文明并不是各不相干的，它们在互相渗透。文艺复兴，终于扫掉了古老文明的老壳子，古老文明渗透到世俗文明中去，压倒了宗教文化，进一步发展成了近代欧洲的文明——这是一种注定要传布到世界的每一个角落中去的进步文明。

2. 中世纪的西方基督教会，做过许多坏事情。它掠夺地产，剥削农奴；

它制造了战争阴谋，多次造成流血的大屠杀；它提倡迷信，搞圣者遗骨的崇拜，搞异教裁判所，多少创造性的科学和科学家被扼死了，残杀了；它穷奢极欲，出卖赎罪符，多少庄严的主教宫殿成为最荒唐的寻欢作乐之所。然而，它也做了一些好事。最重要的是它是黑暗的中世纪的唯一的教育事业的组织者、保护者，它是唯一的学术研究中心。

欧洲的最早的大学都是教会组织的，神学教育当然还在大学之前。法律学、文法学、逻辑学、几何学，是神学以外的主要课程；拉丁文和希腊文当然是必读课程。学习这些“脱离实际”的理论，也许 10000 个人中有 9999 人是废品，学了根本用不上。不过如果有人用上了这些东西，这个人也许就是诸侯宫廷中的大臣，或者可以列入经院哲学家之列的人物了。因为是教会办的学校，所以，世俗的政治权威管不着它，也许这就是后代大学自治的渊源。像明太祖的《大诰》之类的当代政令，也许越不过大学的门墙的。

不仅大学是教会办的，我猜测初等中学教育也是教会包办的，医院也是。

教会也是学术研究的中心。不管经院哲学如何烦琐，它总是一种心智的活动。不管他们的研究如何只能限制在某个框框之中，总也出了罗吉尔·培根、邓斯·司各脱、托马斯·阿奎那这些人物。即使我们肯定（也许与事实不符）中世纪的教会所传布的文化，没有比古代（古希腊的和罗马的）前进一步，至少，它保存了古代文明的主要部分，使之代代相传下来。没有这一条，文艺复兴，和近代那种炫人眼目的科学发展是不可能的。

3. 中世纪的基督教会，又是世俗政治权威以外的另一个政治权威，说它是政治权威，一部分是直接符合于事实的，因为它本身就是一种政治力量。它有时候和帝国争夺欧洲的政治最高权力；当没有一个欧洲范围的帝国的时候，它本身事实上就是欧洲的最高政治权威。所以教廷能发动和组织十字军——虽然它的权威更多的是在精神和文化方面。

骑士文化这种世俗文化得以存在，欧洲的君主制之所以长期得以维持其等级君主制的性质，当然有多方面的原因。两种政治权威同时并存，显然也是因素之一。这一点，对于欧洲政治之不能流为绝对专制主义，对于维护一定程度的学术自由，对于议会制度的逐渐发达，甚至对于革命运动中敢于砍掉国王的头，都是有影响的。因为两头政治下最底层的人也许确实捞不到什么好处，体面人物却可以靠这抵挡那，可以钻空子，不至于像中国那样“获罪于君，无所逃也”，只好延颈就戮。

4. 比起佛教来，基督教虽然是一种入世的宗教，终究是力图把人性提高到“神性”。与此相反，教会首脑却在神化的人的幌子下，荒淫无耻到不像人而像兽的样子。此外，城市的兴起，王权的上升，民族国家和民族意识的形成，也使教会教廷的政治权威和思想文化权威都成为不可忍受的东西。所以，地理大发现（亦即航海商业的猛烈扩张）、文艺复兴和宗教改革三者几乎同时发生，并不是偶然的。现在，在骑士文明基础上成长起来的世俗文明要摆脱神权的控制了。宗教改革的政治意义是民族国家摆脱梵蒂冈，文化意义是要摆脱死掉了的拉丁文明的控制，发展民族文明，同时也是要摆脱已经阻碍科学和思想进步的经院哲学。文艺复兴是要回到共和罗马和城邦希腊的欢乐的人。

发生过革命、战争、流血、屠杀。宗教战争的历史，是教派斗争，结合着王权、诸侯、城市多种利益集团的错综复杂的关系，中国人读这段西方史，既难理解，又感厌烦，范文澜所以诋毁宗教，诋毁宗教战争，我猜测，这也是一个因素。

不过，这些斗争却是西方进步的重大因素。清教徒移美，胡格诺教徒移英，倔强的人们幸免于难地另去开辟新天地。假如中国也有过这样倔强的人们，大概轮不到荷兰人占印尼，英国人占澳大利亚了。此外，有宗教改革（新教崛起），还有反宗教改革（罗马天主教本身适应新局面的革新），弄到最后不能不来一个宗教容忍。宗教容忍曾是近代民主的一个重要因素，西方人对希特勒的国社主义如此深恶痛绝，和这种传统不无关系。

5. 文艺复兴直到近代，思想界也是丰富多彩，令人眼花缭乱。已经提到，遵从理性主义的一派，在数学、天文学方面作过巨大的贡献。大力鼓吹并成了实验主义——工具主义的弗兰西斯·培根，为实验科学的最早中心英国皇家学会奠定了思想基础。他是带着感情来鼓吹实验主义——工具主义的，他痛诋古希腊思想以静观宇宙为极乐，痛诋他们不关心改进人们的工具以增进人类的福利；可是他是虔诚的基督教徒，他的出发点是基督教的爱人类。康德一方面要信仰，一方面要科学。你不要以为康德没有市场了。竺可桢有一次对我说，他去过美国两三次，美国现在道德水平下降了，这是因为宗教精神衰落了。在科学极端昌明的现在，西方人还不想也不敢丢掉基督呢！他们把真和美从上帝那里拿来了，可是还把善留给上帝去掌握。

四、我不过是解剖了基督教

我不喜欢基督教。我深信，我上面是在用冷冰冰的解剖刀解剖了基督教，丝毫没有歌颂留恋的意思。我相信，人可以自己解决真善美的全部问题，哪一个问题的解决，也无需乞灵于上帝。

我也并不反对史官文化。历史没有什么可以反对的。何况，史官文化留给中国人的，有一种很大的好处，没有滚入过神秘的唯理主义（教条主义不过是愚昧，它不是唯理主义）的泥坑，中国人从来是经验主义的。唯理主义的最大好处是推动你追求逻辑的一贯性，而这是一切认真的科学所必须具备的东西。古代人，曾不得不从神秘的唯理主义那里取得这种力量，现代人已经用不着再为此乞灵于上帝，那是包括在科学的经验主义中的一个必要组成部分（至于那种庸俗的实用主义，把逻辑的一贯性和意义体系的完整性看得比当下的应用为低，低到不屑顾及，那也不过是无知而已）。所以，史官文化中的历史主义还是中国思想的优点，要改革掉的是，历史主义不能成为史官，即服务于政治权威的史官。人类，或人类中的一个民族，决不是当代的政治权威有权僭妄地以为可以充任其全权代表的。斯大林说过一句好话，希特勒来了又去了，德国民族是永存的。这句话，对任何一个民族都是适合的。

注释

①此处有误。佛教在印度从13世纪极度衰落，趋于消亡。20世纪印度出现过印度教改宗佛教的运动，信佛教的人口有所增加。在亚洲，佛教是第一大宗教，信徒众多。——编者注

②马克思、恩格斯、列宁三人一致赞许过的狄慈根的《辩证法》，全篇大谈上帝，我读了，既感厌恶，又不理解。到后来，懂得一切理性主义者都把理性归到上帝那里，或没有上帝的上帝那里，才懂得这并不奇怪。

附录：托马斯“政治学”语录

直接看一看基督教的圣者的政治理论，对于理解（1）基督教不是出世的宗教；（2）基督教文明，其实就是古希腊罗马文明这两点也许是有帮助的。

托马斯·阿奎那（Thomas Aquinas，1227—1274），是罗马天主教极盛时期的著名的经院哲学家，他是使基督教的神学转而直接以亚里士多德为根据的第一个人。他死后被教廷追赠为圣者。直到现在，罗马天主教拿来跟普世的反宗教和蔑视宗教的思想体系相斗争的，还是他的哲学体系。所以，当代的天主教哲学，称为“新托马斯主义”。

下面摘录据《阿奎那政治著作选》，马清槐译，1963年商务印书馆版。

一、人的始因、上帝的救恩和人的幸福

人的始因……就是按其自己的形状以创造人类的上帝。

只有上帝才能满足那种存在于人类心中的欲望并使人幸福。

人……能够依靠理智来认识普遍存在的善性，并依靠意志来要求获得这种善性。但是，普遍的善只有在上帝身上才能找到……正是上帝而不是别人，他不仅给予国王们和人和禽兽所共同享受的世俗的超度……“唯有我的救恩永远长存”。（《以赛亚书》，第51—56页）

二、社会的统治者和艺术家科学家的地位……并无二致

在每一种艺术或科学方面，凡是能够正确地支配别人的，总比单纯胜利地

执行别人指示的人更值得称道。在纯理论科学方面，能用教学的方式向别人阐释真理，比只能了解别人的教导更为重要。在艺术方面也是如此。一位建筑师同努力按照他的设计图样兴建房屋的工匠相比，就因为他设计了房屋而更受尊敬，所得的报酬也比较高。在战争中胜利的光荣多半是留给将军的英明指挥，而不是留给士兵的顽强性的。

一个社会统治者，对其社会成员的德行来说，所处的地位，与教授之对于科学，或建筑师之对于建筑，或将军之对于战争并无二致……

三、人的目的。与此相联系的君主的任务与教会的任务

上帝是一切事物的目的。

除此而外，天地间的万物无一不在身之外另有目的……

但是，人在尘世生活之后还另有命运，这就是他在死后所等待的上帝的最后幸福和快乐……既然对基督说来，上帝的幸福是靠基督的血来获得的，并且他是靠圣灵的恩赐才能达到那种幸福，他就需要另一种精神上的指导来领他们到永恒济渡的港口，这种指导是由基督教的牧师为信徒准备的。

人的目的，要到存在于人的本身的任何完美的状态中去寻找……管理一个社会的最终目的，就在于获得这种完美状态，并在获得以后加以维护。

……人类社会的目的……是过一种有德行的生活……（不过）社会生活的最终目的，将不仅是德风广播，而且还有通过有德行的生活以达到享受上帝的快乐的目的。

君主的职责，是掌握世俗事务中的最高权力……但是享受上帝的快乐这一目的……只有神的统治而不是人类的政权才能……达到……这样的统治，属于耶稣基督。

耶稣基督的统治权……委托给祭司长、彼得的继承者和教皇、罗马教皇；基督教世界的一切君王都应当受他的支配……（第 84—85 页）

四、君主政体、暴君、反抗暴君

托马斯·阿奎那在政治学上，其实是亦步亦趋地追随亚里士多德的。

他和亚里士多德一样，把人称做“政治的动物”，把政体分为君主政治、贵族政治、民主政治。事实上，中世纪的西欧，并不只存在君主政体，像威尼斯、佛罗伦萨，有的是贵族政治，有的是民主政治。可是他认为君主政体是最好的。为此，他引了罗马共和末期的长期残酷的内战，作为民主政治不可取的证明。基督教以前的异教时期的古代文化，在教士文明中并不是被抹煞了的。

圣保罗说（《以佛所书》，第3—4页）“用和平彼此以联络，竭力保守圣灵所赐合二为一的心”……

蜜蜂有一个王，而在整个宇宙中有一个上帝……这是完全合乎理性的；因为一切多样体都是从统一中产生的……由此可以得出结论，人类社会中最好的政体，就是由一人所掌握的政体（请注意，这是一个标志着理性是什么，和由理性出发，通过三段论法，推论出所谓必然的结论的一个极典型的例子）。

上帝通过他的先知答应他的人民：作为一个巨大的恩惠，他要把他们放在一人之下，只有一个君主来统治他们大众。（第48—49页）

在无道的政权下……它所凭借的统一的规模愈大，它就愈加有害。所以，暴君政治比寡头政治有害，寡头政治又比民主政治有害。

……政权无道的因素是，统治者在追求个人的日的时损害了公共利益。所以，公共利益所受损害愈大，政权就愈加无道……所以，暴君政治是最无道的政权形式。

……有道的政权最好单有一人来掌握……如果这样的政权一旦变为无道，那么由多数人掌权从而在内部的摩擦影响下趋于衰弱，就比较好些。所以，在各种无道的政权的形式中，民主政治是最可容忍的，暴君政治是最坏的（托马斯·阿奎那要完满的善，这是“有道”。如果我们说，这样的善是不存在的，摩擦总是有的；相反，摩擦即批判，批判可以改善。这样，我们就从完满的善这个命题，转向不断的改善的命题上来，哪种政体最好的结论也就改变过来了）。（第49—51页）

既然一人执政是最优良的制度因而值得欢迎，既然像我们已经指出的那样，它经常有可能发展成为政体上说最坏的暴君统治，所以必须采取各种预防措施，使提供给社会的统治者不致成为暴君。首先，在可能的候选人中，无论谁被宣布接任王位，都应该具有使他不致成为暴君的德性（这一条，中国传统再三强调过）……其次，君主制度在组织上应作这样的规定，使国王一旦当政时，没有机会成为暴君。同时应该适当地限制王权，使他不能很容易地转到暴政方面去。（第57页）

克服暴政的弊害的办法应以公众的意见为准……特别在一个社会有权为自身推选统治者的情况下，如果那个社会废黜它所选出的国王，或因他滥用权力行使暴政而限制他的权力，那就不能算是违反正义。（第59页）

最后，当没有希望靠人的助力来反对暴政时，就必须求助于万王之王的上帝……（第60页）

1973年5月24日

僭主政治与民主

——《古希腊的僭主政治》[1]跋

一、作者介绍

“乔治·格罗脱（George Grote，1794—1871）首先是个实际的活动家，他是个银行家，曾参与英国的政治生活，曾任国会议员多年，隶属激进党（按：英国那时候无所谓激进党。激进派是有的，即边沁、穆勒这一批所谓‘哲学激进派’，还有科布登那一帮自由贸易主义者）。格罗脱有暇则研究古典的古代；此外，他博识近代史，精通政治经济学。早在1826年，他对密特福《古希腊史》的分析批判出版了，40年代之初，格罗脱便先后从国会和银行辞职，从事编著《古希腊史》，此书头两卷于1846年出版，最后1卷，第12卷，于1856年出版……格罗脱在政治信仰上是激进党人，所以，跟保守派密特福相反，对雅典民主估价甚高。”（摘录自缪灵珠译塞尔格耶夫《古希腊史》第2章）

二、19世纪前期欧洲的革命与反革命以及作者关于僭主政治是王政—寡头政体与民主政体中介的观点

了解了作者的时代和此书出版的年代，就可以知道，作者的历史研究确实是“古为今用”的，正如从来的历史研究都是“古为今用”的一样。

文艺复兴是“回忆往事”，即回忆古典的古代。“17、18世纪，古代作家的文学作品，乃至古代艺术作品，都被视若神明。模拟古代形象，成为诗作、

剧作、造型艺术、建筑艺术的特点。民族文学和民族艺术，在许多国家都是从模拟古代文物而开始的。”（见塞尔格耶夫：《古希腊史》，第39页）中世纪的欧洲是神权的欧洲，艺术对象局限于全能全知的上帝，充其量只加上一个纯净无瑕的圣玛利亚；及至文艺复兴时期，被柏拉图等人看做不成体统的古希腊神话——在其中有常常犯罪的主神宙斯，有爱神 Aphrodite 即维纳斯，还有给人间取火被钉在高加索悬崖上每天被鹫鸟啄一次肝脏的普罗米修斯——倒是充满人间的爱和恨、压迫和正义、统治权术和革命正义的艺术对象了。这还只是艺术。“回忆往事”更重大的成就在于哲学和政治思想。从前我不知道有亚里士多德的《政体论》，不免诧异卢梭的《社会契约论》究竟是从哪里取得的灵感。知道了亚里士多德的《政体论》，知道了它本身就是格罗脱所说的进取的、爱好自由的古希腊心灵的历史业绩的集录和评论，那么卢梭此书的来历也不奇怪了。它是一个高贵的18世纪欧洲人读古希腊史以后，也许还通过亚里士多德的《政体论》，把古希腊心灵的历史业绩“当代化”为当时的政论。于是，卢梭的值得学习之处，就不一定是他的智慧和灵感，更值得学习的是“勇气”和“技巧”了。其所以要学他的勇气，是因为在“王政”空气下倡导“民主”，是不可以徜徉瞻顾的。其所以要有技巧，是因为仅仅介绍翻译古代史和古代著作，那不过是学院圈子里的事情——杯子里起不了大风波，大风波唯有在大海里才起得了。引起风波的是通俗的、煽动的、针对当代人的思想感情、为人民所喜闻乐见的政论。

格罗脱是激进派，又是一个资产阶级分子，他不是卢梭，他在学院圈子里写作。但是他身处滑铁卢战后神圣同盟的时代，在欧洲的革命和反革命之间，他所选的倒是一条革命的道路。看一看吧，他抨击密特福是在1826年，那时梅特涅还威风凛凛，复辟后最反动的波旁王朝的君主查理十世还在位，他力主雅典式的民主，反对王政死硬派，总还是值得称赞的。

所译的《僭主政治》这一节，看来虽见于1846年出版的《古希腊史》，分明是从前期争论文章中节录下来的。他论僭主政治在古希腊史上居于王政—寡头政制和民主政制的中介地位，是令人信服的。大概他这种立论方法，已经成为现代古希腊史著作中的古典观点了。塞尔格叶夫的《古希腊史》专置一章，题为“大移民时代的古希腊”，并把僭主政治列为这个时期政治生活上的特征。周一良的《世界通史》虽然只用了两页来对付僭主政治，观点却明显地是格罗脱的。

格罗脱这篇史论，并不是“唯心史观”的。他分析了公元前7—公元前6世纪古希腊诸城邦内部经济状况、阶级关系的变化，指明王政—寡头政体的基础已经垮台，再也维持不下去，然而古希腊人的政治经验，还不足以使他们立即进入民主政治。这时候，推翻寡头政体，实行贫富平等——至少是贫富所受压迫是平等的——唯有僭主政治一途。格罗脱又接着分析，僭主政治本身总不免于愈变愈坏，古希腊心灵又不会允许一旦确立了僭主政体（其实就是专制政体）以后，只来僭主王朝的更替，却把僭主政体永久化下去。就这样，僭主政体成了王政—寡头政制和民主政制的中介。这方面的分析，似乎脱离了经济基础，有些“唯心”起来了。但是意识形态本身也取决于经济基础。既然古希腊的地理环境决定了它的“城邦”形式，既然它的诸城邦多数靠商业、航海、手工业为生，还广泛从事“海外殖民”（这些，格罗脱在别的章节中都着重指出过），格罗脱所描写的“古希腊心灵”，也就不是没有经济基础的了。

我没有读过亚里士多德的《政体论》。格罗脱的分析，自认有许多直接来自亚里士多德，这当然是知识分子应有的道德。在这里，我必得指出，马克思在《路易·波拿巴的雾月十八日》对专制政体所作的“阶级分析”，主旨无疑得自亚里士多德和格罗脱。

从这里又不妨提出一个问题：马克思对专制政治所作阶级分析，在多大程度上适用于中国历史和中国现状？我认为，若不确切了解这一分析的古希腊历史、欧洲历史背景，并把它和中国历史背景相比较，认为无条件适用于中国，那是彻头彻尾“非历史”的，从而也是教条主义的。下面我将对这个问题作初步的探讨，见本文的末节。

三、古希腊政治和古希腊哲学上的雅典潮流和斯巴达潮流

我们说西欧民主渊源于古希腊民主是对的，但是说古希腊政治除民主潮流而外没有别的潮流就不对了。古希腊政治史和古希腊政治思想史一样有两大潮流汹涌其间：雅典民主的传统，和斯巴达“民主集体主义，集体英雄主义……”的传统。雅典民主是从原始王政经过寡头政体、僭主政体而发展起来的，斯巴达传统则始终停留在寡头政体的水平上。

如果说雅典民主引起了世世代代民主主义者的仰慕，那么，必须承认，斯巴达精神也是后代人仰慕的对象。它的尚武精神，它的平等人公社，它的看来是“共产主义”的平等主义的生活方式，都使得它在古典希腊时代的政治生活中起重要的以至支配的作用——它在希波战争中是战胜波斯帝国的重大因素，在伯罗奔尼撒战争中打败了雅典同盟。此外，虽然斯巴达没有出过一个哲学家，也不知道她出了什么艺术家，古希腊哲学家中的巨头柏拉图，却是斯巴达政制和斯巴达精神的热烈的崇拜者——他的《共和国》就是斯巴达体系的理想化。

我对斯巴达体系怀有复杂矛盾的感情。平等主义，斗争精神，民主集体主义，我亲身经历过这样的生活，我深深体会，这是艰难环境下打倒压迫者的革命运动所不可缺少的。但是，斯巴达本身的历史表明，藉寡头政体、严酷纪律来长期维持的这种平等主义、尚武精神和集体主义，其结果必然是形式主义和伪善，是堂皇的外观和腐败的内容，是金玉其外而败絮其中；相反，还因为它必定要“砍掉长得过高的谷穗”，必定要使一片田地的谷子长得一般齐——它又不精心选种，不断向上，却相反要高的向低的看齐——所以，斯巴达除掉历史的声名而外，它自己在文化和学术上什么也没有留下，甚至歌颂它的伟大的著作，还要雅典人来写。当然，我这里说的是感情，至于严肃的分析，经过多年探索之后已经解决了，也已经懂得怎样来分析我自己的矛盾的感情了。

马克思是雅典精神的热烈的赞扬者。他的博士论文在高度赞扬伊壁鸠鲁哲学之后，引用了雅典悲剧作家埃斯库罗斯剧本，写下了下面的话：

> 普罗米修斯的自白：说句老实话，我憎恨所有的神——也就是哲学本身的自白，哲学本身的箴言，是针对着凡是不承认人的自觉为最高的神的一切天神与地神而发的。

这是他一生信念的宣言书。继承他的遗志，利用他的笔记，写下了《家庭、私有制和国家的起源》的恩格斯，把易洛魁人的直接民主，直接和雅典民主焊接在一起，完全撇开了斯巴达；而且，还不惜（其实，就“客观主义”的历史而论，是歪曲）把分明神权政治的希腊王政（译文作巴西琉斯，即希腊语的王）说成是“军事民主”。此外，以前在《直接民主与“议会清谈馆”》中我还没有意识到，而这次译格罗脱的文章时才领会了的，马克思在《法兰西内战》中为法国人设计的一套政治制度，分明以希波战后“雅典同盟”[②]为其原型。他早期著作中热诚的民主主义倾向，对于这位精研了古希腊文献的哲学博士来说，启示无疑得自雅典民主。《共产党宣言》所树立的共产主义目标：“每个人的自由发展是一切人自由发展的条件”，雅典气味就更浓了。

马克思当然不满意雅典存在着奴隶这件事，更不满意他所处的时代——资本主义狂飙突进时代的金权政治的空气，所以他的共产主义以“克服劳动者从他自己所生产出来的产品中异化成为非人”为其根本条件，这是不待说的。值得注意的是，怎样实现克服？他完全不想取法于斯巴达。他的无产阶级专政取法于1794年法国的国民公会，他主张，在物质生产还不丰裕的时候，不可以实施平等主义。他认为，这种平等主义是僧院共产主义……

要克服异化而又反对僧院共产主义、斯巴达平等主义，这是非常非常高的理想，是一种只能在人类世世代代的斗争中无穷尽的试验与反复中逐步接近的理想。马克思的学生中未必有几个人能够懂得这一点。于是，1918年李卜克内西在柏林建立的坚决的共产主义团体称为“斯巴达团”。我对这位崇高的人是尊敬的，可惜他不理解马克思。列宁写《国家与革命》的时候，则干脆把《法兰西内战》中所设计描绘的一套政制称之为中央集中的政制，于是，我们从往昔的雅典的灵光中，掉到沙俄的现实世界上来了……

四、再论现代民主只能是议会民主

马克思对清谈馆的议会深感厌恶，十分向往雅典民主，这就是《法兰西内战》一书的基调。也许他读过格罗脱的《古希腊史》，当然他不会为此书所动。不过，100多年以后的我们，读格罗脱比较英国王政和雅典民主的篇章，却实在是有所教益的。

直接民主只能行使于“城邦”，卢梭也懂这条道理。他的《社会契约论》直截了当地指出过这一点，可惜当时的欧洲，能够做这样实验的，只有也是城邦的“日内瓦共和国”之类罕见的例子，像瑞士这么大的国家已经嫌太大了。一句话，广土众民的国家无法实行直接民主。在这样的大国里，直接民主，到头来只能成为实施“仪仗壮丽、深宫隐居和神秘莫测”的君王权术的伪善借口。袁世凯称帝时，一个美国籍的宪法学家古德诺为之大肆鼓吹，说中国实行不了共和民主政制。其用心也许是险恶的，不过他至少也看到了事情的一个侧面。

历史并不永远是“今不如昔”的。确实，正确一点说，历史永远是“古不如今”的，不过不能否认往往出现逆流而已。日耳曼征服以后的欧洲，确实出现了逆流——欧洲又回到了神权政治时代。不过雅典民主和共和罗马并不是白白地只算存在过，甚至在神权的大本营也在凭借神权的掩护，从雅典和罗马取得教益和神权政治相斗争，我上次引过的托马斯·阿奎那（Thomas Aquinas）[③]即其一例。13 世纪初期英国的大宪章，虽然不过是国王和诸侯间的一个协议，然而多种历史事变的凑合，使在其上长出来的议会制度始而是一株不牢靠的随时可以摧毁的幼芽，继而经过克伦威尔（Cromwell）确立了权威，但不免还是典型的贵族政治的装饰品（直到 19 世纪还是如此），然后发达起来成为一种复杂精巧的、适合广土众民国家实行民主政治的制度——迄今为止，还没有找到一种足以代替它的制度，虽然它极不完善。

可惜马克思在这个问题上没有更经验主义一些，过分理想化。理想的灵感又从来不是凭空可以来到的（所谓太阳底下无新事），他不免取法于他深爱的雅典；然而雅典民主的条件又不存在了，结果反而被挂羊头卖狗肉的僭主们所利用，真是遗憾!

五、公元前 7— 前 6 世纪恰好是我们的春秋时代

我国的春秋时代，始于公元前 722 年，终于前 481 年，计 242 年，截头去尾，那 200 年正好是公元前 7、6 两个世纪。这就是说，古希腊史上以寡头和僭主政治为中介，从王政时代过渡到希波战争后雅典民主全盛时代的那两个世纪，恰好是我们的春秋时代。

我们的春秋时代，是从“礼乐征伐”所从出的天王，加上宗法封建的西周制度，过渡到七雄并立，法家兴起，以至秦汉统一这么一个过渡时代。古希腊史向民主主义变，我们向专制主义变。古希腊史转向民主，出现过 Despot 专制君主，然而这个专制君主和古希腊人的政治情感格格不入，他的专制权力是僭窃来的，所以在他们，Despot 是不合法的，叫做“僭”主。在中国，专制君主是直接继承天王精神，而且还是经过战争消灭一切竞取这种地位的敌手而后确立的。在此以前，从孔、老、墨、庄、荀、韩，一直都在为它的君临大地

出海报，写颂诗，多方宣称这是利国利民的等。也不必奇怪这种现象，古希腊以外的整个世界（也许要把罗马、拉丁世界、迦太基、日耳曼蛮族除外）与中国都是同一律，没有出现过古希腊世界那种古怪现象。

这里不想分析何以东、西竟是两种世界的原因了。这里只想指出一点：《路易·波拿巴的雾月十八日》中对于僭主—专制政体所作阶级分析，突出地显示出公元前7—前6世纪古希腊史的历史背景；译文（见《古希腊的僭主政治》一文）末尾的几段，格罗脱相当精确地描绘了这一背景。明白了这一背景之后，就可以知道，认为政权永远是阶级的政权，专制主义或僭主政治是相互斗争的阶级谁都无力克服对方时兴起的一种过渡政权的理论不适合于中国。中国的专制政权本身就是社会斗争的一方，不是哪个阶级手里的工具。

翻开范文澜的《中国通史简编》序言，他倒是持这种观点的，虽未明说（见第6—7页），正是这种观点，出现了让步政策论。而只要持这种观点，让步政策论也就是它的必然的合理的结论。译文中虽然不是说的中国，就事变的自然进程而言，不是正好对让步政策的来历做了最生动的描绘了吗？反对范文澜的人，虽然在理论上死命揪住阶级斗争这个教条，说起来似乎是十足的马克思主义者，其实是个瘪三，干巴得很。

1973年6月30日

注释

①《古希腊的僭主政治》，本书作者译自〔英〕乔治·格罗脱 *History of Greete*, vol. 1, United States Book Company Part. Ch. X. p. 531 ~ 547。译文见附录。

②雅典同盟，同盟两字原文为Symmachia，即诸城邦的联盟。历史家认为，布匿战争之前，罗马在拉丁世界建立的霸权，也是这种联盟。这不是“帝国”，有的历史书称为雅典帝国，那是不合适的。

③作者曾摘录过托马斯的若干语录（据马清槐译《阿奎那政治著作选》），见前。

附录：希腊的僭主政治[1]

……大约在公元前680—670年之间，俄耳塔戈利的僭主政治[2]建立于西库翁。而值得注意的是……科林斯、西库翁和墨加拉这三个城市，在同世纪中经历了相似的政府的变迁。三个城市都有一个僭主上了台：俄耳塔戈利在西库翁，库普塞罗斯在科林斯，忒阿革尼斯在墨加拉。

先行于这种政府变迁，并引起了这种变迁的事物状态，不幸，我们的证据太少，不足以充分鉴定它的模样。但是，更特别地引起了我们注意的是，类似的现象似乎同时发生于遍及于古希腊世界许多不同部分的、大陆的、岛屿的和殖民的大批城市之中。公元前650—前500年这个时期，目击了各别城市中许多僭主和僭主王朝的兴亡。在继此而来的公元前500—前350年的时期中，虽然还有新僭主崛起，却变得更为罕见了。政治争论转到另外一个方向上去，政治问题，直接地，或假装为多数人和少数人之间——人民和当权的寡头之间引起的问题。但在更晚的即查依隆尼亚战后时代，古希腊在民政上和在尚武精神上一样衰败下去，被迫恒常地使用雇佣军队，因外国人的批驳性的干涉而屈辱不堪的时候——僭主，和他的常备卫队，依同等的比例再次成为时代的特征；这种趋势部分被公元前3世纪的阿拉图斯和亚该亚同盟所抵消，但是从未被全部克服过。

如果我们掌握了某些重要的古希腊城市的这种政府的变迁的可靠记载，我们就可以从中获得教益了。既然没有这样的证据，我们除搜集亚里士多德的简短的语句，和其他谈到产生此种现象的原因的著作而外，简直没有别的办法。因为，既然类似的政府的变迁，几乎在同一个时候，是所在区域、居民部族、爱好习惯、财富大小大有区别的诸城市内的共同现象，它必定部分地来自某种一般的原因，而这是容许加以指明并作出解释的。

在前面的一章中，我曾就史诗中所能知道的状况的范围内，对古希腊英雄时代的政府试加阐明——那是建立在神权基础（如果我们可以使用现代用语的话）上的政府，而不是建立在人民主权基础上的政府；但是，这种神权政府需要加上一个根本性的附加条件，即国王要在肉体上和心灵上具有并非不值得他们所属的崇高世裔的强力。在这种政府中，无所不在于整个社会中的权威，集中在国王身上。不过，在重要时机，权威的运用要通过公诸公众的形式：他和首脑会议或长者会议磋商，甚至和他们讨论；在这种磋商之后，他向公民大会（Agora）传达——公民大会听取并批准，也许是又听又嘀咕，但是，我们不知道它有权选择或拒绝。在说明来客古士制度的时候，我指出，古老原始的“瑞特拉”（或公约），指明了同样的这些要素的存在：超人世裔的王（在这个特殊事例中是两个平权的王）；王以外的 28 位老人组成的元老院；公民大会，于需要批准或拒绝提给他们的提议时召开，不作什么讨论，或者没有讨论它们的自由。这样，我们发现，古希腊英雄时代政府的诸要素，实质上和存在于原始的来客古士宪法中的是一样的；在两个事例中，支配力量都集于王身上——元老院的职能相当狭隘并受到限制，公民大会尤甚；在两个事例中，王权是借某种宗教情绪而获得确认的，这种宗教情绪，倾向于排除（王权）竞争者，保证人民的忠诚到某种程度，尽管在位的王管理不良或品格不善。在主要的艾庇洛特诸部族中，这种政府存在到公元前第三世纪，虽然其中有一些已经超出这个阶段，习惯于每年从王所属的氏族中选出一个议长来。

从古希腊英雄时代政府和原始的来客古士体制共同的这些特点出发，我们发现，在古希腊诸城市中，王一般地被数目有限的家族构成的一个寡头集团代替掉了——同时，在斯巴达，王权虽然大大地缩小了，却从未被废黜掉。斯巴达这样不同的事变发展方向，部分是可以解释清楚的。恰好，五个世纪中，两个平权国王的世裔，哪一个都从来不曾没有某些男性的代表人物，以致他们优越权势赖以确立的神权情绪，总是滔滔不绝地流溢在一条不偏常道的河渠之中。这种情绪，从未在斯巴达的坚强心灵中整个死灭掉，不过它衰弱下去了，衰弱得足以引起一种保证不得滥用的要求。如果元老院是由更多的人组成的，包括少数主要家族，又包括各种年龄的人，也许它已经把它的权力扩大得那么大，把王的权力都吸收到它那里去了。不过，由28个老人组成的会议，人选又不加区别地来自所有斯巴达人的家族，它本质上是一个附属的和次要的力量。它甚至不足以成为对王的约束——更没有能力成为他的对手；它甚至间接地为王效劳并成为他的支持者，因为它阻碍其他任何有特权的等级形成起来足以超越它的权威。元老院的萎弱无力，导致了年年更新的五人会议称做监察委员会的形成；它最初是像罗马保民官那样的保护性的委员会，企图约束国王的滥用其权力，然后扩张到成为一个最高的不对任何机构负责的行政委员会在两个平权国王间的无穷无尽的意见参商的帮助之下，监察委员会把它的权力侵入到一切角落，限制国王于某些特别的职能，甚至把他们弄成可以惩罚的，不过从未奢望要废除王的尊严。王权在范围上可丧失的（借用蒂奥旁蒲斯王的公正的评论），得之于王裔的持续不变。并存的两王裔，欧制斯蒂尼和普洛克利斯两家，从最早的历史时期起，一直连续持有他们的成双的王笏直到阿基斯三世和克里奥墨尼三世的革命——他们是军队的统帅，他们愈来愈富，他们在国内受到崇敬，正如他们之有权势，虽然监察委员会是他们的长上。而监察委员会在国内事务上也及时地变得完全像僭主，正如国王们在他们之前所能做到的那样。因为斯巴达的心灵，深受命令和服从的感情的支配，对控制和责任的观念一直是比较地麻木不仁的，甚至是厌恶这些观念所蕴涵的公开议论和谴责公家措施和政府官员的。我们必须记住，斯巴达的宪法，性格上是简单朴素的，宪法的实施，又助之以来客古士式的、对不论穷富一律看待的、严酷的、平等的、包罗一切的纪律压力，这种包罗一切的压力使得在别处产生了煽动的许多肇因在斯巴达起不了作用，使最骄傲和最难驾驭的公民习惯于一种永不偏离的忠诚的生活，满足了既存的制度化和正规的要求，使得斯巴达人的个人生活习惯甚至达到民主的雅典人所不能比拟的那样平等；但是它同时也有所贡献于造成一种蔑视谈论的人，厌恶有条理的和漫长的讲话的风气，这种风气本身就足以排除集体的公民，不论在政治事务上或司法事务上的一切正当的干预。

这就是斯巴达的事情的实况。但是在古希腊的其他地方，原始的英雄政府是以十分不一样的格局来加以修改的：人民成长了，决定性地成长得大大超过了原先把权威赋予了国王的那种神权的和人身尊敬的感情。心甘情愿的臣服在人民这方面停止了，在低级的首脑方面更甚；与此同时停止了的是英雄时代的忠诚。现在人们要求制度或者宪法那样的东西了。

王权政治这样的结束，如此遍见于古希腊诸地的政治进步，其主要原因之一，无疑应该归于每个不同的古希腊社会规模之小及其居住的集中。永久在位，不对任何人负责的单个首脑，要他来维持联合是不行的。在现代欧洲的大部地区，从罗马帝国长成出来的各个政治社会，每一个都拥有相当数量的人口和广阔的领土。王权政治形态表现为各部分之间联合在一起的已知的唯一手段；是民族同一性的唯一看得见和可以利用的象征。条顿进犯者的军事性格也好，他们肢解了的罗马帝国的传统也好，一样趋向于要建立一个身为君王的首脑。贬除他的尊严，会被看做，而且实际上也确会成为民族国家的破灭；因为要借助于召开大会来维持集体的团结负担如此沉重，以致国王们亲自试图用强力来实现它也是枉费心机，而代议制政府那时候还是人们所不懂得的。

中世纪的历史——虽然显示出有权势的臣民们的经常的反抗，频繁地废黜个别的国王，和不时的王朝更迭——只出现了三两次不要国王，无论是世袭的或选举的，而来维持一个巨大的政治聚合体的团结的某种图谋的例子。甚至直到上世纪之末，当人们第一次制定北美合众国的联邦宪法的时候，许多理论家还认为，要在这样广阔无垠和人口众多的地域上，实施并非王政的其他政制，使之足以把整体的联合，和组成整体的一切局部的平等权利和保障两者结合起来是不可能的。也许，在任何粗野的、有强烈的地方特点的、交通困难的、还没有学会代议制政府的习惯的人民中，这大概实在是不可能的。于是，除极少数的例外，遍及于中世纪和现代欧洲的较大诸国，占统治地位的情操是赞成王政的。但是，不论在哪里，凡是单个的城市或区域，或聚集在一起的一批村庄，获得了独立的时候，无论在伦巴底平原或瑞士山区——亦即任何小块从大集合中分裂出来——相反的情绪形成起来了，天然的趋势是趋向某种共和政府的修正版；真的，也像在古希腊一样，其中也常常产生出僭主来，但是总是通过某种暴力和欺诈不自然地混合而产生出来的。8 世纪至 13 世纪之间从欧洲的无秩序状态中演变出来的封建制度，总是预先假定一个被授予了高出于其藩臣的，混合了人身的和财产权利的特征的永恒的宗主，藩臣们虽然臣服于他，也对他负有某种义务；国王的中介藩臣也有他们自己的藩臣，他们对之具有相同的关系；又在这个权力、财产和领土混合在一起的教阶制中，首脑（不论是王、公或男）的权利被设想为构成了各自的身份的东西，既无关于最初的授予的承认，也不是在他们上面行使这种授予的人所能任意撤销的。这种关于政治权威根本性质的看法，是现代欧洲社会的三个巨大要素（条顿、罗马和基督教）全都一致同意的，虽然各按不同的方法并附加了不同的修饰，结果是，臣民有各种各样的和他们首脑妥协的企图，却没有任何取而代之的代议制行政权的观念。在这些封建王国的特殊地点上，逐渐成长出来具有集中居住人口的诸市镇，在其间，看得出有一种共和制感情，要求在他们的地方事务上有集体的和负责任的管理，同时迫切要求和王国整体联合在一起并从属于它。以上这两者形成了一种引人注目的结合；由此，又再度兴起了既趋向于维持君主政府的形态，又趋向于预先决定了君主政府向前进展的一支力量。而在实践上，已经发觉后一个目标是可能达到的——使具有固定性行政权的君主政府，不偏私地执行平等的法律、人身和财产的保障，和在代议制形式下的讨论自由数者结合在一起——达到最聪明的古希腊人都会认为毫无希望的程度。君主政府实际运行上这样一种改进，亦即常常为人们和古代叙利亚、埃及、犹太、古希腊诸城和罗马相比较而谈论到这种政府的改进——连同一切已经确定的程序手续的增大了的力量，和已经植根于广大地域和人民之中的一切制度和信条的更大的耐久性——已经使得君主制情绪在过去两个世纪知识和政治经验两俱扩张的时期中，一直支配着欧洲人的心灵，虽然并没有不时发生的、生气蓬勃的反对运动。

要以恰当的心情来理解发生于古希腊的现象，要不偏私地估量普遍于古希腊人之中的关于国王这个观念的感情，要做到这一点，弄清楚中世纪和现代欧洲一直盛行着的君主制倾向，其发生和长期存在下去的原因是这些社会所特有的，而在古希腊社会中这些原因却并无存在余地，这是至关重要的。对于英雄时代的王的原始情操已经死灭了。开始是漠不关心，然后——当得到了僭主的体验以后——转为毫不含糊地厌恶。

对于密特福先生这样一位心目中充满了英国人关于政府的观念的历史家来说，这种反君主制的感情看起来是疯狂，古希腊诸共同体看起来是没有看守人的疯子，同时，一切施恩人中最伟大的施恩人是从外面征服了他们的世袭的王——其次则是本国的僭主，亦即夺取了卫城，把他的同胞公民置于压制之下的僭主。以这种心情来读古希腊史，真是再好也没有的误解和歪曲古希腊现象的方法，因为它把流行于古代世界的关于审慎的箴言和关于道德的箴言都颠倒过来了。古希腊人所坚持的对王的憎恨（无论现在的人们对类似的感情怎样看法）是一种卓越的美德，它是直接从他们本性中最尊贵最贤良的那一部分中倾泻出来的。这是他们对于普遍的法律约束必不可缺那种根深蒂固的信念的结果；这是要求无一例外地控制个人激情，最最要紧的，是要控制人们把权力交托给了他的那个人的个人激情，是他们的有节制的社会性格的直接表达。古希腊人对于一个不负责任的人，或者一个不会犯错误的王所形成的概念，可以用希罗多德的意味深长的语句来表达："他颠覆本国的风俗习惯，他蹂躏妇女，他不经审判就杀人。"除此而外的别种关于或有的王政倾向的概念，无论对于人性的一般知识，还是梭伦以后持续下来的政治经验，都把它判为不合正义；对待设想中的这种品格，不可能有憎恶以外的别种感情；除怀有无原则野心的人而外，没有别种人会想方设法谋求王权。

我们的比较丰富的政治经验，表明了现代欧洲君主政体的最好的政府，并未发生希罗多德描述的穷凶极恶，从而教导我们修正了这样的意见；教导我们借助于代议制宪法之运用于风尚、习惯和历史回忆的某种力量之下，宣告臣民对于世袭的、不负责任的、没有宪法外的暴力不得更迭的国王，负有不容置疑的服从义务，从中似乎会泛滥出来的伤害大部分得以缓和，是可能的。但是这种比较深刻的观察，并未展现于最贤明的也是最小心谨慎的古代理论家亚里士多德之前，而且，即使他曾经作过这样的观察，他也不可能有信心地把它的教训应用到古希腊单个城市的政府上去。立宪君主，尤其是现存于英国的，安置一个统而不治的立宪君主的理论，他会认为是不切实际的。这种立宪君主是一切治理都以他的名义来行使，然而他的个人意志实际上不起什么作用或完全不起作用；他不对任何人负责，可是他不利用这种特权；他从每一个人那里受到无限崇敬的表示，可是这决不翻译成为越出周知法律范围以外的行为；他的人身周围围绕着象征权力的全部行头，可是他是大臣们手里的消极工具，他没有拒绝的自由，只能按照大臣们标记出来让他选择的指示行事。当一个英国人谈到立宪君主的时候，他心目中存有的就是这样一种超人的壮丽和放肆的虚构，和看不见的紧身衣的现实这两者的引人注目的结合。我们的历史事变，曾在迄今世界从未见到过的最有权势的贵族政治中使这样的事情发生于英国——但是，这种政制究竟能否存在于其他地方，或者，当碰到才智横溢、大胆泼辣、勇猛果敢三者兼而有之的一个国王的时候，这种政制究竟是否足以赶走他，还有待于学习，对亚里士多德来说，这种政制，看起来只能是无法了解、难于实行的；甚至在单独的事例中似乎也是如此，要把它作为一种永久的制度，伴之以世袭王朝相继诸成员固有的多种多样的气质，那就是完全不可设想的了。当古希腊人想到一个免除了法律上的责任的人，他们就把他设想为名实相符的实际上确确实实免除了责任的，有一个无防御的社会共同体被遗弃在他面前任其压迫的人；他们对他的恐惧和憎恨，恰好可以他们对于法律平等、言论自由，他们对于保障的希望寄托于其掌权之上的这样一个政府的尊敬心情来衡量——也许，在民主政制的雅典，更甚于古希腊的其他部分。这种感情，正如它是古希腊心灵中最好的一种，它也是传播得最广泛的一种——它在细节上虽有许多异议，在主旨上却是全体一致，高度评价了的。我们不能参照现代欧洲的，尤其不可以十分特殊的英国的、关于君主政制的感情来构想它或批判它；可是，使得密特福先生如此频繁地不正确和不公平地鉴定了古希腊政治的，正因为他有时明示有时隐默地应用了这种不妥当的标准。

当我们不是从其他社会的环境，而是从古希腊本身的环境出发，试图来解释古希腊事务的进程之时，我们将看出足以说明王政中绝，也足以说明对王政的厌恶的良好理由。假如古希腊心灵和东方诸国一样静止不前的话，对个别国王的不满所引起的变化，大概不外是废黜一个坏国王，支持一个约许要干得好一些的国王，而决不扩大人民的眼界到个人统治以外的较为高尚的任何别的概念上去。但是古希腊心灵的性格是进取的，它具有想象力，它逐渐想出改善了的社会结合诸方法。此外，任何只包括单独一个城市的政府——王政的、寡头的或民主的——就事情的性质而言，它势必远不如包括较为广阔领土和较为众多人口的政府为稳定。当弥补英雄时代的王的、不完美的、半宗教的和机械的从属，衰弱得不足以成为有效的原则的时候，那位小君主和人民的接触太密切，仪态太谦逊，使他没法以哪一种方法打扮得足以博得任何别种性质的威望或错觉。他没有借助于仪仗壮丽、深宫隐居和神秘莫测三者相结合，亦即希罗多德和赞诺芬那么妥当地鉴定为君王权术的那些手段。既然不存在一个永久首脑的权力寄托其上的新感情，于是共同体的看得见的和有效的团结所必要的这种尊严赖以维持的东西也就消失无余也。单独一个城市，或者一个周边不大的共同体，集体的讨论、一般的规章，加上几个任期不长和负责任的行政长官，是实际可行的，是没有什么困难的。

维持一个不对任何人负责的王，然后想出要从他那里榨出责任政府来的种种附加条件，这确实是一种高度复杂的制度，虽然我们已经指出过，在现代欧洲这已变得为我们所熟知的了。简单得多而又明显得多的变革是，用一个或一个以上任期不长、负责任的行政长官，把国王本身代替掉。这就是古希腊事务的进程。低级的首脑们，原先组成会议为王效劳的，发现要取而代之，并由他们自己轮流行使治理职能是可能的；至于公民大会像从前那样不时地召开，而又不具什么实际的效能，大概是保存下来了。这就是遍及于古希腊诸国（斯巴达例外）的转变实质上的性格：王制废除掉了，取而代之的一个寡头政体——那是一个集体商讨，多数表决决定一般问题，选出本身中的某一个人作为暂时的、可以责问的行政首脑的一种会议。英雄时代的王政废止时兴起来的总是寡头政体。到此为止，民主政体运动时代还远未到来，而人民——自由人的总体——的状况并没有因这种革命而立刻有所变化，无论是变好了还是变坏了。王的属性，分配其间，又由他们轮流当王的少数有特权的人，是那些等级上最近于王本人的人；也许就是王所属的、佯称为和王有共同的神或英雄世裔的某几个大氏族的成员。就我们所了解的而论，这种变迁似乎是像事变的自然进程那样来到的，也未见暴行。有时候王家世裔灭绝而未重新立王；有时候，某个王逝世了，他的儿子和继位者只被承认为执政官——或者完全把他撇在一边，以便从周围的等级中挑出一个议长 Prytanis③（或总统）来。

在雅典，据说科德洛斯是最后一个王，他的后裔只被承认为终身执政官。几年以后，终身执政官被“贵族后裔”（Eapatvidae or Nobles）中选出来的任期 10 年的执政官所取代，随后，执政官任期又进一步缩短为一年。在科林斯，古代的王据说以类似的方式过渡到巴客阿提依族的寡头政治，从这个氏族中每年一度挑出一个议长。我们只能够写出有关这种变迁的一般的事实，却不知道变化是怎么来到的——我们在历史上认得古希腊诸城市，就是从这些寡头政体开始的。

这类寡头政府，细节上出入颇多，总面貌彼此类似，自公元前 7 世纪以来遍及于古希腊本土，殖民地亦同。虽然当下没有什么加惠于自由民大众的倾向，可是当我们把它们和先前英雄时代的政府相比，它们指示出重要的进步——第一次在公共事务上采用仔细考虑和预先设想过的制度。它们表现为古希腊心灵中新而重要的政治观念的第一次的证据——立法权和行政权的分离；前者赋予一个集体，这个集体并不仅仅商讨，最后还作出决定——后者托付给任期不长的个别行政长官，在他们任期终了之时对上述集体负责。我们第一次被引入亚里士多德所定义的公民的共同体——人们有资格，并认为他们自己有资格轮流地命令和服从。称做城市的那个集体最高主权者，就这样构成了。第一次构成的这种公民共同体，诚然不过包括了人身有自由的人们中的一小部分；然而它建立其上的那种观念，却开始逐步为一切人的心灵所明白了。政治权力已经丧失了它的神授的性格，已经变成了可以依法传授的某种属性，也是为了某些明确的目标而确定下来的。随后三个世纪内激动了那么多古希腊城市的，涉及政治权力的任命和运用的成千个问题的根据，就这样设定下来了——这些问题，有时发生于有特权的寡头本身之中，有时发生于这个寡头集体和无特权的大众之间。这些民众运动的种子，从古希腊世界的这一端到另一端，每个城市各有些不同的变化，召唤出来了那么多奥秘的激情，那么多苦涩的反感，那么多的精力和才干，全都可以追溯到在英雄时代的王政废墟上，建立起来了原始寡头政体的那次初期革命上去。

这些最初的寡头政体是怎样治理的，我们得不到直接的资料。但是，狭隘的、反民众的利益集团天然属于有特权的少数人，连同暴烈的个人习惯和激情，使我们没有根据来假设，他们是小心谨慎的或是和蔼善良的；从我们所知梭伦立法（下文对此将加叙述）以前阿提刻的状况中的许多事实中得出的推断，则全都是不利于他们的。

从寡头政体所遭受的初次冲击（由于这些冲击，那么多寡头政体倾覆了）中，兴起了称做僭主的篡夺者，他们利用普遍的不满作为他们个人野心的借口，也作为其助力，而他们常常成功了，似乎蕴涵着这类不满既是普遍的也是严重的。僭主兴起于寡头政体本身之中，不过格局却并不完全一样。有时候执政的行政长官，亦即寡头政体在某个短暂时期内转移给他重要行政权力的那个人，变得不忠实于推选他出来的人们，并取得了足够的权势，不理睬他们而永久把他的尊严保持下去——也许甚至足以转移给他的儿子。另一种情形，似乎更为常见的是，兴起了称做煽动家的名流，古代的、现代的史家一致把他画成令人厌恶的一幅图画：一个精力充沛而又野心勃勃的人，有时候甚至是寡头政体的一员，他作为无特权的民众的忧伤和苦难的斗士站了出来，博取了他们的好感，十分有效地利用他们的力量，以致使他得以用强力推翻寡头政体并自立为僭主。第三种僭主是，某个推定为富有的人，像雅典的库隆，甚至用不着受拥戴的借口，偶然因别处类似的冒险家的成功而受到鼓舞，雇用一支家兵队，夺取了卫城。还有一些虽然罕见的例子属于第四个变种——古代的王的后裔——他不再受寡头政体的约束或处于它的控制之下而受苦受难，他找到了压服他们的手段，借暴力勒索到和他的祖先因人民的同意而享受到的一样巨大的权势。在这上面还得加上一种，某几个古希腊城邦的 Esymnete 或独裁者，他是一个公民，正式赋予给他最高和无限的权力，处于指挥武装部队的地位，由一支现役的亲卫队把他武装了起来，但是只是一时称做独裁者，而且是为了对付某种紧迫的灾难或毁灭性的内部纷争。这么擢升起来的那个人，总受到极度的信任，通常也是一个能干的人，有时候成功如此巨大，或者把他自己弄成共同体不可或缺的人，以致他的任期延长了下去，事实上他成了终身的僭主；或者，甚至共同体并不愿意承认他的永久的权势，他却常常强大得足以违反他们的意志，把这份权势保持下去。

这就是公元前 7 世纪和前 6 世纪无数古希腊僭主攫取权力的各种样式。虽然我们从亚里士多德简单陈述中，在一般状况上知道了这么多，不过，令人很不愉快的是，我们竟没有当时的这些共同体中任何一个的图画，可以让我们鉴赏变迁的细节。关于王室世裔的、曲解他父辈权力到成为僭主的那一类人，亚里士多德给我们举了阿尔哥斯的斐同为例，他的统治已经叙述过了。关于利用先前在一个寡头政权下所任职务的权力把自己弄成了僭主的，他提出了这么一些名字，阿格利勤吞的法拉利斯以及米利都的和伊奥利亚古希腊其他城市的僭主；关于先成为煽动家然后登上宝座的，他提到西西里的里昂替尼城的派那丢斯，科林斯的库普塞罗斯，雅典的庇士特剌妥；关于独裁者，或推选出来的僭主，米替利尼的庇塔库斯是突出的例子。一个军事的和侵略的煽动家，把曾经把他降了职，亏待了他的寡头政体颠覆掉了，成了暴虐的僭主且统治了几个年头，最后倒了台，砍了头，这是由哈利加尔纳苏斯的茅翁尼修斯在意大利库迈的亚里士托台姆斯历史中进一步予以描绘了的。

我们从修昔底德和亚里士多德的一般陈述，获悉公元前 7 世纪和前 6 世纪是古希腊诸城市在财富、威力和人口上普遍进步的世纪；无数殖民地建立于这个时期（我将在后面的专章中说到此事），为这种进步倾向提供了进一步的例解。这么说来，我们上面提到的希腊诸城政府的变化，虽然我们所知的很不完善，整个说来，它是公民权日益提高的决定性的证据。因为古希腊诸共同体由从开始的英雄时代的政府，是最粗陋最幼稚的一种政府；它赤裸裸地缺乏制度的保障，它的（活动方向）是怎么样也没法预先知道的，它的（好坏）只能取决于碰巧坐在宝座上那个人的性格，这个人，绝不会保护穷人免受富人和大人的压迫，多半会和后者一样无限制地放纵恣肆，然而他却更加受不到什么惩罚。

在那么多的城市里成功地取代了寡头政府的僭主们，虽然他们治理的原则通常是狭隘自私的，还常常是暴虐的，他（用修昔底德的强调语气的用语）“除了他本人和他自己的家庭而外什么也不管”的——可是，因为他们还不够强大到足以制服古希腊心灵，它铭刻其上的是一门痛苦的却促进了改良的政治课，而且大大有助于扩大人们的阅历，同样也有助于决定随后的精神面貌。他们部分地推倒了人民——严格地说，是自由民大众——和寡头集团分隔开来的墙；确实饶有兴趣的是，煽动家——僭主是人民在政治事务中愈益增大的重要性的最初的证据。煽动家站出来代表人民的情绪和利益来反抗少数统治者，或者也利用了他自己受到虐待的某些事例，他忍受某些痛苦用以博得人民的善意对待和慷慨支持。当人民拿起武器帮助他推翻了现存的统治集团时，他们看到自己的领袖取得最高权力是深感满意的，但是他们既没有获得政治权利，也没有获得更多的保障。除了目睹先前的压迫者蒙受了羞辱而外，他们究竟收获到多少实实在在的好处，我们所知太少，无法加以判断。但是，甚至最坏的僭主，对待富人都比对待穷人更凶；穷人们在这种变化中，在相对重要性上（按：指其社会地位——译者）也许是有所得的，尽管他们也分担了，除赤裸裸的恐惧而外，没有其他永久的基础的一个政府的严酷和勒索。

亚里士多德关于古希腊诸共同体的政治进步和教育状况的评论，在这里特别值得注意。他在公元前 7—前 6 世纪的早期煽动家，和后期的，例如他本人，和他目睹了的他的上一两代的煽动家之间划下了一条明白的界线。前者是一个大胆而富有的军事领袖，他拿起武器带上一帮民众叛乱者，用暴力推翻政府，他把自己弄成，既是他所推翻了的人们，也是他取得其援助推翻了他们的那些人们的主人；后者则是一个演说家，他具有足以感动一批听众的充分的才能，但他既不想，也没有本领来进行武装攻击——他要达成他的一切目标，全靠和平合法的方法。这种有价值的变化——亦即以讨论，以会议上的投票表决，来代替诉诸武力（的行动），要在会议中获得公开宣布的决议，借此取得对人们心灵的影响力量，并且使决议案成为不可争辩的，甚至反对派也不得不尊重它——是在民主主义法制连续不断的实际运行中产生出来的。在古希腊史的较晚时期，我将有机会来估量倾泻到伯罗奔尼撒战争中古希腊煽动家克勒翁和许泊玻罗斯头上的无限咒骂的价值。不过，即使假设这些咒骂理由十足，说这些人比起早期的煽动家如库普塞罗斯和庇士特剌妥——他们运用人民的武装力量以达到颠覆现政府并为自己攫取僭主权威的目的——有了实质上的进步，毫无疑问是对的。煽动家本质上是一个反对派领袖，他借贬抑当时在位行使政权的人来赢得他自己的影响力量。然而，他在早期寡头政制下，他的反对只能借武装叛乱来表达，武装叛乱不导致他夺得最高权力就会导致他的毁灭。但是民主主义法制的成长，既对他，也对他的政敌保证了充分的言论自由，保证有一个最高会议来决定谁是谁非。于是，他的野心受到了限制，而诉诸武力一事也就搁到一边去了。那么，伯罗奔尼撒战争中雅典的多方挑剔的煽动家（甚至我们逐字逐句全部接受他的最恶毒的政敌的一切声明），比之几世纪前好战的煽动家们，其可恶和危险的程度就轻得多了。所以发生这种差别，原因在于“公开演讲习惯的成长”（用亚里士多德的措辞）。用舌头来反对，是用宝剑来反对的仁慈的代替者。

在先前的寡头政制的废墟上兴起了僭主一事，表面上是回复到英雄时代的原则——亦是一种个人意志的政府，复辟起来代替众所周知为城市的那种制度化的安排。不过古希腊心灵的成长已经如此超出于这个早期的原则，以致以此为基础的哪一个政府都没有能够遭遇到心甘情愿的默从，除非是在一时的兴奋情绪之下。开头，篡夺者的人望，连同他的同伙的兴高采烈，他的政敌的被逐和受迫，又因为惩罚富有的压迫者而进一步加强了其吸引力，无疑还足以博得人们的忠诚；而他自己这方面的小心谨慎，大概会把他的无人争论的统治延长到相当长的时候，也许甚至及于他的终身。但是亚里士多德清楚地表明了，这些政府，即使开头是好的，却有一种愈变愈坏的倾向。不满情绪愈来愈遮盖不住，用强暴手段来对付它，与其说会把它压制住，毋宁说更使它恶化起来，直到最后，僭主也深为人民的不信任和恶意的烦恼所苦，以致多半曾经鼓舞过他的平等、仁慈的同情心也就丧失无余了。如果他有幸得以把他的权威传给他的儿子，因为儿子是在腐败的气氛中受教育，周围又有一批寄生虫，所沾染到的习气更为有害，更加是非社会的。他的青春式的嗜好更难控制，同时，他又缺少他父亲自力奋斗崛起草莽之间所不可或缺的小心谨慎和充沛精力。为要保住他的地位，唯一可以倚靠的是雇用的卫队和设防的卫城——这是一支由公民们负担其开支的卫队，它实质上是怀有敌意的，却要不断为它去强制征发给养。僭主的安全所必不可少的是，他要屈抑他所统治的自由人民的精神，阻碍古希腊诸城习惯上进行于学校（Lesche Palaestra）中的集会或相互间的意见交流；他应该（用希腊成语来说）砍掉田里长得太高的谷穗，或者粉碎崇高的进取的心灵。不，他甚至在某种程度上关心要他们堕落，要他们穷乏，或者至少要定下规章，既不让他们取得财富，也不让他们有空暇时间。萨摩斯的波吕克剌提建造的宏伟的建筑物，伯里安特罗给奥林匹亚大庙的丰富的捐赠，亚里士多德认为都是那些僭主按照他们公开宣布过的要占去他臣民的时间，耗竭他臣民的财富的观点而勒索得来的。

不要想象，一切僭主都同样残暴或同样无原则。但是一个人或一个家庭的永恒的至高无上，对于那些认为自己和他地位相同的人的妒忌心而言，或者对于人民的普遍感情而言，已经变得如此冒犯，以致镇压和严酷是不可避免的，无论原来是否存心要这样做。而且，甚至一个篡夺者，一度进入这种暴行的生涯之后，对此感到不愉快和厌烦了，退位却只会使他立即处于他所伤害过的那些人的复仇的危险之下——除非他确能披上宗教的斗篷，和人民约定他可以变成某个神庙或某个神的祭司。在这种情况下，他的新职务保护了他，正如中世纪的削发为僧和修道寺院庇护了一个逊位的君王一样。有几个僭主是音乐和诗的保护人，借邀请，也借酬偿来追求当代知识分子的友情。此外还有某些事例，诸如雅典的庇士特剌妥和他的儿子们，他们企图（和罗马的奥古斯都相类似）把实际上是全能的君王和形式上（某种程度的）尊重先前的习惯两者调和起来。在这类例子中，政权的行使——虽然并非没有被罪行所沾染，也决不能受到爱戴，而且还是靠外籍雇佣兵维持的——在实际上无疑要温和一些。但是具有这种性格的事例是罕见的。而古希腊僭主们通常铭记的箴言，则人格化于科林斯的库普塞罗斯家的伯里安德罗身上——一个苛刻残暴的人，虽然既不缺少精力，也非智力低下。

一个古希腊僭主的地位，如柏拉图、赞诺芬和亚里士多德所描绘，进一步得到了希罗多德、修昔底德、依索克剌特的支持的，虽然总为怀有野心的人所垂涎，却明白无误地显示出够多的“心灵上的创伤”。艾林尼本城的人，就是借此向那个把共同体踩在地下的篡夺者复了仇的。篡夺的成功，一点也没有使这几位哲学家认为那种企图是正当的（按照现在盛行的关于克伦威尔和波那派特的各式各样的理论，这两个人常常被责备为排除了合法的王统，可是从未被责备为夺取了未经批准的统治人民的权力），他们总是把僭主列为最大的罪犯。谋刺了他的人，公众竞相荣耀和酬答他，而且，一个善良的古希腊人会毫不内疚地，像哈莫丢斯和亚理士托该吞那样，为了执行这件事而把他的剑藏在桃金娘丛中。凌驾于有关公民权的一切约束和义务之上那种位置，同时也被理解为剥夺了公众的同情和保护的全部权利。所以，僭主要亲身参加宏大的泛希腊体育比赛是不安全的，在这种比赛中，他自己的战车也许多半会赢得奖金，他派出作为他那个古希腊城代表的 Theors 即神圣的使节，是以炫耀的壮丽出现于其间的。在这种普遍嫉视的环境中治理的政府，不得不是短命的。虽然那个有足够的胆量攫得政权的冒险家，常常找得出办法保持它直到终身，可是一个僭主有信心活到老年是罕见的，把权力转给他的儿子就更少了。

古希腊的政治道德中有无数人们一致同意之点，同时，对于永久世袭的统治者根深蒂固的反感，也是另一种几乎全体一致的持续不变的情绪，在其间，同时包容了富有的少数人之渴望超群出众，和多数人的爱好平等的自由两者。它最初开始于公元前 7—前 6 世纪的寡头政制，那一次倾覆了我们现在从伊利亚特中读到的那种王制情绪；寡头政制又被它们转成为民主政制，后者要到更晚的时候才兴起来。寡头政制和僭主政制间的冲突，先于寡头政制和民主政制间的冲突，拉栖第萝人（按：即斯巴达——译者）在以上两种时机，都站出来积极支持寡头政制的原则。一种混杂了恐惧和厌恶两者的情绪，使得他们在公元前 6 世纪推翻了古希腊几个城市的僭主政权，正如在下一个世纪他们和雅典的斗争中，帮助寡头党推翻了民主政权一样。这些早期的煽动家——僭主——抬出人民的名义作为借口，引用人民的武装作为实现他个人野心勃勃的计划的手段——起了现实的民主政治序幕的作用。后者，在波斯战争不久以前的雅典作为梭伦埋下种子的发展而展现于世了。

就我们不完全的资料追溯所能及的而言，最初的篡夺的僭主与之奋斗的古希腊诸城的早期寡头政体，比晚期的寡头政体包含有更令人厌恶的不平等因素，和更有害的分隔人民中诸组成部分的障壁。这对整个古希腊说来是确实的，就构成了这个整体的各个共同体说来也是确实的，虽然程度较低。每个共同体各包括有品类各异的氏族、等级、宗教兄弟会和地方的或职业的区划，它们极不完全地粘合在一起：所以，寡头政体并不是（像随后时代中如此命名的政府那样）富有的少数，统治次富和穷人的政府，而是一个特殊的等级，有时候是贵族等级，统治贵族以外整个社会的政府。在这种情况下，被统治的众人大概会把富裕殷实的业主称做统治的少数；但是被统治的众人本身还分裂成为相互间没有由衷的同情心的大小不等的碎片，也许还互不通婚，所奉行的宗教仪式也不一样。种地的农村居民即村民，那时候似乎处于依附于居住在绕以城垣的城市中的业主的地位，有他们自己特异的服装和习惯，由此还得到了一个不友好的绰号。这些居住在城市中的业主常常构成早期古希腊城邦的统治阶级，他们的居民则包括：1. 居住在城市周围的依附农民，田地是由他们来耕种的；2. 为数多少不等的小自耕业主，他们所有的土地太少，仅足以自力劳动其上，维持他们自己的生活——他们或住在村里，或住在城里，各按情况而定；3. 住在城里，没有土地，以手工业、艺术或商业为生的人们。

统治的业主，称似 Gamori 或 Geomori，前者为多里安方言，后者为伊奥利亚方言。这也就是说，两个种族组成的诸城邦，都有这个阶级存在。他们似乎构成了一个封闭的等级，他们的特权传给子孙，不接受新成员进来参与特权。古希腊思想家们称之为全权政治 Timocracy（政治权利和特权的授予，以财产多寡为准）的原则，早期似乎很少（如果不是全然没有）应用。梭伦以前的时代，我们不知道有其实例。所以，由于家族自然增殖和财产的变化，就会发生这样的情形，许多个别的 Gamori 一点土地也没有，也许比不属于这个等级的小自由业主过得更坏；同时，小自由业主中的某些人，和城市里的工匠和商人中的某些人，大概也同样地上升到富有和显要的地位。这样的一种（刚硬的）阶级区分，令人厌烦的不平等因粗野的举止而更为难堪，不足以适应居民中各个人间相对地位的变化，在其中，不满和爆发是不可避免的。最早的僭主，通常是被剥夺了公民权的阶级中的有钱人，他成了不满现状者的斗士和领袖。无论他的统治怎样暴虐，至少它是对全体人民的一切部分毫无歧视的严酷和暴虐；而当反对他或反对他的继承者的反抗时刻到来的时候，这个共同的敌人被全民一致的努力赶跑了，那时要作某种可观的削减，而复活先前存在的排外的不平等的制度，那是很难做得到的。

不算买来的奴隶，每一个古希腊城市共同体的居民，通例包括上面列举的三种成分——拥有可观数量土地的业主和依附于他的村民，小自耕业主，和城市手工业者——这三种成分以不同的比例存在于一切地方。但是公元前 7 世纪以后的古希腊事变的进程，倾向于继续不断擢升后两种成分到比较重要的地位；同时，前者在早期时代中的权势已经达到了顶点，要有变化，只有衰弱下去一途。绝大多数城市的武装力量最初是他们组织起来并掌握在他们手里的。这是他们自己和他们的家兵组成的骑兵，马是在他们的土地上喂养出来的。这就是公元前 7—前 6 世纪间，在优卑亚岛的卡尔西斯和厄立特利亚，同样，在伊奥利亚的科罗卡和其他城市，以及直到公元前 4 世纪继续存在于帖撒利的原始的寡头政制的民兵。但是小业主和城市手工业者逐渐兴起了，重装步兵取代骑兵就标志了（这种变化）。此外，还发生了重要性不亚于此的进一步变化，即抵抗波斯所导致的古希腊战船——船上配备有聚居于沿海城市的一大帮水手——的大量增加。古希腊诸共同体的这一切变动，都倾向于打破我们最初的历史知识开始时的那个封闭排外的寡头政体；并把它们引导到，或是更为开放的、包含拥有某种数额财产的一切人在内的寡头政体，或是民主政体上去。但是两种事例下的转变，通常都是有一个僭主时期介在其间。（下略）

注释

①译自 Grote History of Greece，Voe I，Mnited Stateo Book Company ed part，Ⅱ Ch. X，p. 531 ~547。

②僭主政治，英译用 Despotism，亦即无限制的专制政治。中国的古希腊史翻译文献，传统上都把它译为“僭主”，它实际上和东方的专制君主也有区别。外文文献，凡称东方的专制君主时，都用 Oriental Despotism（“东方专制主义”），以别于古希腊的僭主。两者的区别，见跋。

③Prytanis，格罗脱（Grote）谓即总统 President。缪灵珠译《古希腊史》，塞尔格耶夫著，译为议长。下文概称议长。

关于海上文明

1. 关于罗马史，或者说一般的西方史，我有一个奇怪的想法：它和古希腊、迦太基一样是外来的海上文明，而不是当地土著的文明。西方史，整个说来，是外来的海上文明作为“模子”，强迫同化当地的土著（伊卑利亚、凯尔特—高卢、维兰诺瓦等）而形成的。罗马与拉丁，是当地土著同化于海上文明较早，形成的一种混合文明，它兼备两者之长，成了征服整个地中海世界的中心力量。

古希腊文明渊源于克里特文明，这是埃及文明跨海过去的（约公元前3000—前2000年），经过一再的海上迁移，形成了海上文明的古希腊文明。

迦太基是从西顿、推罗（今黎巴嫩境内）向西殖民形成的。这支殖民队伍向外移殖最晚，已在公元前8世纪前后，是亚述帝国征服叙利亚、西顿、推罗，不再有陆上扩展与经商的可能之后被迫走海上这条路的。

另一支较早绝灭的海上文明是埃特鲁利亚（Etruria，其时约在公元前1100年前后），它是从小亚细亚吕底亚西迁意大利半岛北部形成的。

科瓦略夫（《古代罗马史》作者）提到埃特鲁利亚对罗马的影响，但他对此承认得不够。有些史家认为罗马城干脆是埃特鲁利亚人建立的。由此，我推测，罗马是土著拉丁人，在强烈的埃特鲁利亚这一海上文明的影响下或领导下，按照海上文明的样子“建起城来”，形成一个城邦，这样开始了她的历史的。以后，蒙受埃特鲁利亚文明恩惠的罗马人，忘恩负义地赶走了埃特鲁利亚人，最后还征服了埃特鲁利亚人。埃特鲁利亚文明的灭绝（甚至到马克思的时候，历史家还不知道埃特鲁利亚），还是罗马人的业绩呢！

罗马人之所以能够赶走埃特鲁利亚人，还因为她处在埃特鲁利亚文明和古希腊文明的中间地带。公元前 8 世纪，希腊人在罗马南面今那不勒斯以北有一个强大的殖民城邦叫做库梅（Kyme），那不勒斯也是古希腊殖民城邦，原意是“新城”或“新城邦”。从库梅、那不勒斯以南一直到西西里岛，满布古希腊殖民城邦。拉丁土著模仿海上文明的样子建立起城邦以后，开始和南面的更发达的古希腊人勾搭，并且间接或直接依靠古希腊人支持干掉她的“恩主”，这样她第一步挺起腰来了。这次革命，结果就是共和罗马的建立。

2. 我认为，从“建城”开始一个国家的历史，是海上文明的特色。

海上文明者，从土生土长的地方漂洋过海移民到新地方去之谓也。这种移民，不同于游牧民族的陆上迁移，它是经过一段并非与人斗而是与自然斗争的历程，到达一个陌生的海岸，周围的一切都不知道，移民要在那里生存，必须筑城聚居，逐步扩大它的活动与征服领域。古希腊城邦就是这么起源的。

反之，非海上文明的文明，则是部族胞族形成集团，出现部族王，各部族王之间相互征伐、兼并，逐步扩大成为大王国和大帝国。

筑城聚居的海上移民的城邦，一般是城邦而不是领土国家。政制，一开始几乎无例外的是贵族政制，亦即元老院掌权，地位平等的公民组成公民大会参与政事。

部族王经过征战形成的王国，一般是专制主义政制——不仅中国、古波斯、埃及、巴比伦、印度，直到古代史上所发现的任何这样的国家，包括西欧的高卢（高卢还打进过罗马城）、塔尔苏斯（Taressus，在西班牙）、日耳曼等全部如此。所不同的是，部族王凡兴起不久的专制色彩较少，王与“战友”之间的关系还比较平等；部族王国历史愈久，王愈衰弱，王权的尊严愈往上提，专制主义色彩愈浓厚，如此而已。

模范西欧文明的，在远古恰好是三个海上文明。中世纪以后，西欧自己还兴起一股海上文明，北欧人（Vikings and Normans），群岛地形的欧洲也不能不这样。西欧内陆的土著，如征服罗马的日耳曼人，虽然是从森林里出来，带来许多大陆游牧民族的风尚，但很快就融合在这个海上文明中去了——而且也带进去了一些森林里的新鲜的健康的因素，使得那已经走到穷途末路的古希腊罗马文明得以开始新的生命。

3. 海上文明并不一定是商业文明，至少，一开始的时候，可以并非商业文明。欧洲历史上，迦太基及其所属诸城，一开始就是商站。因为西顿、推罗在向外移民以前久已从事海上商业。可是公元前1100年古希腊人殖民于小亚细亚（即发生特洛伊战争那一次），虽然黑海商路的开通是其目的，英雄色彩却远多于谋利色彩。事实上，古希腊诸海外殖民城邦一开始都以务农为主，到米利都发展成为商业城邦，以建立商站为目的而去“繁殖女儿城邦”，已经是比较晚的事情了。

远古商业，基本上是珍奇商品的海上负贩。为了这样的商业而去建立一个新城邦，动力尚嫌不足。以古希腊而论，海外移民更重要的动力是不甘心在国内当第二号或第十号的王子贵族，到海外去自立门户。而在航海成为风气的人民中间，每一个阶层都有目的各不相同的冒险家。这些人，明知全搞商业是不行的，他们更现成的目的是寻求“新地”。农业是基础，古代人是深知这一点的。所以，航海固然与商业联在一起，航海也是为了新地（混江龙李俊出海首先要求地盘）。有了地盘以后，当然买卖是要做的。

罗马这个城邦，是土著在海上文明的埃特鲁利亚和古希腊的影响之下建立起来的，她以务农为主，然而政体不同于东方专制主义，其原因在于海上文明的城邦本身就多半以务农为主。这该不是什么奇怪的事情了吧！

4. 一切由大陆式的部族王发展而成的国家，全部没有古希腊、罗马那种奴隶制。债务奴隶是有的，贵族家里的家务奴隶是有的，但是“有奴隶市场的奴隶制”那是没有的，这是古希腊、罗马这类海上文明的城邦的特色。

古希腊罗马这类海上文明的城邦，一开始，也全都没有奴隶制。海上移民到新地方，筑城聚居，选出元老掌理政事，而这些同舟共济的移民，就是新国家的公民。新国家要分配土地给公民，公民们移民的目的本来就是为的土地。当地土著臣服于新国家的，不会成为奴隶。因为土著嘛，有臣服的，还有没有臣服的，你把他们当牲畜，你在此地就不容易站住脚跟。不如让他们自己种一片地，征收他们一些贡赋和劳役，一句话，让他们成为新国家的农奴阶层。

新国家发达了，又来了第二批第三批移民了，于是或者第一批公民成了贵族，而新来者也取得公民资格。或者第一批公民成为贵族公民，新来者成为食客、依附者或者贫民，亦即非公民。

这些新国家要有奴隶，那是后来的事。最通常的奴隶是打仗的俘虏。可是国家懂得把俘虏当作奴隶出卖应在商业货币已经充分发展之后，否则的话，典型的奴隶制度还是发达不起来。这里涉及殖民城邦的工商业化和货币化，这在古希腊的小亚细亚诸城邦是公元前8、9世纪的事。而那里出现奴隶制，则比这要晚得多。

5. 埃及、巴比伦等所谓“东方”，没有古希腊罗马的奴隶制，这一点马克思是知道的，所以《政治经济学批判序言》在古典的即奴隶制的（注意，马克思用“古典的”一词，指历史的古典时代，即古希腊盛期和共和罗马时代，包括奴隶制和奴隶制还未发展起来的“公民城邦”时代）、封建的、资本主义的之外一定要加上一个亚细亚的。把马克思的奴隶制扩大到“东方”，取消“亚细亚的”这个范畴，恩格斯做了一小部分工作，到斯大林就斩钉截铁地不准谈“亚细亚的”，于是对马克思，亦即对历史的强奸完成了。

马克思本身也受了极大的时代限制。马克思的古代史学，是上世纪60—70年代的水平，那时根本不知道有克里特文明、迈锡尼文明和埃特鲁利亚文明，换句话说，除迦太基而外，欧洲另外两个海上文明是不知道的。你现在翻翻《家庭、私有制和国家的起源》和马克思关于摩尔根《古代社会》一书摘录，可以清楚地看出这一点来。他（恩格斯在《家庭、私有制和国家的起源》中所说的，都确实代表马克思的意见）认为罗马、雅典，都是“以民族方式结合在一起的土著”直接形成的国家。换句话说，把历史沧桑，最后在海上文明影响之下形成的，迥异于部族国家的城邦，和易洛魁人那样的前国家的部落联盟等同起来，这真是天大的错误。要知道，从易洛魁人的部落联盟，到埃及、巴比伦那样从部族王基础上成长的国家之间，相隔多少个历史阶段?！而埃及、巴比伦那样的亚细亚国家，和海上文明的城邦走的又不是一条路，在其间画上等号，真是误尽苍生。

这一点不能全怪马克思（马克思的目的论哲学当然还是有责任的），因为上世纪末到本世纪初，史学上出现了一个考古学时代，把古代史的面貌彻底更新了。缪灵珠译的《古希腊史》（塞尔格耶夫著）的开头几章，对此作过一番很过得去的交代。此书不难借到，实在很可一读。

中国的历史学家闭着眼睛跟斯大林走，现在读郭沫若的《奴隶时代》、李亚农的《史论》，觉得他们实在可怜。

1974年8月

统一的专制帝国、奴隶制、亚细亚生产方式及战争

你认为科瓦略夫没有提供答案的那些问题（指科瓦略夫著《古代罗马史》），我自然也无法提供答案。不过你的那些问题，确实是历史的，也是人类的也许是永恒的问题，史学家与哲学家对此的讨论，盈篇累牍，我自然也在这中间泡了这么几年。答案没有，意见是有的，随便写一些在下面吧。

1. 关于君主专制或统一帝国的问题，历史上见到过两种类型：一是埃及、巴比伦、中国、印度的类型，即从部族王国并立，经过战国时代，到统一帝国的类型；一是古希腊、罗马类型，即从海上文明的城邦国家林立、经过连续的征服以达于统一帝国的类型。一句话，从文明初起，经过分散发展，达到统一帝国，似乎是于世界上各个文明，几乎可以说是规律。

你还记得，两个多月以前，我跟你说过我的"迷惑"。我写《古希腊城邦制度》，本来是有感于在古希腊那种小邦林立、相互竞争中，个人创造性发挥到顶点，创造出灿烂的古希腊文明，其中关于哲学、科学、文学的，至今我们还在深受其惠，所以要写，是想歌颂它。可是写着写着，对于林立的小邦相互之间的自相残杀，甚至不惜勾引古希腊文明历来的大敌波斯，而且这个波斯帝国，此时已经奄奄一息，而古希腊则纵然在自相残杀，还是方兴未艾——对这种不顾大体实在受不了，不知道该歌颂不，有点迷惘起来了。事实是，公元前5世纪的古希腊，其对人类文明的贡献实在是历史奇迹。可是历史上最先进的文明民族内部最残酷的一场内战伯罗奔尼撒战争就是在这时爆发的。古希腊的

统一，波斯的征服，只好由蛮族马其顿王来完成。更有趣的是，马其顿的亚历山大死后，马其顿—古希腊的东方帝国也分裂了，而且一直不断在自相残杀，结果当时地中海周边的文明世界，竟然要由一个“洋化的土著城邦”罗马来统一……

古希腊文明如此卓越，然而古希腊人的历史命运落得如此悲惨，这是基督教兴起的重大原因之一。伊奥利亚自然哲学是兴高采烈地探索大自然奥秘的；斯多葛哲学返回到人的内心，力求在一个没有希望的世界上寻求自己灵魂的安宁。《旧约》是用希伯莱文写作的，《新约》最初是希腊文的创作。

这是西方。在中国，老实说，就在武王灭纣、周公平三叔、“礼乐征伐自天子出”的时候，中国大地上还是诸国林立。且不说齐、鲁、燕、晋，都是事实上的独立国家，自称为王，和周天子分庭抗礼的，还有徐、楚、吴、越。这些国家民族之间的频繁交往——和平的交往和武力的交往，促进文明的进步，也促进了最后的统一——这次统一也是由一个半蛮族来完成的，战国时期的文化，中心在齐鲁大梁邯郸，决不在关中。

所以，在早期文明的历史中，文明的创始和繁荣大都起于林立小邦的局面下的某些邦之中。然而要使这些珍贵的人类精神财产大规模地传播开去，军事征服，以及军事领袖的独裁政制——亦即君主政制是不可缺少的。

事情的“矛盾”还在于：没有大一统，兴起于一隅的文明不可能大规模传播。然而一旦大一统，原来促使文明萌发起来的那种个人创造性，在军事独裁下也就被压抑下去，那种蓬勃奋发的精神状态就逐渐被“内向”、“精神安宁”以至“天国来世”的观念所代替掉了。在西方，这就是公元前 4 世纪古希腊伦理哲学的抬头。这一趋向，历时五六百年，最终就是基督教的形成。

在中国，秦与两汉，大一统以后的活动方向是开拓疆土，驱逐匈奴，声教文明及于朝、日、越，以及本土的东北、西北、西南、南诸方。这一势头到汉室元、成、哀、平时已见衰落，到魏晋时已经不复存在，于是有“玄谈”，而佛教的引入，与“玄谈”的兴起其实是一个原因……

在西方，这一转向造成了中世纪的黑暗时代。新的精神文明形成起来，脱颖而出，已在 15 世纪末和 16 世纪，其契机还是航海——发现美洲，发现印度航路……

作了这样考虑之后，我对于“小邦林立”的迷信是批判掉了，然而我还是厌恶大一统的迷信。至于把独裁看做福音，我更嗤之以鼻。事实上，大国而不独裁，在古代确实办不到；但人类进步到现在，则确实完全办得到，不过这已经是另外一个问题了。

2. 奴隶制度的发生是不奇怪的。不要忘掉，世界上确实有过食人肉的风气。中国史籍上对此记载不多。西方人，在罗马时代，就在当时罗马人占领的北非南面就发现有吃人肉的。16 世纪以后，西方人航海各地的记录中，记录此事者不少。人殉，人牺，在早期古希腊史籍中还有记载，中国更多记载。此其一。

其次，有一本英国人写的《加纳史》，记载英国人在黄金海岸（加纳旧名）建立商站以后，贩奴贸易的奴隶来源，是黑人部族把相互征伐中的俘虏拿来卖给英国人的。我相信这个记录的可靠性。因为英国人建立商站在那里，经营大规模的贩奴贸易，如果奴隶要靠他们自己派兵深入腹地去掳掠，你想想，在“土人”的同仇敌忾之下，这个商站怎么站得住？唯有土著自相残杀，掳掠俘虏，拿来换武器、“火水”（酒）和各式各样“珍贵”物品，奴隶来源才会源源不绝……

古典奴隶制的始作俑者是古希腊人。古希腊人殖民于地中海上的东西南北，他们的文明比土著高出很多，公元前 5 世纪前，他们没有对土著进行大规模的征服，臣服于各小城邦的土著还是农奴。然而，逐渐他们有葡萄酒、橄榄油、各式各样的珍贵品可以卖给土著，土著把征伐中掳掠来的俘虏卖给他们做奴隶，必定早已开始。公元前 5 世纪初期，古希腊人打退波斯人的进攻，不久转为反攻，尤其 Kiwon 武功卓著，几次战役获得大量战俘，这是古希腊的大规模奴隶制的开始。一旦奴隶成为物质生产的重要劳动力，古希腊人就要搜罗奴隶，亚里士多德的《政治学》谈到“奴隶狩猎”，我想其中重要一项，也像英国人在黄金海岸一样，煽惑土著相互杀伐掳掠，收买战俘为奴。

当然，古希腊奴隶制盛行的，限于几个大工商城邦——雅典、科林斯等。斯巴达除黑劳士外，很少买来的奴隶，其他如忒拜、阿卡地亚等务农为主的也很少奴隶。雅典等邦，奴隶人数是超过公民的。

罗马的奴隶制是对古希腊制度的抄袭。罗马以南“大希腊”、西西里诸古希腊城邦，都是工商业的奴隶制城邦。

至于这种工商业城邦的奴隶制以前有没有奴隶制呢？有的。有债务奴隶制，欠债还不清，卖身为奴，或卖子为奴。至于有人起一个名称叫做“族长奴隶制”，即子女事实上是家主人的奴隶，“家父”还可以收养养子养女，事实上是“家父”的奴隶，那当然算不上奴隶制。债务奴役，与小规模的购买家务奴隶，那是很普遍的，《红楼梦》上还有呢。这些，和古希腊、罗马的古典奴隶制都是不一样的。

3. 马克思的“亚细亚”或“东方”，是大陆务农的领土王国或帝国。那些领土王国或帝国，王朝的威力所寄，在于农民的贡赋和“徭役—兵役”，这和滨海的工商业城邦，国家的威力所寄是海上贸易和海军是不一样的。这些国家的最大要求是“教民耕战”，耕战的民绝对从属于王朝。你说他是奴隶吗？有功可以授爵。你说他是自由民吗？他又绝不如古希腊罗马的公民那样，凡执干戈以卫社稷的就有参政的权利。他没有“政权”，只是有战功可以授爵。他对他所耕种的土地没有绝对的所有权，“普天之下，莫非王土”，他的一切财产，王朝随时可以征发。他的产品，甚至不能自由出售。中国很早就有盐铁专卖，埃及的榨油是王朝专利的。在这种情形下，拿西方的“自由民”和“奴隶”的范畴来对待这种“赋役农民”是格格不入的。

真的，自由民和奴隶的范畴，不见于波斯、埃及、巴比伦、中国，《旧约》上也没见这个名词。这个名词的起源显然是古希腊，是城邦制度中的概念。黑格尔把东方的制度称做普遍奴隶制，即王或帝一个人是自由的，其他，连大臣也不自由——比如，绛侯周勃随便就被下了狱，高帝“把他的问题弄清楚”了，又出来当丞相了，这在深具自由民概念的西方是办不到的……

4. 所以，奴隶制，从人的本性上是可能的，因为人既可以吃人，为何不可以把人当作奴隶？在这一点上也许人比兽类更残暴，因为老虎大概是不吃老虎的。

然而，奴隶要占优势成为“制度”，这唯有在商品货币关系十分发达的工商业城邦中才有可能。其条件是：具有可以拥有奴隶的自由民（相对于没有这样大的个人权利的王朝臣民）；商品货币关系发达，使财富有无限积累的可能，使自由民有把财富投资于奴隶这种“生产性固定资本”上的要求。没有这些条件，只会有驽骜、袭人这类奴隶，奴隶成不了制度。普遍的劳动者，是乌进孝管下的，比鸳鸯、袭人生活困苦无数倍的赋役农民。

5. 人自相残杀，看起来是在逐渐缓和之中。别害怕原子弹，真的，毛主席说过，原始式的刀枪比原子弹厉害得多，所以曹操有“凄怆伤怀”之叹。然而什么时候没有战争了？我不知道。我们小时候相信“战争消灭战争”之说，珍宝岛、捷克斯洛伐克、匈牙利等事件证明此说之为虚妄。你说得好，互相残杀的动力是利益和权力的追求。我不知道人怎能不去做这种追求，所以我不知道怎能没有战争。

还有战争。这个世界如果过分太平，大家做起葛天氏之民来，哪还有奋斗、追求、自我牺牲？哪还有什么进步可言呢？历史是由事件组成的，没有斗争，就没有事件；没有事件，岂不是就没有历史了吗？

1974 年 8 月 31 日

欧洲中世纪的骑士文明

我对这个问题，没有认真摸过。这是一个西方中世纪史的问题，中国关于西方中世纪史的文献特别贫乏，我得到的骑士文明的概念，大部分来自零星的外文文学资料，这样要缀成一篇笔记是不可能的。不过，既然提到，就来胡诌一通吧。

骑士文明的民族渊源是日耳曼人。罗马共和的初期，人民是质朴的，不过到共和末期，由于连续不断的征服，罗马城内和罗马以外的中心城市，都逐步糜烂起来了。美国的法斯特描写斯巴达克起义的小说，写到过罗马贵太太们观看剑斗士比赛时对壮健的剑斗士的躯体的色情的目光（罗马贵太太们那时有了自己的财产权，十分放荡），那个时期的罗马也出现过“妾”，以后的皇帝们（尤其到拜占庭时代），宫廷中有了太监。罗马的军团是以纪律严明来压倒敌人的，所以在战争中，他们是“集体英雄主义”，而不是骑士式的“个人突出”的。这种军团，到以后腐化为军阀的雇佣军了，并且有许多蛮族（日耳曼人，阿拉伯人，什么都有）在其中当兵。总之，罗马烂掉了，日耳曼人之征服罗马，没有这个因素是不可能的。

马克思和恩格斯，都颂扬过日耳曼人，恩格斯是典型的日耳曼血统，对日耳曼人赞扬得更厉害。你手头如有恩格斯全集，可以找到好几篇这样的文章。总之，罗马人从来没有征服过日耳曼人，而在森林中的日耳曼人，则是质朴、勇敢、贞洁的。西方一夫一妻制的传统，尊重妇女的传统，女子可以当继承人的传统，大概都是从森林中的日耳曼人一直传下来了的。

日耳曼征服罗马，有好几股潮流。但是最初几股潮流，有的彻底湮灭了

（例如征服北非以后的汪达尔人）；有的留下了辉煌的史迹，却没有建立起持久的国家（如哥德人）；唯一建立起国家并在近代现代欧洲还保留了它的传统的部族是法兰克人。开始他们建立起墨洛温琴王朝，后来被丕平篡了位，到查理曼建立了神圣罗马帝国……这是周一良的《世界通史》加以详细叙述了的。欧洲近代封建制度，渊源于查理曼大帝及其前的墨洛温琴法兰克王国。战胜的法兰克王，分封被征服的领土给他的亲兵。还有，查理曼这个帝国要建立地方政权，他的封疆大臣“省长”，最初叫做 Dmc，即后来的公爵。省长之所以变成公爵，就是因为他们的“帝国”，没有一个充分发展的官僚机关，不能不把政权分散下去，封建割据是不可避免的等。

5 世纪前后的日耳曼征服以后，欧洲还有另一次也可以算是日耳曼征服的 Vikings 征服。Vikings 是挪威、丹麦、瑞典这些更北地区的日耳曼海盗，船上的征服者。其大胆勇敢、尚武、爱好冒险等，当然不亚于骑在马上的征服者。这些人，征服过英格兰、法国的诺曼底、地中海的西西里。这也算是一批“新鲜血液”……

多次的蛮族征服，他们建立起来的国家，一般没有发达的官僚机关，一般采取政权的分散化；而政权的分散化，不可避免和土地权利连在一起，这使欧洲的世俗政权，形成一种封建主义的金字塔。所以马克思说过，10 世纪的欧洲的特征是乡村——政权的分散化到最底下的一层，一块最小的封邑，其主人是骑士或“从男爵”；封邑也就是庄园，其中有身份上依附于封建主的农奴……在这种世俗的政权结构的旁边，是高度集中的教会。它的集中，完全超过了当时的王国的界限，是西方世界的世界性组织。主教是直接受教廷指挥的，教皇是红衣主教选出来的。世俗政权不仅是分散的，而且是粗陋不文的。文化都在教会掌握之下。15 世纪文艺复兴以后，欧洲兴起民族国家，有过一段专制主义盛行的时期，王朝的大臣、外交官等都是教会提供的。

然后就是《马镫和封建主义——技术造就历史吗》一文所描绘的状况。兵制彻底骑士化了，田制也彻底骑士化了。骑士是战争中的主角，也是世俗的经济生活最底下一层的主人。在后来的民族国家中，将军、军官，都是由骑士提供的。

这些没有文化的骑士的精神面貌，《堂·吉诃德》作了讽刺性的描写。从这本书中可以知道，当时的世俗文学是被骑士文学所统治的。骑士们当然不会关心什么第一原因和最终目的。他们一直保持一种蛮勇、侠义、忠诚、向妇女献殷勤的精神。有一本林琴南翻译的《撒克逊劫后英雄略》（Walter Scott: Ivanhoe），你想办法找来读一下，既可消遣，又可体会一下骑士的面貌。

我写得出来的就是这些。可以把中国和西欧比较一下。中国自宋以后，得天下的皇帝依靠一批武将；得天下以后，不是杯酒释兵权，就是一个个杀掉，以后就依靠赵普、司马光、或者国子监太学生们来治理，从来不会产生欧洲那样的骑士。不过骑士精神，终究还是富于浪漫色彩的，为人民所喜爱，于是就有了《水浒传》。可惜，120 回《水浒》，遭到了金圣叹的腰斩，而 120 回的《水浒》中，宋江等人的命运也是够悲惨的。

罗素的《西方哲学史》说到过，欧洲文化中骑士文明是一个重要的因素，它是一夫一妻制，是西方传统中的个人主义等的渊源。

马镫和封建主义

——技术造就历史吗[①]

马镫和封建主义——技术造就历史吗

马用于战争的历史分成三个时期：第一时期，用于战车（评论 1）；第二时期，骑士用马，可是他靠双膝的劲道来稳骑在马上；第三时期，马成了配备有马镫的骑乘。在战争中，马总给它的主人以超乎徒步战士的好，而战争中马的使用的每一次改进，对社会和文化的深远的诸变革都是息息相关的。

在有马镫以前，骑者的座位是不牢靠的。马嚼子和刺马距可以帮助他控制他的骑乘；没有马镫的鞍子可以固定他在马上的位置，可是他的作战方法还是受到很大的限制。他原初是一个运动迅速的射手和投枪手，剑战是受到限制的，“因为没有马镫，你那位挥剑的骑士，当他出色地大挥转他的剑猛砍他的敌人的时候，只会落得一个打不中敌人却自己翻身落地”。至于说到用长矛，在马镫发明以前，它是在臂膀末端挥动的，打击力量来自肩膀和肩肌。马镫使力量大得无比的一种打击方式成为可能，虽然马镫并不要求这个。现在骑者可以稳稳地横矛于双臂与躯体之间来攻击打他的敌人，打击不仅来自他的肌肉，而且来自他本身和他疾驰前进的骑乘的联合重量。

马镫，除了由鞍鞯和驰驱所提供的前后两方的支撑之外，又加上了侧面的支撑，于是有效地把马和骑者融合成为足以发挥前所未见的强力的一个单独的战斗单位。战士的手不再直接用于打击了，它只用来指导打击的方向。马镫就这样用马力代替了人力，无限量地加大了武士损害他的敌人的能力。无需什么准备步骤，它立即使马上白刃战成为可能，而这是一种革命性的新战斗方式。

* * *

历史记录充满了一直蛰伏于一个社会中的诸发明，直到最后——理由何在，往往迄今还是神秘莫测的（评论2）——它们苏醒过来了，并且成为某种文明形成中活跃的要素。可是这种发明，对社会来说，却并不是完全新奇的东西。查理·马特（Charles Martel）和他的顾问们之懂得马镫的潜能，也许已在法兰克人知道它数十年之后了。不过，我们现在的资料表明，当他把马镫用作他的军事改革的基础的时候，事实上它还是一种新东西。

当我们对技术史的理解增多了，我们就看得清楚，一种新方法不过打开一道门，它并不强迫什么人走进去，接受或者拒用某种发明；或者，接受了的话，实现它的含义到什么程度，既取决于该技术项目本身的性质，也在完全同等程度上取决于该社会的状况及其领袖们的想象力（评论3）。如我们将要看到的，盎格鲁—撒克逊人用了马镫，但是并不充分了解它，为此，他们付出了惨重的代价。当年封建的关系和制度久已稠密地散布于文明世界的时候，唯有——可以假设为查理·马特的天才领导下的——法兰克人充分掌握了马镫固有的可能性，并借此创造了由我们称为封建主义的新奇的社会结构来维持的一种新型的战争。

欧洲中世纪的封建阶级，是以一种特殊方式作战的——马镫使之成为可能的武装的骑者即骑士的身份而出现的。精华[②]创造出来了密切关联于其作战风格而又生气勃勃地和教会的教士文明相并行的一种世俗文明（评论4）。封建诸法制、骑士阶级和武士文明是变化多端的，它圆满了又消失了，但是，千年之间，它们一直带着它们出生于8世纪新军事技术的胎痣。

在法兰克人的王国内，货币决没有绝迹于流通界。不过，8世纪的西方，无论比同时代的拜占庭还是伊斯兰，都更接近于物物交换经济。尤其是，卡罗林王国的官僚机构是如此纤弱（评论5），以致由中央政府来征集税款是难以办到的。土地是财富的基本形态。当他们决定要保证骑兵以这种新颖而又十分靡费的方式来作战的时候，查理·马特和他的后继者唯一可能做到的事情，是夺取教会的土地，分配给他的家臣们，条件是，他们要作为骑士服役于法兰克军（评论6）。

用新方式作战，开支浩大是难免的。马很贵，盔甲为要对付得了马上白刃战的新威力，愈来愈重了。761 年，一个叫做伊散哈德的人，为了一匹马一把剑，卖掉了他祖传的土地，卖掉了一个奴隶。一般说来，单个人的军事装备，似乎要耗费大约 20 头公牛，亦即至少 10 个农民家庭犁地的牛犊。但是马会被杀伤，骑士还得骑上马才能打仗，他的扈从也得有合适的骑乘。马吃大量粮食，在农业产量比我们现在微薄得多的那个时代，粮食是一种重要的物资。

虽然法兰克人的王国内的一切自由人，不论其经济状况如何，都有当兵的权利和义务，大多数人自然力足以徒步前来集合，并携带相对便宜的武器和甲胄。已经指出，查理曼甚至试图从这批人中选拔出骑士来，他命令较不富裕的自由人应该结合成为集群，各按其土地多少出资装备其中的一人让他赴战。这种办法执行起来会有困难，它没有经得住 9 世纪后期的混乱而留存下来。但是内在于这种措施的是这样的认识：假如新作战技术要前后一贯地发展起来，军役必须变成阶级性质的。凡是经济上力不足以骑马作战的人，要忍受成为社会上的弱者的苦楚，而且，不久这就成了法律上的卑下了。

* * *

封建阶级的成员，有义务作为骑士服役，他们以此效忠于其主人，这就是他们持有土地、享有地位的理由（评论 7）。这一概念逐渐扩大及于其他的“帮助”，其中为众所周知的，是在他的主人某王侯的宫廷中协理事务。但是，骑士的本原的和基本的任务是马上白刃战。在 9 世纪后期中央的王权消失了的时候（评论 8），下层的封建化，保证了封建忠诚的概念仍然生气蓬勃。分封土地[③]迅速地变成世袭的，不过它只能传给力足以履行骑士服役那种责任的人。精心制定的监护少子的规则，寡妇和女继承人必须结婚的规定，保卫了封建采邑化的这个基本要求。

骑士阶级从来没有否认过，他的存在的本原条件是，赋予他东西是为了要他去打仗，谁如果不能或不愿履行他的军事义务的话，赋予他的东西就该没收。骑士服役这种责任，是封建制度的关键所在。这是“封建主义的试金石，因为透过它，其他一切就都吸引到视焦之下来了；它被接受为土地关系的决定原则，一场社会革命就难免了”。

认为财富的享受和公共责任不可分的这种封建意识，是使中世纪的所有权观念不同于古典的和现代的观念的主要区别。8 世纪的军事变革创造出来的封建陪臣阶级，多少世代以来变成了欧洲社会的统治成分；但是经历了此后的一切纷乱，也不管它的被滥用，这个阶级从来没有完全丧失它的“誓约束缚下的贵人”（Noblesse Oblige）的意识，甚至当一个新的与之竞争的市民阶级，复活了无条件的和对社会不负责任的财产权利的罗马观念的时候，还是如此。

骑士自豪的另一个因素——武勇，是内在于他之妥善完成他的任务之中的。新的作战方式毁灭了从来的、认为每一个自由人都是战士的日耳曼观念，而这是武装马匹的耗费以外的完全另一件事。兼职的武士干不了马上白刃战；他必须是个职业武士，他必须娴习武艺，这唯有通过长期的专门训练才能办到，他还必须十分健壮（评论 9）。

* * *

白刃战愈是暴烈，甲胄匠的技艺就试图为骑士制作愈来愈重的防护品来对付它。甲壳下面的骑士愈来愈认不清了，标帜的手段也必须有所发展。在 11 世纪晚期的 Beyeus Tapestry[④]中，矛上的小三角旗比盾更富于个性。不过，到 12 世纪早期，在法、英和德国，不仅用上了纹章式的图案，还开始用起世袭的纹章来了。这不是通过纹章在玩弄语义学的把戏，而是借此来坚持，让封建骑士本人和他的社会知道他是什么人。8 世纪法兰克人发明的马上白刃战的紧迫的性格，既塑造了他的人格，也塑造了他的世界（评论 10）。

* * *

（法兰克军事技术）连同他的社会和文化的伴生物的最蔚为奇观的一次扩张……是诺曼的征服英国[⑤]，盎格鲁—撒克逊人熟知马镫，不过并没有借此充分修改他们的作战方法。盎格鲁—撒克逊的英国和墨洛温琴的高卢一样存在着封建领主的成分，不过在那里，不存在多少走向封建主义的，或者发展起马上武士的“精华”的趋势。哈罗德，他的 Thegus 和 Housecarls[⑥]骑着有马镫的马，在斯丹福桥头之战中，挪威的哈罗德·哈德拉达这样说到他：“这是一个小个儿，但是他在马镫上坐得很稳。”可是，当他们到达哈斯汀斯的时候，他们下马作徒步战，用的是日耳曼的盾墙阵式，查理·马特曾用它在普瓦提埃打败了萨拉森人[⑦]。

哈斯汀斯之役中，盎格鲁—撒克逊人拥有森拉克山的有利位置；他们的人数也许超过诺曼人；他们是为驱逐侵略者出祖国而战，他们拥有心理上的强力。可是结尾是确定的：这是 7 世纪和 11 世纪的作战方法之间的一场冲突。

哈罗德没有骑兵，弓箭手很少，甚至英国的盾也过时了。Bayenx Tapestry 告诉我们，（威廉的）新卫兵用的鸢形[8]的盾——也许是忏悔者爱德华的大陆教育的结果——盎格鲁—撒克逊人却配备着圆形的或椭圆形的盾。一开始威廉就借他的弓箭手和骑兵掌握了主动，英国人除了忍受并抵抗——最后证明为抵抗不了的——一支机动的冲击力量而外，其他什么也干不了。

当威廉赢得了战争、赢得了英国的王冠以后，他急剧地现代化了，亦即封建化了他的新王国。他自然而然地把盎格鲁—撒克逊政制下合乎他意图的什么法制全都保留下来并结合到盎格鲁—诺曼秩序中去，但是，革新比延续更为明显。正如300年前卡罗林家为了加强他们的地位而从容不迫地系统化了并严格化了法兰西社会内的领主制的趋势那样，征服者威廉同样使用了11世纪的充分发展了的封建组织，来建立那个时代中威力最大的欧洲国家（评论11）。

确实，11世纪后期的英国，提供了欧洲史上借助于突然引入了一种陌生的军事技术来毁灭一个社会秩序的经典性的例子。诺曼征服，同样也是诺曼革命。不过，这仅仅是前此300年间大陆上逐步完成的革命，传布到横越了海峡而已。

很少发明像马镫那么简单，但是很少发明在历史上起过像它那样的触媒作用，使得新作战方式成为可能的诸要件，在这样一种西欧新社会形态中获得了表现：那个社会由武士阶级的贵族政治统治着，武士们被赋予土地，使他们得以一种新颖而高度专门化的方法来打仗。这种贵族不可避免地要发展起来和马上白刃战的风格及其社会风尚相协调的文明形态和思想格局；犹如邓化姆—扬说过的："没有马，骑士精神是不可能的。"过去千年间我们所知道的那种马背上的人，是马镫使它成为可能了的——马镫把人和骑乘融合成为一个战斗的机体。古代想象过半人半马的怪物，早期中世纪使它成了欧洲的主人。

评　论

1. 中国史上，战车时期是明显地可以划分出来的——"赵武灵王胡服骑射"之前。

胡，显然是匈奴。匈奴什么时候成为骑士，不可考。也许他们的手工艺制作不了车辆或战车，自然而然逼迫他们成为骑者。不过有鞍的骑者和无鞍的骑者还不相同，其间变化之迹，若能考查，也是有趣味的。

史载李广的武艺，盛称其射，没有谈到马上白刃战。那么，中国用马镫，以及利用马镫充分发展骑兵的威力，在什么时候？

又，欧洲骑士的盔甲，从图片上可知，加重到箭简直伤害不了他的程度。唯有在这个时候，白刃战中的武勇，才是决定的因素。中国的盔甲，将军们自然是装备齐全的，骑兵呢？

中世纪欧洲的骑士军的军制，我们知道得太少。骑士人自为战，每一个骑士都带一个扈从，那么，他们编成队列吗？有营连排班的编制吗？战斗中怎样？行军宿营中怎样？

也许，典型的骑士军，只不过是十字军，其后诸骑士团（Templers Hospitalitie，日耳曼“向东推进”的诸骑士团，红胡子腓特烈建立日耳曼人神圣罗马帝国的骑士团，也许《尼伯龙根之歌》所表现的就是红胡子的骑士团），其存在时期也不过两三个世纪。反正，17 世纪英国革命，我们只见到骑兵，见不到骑士军了。从技术上说来，只要用上了火器，骑士军就完蛋了。

不过，骑士精神比骑士军活得更长久。

愈深入到历史的细节，我们可以发现，某种欧洲兵制连同其意识形态，即使在其形成过程，也受到生产力—生产关系的决定性的影响，不过，一旦这种上层建筑凝固成型了，仅仅新的生产力一个因素，对兵制简直起不了变革的作用，对社会经济也同样如此。它甚至可以顽固地拒绝这种生产力。明末引入的红夷大炮，与传统武器之间的差异，比之马镫的应用，真是一在天上，一在地下。可是红夷大炮挡不住清兵进关；进关以后的清兵，对红夷大炮所代表的新技术也还是无动于衷。甚至鸦片战争中中国人发现的坚船利炮，也还延迟了七八十年之久，才真正产生了某些影响呢。

2. 说神秘莫测，中国人不会理解。多少技术发明始于中国，众所周知的有火药、指南针、印刷术、造纸，但是没有引起某种新文明的兴起。

3. 作者的眼光过分集中于欧洲了。他考证出来了马镫是从亚洲传到西欧的，又作者所说的亚洲，显然是伊斯兰的亚洲（我们记得，穆罕默德兴起于 7 世纪），那么，马镫对阿拉伯征服起了什么作用？马镫在西欧引起了军事—社会的一系列改革，为何同等的社会改革未见于阿拉伯世界？

这当然是“题目”的限制。不过，考察的范围宽广了，他的“同等程度”的结论也许就不妥当了。恐怕改革的原因，根本还在社会因素之上吧！

4. 世俗文明—骑士文明，教会文明—教士文明，这二者同时并行，确实是欧洲中世纪的特色。

5. 这一点说得很对，可惜作者没有充分加以强调。

6. 骑士军制和骑士文明，不可能在拜占庭和伊斯兰的诸哈利发国内发达起来。这是因为，在那里，盛行着传统的东方专制主义（巴比伦、古埃及、古波斯都一样，它们比古希腊还要古老），强大的王权及其发达的官僚机构，不仅足以征集税款，手工业也是一开始（?）就作为王家手工业才发展起来的。

作者没有把西欧和中国作比较，我们的兴趣自然集中于中国。我们知道：

①从殷王朝开始，手工业就是王家手工业。

②我们的官僚机构发达得很早。周成王时代的金文，有“卿士寮”，有繁复的朝廷官制。《周礼》——周官制，虽然是秦、汉、战国诸国官制的杂凑，但显然也包含着周官制的某些成分在内。

③也许周代的官僚机构，也还力不足以征集“王畿”的税款，所以王畿之内也有卿士采邑（据说不是世袭的），至于王畿以外，当然只好交给诸侯了。正是因为管理技术还不够发达，所以我们的封建制来得很早，战车时代就有“×乘之家”、“×乘之国”。但这里的关系，仅仅是管理技术；还有，战争的紧迫性还不太厉害。战国时代征战频仍，战争逼迫郡县化和集权化，官僚机构愈势发达，到秦时，地处关中的秦政府已在管着偌大一个中国的财政、民政、刑法，更不必说军队了。

④一旦官僚机构发达起来，任何军事技术的引用，都不会引起什么社会改革了。战国时代，战车显然被骑兵代替了，马镫的应用，我相信也不会很晚。即使李广时代还不知道马镫，也许此后不久就用上马镫了。但是既然有强大的官僚机构，那么：

（1）有王家手工业提供武器、甲胄和马具；

（2）有王家的马政提供马匹；

（3）有集中的“后勤”提供其他一切军需品。

因而，骑士制度永远也发展不起来。所以，中国有骑兵，没有骑士军。中国的军队，从来都是群众军队。中国的群众军队，还打败过拐子马呢！

7. 封建关系，并不限于“授土”和“效忠”两者，也就是说，并不限于骑士有权利和义务这两个方面。这种权利和义务，还成为关系两方面都必须信守的契约，并不仅仅是受封者对授封者因其授土而负有义务。

这就是说，除骑士不尽义务不得享受权利而外，还有：王侯超额索取，骑士可以反抗。这就是英国大宪章（Magna Charta）的来历，也是英、法等国议会的实际起源。

倘若上面对下面的权利是绝对的，不可反抗的，那就是绝对君权，就是专制主义，就不是封建制度了。

其所以如此，我猜测：①有罗马法的契约——权利义务的传统观念的影响。②和世俗权威相并行的，还有一个宗教权威。所以，即使是强大的王侯，要像春秋战国那样兼并，吃掉属下，把它“郡县化”，会招致他对付不了的反抗。因为反抗不仅会来自被兼并者，宗教权威也会反对他，这是他受不了的。

十六七世纪以后，西方有过开明专制主义时期，它为英法大革命准备了条件。值得注意的是：

①王权和城市同盟，才反对得了封建诸侯的分散主义；

②开明专制主义和宗教改革几乎是同时期的。

唯有把宗教权威的偶像打翻在地，才建立得起世俗的专制主义来。

新教是个人主义的、原旨主义的，这才能建立起集中的（非封建的）民族国家。

西方史的过程，看来比中国要复杂一些。也许这是因为我们不熟悉；也可以猜测，西方人会认为我们的历史复杂和不可理解。

8. 这说的是查理曼大帝的神圣罗马帝国的消失。它确实不是被打败消灭的，它是消失的，是愈来愈分裂为一小片一小片的封建单位。所以，马克思说过，10 世纪的原则是乡村。那时，西欧还有一个中心——教皇。那时，骑士的世俗文化和教会的教士文化同时存在的现象愈来愈显著。那时，威尼斯“共和国”、热那亚“共和国”还存在；不久，北欧的汉萨同盟和星罗棋布的西欧的城市也逐渐兴起了。

必须注意，西欧和日本的封建制度，它的土地关系，一切法制，以及它的文明，单单生产力是不足以解释它的，形成这种制度的直接根据是兵制，生产力因素，通过兵制而起作用。

于是，我们看到，相同的生产力，因为兵制不同，而有西欧的封建制和中国的专制主义。

兵制本身是一种上层建筑。不同的兵制，不仅取决于生产力水平，也取决于政制和意识形态。中国和西欧，在面临足以建立骑兵的新技术的时候，兵制—生产关系的反应之所以截然不同，是因为它们的政制和意识形态是不同的。

这种不同的反应，在西欧，同样在中国，对历史的影响，都延续达千年之久。

9. 日本史有一个特点：它的封建化也始于兵农分离。可惜找不到足够的文献，无法了解其详细的过程。

日本，在我们的隋唐时代建立起来了中国式的中央集权的专制主义国家。井上清把它称为“古代国家”。这显然是为了和其后的逐渐发展起来的政制相对照。那种政制是：天皇无实权，幕府成为封建诸藩的领袖，执掌全国政权，全国相当彻底地封建化，而这个封建制度的底层，也是和农民分离的、其身份为世袭的、带刀的、由农民养活的武士。而且“武士道”，即使在明治维新以后，还实际上支配日本政治直到1945年。

10. 骑士精神，我不知道谁作过系统的分析，据我读史读小说的初步了解，它包括：

①忠诚。所谓受誓约束缚。但也仅限于誓约，而不是无条件的忠诚，不是所谓“君命不可违”，“君，天也，天不可逃也”。这就是说，倘若封建长上有超过“契约”的额外索取，他有权反叛。而且，就是在日常的关系中，上下关系也不是主人和奴隶的关系。有一本小说，说法国的勃艮第公爵召开一个陪臣会议，处理一个违命的陪臣的女继承人。这位公爵提到一个处理办法，违背封建主义的道德风尚，下面就“嗡嗡”起来，公爵马上收回成命。

②荣誉感。西欧人道主义的“个人尊严”观念，其实是骑士精神的延续。骑士不许人家侮辱，如果受辱，他可以要求决斗。长上对违命的属下的惩罚，也不得有损个人尊严。

《汉书》说，汉文帝怀疑绛侯周勃谋反，把他抓起来，交廷尉推治（拷问）。结果，找不到罪证，只好释放他，恢复他的爵位。这种办法，在西欧封建制下是绝对行不通的。明代的廷杖，当然更不用说了。

③守约。即中国所谓“重然诺”。这和荣誉感其实是不可分的。违背诺言是最大的耻辱。

④一夫一妻制，尊重妇女，保护妇女，但可以有骑士式的恋爱。（唐·吉诃德）有过讽刺式的描绘。

罗马帝国时代有过“妾”的记载。严格的一夫一妻制是日耳曼的传统。中国，春秋时代，诸侯聘妻，女方就要以侄娣（即小姨子和夫人的侄女儿）陪嫁，这些女的，是当然的小老婆。西方史讽刺过路易十五的情妇。不过路易十五有情妇，却没有三宫六院七十二妃。周文王有百子，可见至少有一二十个老婆。中国的多妻制，渊源很古了。骑士当然大大地为非作歹了，他可以残暴地对待农奴。他可以有初夜权，他甚至可以拦路抢劫。这一切，都是政权彻底分散的必然结果。然而，在“体面人物”之间公认的道德风尚，毕竟是本文作者所说的，和教会的教士文明相并行的骑士文明的一个重要侧面。

马克思在《资本论》里提到“王茂荫”（鸦片战争前后的户部侍郎）关于货币的奏疏被皇帝驳斥的时候，讥讽地说过，“不知道他是否因此挨了屁股”。这分明是从西方的社会风尚的角度，憎恶中国的“廷杖”的情绪的表现。

这种骑士精神，春秋以前还可以看到。例如，“效忠”，通过“委质为臣”的仪礼；委质为臣的义务，只对表示效忠的对象有效，例如，豫让的“以国士待我，以国士报之”，例如“士可杀不可辱”，例如“重然诺”。

战国时代还有极盛的养士风气。不过，这种士已是游士，是食客，不是受封土的陪臣了。

秦汉时代，骑士精神似乎仅见于“游侠”。“游侠”之风，到汉景帝以后就绝迹了。汉景帝非杀掉郭解不可，理由是，一个“布衣”的号召力比皇帝还大，不杀是不行的。以后，似乎只见兼并的豪强，而不见游侠了。

宋明理学所塑造的一些忠臣，文天祥、史可法等，和骑士精神距离得似乎很遥远了。谭嗣同倒有点骑士派头。

骑士精神支配的世俗文明，和西方民主制的关系如何？它在宗教改革中，曾否对平行教士文明发生过什么影响，从而也影响了宗教改革本身的进程？这些都是饶有兴趣的问题。

11. 英国不久就大大削弱了，直到 16 世纪的伊丽莎白时代，英国是欧洲的二等国家。

注释

①译自林恩·怀德（小）（Lynn White，Jr）著：《中世纪的技术和社会变革》（Medieval Technology and Social Change），英国牛津克拉林登出版社，出版年份不详。本文原为《经济问题的多方面的透视》（Perspectives on the Economic Problem，Prentice Hall，1975）一书所摘录。该书对本文的介绍词中说“作者根据多种史料（包括地质学的和艺术史的证据）认为马镫在8世纪初才从亚洲到达西欧”，云云。

②原文为Llite，成语，指社会精华。

③原文是Tendal Tenure，意思是授封于陪臣、骑士的土地权利。这种权利，原不过是一种租赁—使用权，所有权是属于封建主的。梅因（《古代法》）说，它是仿效罗马时代永田权的一种权利。后来它成了完全的所有权。

④一种文物，挂在墙上的绣帷或毯子。译者不明其出处。

⑤1066年。

⑥两个古英文字，待查。猜测其意，也许是指哈罗德的护卫兵之类。

⑦这是8世纪一次著名的战役，锤子查理在法国南部打败了越过比利牛斯山北犯的伊斯兰军。

⑧上端圆弧，向下尖削的形状。

资本的原始积累和资本主义发展

一、《资本论·原始积累章》和《共产党宣言》

1. 40年前，在《资本论》思想指导下，参加了实际斗争的行列，但是系统地读《资本论》，19年前才开始。这以后，曾长期地做过一些由《资本论》引起的历史和哲学的探讨，没有重读《资本论》。感谢促进者，这一回又翻开了《原始积累章》，并联系地读了《共产党宣言》。

这一次重读，是发现了以前没有注意过的几点的：

甲，《共产党宣言》从阶级分析开始，那里所指的“资产阶级”是 Burgher[①]，亦即法文的布尔乔亚 Burgeois，其实原意是“市民”或“市民阶级”。在那里，马克思和恩格斯分析了市民阶级怎样从他的卑微地位上升为统治阶级，这个过程当然就是资本主义成为统治的生产方式的过程。

乙，《原始积累章》是为驳斥忍欲、节约之类的谬论而写，其目的是要把资本主义的牧歌（可以译为田园诗）式的创世史[②]，还原为它的血腥的创业史的本来面目，所以着重写劳动者怎样从生产资料和产品的所有者，被剥夺成为从生产资料和产品异化出来的一无所有者，依靠出卖劳动力为生的无产阶级。

阐述的目的既不同，论证的方法自然也不同，至于作者的立场当然是始终一贯的。

2. 然而，作者写成这两部伟大著作以后，毕竟已经过去100多年了。后世的人，经历前辈所未曾经历过的事情；后世的人，对先前时代的历史知识当然也有某些新加的东西，所以，读这两部伟大著作，提出一些问题加以探讨，马克思和恩格斯如地下有知，必定也会赞许。这是符合他们“为人类服务”那种严肃的精神的。特别是我们中国人，虽然今天面临的已经不是资本主义发展不发展的问题了，可是，100 多年来，中国从天朝大国下降到地下发掘出来的木乃伊的可怜地位，中国人对之记忆犹新。这 100 多年中，中国人深深具有马克思当时对德国的那种感慨：“我们……为资本主义不发展所苦。”（《资本论》第 1 版序言）这样，我们的探讨，就不仅仅是“无产阶级是怎样异化而成的”，它必然要涉及“我们历史上的异化是什么性质”，以及，如果这种异化不同于欧洲的话，“为什么不同”，“它是否使我们苦恼更为严重”等。

这不过是历史的探索。历史的探索，对于立志为人类服务的人来说，从来都是服务于改革当前现实和规划未来方向的。因此，这个笔记的范围就不免要宽泛一些——也许是大而无当的。

二、市民阶级是欧洲文明独特的产物

1.“市民阶级”在欧洲文字中的语源，我没有考究过，也许这是中世纪以后才有的词汇，并不是从希腊拉丁文字传下来的。不过，马克思下列的几句话，显然承认市民阶级的渊源可以上溯到罗马和罗马以前。

> 资产阶级（市民阶级）……在一些地方组成独立的城市共和国，例如在意大利和德国。（《共产党宣言》，1971 年版，第 25—26 页及第 26 页脚注 1）

> 在意大利……大多数的城市，是罗马时代传下来的遗产。（《资本论》第 1 卷，1954 年版，第 905 页，脚注 189。译文据英文本改。英文是 In Italy... the towns, for the mostpart as legacies from the Romantime）

其实上面的引证不免有些学究气。罗马共和国是城邦共和国，罗马时代意大利的各城市都有城邦式的组织，这是众所周知的事。中世纪中期，威尼斯、热那亚、皮萨、佛罗伦萨，这些商业共和国，或商业—手工业城邦，十足地承袭了罗马时代的遗风，这也是众所周知的事实。吉本（Gippon）在他的《罗马帝国衰亡史》中还告诉我们，威尼斯在古罗马是海滨荒村，蛮族征服罗马的时代，许多富有的罗马人避兵乱到那里，她逐渐扩大起来，不过没有成为“世外桃源”，却发展成为一个借商业为生的城邦，以后变成一个足以左右十字军行动的、富有的、有强大的商船队和海军的、威力强大的商业共和国。城邦国家、商业城邦，这都是古希腊、罗马的传统，其渊源远远超过中世纪，这是西方传统的一个显著特点。

我们中国人却往往忽略这个特点，并且只把这种渊源推到欧洲的中世纪，还接着来了一个非历史的类推：既然欧洲中世纪产生城市，产生市民阶级即资产阶级，这种马克思主义的普遍规律对于中国就应该是无条件适合的。因此，中国的中世纪也有资本主义的萌芽，倘若不是意外的历史事变打断客观历史发展过程，中国社会自己也能生长出资本主义来云云。

2. 这种非历史的观点，必须批判。欧洲文明的传统，离不开古希腊。古希腊的社会经济类型，古希腊思想，被罗马几乎全盘继承。蛮族征服，给欧洲文明打上了日耳曼的烙印，可是罗马传统通过基督教会大部分保存下来了。13世纪以后的文艺复兴运动，更使被基督教神学掩盖掉的那部分欢乐的、世俗的人生哲学，民主主义的政治哲学，和具有强烈实证气味的理性主义学术思想，以新的面目恢复了它们的旧观。谁都承认，文艺复兴运动是世界近代化，亦即资本主义化的一个重要因素。外国人承认这一点，随而肯定迄今的西欧文明可以名之曰希腊罗马文明。中国人也承认这一点，可是他们目光所及，以中世纪为限，不再上溯到古希腊罗马时代。种种误会，可以说大部分由之而起，所以必须略加叙述。

古希腊人本来是北方的蛮族。他们来到古希腊半岛和爱琴海诸岛屿的时候，开始也以务农为生。有些部族，所占土地肥沃，一直务农下去了，斯巴达就是其中之一。大部分部族，所占土地太贫瘠，几代以后，土地上的出产就养不活愈来愈多的人口了（最著名的是雅典）。可是爱琴海域海岸曲折，海域不宽，岛屿密布，周围又是一些早已具有高度文明的富裕的专制主义农业王国或帝国（埃及、巴比伦、波斯……），或者是已经相当开化的蛮族（北非的柏柏尔、欧洲的高卢、凯尔特、拉丁……），于是航海、商业（进一步兼及精制品的手工业）、殖民就成了他们的传统。

古希腊人的特殊环境，使他们无须组成统一的民族国家来抵御外族，他们组成一个一个城邦，他们的政治基本上是民主的，当然是贵族中的民主。有过所谓僭主政治，有过斯巴达那样的特殊类型的尚武的集权国家，但从未建成同时代埃及、波斯那样的绝对专制主义的国家。

古希腊时代的学术，有文法学、逻辑学、几何学。在中国人看来，他们很笨，一件事要打破砂锅问到底，一些不容怀疑的自明之事，他们要制成什么“律”、什么“律”的。例如，“甲是甲”，中国人从不进一步考虑，他们却说这叫作什么“同一律”，并由此推出矛盾律、排中律之类。他们的哲学，考究宇宙论，如地水风火是宇宙的四大要素之类。中国也有，五行学说即是。不过他们从这里出发，期望对自然作出精确的分类，还引申出什么概念、判断、推理之类的逻辑学。中国人的宇宙论，不经过什么中介，立即应用到“正名定分”、“圣君治天下”之道上去，要不然来一个庄子式的一切虚无，于是，实际生活、客观事物的考究，就被排除在士大夫的冥心思索之外去了，等等。

古希腊时代有些东西，在现代的中国人看来，惊人地“现代化”。古希腊世界曾经团结起来抵抗波斯帝国——希波战争。战争胜利结束之后，立即开始了以雅典为首的一个集团和以斯巴达为首的一个集团之间的长期战争，所谓伯罗奔尼撒战争。历史学家修昔底德写了一部《伯罗奔尼撒战争史》。翻开这本书，我们惊异地看到，由欧洲人带到中国、带到全世界的一套国际关系的惯例——条约、使节、宣战、媾和、战争赔款等鸦片战争前中国人不知道的东西，已经盛行于当时的古希腊世界。这一套国际间的法权关系，只能产生于航海、商业、殖民的民族之中。

3. 罗马人几乎全部承袭了古希腊传统。他们唯一的独创是法律，而这是近代欧洲“不可须臾离之”的东西。

不过古希腊罗马文明在东罗马帝国却承袭得大大走了样。它的根干，在西欧虽有日耳曼征服的“遮蔽”，却和日耳曼精神混合得更向自由化走了一步。在拜占庭，它和巴比伦的东方专制主义结合，成了所谓东正教文明，其正干是今天的俄罗斯（拜占庭末代皇帝的女儿嫁给俄罗斯的基辅大公，俄文字母是东正教教士帮助创制的。俄国人说，罗马是第一个罗马，拜占庭是第二个罗马，莫斯科是第三个罗马，永远不会有第四个罗马……）。拜占庭帝国的首都拜占庭，在中世纪初期，是西方唯一的商业发达城市。它的商业的一大部分是通过“丝路”西运的丝绸转口贸易。这个帝国对于商业的态度和中国一样——当作帝国的摇钱树看待。它的朝廷奢华，国势衰弱，而皇帝特别装腔作势，显出无上的威仪。马克思称之曰“没落帝国”。

在这里，宜于说说中国的城市和市民了。中国从来没有产生过商业本位的政治实体，而且也不可能产生出这样的政治实体。中国城市发达得很早，航海技术发达得也很早。春秋末期，吴出兵攻打齐，一路军队是从海上运去的。洛阳、临淄，是早期的大城市。中世纪欧洲的商业规模，从一些经济史文献可以看出，那是十分可怜的。马可·波罗来到中国，对于当时的北京、杭州等城市的繁华，惊为天堂，而马可·波罗还是从威尼斯来的。拜占庭依靠丝绸转口贸易为生，而当时丝绸的唯一来源是中国。这就是说，中国从不缺少商业。陶希圣甚至断定，唐代的社会是商业资本主义性质。但是，中国的城市、市井、市肆，却从来是在皇朝控制之下（参见《文物》，1973 年第 3 期，刘志远：《汉代市井考》），是皇朝的摇钱树，皇朝决不会允许商业本位的城市、城邦的产生。

这是中国传统和古希腊罗马—基督教文明传统的极大区别之一。外国人对此是不了解的，正如中国人不了解他们一样。最现代的一次误会，就是英国唆使广州的陈廉伯组织商团企图赶走孙中山。伦敦的商人，在内战中（17 世纪）起过巨大的作用，甚至在滑铁卢战役中也是军队的骨干。在中国，谁要是听到商团要打天下成大事，那就是天大的笑话了。

4. 欧洲中世纪城市的兴起，更和罗马传统的法权观念有关系。

中世纪欧洲的城市，是一个摆脱了封建主和王朝的封建义务的自治体。它在法国干脆称作公社——commune，“共产主义”的名词由此而起，巴黎公社的“公社”两字，也袭用了这个传统的名词，这种城市自治体的内部关系是：

> 13 世纪（英国）大小不同的城市都已多少取得一点自治。城市现已摆脱了封建的勒索，其主要目标是将它的商业掌握在它自己的市民手里。所根据的原则是，只有对本市的自由出过一份力的人才有分享它的特权；由于市民组成的商业公会，这个目的达到了……
>
> 14 世纪之末，伦敦市长只可由 12 个大行会里选出。

上述引文，摘自英国作家莫尔顿《人民的英国史》（三联书店 1962 年版，第 56—57 页）。我没有把城市内部的阶级特权和雇工等的无权状态等文段摘录下来，我不是不注意城市内部的阶级斗争，我只是想指出，城市及其自治，是中国历史上所绝对不会发生的，甚至是东正教文明的俄罗斯沙皇统治下所不允许存在的。一个苏联人写的《苏联通史》叙述过，俄国（大概是诺沃哥罗德）有过城市公社，不久就被帝国勒令解散了。

城市自治是怎样取得呢？是赎买封建主的封建权利而得到的。莫尔顿书上说：

> （12 世纪末，第三次十字军兴起之际）需要额外的现款。这些款项的筹措方式不一，最重要的是向城市出卖特许状。这些城市仍赖耕种他们的公地来维持，它们所以与周围的乡村不同，主要是因为市内土地保有权的条件有较为自由的倾向。然而，城市常要负担种种既无理而又苛刻的地租和赋税。城市渐渐发达，与领主们订立合同，约定交纳一笔总款项，更常见的，交纳一笔年租以免除他们的种种义务。要做这事，便不免给予一纸特许状，设立一个集体负责交租的团体……
>
> 摆脱私人关系和私人服役制度的自治市“地方自治体”兴起了，结果形成了准备加入政界的新阶级……（第 59—60 页）

在中国，朝廷兴军筹饷之事很多，但是决不会有出卖特许状，并由此建立一个个“独立王国”式的城市自治体的可能。考究其原因，中国历史上的法，是明君治天下的武器，法首先是和刑而不是和权连在一起的。可是，取法古希腊精神的罗马法以及继承罗马法传统的欧洲法律，法首先和权连在一起。他们的封建制度，是具有严格身份等级的一种统治制度，可是，至少在统治集团之间，相互间的身份和关系，观念上认为是由契约规定的，法学家称之为“规定身份的契约（Contract to Status）”。中国，这类问题由简单的 16 个字加以解决，即所谓：“普天之下，莫非王土；率土之滨，莫非王臣。”

正因为城市具有特别的法权，所以它有特殊的政治地位。《共产党宣言》说：

> 资产阶级（市民阶级）“在工场手工业时期，它是等级制君主国或专制君主国中同贵族抗衡的势力，甚至是大君主国的主要基础”（1971 年版，第 26 页）。

原来，十四五世纪，欧洲在彻底的分裂中兴起民族国家的时候，民族国家大半经过一段专制主义或开明专制主义的时期。可是，这种专制主义国家的王权，是依靠了城市来同分散主义的封建贵族斗争，才做到了国家的统一的。说老实话，我初读欧洲史，简直不知道这是说的什么。我们中国人只知道秦始皇、李世民、朱元璋或者蒙古人、满洲人带兵打仗，杀败旧皇朝和一切竞争对手，登上宝座。再深入一些，知道汉武帝打匈奴，缺钱，有著名的“杨可告缗”，征收财产税，对象主要是商人，结果是“中人以上家率破”；知道秦制，戍边、发谪吏、有罪有市籍者、父母及大父母曾有市籍者；知道“三年清知府，十万雪花银”。哪里知道城市可以花钱买特许状，取得自治权利，登上政治舞台，成为民族国家建立过程中支持统一的基础！

罗马法权传统，国家是建立在公民权利基础之上的。欧洲各国现代诉讼法中，个人或法团可以成为诉讼的一方，其另一方是国家。个人权利，在理论上是受到法律保障的，国家不得随便加以侵犯。固然，这不过是纸面上的保障，然而纸面上的保障也是世世代代斗争结果的记录。固然，这是特权阶级的权利，可惜，在中国，在皇帝面前，宰相也可以廷杖，等而下之，什么“权利”也谈不上，所以，马克思讥讽中国是普遍奴隶制——当我们读《家庭、私有制和国家的起源》，读《国家与革命》、《法兰西内战》，看到其中强烈谴责凌驾于人民之上的国家的时候，千万不要忘掉，马克思他们是在什么历史背景之下写作的！

5. 我们那些侈谈什么中国也可以从内部自然生长出资本主义来的人们，忘掉资本主义并不纯粹是一种经济现象，它也是一种法权体系。法权体系是上层建筑。并不是只有经济基础才决定上层建筑，上层建筑也能使什么样的经济结构生长出来或生产不出来。资本主义是从古希腊罗马文明产生出来，印度、中国、波斯、阿拉伯、东正教文明都没有产生出来资本主义，这并不是偶然的。

应该承认，马克思生长于古希腊罗马文明中，他所认真考察过的，也只有这个文明。

中国有些史学家似乎并不懂得这一点。

三、有了市民阶级，并不必然从中产生出资本主义来

1. 既然市民阶级渊源甚古，又，既然古希腊、罗马的城邦并未产生出资本主义来，那么，从这一条，就可以达到本节题目的结论。架空一点讲，商业资本主义并不是资本主义的同义语，这是马克思再三论证过的。何况，中世纪城市的特点是行会制度，它不是大量生产的，不是合理经营的，它对经营规模是限制的而不是努力扩大的，它对行东、帮工、徒弟施加一种封建式的身份限制，所有这些，都使中世纪的市民阶级（Burgher）迥然不同于现代的资本家（Capitalist），这一点，《共产党宣言》也有所论述。

不过，《宣言》着重指出的是资本主义的奏凯行进。《宣言》并没有指出那些落伍者，为了说明“市民阶级并不必然从中产生资本主义来”这个命题，我还想列举一些向资本主义进军中“市民阶级”的落伍者。

落伍者第一号是意大利诸商业城邦和商业共和国，威尼斯、热那亚、皮萨、佛罗伦萨等。这些城邦共和国，曾经为现代资本主义举行过奠基礼：现代银行和国际汇兑制度发源于此，近代物理学和实验科学滥觞于此。她们还是文艺复兴的故乡。可是，地理大发现以后，她们衰落了，那里的市民又返回到农村经营起园艺式小农业来了（见《资本论》第1卷，1954年版，第905页）。可以把此事解释为航海殖民的中心转移到大西洋海岸，地处地中海的意大利不适宜再成为中心。然而，16世纪上半期西班牙霸权的崛起，囊括新大陆的移民和贸易，扩大疆域及于整个欧洲，甚至意大利也沦为它的领土，看来与它们的衰落也不无关系。那么由此推出这样一个结论，也许有些道理：仅仅经济上的优势，而没有强大的军力和适当规模的民族国家来保障这种经济上的优势，那种商业城邦是发展不出资本主义来的。

类似的例子是汉堡、不来梅和卢卑克等北欧商业城邦组成的汉撒同盟。十二三世纪及以后，她也曾显赫一时，甚至当时波罗的海最强大的立陶宛一波兰王国也向她借债，仰她鼻息，可是到十五六世纪也衰落了。我手头贫乏的文献中，找不到任何解释汉撒同盟衰亡的资料，推测起来，意大利诸城邦衰落的原因，也许也适用于它。

第三个例子是西班牙诸城市公社。西班牙首先发现新大陆，征服拉丁美

洲，掠夺大批金银回来，并且由于这些财富，使得不久前从反伊斯兰哈利发的民族解放斗争中崛起的西班牙王国，成为欧洲最强大的国家。可是这一航海、商业、殖民的伟大成果，在资本主义的发展上竟毫无着落。原因何在，我摘录一段文献：

> 西班牙在16世纪初时……存在着大量的自由城市——公社……等级制的国会依旧保留极大的意义……1519年卡斯提腊国会向国王宣称："陛下，你要知道，国王只是领俸给的国家公仆。"……1520年春，卡斯提腊国会对国王提出……1.（国王）不许离开卡斯提腊（那时查理的西班牙，领土遍全球，1519年兼德国皇帝），2. 禁止黄金出国，3. 撤销外国人的高级官职。查理拒绝了这些要求……1520年6月，在卡斯提腊爆发起义……主要动力是公社城市……1521年起义失败……查理五世与城市分裂，并和上层贵族联盟……马克思说："西班牙……贵族政治虽然已趋于衰落，却没有失掉它危害性最大的特权，而城市虽已失掉它中世纪的威力，却没有获得现代的意义。"（谢缅诺夫：《中世纪史》，三联书店1956年版，引马克思语，见他著的《革命的西班牙》）

总而言之，野心勃勃的皇帝要世界霸权，把城市当作金鹅，并且还杀鹅取蛋，以至城市既失掉它中世纪的威力，又不具有现代的意义。于是西班牙就一蹶不振，而航海、商业、殖民，对它竟毫无收获——除今天拉美各国（不包括巴西，那是说葡萄牙语的）说西班牙语以外。

以上三例，都是产业革命以前的。列举它们，无非说明，市民阶级在转化成为资本家的路途上并不都是成功者，有许多倒下去了。也说明，商业城市，唯有在合适的政治权力和强大的武装保护下才能长出资本主义来。可是，如果政治权力和军事力量只以城市为取得征服扩张的财源之所，而不保护它成长的话，那也是长不出资本主义来的。后面这一点，中国人应该是懂得最多的。

2. 跟着西欧编年史往下数，数到17、18世纪的时候，就不免接触到产业革命，并且要问产业革命的背景何在？它何以发生于英国？可是这一来，就接触到一个问题，究竟我们怎样给"资本主义"下定义？

我本人，作为一个中国人，对于资本主义有一种先入为主的观念，那是指私人所有的，以谋利为目的，采用机器生产和合理经营方法的那种生产方式。

我不敢代表全体中国人说话，不过我分析这种观念的来源，不外：①工场手工业，咱们中国古已有之，不足为奇；②使中国人震惊于资本主义的威力的，最初是船坚炮利，后来是它的“商战、学战”的威力（我还清楚记得，我的母校——留云小学的校歌，开头的几句是：“滔滔黄歇浦，汲汲竞争场，商战学战较短长。”我学会唱这歌，是在1922年“五四”运动后的第三年）。究竟这种先入为主的观念对不对？

我也对马克思对资本主义的定义作过多年的探索，我发现，他的定义，集中在一点上：

> 资产阶级是指占有生产资料并使用雇佣劳动的现代资本主义阶级。（《共产党宣言》恩格斯附注）

这就是说，凡不是以行东、帮工的关系处理雇佣关系，而以雇佣劳动方式，即“无情地斩断了把人们束缚于天然尊长的形形色色的封建羁绊……使人和人之间除了赤裸裸的利害关系，除了冷酷无情的现金交易，便再也没有任何别的联系”的方式处理雇佣劳动的，是资产阶级，不论那是工场手工业、农业，还是机器大工业等。马克思所以采取这样的定义，显然是因为他悲叹丧失了生产资料的劳动者，被他自己的劳动所异化了——这是他的根本哲学命题，是他的社会主义革命学说的出发点；是他坚决主张社会主义不再存在商品关系（这是他称之为拜物教的一种关系）和价值范畴的原因。现在读《原始积累章》，看到他从“农民土地的剥夺”开头，看到他把鸟一样的自由劳动者的存在作为资本主义兴起的唯一或几乎唯一的必要条件，在理解了他的学说的“发源地的秘密”（这是马克思在他的《经济学—哲学手稿》中评论黑格尔的用语）之后，就不难理解了。

可是，坦率地说，1954年我初次系统读《资本论》的时候，我对这一点是不懂的。我从字面上理解“自由劳动者”的存在是资本主义创世的必要条件的秘密，我把它对照中国的历史和现实，我发现，历史上中国从来不缺少这样的自由劳动者——那些没地种、没饭吃、铤而走险、当土匪，或者成了朱元璋兵士的农民，难道不是这样的自由劳动者吗？这种自由劳动者也曾经成为手工工场的劳动者，范文澜《中国通史》序言就曾经引证过一些材料。为什么中国没有成长出资本主义来？

也许，上述自由劳动者的存在，是资本主义兴起的原因，这一理由对于劳动力缺乏、土地资源相对丰饶的欧洲，是确实的（11 世纪，英国人口不过 200 万人，同时期的中国，在 5000 万人以上）？也许，对于开辟了广大无垠的殖民地的、地理大发现以后的欧洲，是确实的？后来我想想，这种确实，也不过是程度上的问题。因为如果它们的人口确实如此不足，就不会有逃亡到城里因而获得自由的农奴了。就历史现实而论，其他的因素更为确实。所谓其他因素，《共产党宣言》所指明了的，有航海、商业和殖民所扩大了的市场，蒸汽机和机器的发明。我想再补充几点，那都是对照中国状况，似乎不得不补充的：法权体系和意识形态所决定的、国家的商业本位的根本态度；欧洲古代，加上经过文艺复兴积累起来的科学技术[③]；合理经营（包括复式簿记）[④]的知识；宗教革命，尤其是 16 世纪英国宗教纠纷中对天主教的深刻憎恶所激起的崇尚节俭积累的清教徒的上帝选民的意识。如果这几条是合理的，那么，蒸汽机之类的发明应该归到科学技术这一条概括性更宽的条目中去，这一点，在 100 多年以后的我们看起来，应该是不成问题的。

3. 经过以上考虑以后，我不免要以中国人的狭隘性，坚持我的资本主义定义了。

我的理由还是狭隘的中国人的立场。18 世纪末期产业革命以前，欧洲通过航海、商业、殖民确实大大扩大了它的地盘，它在文化上已经有牛顿、莱布尼茨、康德、休谟、洛克、杜尔阁；它已经征服了印尼、菲律宾，并且开始征服印度，美洲就更不用说了。英国已经有了国债券，有了英格兰银行，有了许多殖民公司。但是当时进步的欧洲对沙皇的俄国、苏丹的土耳其、天朝的中国，还没有显出压倒的优势，相反，那时中国状况和中国知识开始为欧洲人所知道的时候，他们对此还十分歆慕[⑤]。欧洲文明的潜在优势那时固然已经十分明显，不久就要体现为强大的物质力量，但是，在产业革命以前，也就是在它还没有实现为强大的物质力量以前，它还不足以风靡全球，还不足以使“各民族都在灭亡的恐怖之下”“变法自强”。

我这个狭隘的中国人的想法，从另一方面，即从世界史的角度来衡量，也许并不算是狭隘的。古希腊罗马文明，其实自古以来不过是世界上几个大文明系统中的一个，其他文明，例如中国文明，有过十分灿烂的成就，直到产业革命以前，世界历史并未证明古希腊罗马文明的优越性。后代的我们，可指出它的法权体系、思想体系是其后来强大物质力量由以长成的基础，但是当它实现为强大的物质力量以前，它还没有证明它自己优越的证据。假如我们把资本主义和古希腊罗马文明两者间的关系弄得十分紧密的话，我们未始没有理由把资本主义定义为产业革命以后那种现代化的生产方式和生产关系，而把产业革命以前的工场手工业，有组织的金融方法，规模十分宏阔的航海、商业、殖民，都看作现代化资本主义的准备阶段。

4. 如果我们这样定义也还有几分理由的话，我想进一步探讨，现代资本主义何以发源于英国?

理由不外是上面所举的那些。复述一下：

甲，就历史背景而言，那时的英国承受了古代及通过文艺复兴所积累起来的全部科学技术、合理经营知识，承受了 16 世纪航海、商业、殖民的全部有利后果。并且，因为英国本身的特殊条件，还发展了这些有利后果。

乙，所谓英国本身的有利条件，有：第一，它组成了一个统一的王国，力量足以保护它的商业利益的扩张；这个统一的王国还以保护它的商业利益的扩张为基本国策（可与上举西班牙相对比）。第二，这个统一的王国做了异常的殖民扩张，但是它不是以建立一个罗马式的拿破仑式的大帝国为目标；它确实有成片的殖民地，即北美，不过，那是古代希腊式的殖民地——对母国具有相对独立性的殖民地。

丙，它在航海、商业、殖民扩张初期，虽然也利用了个人冒险的私掠活动，基本上采取富于商业冒险精神的贵族所组成的垄断公司（东印度公司、南海公司等）。可是，产业革命却不是这些垄断公司的业绩，而是撤销垄断后，由清教徒的市民阶级来完成的。这主要表现在机械纺织业的勃兴上，恩格斯的《英国工人阶级状况》一书可以为证。

这是国家采取商业本位主义国策的又一证明。19 世纪中期，穆勒的书中，十分强调一切营利性事物都绝不宜由政府来办。这其实是 17—20 世纪三个世纪以来的基本态度。以此与中国汉代开始的盐铁国营，及其后连绵不绝直到清代的食盐官卖，广州十三行是皇商的传统相比（其实，中国在远古的商代，手工业就是“国营”的），可以更加突出地看出它的特点。

丁，产业革命后，英国进行过多少次战争。以拿破仑战争为例，英法两国在战争中的经济政策成了鲜明的对照。拿破仑在经济上控制一切私商，要他们为帝国效劳，他要金蛋，只是不杀掉金鹅。拿破仑禁绝出版自由，只准有御用的立法团。英国则放纵资本家无限制剥削童工（资产阶级的西方史家至今还以此为历史的羞辱），用公债来搜集所剥削得来的剩余价值（用公债搜集战费当然有利于资本的积累，拿破仑的政策的结果是相反的），以收买大陆上的王侯和拿破仑作战，它自己基本上只用海军力量作战，只打了一次滑铁卢战役，那已经是“做结论”的时候了。英国的这种态度，在拿破仑战争以前（亦即产业革命以前）的历次战役中都一样，如反对西班牙帮助荷兰解放之战，如反对路易十四之战，等等。

其结果，英国的对手，采取王朝本位政策的，虽然所继承的历史遗产都相同，却无例外地抑制了发展。而在英国，每一次战争都是财神的胜利，最后是产业革命。

我这样絮絮叨叨地讲历史，无非想说明：在英国产生出资本主义来，是多种因素共同作用的结果，单独一个因素都不能达到这种结果。商业本位国家，荷兰有过，产业革命未发生于荷兰。文艺复兴以来的各种科学技术成就，是许多欧洲国家的共同遗产，而产业革命只发生于英国一国。强大的王权，法国和英国一样早，产业革命却未发生于法国（固然，法国大革命是一个因素，不过，路易十四时代的科尔贝主义，即国家出资办国营手工工场，也是发展不出产业革命来的）。航海、商业、殖民的扩大所造成的市场扩大，是欧洲诸国的共同利益，唯有英国才促成了产业革命。

“产业革命是多种必要因素共同作用的结果”这个命题如果是真的，那么由此可以推出一系列命题：

①历史地说来，发生产业革命是必然的，但发生在什么地方，什么时候，却是历史事变凑合的结果。如果历史事变没有这样的凑合，它可以推迟。推迟几百年，在历史上不算一回事。

②它只能发生于出现了这样的凑合的国家内。由于这种凑合的机会并不是在所有国家都可以随随便便发生的，所以，它注定要发生在一国内，然后传布于世界——产业革命本身的史实证明了这一点，它是由英到法，到德，到美，到俄，到日，这样传布的。

历史上任何重大的、足以改变人类命运的变革，都是这样发生和传布的。

③在具备了所有必要条件中好几项的国家，如英国，产业革命后接受产业

革命迅速；而具备条件愈少的国家，接受愈迟缓，接受的方式也显出大大小小的差异。

接受方式，可以分为法国型的、德日型的、美加澳新型的、沙俄型的，以及印度中国土耳其埃及型的等。到本世纪以后，就不再纯粹是接受资本主义的问题，而成为一个更广泛的“现代化”问题，可以有资本主义道路的现代化，也可以有社会主义道路的现代化，还有50年代以后“新兴国家”的特殊样式等。

④由此可以推论，认为任何国家都必然会产生出资本主义是荒唐的。特别在中国，这个自大的天朝，鸦片战争和英法联军敲不醒，1884年的中法战争还敲不醒，一直要到1894年的中日战争猛敲一下，才略打一个欠伸，到庚子、辛丑才醒过来的中国，说会自发地产生出资本主义，真是梦呓!

附带说说，对于明末资本主义萌芽之说，梁方仲的《明代粮长制度》委婉地列举证据加以驳斥过。此书论证细致，搜集材料丰富，篇幅不大，倒是值得一看的。

5. 最后，想说一下“忍欲”、“节约”与清教徒精神问题。清教徒精神，确实是资本主义的精神动力，其间，并不仅仅是“节约”和“忍欲”，还要加上①不是仅仅为了糊口、传子传孙，永葆富贵，甚至有100亩田就教会儿子抽鸦片以图保产的那种“节约”，而是冒险精神、创业精神[⑥]，企图在一个领域里打出一个天下来的那种事业心。熊彼得曾引北欧航海家庭的门侧题词来说明这种精神：“航海是必要的，生命是其次的。”②“上帝的选民”的意识，换句话说，就是要以自己的世界观来改造世界的那种宗教精神。以上几种精神，互相结合，可以表述为崇尚个人才能，力主个人权利神圣的“极端个人主义”。这是路德—加尔文宗教改革以后，经过一系列历史事变激荡出来的精神面貌。它支持了美洲的拓荒者（Pioneer Fathers），支持了克伦威尔的革命，形成了商业事务中的骑士精神。

马克思虽然反对忍欲、节约之说，可是他对于这种清教徒精神对资本主义发展的推动力作过充分的估计，不过，没有也不会写到《资本论》里去而已。《资本论》全书要论证剩余价值的非正义性，当然不会说到这一点。而清教徒精神事实上也是17、18世纪的产物，到19世纪西尼耳提出“忍欲”之说的时候，资本家老早是世传的“贵族”，不是凭个人奋斗出人头地的人物了。马克思对清教徒精神的估计，散见其他著作，也没有作过正面的赞赏。马克斯·韦伯得到马克思的启发，写过一本《新教伦理与资本主义》，我仅知书名，没有读过。

应该承认，这是资本主义的精神支持。没有这种精神支持，资本家哪里会有事业精神，哪里敢和贵族王权抗衡。其实，即使在这种精神支持下，19 世纪英国资本家还是甘愿让贵族出头露面——当首相，当将军与外交官，他们自己还甘愿在政治上当配角。这样看来，在重农抑商历史传统下的中国商人，只会当西门庆，舐一些太监的唾余，绝不敢要求政权，就不足为怪了。

不过，忍欲、节约之说，迄今还是西方经济学家持以为股息、地租是合法权利的凭据，这却应该严厉反对。西方进步经济学家，虽非马克思主义者，对此也持否定态度。

这种清教徒精神本身有其残酷的一面。加尔文残杀异教徒比得上天主教的宗教裁判所。当它被无耻的贪婪资为借口，来贩奴，来残害童工，还说在拯救人们灵魂的时候，基督教徒也指摘他们是财神（摩门）教徒了。

四、余论

1. 资本主义靠原始积累起家，其初期内部剥削十分严重，这是无可辩驳的事实。资本的每一毛孔都在渗出血污，这么说是毫不过分的。不过，随着这种剥削积累形成的生产力的逐步发展，工人生活水平必然逐步提高。恩格斯重版《英国工人阶级状况》时所写的跋，描写了 40 年间英国工人生活的变化，这是上述命题的第一次历史证明。到本世纪初期，这种历史证据似乎还嫌不足，所以列宁认为，这是英国垄断资本对殖民地超经济剥削所形成的特殊现象。60 年后的今天，已经有充分的证据，证明这是普遍规律了。

其实，资本主义从英国向各国传布的过程中，这种普遍规律还成为后进国家得以发展资本主义的动力之一。这就是说，先进国家随资本主义的发展而提高了它们的工资水平，后进国家的低工资水平使它们的物价便宜，竞争能力强，积累率高。上世纪 70 年代以后德日两国资本主义的迅猛发展，这是一个重要因素。罗素曾经指出，那时德国大学化学系毕业生每月工资“不过”70 美元（按当时英美水平大概算是低的，我们现在看来则高不可攀了），这是德国化学工业很快独步世界的原因之一。

附带说说，德日两国都在兴起之际取得一宗赔款（德国从普法战争，日本从中日战争），这对它们的发展起过很大作用，不过比英法两国在两三百年间海盗式的商业和殖民掠夺所得，到底要少得多。它们的积累大部得自内部来源，它们还没有19世纪初期英国童工那样的惨剧，俾斯麦还创立了世界上第一个劳动保险制度（那是为了取悦工人，抑制资产阶级攫取政权，推行皇朝本位政策）。日本对中国的侵略，我们迄今记忆犹新。不过“二二六”事变的原动力是少壮军人，他们所代表的是未能在收入较高的现代工业中就业的农村居民，少壮军人的口号是打下满蒙，殖民满蒙，来解决他们的问题。这是武士道精神，不是资本主义精神……经过一次战争，日本充分利用了人力资源丰富、工资水平低、技术教育普及，来了一个20年的“神武景气”，工资水平差异这个因素的作用就看得格外明显了。

工资差异的另外一个因素来自资本主义发展的另一种类型——美、加、澳、新那种类型。其特点是广阔无垠的新土地，家庭农场的大农经营⑦，造成高工资的底子，它促使工业一开始就不能不实行高度机械化，产生了福特主义、泰罗制度、产业合理化等一套古老的资本主义国家所未见过的东西，这自然在资本主义体系中激起反应，使资本主义世界的技术水平、工资水平发生一系列的变化。

不管怎样，总之，资本主义发展提高了工资水平，而不是压低了它。要对此作合乎事实的理论分析，还可以说许多话，因为前面已经说到过，这里就从略吧！

2. 资本主义的发展提高了工资水平，这是事实，是否认不了的。有人闭着眼睛说瞎话，在说“绝对贫困化”，这是违背事实的。这也是对马克思的歪曲。①马克思本人，分析过绝对剩余价值，以明显的文句，分析过工人物质生活即使逐步提高，相对而言，他们还是愈来愈贫困化了。马克思本人，没有直接说过什么绝对贫困化。②马克思本人，指出工人的工资，被其必要生活资料的价值所决定。但是，他所说的必要，显然是弹性的，换句话说，是水涨船高的。马克思本人，如果认为工人生活水平会从资本主义发轫之初的一般平民生活水平逐步下降到“收租院”的水平，他还能是马克思吗？③马克思的贫困化理论，和他在哲学上坚持无产阶级是人从自己的生产资料和产品异化出来的残缺不全的人的观点密切相关。从这个命题出发，资本主义不消灭，社会化的生产资料和社会产品不回到社会化的人手里，这种异化不会结束。无论他们吃得也许好些了，它总是处在可悲的贫困状态中。不管我们对于马克思的异化理论采取什么态度，总之，不了解他的这种理论，也就不会理解他的贫困化的理论。

现在人们絮絮叨叨地谈绝对贫困化，正和不谈佛教寂灭哲学，却念南无阿弥陀佛，不谈圣保罗的原罪和救赎哲学，却跪在圣玛利亚像前祈祷一样。这种现象必然会有，可是不必去争辩。

3. 不过，在指出资本主义工业发展必然提高工资水平这个普遍规律的时候，必须同时指出一个极为重要的问题：这是一个长期的过程，而且要靠职工运动的斗争。还有，在资本主义发展初期，职工运动不易发展起来；即使发展起来，提高工资的要求也只能逐步发挥作用。一句话，资本主义发展初期的贫富不均现象总是突出的。

理由何在，不难找到。要通过资本主义来现代化，必然要鼓励创业精神和牟利动机，必然要把资本主义的积累看作人类的福音。可是，资本主义把社会积累“委托”给资本家。这种积累，资本家有权无限制地加以动用，即使他“忍欲”了，这份积累还可以变成坐收利息不劳而获的特权。这必然要鼓励他一方面实行无限制的剥削，一方面把个人生活搞得穷奢极欲。事实上，现在世界上一切新兴国家的现代化，都有这么一个大问题。人类比 200 年前聪明一些了，残害儿童已经不能忍受了，所以，新兴国家怎样现代化，资本主义老路走得走不得，已经成为一个严肃的问题了。

不过，我们也不要以为我们的问题全已解决。清醒地看到问题所在，知道我们已经解决了什么，哪些没有解决，哪些走过了头，实事求是，而不是教条主义地对待客观实际，我们国家不久就会在经济上雄飞世界……

4. 研究外国历史，研究世界状况，都是为了解决我们的问题，否则那不过是有闲阶级的精神游戏。中国问题可说的太多，前面已经牢骚式地涉及一些，可是它远不是什么客观的研究。不过，这份笔记已经太拉杂了，这个问题暂时放下来以后再说吧。——那么，让步政治也暂时搁下吧。

1973 年 6 月 11 日

注释

①Burg 为市镇，Burgher 为市镇人民，相对于乡村人民而言。黑格尔《法哲学》和《马克思恩格斯全集》第 4 卷以前各卷文章，“市民”和“市民社会”联称。细读《共产党宣言》第 1 章，可以知道这意义，恩格斯 1888 年所加附注，正是为了不愿意 Burgher 再从往昔的广泛解释而加上去的。

②现在的《资本论》中译，有些地方似乎还值得斟酌。例如原始积累章之四，英译标题为 Genesis of the Capitalist Farmer Genesis，套《旧约》的《创世记》，有一种真实历史的神话的意思。中译为干巴巴的“资本主义租地农业家的发生”。此外，Protestant 是新教，这是中国人习知的名称，直译应为“抗议教”。译者用日文外来语的方法译音，结果，凡是和基督教有关系的、无关系的中国人，一概看不懂。原始积累章涉及大量西方历史，译文似需进一步推敲（按：顾准写此文时，《资本论》新的中译本尚未出版，此处指郭、王中译本）。

③科学技术知识的发达，是因素之一，怎样强调也不为过，南齐祖冲之的数学著作，竟然在唐代失传了，因为没有人看得懂。礼教的中国，这类学术的成就，必然是要湮灭的！

④桑巴特认为复式簿记的发明，其伟大可与血液循环相比。日本明治维新时代鼓吹现代化最力、影响最大的思想家福泽谕吉，亲自翻译过复式簿记的书。

⑤魁奈的重农主义，被马克思誉为资本主义福音的，是中国康熙皇帝的政绩，是中国的重农抑商传统传到欧洲以后启发起来的。

⑥不妨参考一下本月 11 日《参考消息》的美国畅销小说《海鸥》。

⑦事实证明，这种家庭农场类型的大农经营，比英国的资本主义大农场更加有力，读《资本论·原始积累章》，关于资本主义租地农业家的创世记这一节，必须不要忘掉这件事。

帝国主义和资本主义

一、美帝国主义在20年的较量中退却了

这个命题，看起来是确定无疑的。朝鲜战争和越南战争，较量的双方，实质上是中美两方。经过较量，美国丢掉了世界霸权，号称为“丰裕社会”（加尔布雷斯 Galbraith 一本书的书名）的第一号资本主义国家，其实经不起国内消费增长和大量军事费用的双重负担（加尔布雷斯那本《丰裕社会》的主旨，正是企图证明，资本主义发展到了现在，军费景气中用于军费的，实际上还少于用于个人消费的。这无异说，它经得起双重负担），于是退却了。

二、战后是帝国主义全面退却的时期

不过退却的并不是美帝一家，一切帝国主义都退却了。丘吉尔吹嘘他不当大英帝国的清算人，他事实上真正当了清算人。纳粹完了，大英帝国也完了。法国也完了，而送了法帝的终的戴高乐（关键在于从阿尔及利亚撤退，法共还不主张撤退呢！）成了拿破仑以后法国第一个伟人。

帝国主义完蛋是悄悄地完了的——没有什么大规模的殖民地革命战争，例如1776年的美国独立战争。唯一的戏剧性的一幕是1956年英法联军打苏伊士。那一次，纳赛尔露了一手，战绩比“以色列进攻的六天”要漂亮得多。不过并不是纳赛尔真正打赢了英法联军。那一回，美苏两国都表示支持埃及，

反对英法进军。那一回对中国有很大的震动。真正使我们懂得帝国主义是纸老虎的，不是朝鲜战争，而是塞得港（Port Said）。

三、新殖民主义和老殖民主义

因为美国反对英法联军的塞得港之役，也因为其他原因（主要是美国原来并非古典意义的殖民国家），所以美国不被称为老殖民主义，而被称为新殖民主义。

新殖民主义的定义不容易用一句话说清楚。用美国这个国家的“殖民利益”来说吧，它有在拉丁美洲诸国的巨大的投资，巨大的农产品和矿产，包括石油的供应来源，那当然也是它的市场，还有一个巴拿马运河特区。拉丁美洲是它的后院，除此而外，它还有遍布全球的军事基地，它事实上占领了日本和台湾等。

略微分析一下，可知这个新殖民主义的头头的新殖民主义，主要可分为两项：

①列宁的《帝国主义论》所指的帝国主义的，或者可以称之为经济帝国主义的利益。

②并非属于经济帝国主义性质的一种权势，用我们的“霸权”这个词称呼它比较适宜。

不过，再进一步分析我们可以发现，以上这两种“帝国主义”，其性质较之50年前都大大地变化了。

四、经济帝国主义的变化

先来看看经济帝国主义。

50年前，大英帝国号称“日不落”的国家。当时它的殖民地可以分成两种类型，一是白人移民的自治领，有加拿大、澳、新、南非；一是有色人种地区。前者的经济是现代化的，英帝国和它们的关系，基本上是平等互助的，没有什么超经济剥削。有色人种的殖民地确实给它提供了超额利润——印度所提供的，还不止超额利润，印度的行政、税务等都是英国人借以发财的地方。往前推一点，19 世纪中叶及其前，英国在印度发财的人数之多，以致造成一个专门名词“英印富翁——Nacol”。19 世纪后期起，英国大量资本输出，以致英国国内的工业装备落后于德、美诸国；二次大战以前，英国总是入超，但是它的航运、保险、金融和海外收入，足以抵消它的入超有余。

奇怪的是，19 世纪下半期起，英国日益从自由主义转向帝国主义，它国内的工人运动却日益稳步地壮大起来，以致到 1924 年竟能成立起来第一次工党内阁。帝国主义和工人运动并步前进，确实是历史上的奇迹。

列宁的《帝国主义论》就是在这种背景下写出来的。

现在经济帝国主义也有了很大的变化了。

五、罗马帝国的比喻

列宁的《帝国主义论》的末尾——结论部分，不知道罗马史是不易读懂的。为此，插入一段这方面的叙述，也许是必要的。

罗马是一个直接民主的城邦国家，它的统帅由执政官兼，执政官是民选的。公元前 500 年左右，经过多次作战，人家打它的危险没有了，由是开始了连续四五百年的征服。先征服意大利全境，然后和迦太基苦战，灭亡了迦太基，把西班牙、法国、不列颠、多瑙河以南的中欧和巴尔干、小亚细亚、北非、埃及、叙利亚、伊拉克先后都征服了。征服中造就了大量的奴隶主。不过，原来的罗马公民，仍是有选举权的公民。这些公民不可能全部成为地主和奴隶主，而在共和国的中期和末期，罗马也曾有过轰轰烈烈的民主运动，为这些贫苦的公民争取“理所应得的权利”。开始，争取的目标在于合理分配土地，不过当奴隶愈来愈多，而被征服的土地（都分别建成了行省）的廉价的粮食涌到罗马和意大利的时候，粮食农业变得存在不了，自耕农也变得存在不了了。分配给贫苦公民的土地转售给大地主，而地主庄园也日益用于生产橄榄油、果品和牧畜业（奴隶种植只能干这个；西罗马灭亡，意大利又要粮食自给的时候，奴隶的后代逐步变成有自己的经济、生产粮食的自耕农或佃耕的依附农了）。但是“民主运动”没有停止，不过，目标逐渐转向由国家给“公民”廉价粮食，最后是免费发给粮食，还要加上节日观剧津贴之类的现金补助。

公民们的权利还不止于此。共和国末期，即恺撒和恺撒以前的短时期内，执政官候选人是统帅。统帅，按照罗马法，有权把战争中的虏获据为私有财产。既然候选人是豪富，而“民主原则”还存在，于是竞争的候选人大规模地“贿”买选民——不是抬轿子式的贿买，硬是凡有选举权的公民都有好处可得——这是一种群众性的贿买。

到这一步，“民主”不得不寿终正寝。共和国完了，继起的皇帝不要选民投票了，公民也成了驯顺的臣民。

不过，“无产阶级”这个词倒确实是共和罗马传下来的：Proletariat 是个拉丁字，意指无财产的公民。

六、“帝国主义是垂死的资本主义”所指何事

由此可知，“帝国主义是垂死的资本主义”这个命题，是指：

甲，帝国主义本国，不复是基本的工农业生产国家。它只生产奢侈品。正如罗马和意大利不再生产粮食，而只生产橄榄油、果品和牧畜产品一样。它靠剥削殖民地过活，正如罗马当时靠剥削行省（罗马的行省太守剥削行省是十分可怕的）过活一样。

乙，帝国主义国内的无产阶级，将要堕落到罗马的 Proletariat 那样，免费供给、寄生、腐化。

丙，文化上、技术上、科学上的没落，当然更是必然的。

丁，当年，罗马产生过一批金融资本家，他们借款给到行省当太守和财务官的人，利息极高，但是偿还是有保证的。帝国主义国内财政资本的统治，又是和罗马的事例相类的。

七、近代经济帝国主义走了一条不同于罗马帝国的道路

近代的经济帝国主义走的路，历史证明不同于罗马。

1. 确实，19 世纪下半期起，英国迷恋于殖民主义。在德、美等国工业突飞猛进的时期，它国内的生产落后了。可是这件事的另外一个方面，恰恰是德、美等国工业是现代的，而它们则是不平衡发展中的新兴帝国主义国家，它

们之超过英国，早在20年代已是既成事实。这件事，证明工业、科学、技术是一个帝国主义国家所不可缺的。迷恋于殖民主义的英国，战后（50年代以后，事实上是帝国主义被清算以后）懂得了这一点。它虽然发展速度不如德、日、法、意，可是在重新装备工业，努力发展技术，终究也赶了上来。而且，工人运动的传统，使英国获得了福利国家、“社会主义”国家（我们是被称做“共产主义”的；英国被称为“社会主义”，是因为它的国营经济已及于铁道、保险、煤矿、钢铁等部门）的称号。

2. 它们的科学技术并未衰落。这已是众所周知的了。费正清对比美国和中国之后，再三嘱咐美国要继续在“创造性、自主性”的学术方面领先。田中的《日本列岛改造论》提到日本要努力发展第三产业。事实上，那些“帝国主义”国家都在向这个方面努力。1929年大恐慌之后，美国工程师帮助苏联建设马格尼托哥尔斯克（magnitogorsk）的，慨叹美国装备陈旧了。可是，早在50年代，美国西欧都在用尽办法奖励应用新技术，加速折旧可以免税就是一种奖励办法。现在，装备陈旧的不是它们了，反而是苏联了。

3. 丢掉殖民地，减少或者没有国防费用的负担，成了急剧发展经济的先决条件。原因是，现在保持殖民地，在普遍革命气氛下面，镇压费用超过非经济的剥削了。原因是，巨额国防费使工业投资受到限制。

可是这样一来，经济帝国主义，势必被“新殖民主义”所代替了。

于是，罗马帝国的那种前途，被事实所彻底否定了。

八、新殖民主义的特色

前面分析过美国的新殖民主义。美国的，也是其他国家的，其特色何在？也还可以略指一二。

1. 新殖民主义的经济侧面，现在是以“和平的”国际法的财产权利和自由贸易为其特征的。从前的炮舰政策基本上是失败了。阴谋是有的，例如中东的复杂局面。炮舰外交也偶有此例，如不久以前的多米尼加。不过，肯尼迪终究没有大规模入侵古巴，而自塞得港以后，炮舰政策已经为国际形势所不许。于是，出现了50年前所没有的石油输出国联盟那种组织。利比亚100多万人口，每年20亿美元石油收入，50年前是神话。

2. 霸权，是极其费钱的。美国在越南花了1000亿美元以上。在其他事例中，争夺霸权要用经援、军援去换。30年代宋子文借5000万美元棉麦借款，成为国际上，尤其是中国国内的大事。现在印度欠的外债，美国的与苏联的，不下几十亿美元。50年前，这是不可思议的。

3. 出现了一个联合国。联合国的经社理事会，“关怀”不发达国家，而且：①似乎发达国家对不发达国家的援助，成了不可推诿的义务；②“帝国主义”国家的经济学家，还在不断指出，不发达国家的当权人物是特权阶级，他们不肯在国内实行为经济发展所必要的政治社会改革，结果外援变成特权阶级的海外存款。这简直是一种反叛的合唱。

九、资本主义也变了

“帝国主义是垂死阶段的资本主义”。现在帝国主义变了，资本主义也变了。

马克思预言过资本主义的必然灭亡。他倒不是说变为帝国主义，走罗马的灭亡的道路。他主要是说：①资本主义的生命线是资本的增殖，但是，高利润必须低工资，低工资造成消费不足，造成恐慌；②而且，当资本有机构成愈来愈大，同量的剩余价值表现为愈来愈低的资本利润率，资本利润率有趋向于零的趋势，也就是资本主义有无疾而终的趋势；③从社会结构上说，资本愈趋于集中，愈来愈多的资本家将被剥夺，资本的私有制及其社会性质之间的矛盾愈来愈显著，社会主义化，最后不过是一举手之劳。

当然，马克思期望的社会主义是要在最先进的资本主义国家首先实现的。这个预言，本世纪初期愈来愈不合乎事实，于是有列宁的“发展”。列宁的发展未被证实，1929年的经济恐慌，又使人们回到马克思，所以有30年代“国际”的资本主义总危机之说。现在事隔40年，1929年那样的恐慌一直没有再现，而且似乎也不会再现，原因何在？

十、沙赫特和凯恩斯

30年代的资本主义世界，出现了两个怪人。一个是希特勒手下的“金融奇才”沙赫特博士。他教给希特勒在恐慌、失业、大批工厂停闭的状况下，用大发钞票的办法来重整军备。结果，重整军备的费用成了“药引子”，没有多少时间就消灭了恐慌和失业。更重要的是，在希特勒发动世界大战以前，重整军备发动的景气，增加了国民收入。所增之数，超过当时重整军备费用。另一个是英国学者凯恩斯。他从20年代起，就鼓吹货币价值不能太高，鼓吹通货膨胀。1936年，他写了一本《就业、利息与货币通论》，主张用“赤字财政、公共工程”来对付恐慌，并且提出了一些资本主义经济的一般理论。《通论》现在已经是西方经济学的经典了，因为它为医治资本主义的毛病提供了药方，并且在理论上提供了证明。

一个实干家，一个理论家，合起来，把19世纪上半期开始的资本主义周期危机的问题“解决”了。但是同时，他们也大大加强了资本主义国家的作用。现在资本主义已经不再是古典的自由竞争的资本主义，也不是列宁所描写的那几条特征了。垄断资本是有的，但是垄断资本自行积累，基本上不再受银行资本的支配了。国家对资本主义实行多方面的干预，有些国家，甚至有了“计划”（法国、日本等），当然不是指令性的计划，而是预测性的计划。国家财政开支甚至达到国民收入的1/3，超额累进的所得税是基本的税制……

十一、新技术、新产品、新材料

现在的资本主义，是垄断，但是还有竞争，称为垄断竞争。垄断竞争的资本主义，把新技术、新产品、新材料的研制看做他们的生命线。他们的技术没有停滞，而是突飞猛进。每一家大公司都有研究机构，研究机构变成企业得以存在发展的关键部门。苏联，在军事科学方面并不落后，在民用经济的哪一个方面都落后了。

这种局面，是马克思的“利润率下降趋于零”的预言未能实现的根本原因。倘使没有新技术、新产品、新材料的不断发现，旧有技术的应用达到充分程度的时候，只要还存在竞争，竞争一定要把利润率不断往下拉，直到它不再存在为止。现在新东西不断出现，新东西在经济上的意义就是它比老东西成本便宜，生产它可以赚到大利润。这种便宜的新东西的不断投产，也使资本主义生产部门和生产总量不断增多，这就使资本主义老是在发展成长。发展成长就不会使利润率下降到零。

新东西的出现，一经成长，再加上一个通货膨胀的因素，使资本主义物价经常上涨，利润率总是高。上世纪后半期，当金本位是世界通行的货币制度的时候，资本主义经常面临物价下降的威胁，这显然是恐慌的根源。现在局势变了。

十二、大公司、大政府、大工会

除公司愈来愈大、政府愈来愈大而外，他们的工会也愈来愈大了。工会大，不仅有力量在订立集体合同的谈判中（还可以继之以罢工）把通货膨胀造成的实际工资下降捞回来，还可以相应于劳动生产率的提高，来提高实际工资。大工会使工资在国民收入中的份额得以维持一定的比例而不下降，它帮助资本主义解决消费不足的危机。所以，有的西方经济学家说，工会，现在是资本主义结构的组成部分，它帮助资本主义消弭恐慌。

十三、多元主义哲学、学术自由和民主政治

所有这一切，都是只能在一定的气氛下才是可能的。这就是多元主义的哲学、学术自由和民主政治。

西方中世纪有过神权的统治，文艺复兴、宗教改革打烂了神权统治，复活了古希腊罗马传统，并且比古希腊罗马更加自由化了。从前，人们都说这是自由资本主义的上层建筑。30 年代，希特勒、墨索里尼红极一时，“共产国际”指出，资本主义到了垂死阶段，它的政治特征是法西斯主义，苏联是民主传统的继承者。事实上，希特勒主义是黑格尔主义的行动家，西方民主传统战胜了希特勒主义，杜威、罗素这些多元主义哲学家战胜了神秘主义的黑格尔主义，神权思想进一步没落了。

也有人曾经企图把杜威、罗素哲学打上帝国主义的印记，英共的康福斯写过这样的书。1957 年，他慷慨陈词地用了杜威、罗素都强调过的话：“哲学的任务在于批判。”

西方思想界确实善于批判。政治权威当然是批判对象，任何既得权利都是批判对象，美国盛行的群众性的种族歧视也是批判对象。只要和公众有关的事

情，怎样保密也无法长久保密下去。说美国在越南的肮脏战争，是被批判得最后只好撤退，至少也有一方面的真实。

批判，是由报刊和学校进行的，那都是些精神贵族。说也奇怪，精神贵族中固然也有贵族主义分子，可是其中的多数，也许因为吃饱了饭总要用脑子，总在挖空心思地想投合大众所好，总的说来，他们的批判，似乎总在促进进步。他们不善感恩。他们的研究常常受“基金会”的“资助”，他们的话却更多地是反对既得利益集团的。

事实上，20—30 年代的法西斯主义是神权统治的继续。50 年代以后，西方不再产生过法西斯主义，迄今也还没有见到法西斯复活的迹象。

十四、重新考虑“较量”这句话的意义

说了上面那一堆废话之后，可以来重新考虑一下，美帝是在 20 年较量之后退却了这句话的意思。

无论批判之风如何盛行，美国政治总是维护它的既得利益的。它所以要出兵打仗，就是为了维护它的既得利益。如果打得顺利，美国的军权会煊赫起来，就是说反动气焰会嚣张起来，“批判”的声音就将愈来愈微弱。从这个意义上说来，正是较量中它没有占到便宜，才促使进步的批判发展了起来。内外夹攻，它退却了。所以，较量是不可少的。

不过批判这一面也不可忽略。批判之所以能够存在，能够发挥作用，“较量”一词并不能把它包括进去，它还有“内因”。君不见，希特勒打到底，没有产生过批判。而且确实在它这方面说，它的“内因”使它只好不胜也得打到灭亡为止。

再进一步说，帝国主义这个列宁以来的概念事实上已经过时了。资本主义必然灭亡，这个概念倒还没有变，资本主义不可能永存，它一定要灭亡。可是它的灭亡恐怕会通过别的途径，而不一定是工人阶级夺取政权的途径。关于这方面，曾经有过不止一个现代人揭示过一些有趣的意见，不过，这等以后再谈吧。

再回溯一下，美帝和我们较量，还有十分复杂的历史。这里也不详谈，只想举出一件事：朝战是北朝先向南打，而这是斯大林引得中美迎头相撞的策略。这一点，早已不是秘密，我是 1950 年从内部得知的。看来这个问题也和

我国今后走什么路有关。这又可以引起一大道问题，也等以后再谈吧。

十五、补论——资本主义还有生命力的原因何在

直率地说吧，我认为资本主义还有生命力的原因，在于他们不限制，相反还在发展批判。假如，1929 年恐慌时期，那些坚持前凯恩斯的经济学说的政党，下令禁止一切异端的思想，资本主义早就完蛋了。资本主义不这样做，那里有各式各样的批判——越南战争、吸毒问题、青少年犯罪、种族歧视、水门丑闻、自由放任是恐慌的根源、3000 美元或 2000 美元年收入以下的人是贫穷线以下的人等。这样，就呈现出一种奇观，资本主义是一大堆罪恶的根源，可是这一大堆罪恶不断地被揭发，不断受到注意，老是在作一些大大小小的改良，于是，它虽然“气息奄奄”了，却老是混下去了，有的时候还显得颇为活跃。甚至马克思的《资本论》在资本主义体系中，也起了一种揭发批判、促进改良的作用。现在英国的和世界各国的历史家，对于拿破仑战争时代英国的童工（《资本论》对此作了痛烈的揭露），谈到时还是情绪激越，起码也要讽刺几句。在现在的西方经济学家中，《资本论》还是一种重要的经典。不过着重的，总是它的批判部分……

十六、批判，将要促使资本主义灭亡

可是批判，归根到底还是在促使资本主义灭亡。现在资本主义还没有灭亡，不过 1970 年代的资本主义，已经大大不同于 1920 年代的资本主义了。继续揭发、批判、改良，归根到底，资本主义要被批判送终。

我看，资本主义不会通过暴力革命灭亡掉，这是因为它在批判—改良。但是它会在批判—改良中一点一点灭亡掉。

也许这种说法过于武断。那么改变一下：暴力革命也许会有，但那是瓜熟蒂落时期的暴力革命。

1973 年 5 月 9 日

科学与民主

一、唯有立足于科学精神之上的民主才是一种牢靠的民主

民主的解释可以是多种多样的。有人把民主解释为“说服的方法”而不是强迫的方法。这就是说，说服者所持的见解永远是正确的，问题在于别人不理解它的正确性。贯彻这种正确的见解的方法，有强迫与说服之分，其中，说服的方法，就是民主的方法。那么说服者的见解怎么能够永远是正确的呢？因为他采取了“集中起来”的办法，集中了群众的正确的意见。怎么样“集中起来”的呢？没有解释。

有人把民主解释为下级深入地无拘束地讨论上级的决定，并且指出这是动员群众积极性，加强群众主人翁感觉的方法。这个定义，同时强调少数服从多数，以及不准有反对派存在。这种对于民主的解释，和上面那种解释方法，一样以民主集中制为最高原则。实际上，两者都是权威主义，而不是民主主义。

号称为反对权威主义的民主主义者，通常主张，政治上必须保留反对派，实行两党制，但是两党制的实际状况也造成了那些民主主义者的幻灭。因为两党制只允许你二者择一，好像结婚，候选对象只有两个。你不要这个，只好要那个。如果两个都不喜欢，只好打光棍——放弃公民权。何况这两个党，往往是换汤不换药，随你选哪个，唱的还是那出戏。于是，这种民主，不过是粉饰门面，不过是欺骗。何况，芸芸众生喜欢一种有秩序的生活，一个强有力的权威的存在，足以保障这种秩序。据说，苏联人怀念斯大林，就是出于这种

感情。

再说，所以主张把民主放在科学前面，是因为唯有民主才能发展科学研究，才不致扼杀科学。但是仅仅着眼于这一方面的话，前面两种民主，亦即民主集中制，至少能够部分地做到这一点。比如说，我们的原子弹和卫星上天，分明是在民主集中制下搞出来的。苏联的军事科学，不对，是武器科学，还有许多其他各门科学，50 年来发展得也很好。如果说，科学研究在这种制度下多少受到阻碍的话，那是人文科学和哲学。因为这个领域，正是权威保留独占的判断权的领域。但是，权威，为了“集中起来”有可集中的意见的源泉，有时候也可以开门，不过门总不是敞开的，充其量也不过是半开门而已。

我不赞成半开门，我主张完全的民主。因为科学精神要求这种民主。

我所说的科学精神，不是指哪一门具体的科学上的成就，而是：①承认人对于自然、人类、社会的认识永无止境。②每一个时代的人，都在人类知识的宝库中添加一点东西。③这些知识，没有尊卑贵贱之分。研究化粪池的人和研究国际关系、军事战略的人具有同等的价值，具有同样的崇高性，清洁工人和科学家、将军也一样。④每一门知识的每一个进步，都是由小而大，由片面到全面的过程。前一时期的不完备的知识 A，被后一时期较完备的知识 B 所代替，第三个时期的更完备的知识，可以是从 A 的根子发展起来的。所以正确与错误的区分，永远不过是相对的。⑤每一门类的知识技术，在每一个时代都有一种统治的权威性的学说或工艺制度，但大家必须无条件地承认，唯有违反或超过这种权威的探索和研究，才能保证继续进步。所以，权威是不可以没有的，权威主义则必须打倒。这一点，在哪一个领域都不例外。

说穿了，这些不过是学术自由、思想自由的老生常谈而已。但是，学术自由和思想自由是民主的基础，而不是依赖于民主才能存在的东西。因为，说到底，民主不过是方法，根本的前提是进步。唯有看到权威主义会扼杀进步，权威主义是和科学精神水火不相容的，民主才是必须采用的方法。

也许可以反驳，这么说，还可以归结为民主是科学的前提。这种反驳当然还是有力量的，因为上面的论证，看起来是一种循环论证，你把民主当作前提也可以，把所谓科学精神当作前提也可以。不过我想，把民主当作前提，不免有一种危险：人家可以把民主集中制说成民主，也可以恩赐给你一些“民主”，却保留权威主义的实质。相反，把科学精神当作前提，就可以把“集中起来”的神话打破。你说“集中起来”这个集中，分明带有①集中、②归纳这两个因素。你主张你“集中起来”的是群众中正确的意见，你就是主张你归纳所得的结论是100%正确的。可是你的归纳，决不比别人的归纳更具有神圣的性质，你能保证你没有归纳错了？何况，这种归纳，实际上往往不过是“真主意、假商量”而已。这么看来，唯有科学精神才足以保证人类的进步，也唯有科学精神才足以打破权威主义和权威主义下面的恩赐的民主。

二、哲学上的多元主义

其实，所谓科学精神，不过是哲学上的多元主义的另一种说法而已。

哲学上的多元主义，就是否认绝对真理的存在，否认有什么事物的第一原因和宇宙、人类的什么终极目的。世界就是这么个世界，这个世界的主人是人类。不设想人类作为主人，这个世界就无须认识。人类认识世界，就是为了改进人类的处境。人类从什么状况进到现在这样的境界，正在由多门科学加以研究，这也是人类不断在扩大认识的领域之一。但是，说人类是万物之灵，说人是由上帝创造出来的，说人类的终极目的是建立一个地上的天国等，那都是早期人类的认识，已经由现在更进步的认识所代替了。现在，人们所认识的是：人，通过世世代代的努力，一点一滴的积累，他的处境改善了，还要改善下去，改善的程度，是没有止境的——因为历史上许多伟大人物曾经设想过人类改善的目标，确实有许多已被超过了（举一个小小的例子，恩格斯把有暖气设备的房子，看做社会主义的目标，这分明已被超过了）。所以，一切第一原因、终极目的的设想，都应该排除掉。而第一原因和终极目的，则恰好是哲学上的一元主义和政治上的权威主义的根据。

代替的应是哲学上的多元主义。事实上，所有的唯心主义、唯物主义、唯理主义、经验主义，所有一切宗教，所有一切人类思想，都曾经标志着人类或一部分人类所曾处过的阶段，都对人类进到目前的状况作出过积极的贡献。最有害的思想也推动过思想斗争，而没有思想斗争，分明就没有进步。

也许主张人类进步也是一种哲学上的一元主义。列宁反对相对主义就是这样论证的：相对成了主义，就是一种绝对化的主张。当然不能禁止这种反驳。不过，主张人类进步，主张人类进步而主张科学精神和多元主义，总和主张什么终极目的而坚持一元主义—权威主义是不一样的。如果你说我也是一元主义，那也不妨承认，我的一元主义是多元主义的一元主义。

哲学上的多元主义，要贯彻到一切科学研究和价值判断中去。这是打破孔子的尊卑贵贱的伦常礼教的最有力的武器。唯有如此，国家元首才真正不过是一种服务，是公仆，而不是皇帝。

哲学上的多元主义，贯彻到政治上也是多元主义。那就是，可以有各种政治主张的存在，有政治批评——来自各种立场的政治批评。这当然不是说，没有当时大家承认的一种政治制度，例如我们的社会主义制度。不过这种制度无论何时（哪怕比现在完善得多）也不是绝对完善到无可再改善的。要改善，就要有批评。所以，它也是多元主义的……

至于政府的形式，看起来不能做到大家当家做主，那是没有关系的。因为人类社会发展到现在，高度分工势不可免——消灭分工，100 多年的历史证明那是空想。会有“政治家”，他和工程师和清洁工人一样是一种服务，而不是什么“时代的智慧、荣誉和良心”，更不是皇帝。

而且，在经济高度发展的状况下，职务的差别，表现在收入和特权上的差别将愈来愈小。西方资本主义国家正在这样进展（你听起来似乎是神话，然而这是事实）。那里的经济学，确实还有毛泽东思想的反响——他们在研讨一种有别于家裔的不平等（公爵时代，资本家的遗产，都造成家裔上的不平等）的功勋的不平等如何缩小的问题。不过，这里还适用马克思的命题，需要物质上的极大丰富才行。

事实上，私有财产权在全世界的知识界都是遭到鄙弃的。不幸，保存私有财产权的西方，工人生活得比苏联要好些。所以，十月革命在全世界的回响十分震动人心，而 1945 年以后，连陶里亚蒂也宁愿走结构改革的道路了。陶里亚蒂是对的。如果他选择捷克斯洛伐克的道路，意大利的工人会埋怨他的。不过，在西方，私有财产权的地位现在也并不稳固，至少它在日益削弱。

要确立科学与民主，必须彻底批判中国的传统思想

一、历史的重担

科学与民主，是舶来品。中国的传统思想，没有产生出科学与民主。如果探索一下中国文化的渊源与根据，也可以断定，中国产生不出科学与民主来。不仅如此，直到现在，中国的传统思想还是中国人身上的历史重担。现在人们提倡读点历史，似乎更着重读中国史。而且古代文物成为悠久文明的证据和夸耀，无论自觉还是不自觉，这种“读史”，其意图在于仰仗我们祖先的光荣历史来窒息科学与民主。所以，批判中国传统思想，是发展科学与民主所十分必须的。

二、古希腊思想是工商业城邦文化的产物

当代西方人（例如肯尼迪、罗素、费正清）都承认，西方文明是古希腊罗马文明。分析它的成分，有古希腊思想、罗马法和日耳曼人的骑士精神。要历数它的演化变迁，那是头绪纷繁的。不过这三者之中，古希腊思想是基本的。

古希腊思想，有“格物”的方面。开始，是类似中国的五行阴阳那一套，然而它不限于本体论的玄妙的设想，它还对我们周围的事物作实事求是的分

类，研究世界事物形成的原因，试图为它们规定一些根本的范畴。迄今为止，植物分类学、动物分类学，还原套原样地是亚里士多德那一套，从这里发展出来逻辑学。

古希腊思想，有数理神秘主义。毕达哥拉斯发现勾股定律，举行了百牛大祭。他也跟中国的道士们那样，崇奉“河图洛书”的数理，以为那是蕴涵了宇宙的秘密的。然而他们并不满足少数几个数学定理和命题，却力图构成一个完整的逻辑推理体系。欧几里德的几何，直到近代初期，还是古典教育的主要组成部分。斯大林还说过几何学，因为他在中学受过古典教育。

古希腊思想，是有教养的贵族静观世界为之出神的体系，它确实是“天不变，道亦不变”的形而上学。然而它“格物”，它有一种穷根究底的笨拙憨态，它是从古希腊工商业城邦的手艺匠师对客观事物的“变革”过程中精炼出来的。它不是王家文化，它不是道德诫命。它以笨人的穷根究底的精神，企图从日常生活中找出一条理解宇宙秘密的道路出来。它的这种特征，后来确实被基督教吸收来成为它的教义的一部分，而基督教也因此而成为一种既窒息科学也抚育科学的宗教。

古希腊思想是贵族思想，然而不是王家思想。产生这种思想的古希腊城邦，是实行原始民主的城邦，虽然这种民主权利只限于贵族或加上上层平民，至少奴隶是无份的。

希腊思想的神秘主义部分，被哲学史上唯理主义所继承。唯理主义者往往是大科学家，例如发明解析几何的笛卡尔。牛顿发现力学三定律，动机还是为了要证明上帝哩（那有名的最初的一推）！

F·培根本人是一个不道德的人（他卖友求荣，自己因受贿被黜），然而他痛斥古希腊思想的静观出神主义是不关心人类的幸福，痛斥亚里士多德的不道德。他提倡对一切变革事物的实践作系统的研究，把那种知识条理化——一句话，他提倡实验，他提倡归纳法，他提倡打破迷信和偶像崇拜。英国的皇家学会，就是在他的思想影响下搞起来的。近代科学思想的鼻祖是培根。说来奇怪，中国人痛斥的杜威，实实在在是培根的“实践论”的继承者。他的书，诚然不同于培根，不过差别只在于论证和资料现代化了，就其基本思想而论，和培根几乎毫无二致。可惜，因为胡适把他糟塌了（说什么真理是一个天真未凿的姑娘，你爱把她打扮成怎样就怎样等）。所以，我写这份东西的时候，还不敢称实际上是实践论者的工具主义为实用主义。

工具主义就是多元主义。它和古希腊的静观出神主义不一样的地方是，它更是民主的。然而仅就这一点而论，它也是从古希腊思想的根子上萌发出来的。

三、中国文化的渊源，并非和工商业无关，然而它是史官文化

中国文化的渊源，并非和工商业无关。据现在的史料，我们的文化史上溯到商代。“商”就是因为王亥服牛乘马经商。地下发掘证明商的都城是手工业中心。真的，超脱蒙昧时代的文化，不得不和生产工具、交通工具（“殷之辂”）、武器的生产有关；而现在的一切文物展览中的珍品，又莫非手工业的产品。牧羊种地的人，可以处在蒙昧状态之下，而商人眼界开阔，手工业者聚居的地方，也就是巫觋、宗教、文字的老家。

可是中国是个大陆，不像古希腊城邦那样，是商业、航海、殖民的人们的居住中心。大陆上的“百工”和文化，势必成为一个王朝权力的依据。王朝掌握了文化和工艺，它就可以传播声教，可以对外征服。可是这样一来，工艺、文化就永远服从于政治权威，“思想”的主题就是政治权威，“格物”就永远登不上台盘了。甚至这在西方也并非没有先例。当古希腊的灿烂文化被亚历山大掌握起来成为征服工具以后，亚历山大及其继承者的帝国就不再在文化上具有什么创造性。当东罗马帝国被亚历山大时代的古希腊精神（其实是古希腊知识和东方专制主义的混合品）所浸透以后，拜占庭帝国就成了马克思所说的没落帝国了。

商代的王家文化，一直以其基本形态延续下来，这也就是范文澜所盛赞的“史官文化”。史官文化诚然是发达成型于周代，周代在中国历史上确实也起了极其伟大的作用。下面是我的无根据的猜测之词，虽与主题关系间接一些，对于史官文化的形成也许可以别进一解。

我猜测，商王室在文化和工艺上，多少采取一些“保密”、“独占”的态度。虽然周在西方的壮大，显然是继承了或者窃取了商王朝所独占的文化和工艺。周在文化和工艺上采取广为传播的政策，而不着重于保密和独占。文王时代，“四伐”而仁义播于天下，三分天下有其二，我不信仁义有这样大的力

量。然而文王时代势力甚至于达到江汉，征伐又只有四次，“秘密”所在，我认为就是传播文化和工艺于落后的部落。所以武王伐纣，从征的小民族有八个。灭纣以后，又广事分封（史籍上未见夏、商有分封的传说）；王朝本身，只保留一个“礼乐征伐自天子出”。这是从文化的王朝独占，到等级制的文化传播。当然，传播文化，也是带了刀剑去的。

春秋时代，王朝也好，诸侯国也好，“百工”食官。郭沫若释为奴隶制，其实是生搬硬套。百工是王朝和诸侯国家威力所直接依靠的（例如，战车、武器就是百工生产的），怎么能够由奴隶来干？工尹在楚是略次于令尹（宰相）的大官，难道只是奴隶头儿？秘密所在，就是王权要依靠百工，犹如文化必须是史官文化一样。

范文澜对史官文化歌颂备至。但是，龚自珍虽然没有创造史官文化的名称，却对史官文化作了极好的解释：

> 有天下，更正朔，与天下相见，谓之王。佐王者，谓之宰。天下不可以口耳喻也，载之文字，谓之法，即谓之书，谓之礼，其事谓之史。职以其法载之文字而宣之士民者，谓之太史，谓之卿大夫。天下听从其言语，称为本朝、奉租税焉者，谓之民。民之识立法之意者，谓之士。士能推阐本朝之法意以相诫语者，谓之师儒。王之子孙大宗继为王者，谓之后王。后王之世之听言语奉租税者，谓之后民。王、若宰、若大夫、若民相与以有成者，谓之治，谓之道。若士、若师儒，法则先王、先冢宰之书以相讲究者，谓之学。(《乙丙之际著议第六》)

你看，描写得多好！于此可见，李斯的“以法为教，以吏为师”，是史官文化的内在的逻辑结论，儒者埋怨它是没有理由的。

于是，“君，天也，天不可逃也”就算是注定了。知识分子不满意这一套，只好像贾宝玉那样当和尚去。你不要以为这是小说的描写，明代思想家如李卓吾，不是因为失恋，而是实在不甘心这一套桎梏，晚年入空门，狱中死前留语还自称老衲。在西方，政治的权威不是至上的权威，思想家出在“和尚”中的不少，不过那种“和尚”是研究科学、写哲学著作的“和尚”。入了空门，精研几何、逻辑、天文，皇帝老子也管你不着。中国，除了伦常礼教，没有学问，专心知识、探究宇宙秘密不是出路，要逃避王权，只好走老庄禅佛一路。所以，明末传教士带来《圣经》、《名理探》（亚里士多德的《范畴篇》）、《几何原本》和历法的时候，徐光启皈依了基督教。可惜传统的重压太深，徐光启不为人们理解，而顾炎武等人还逃不出宋明理学的窠臼，悲夫！

四、中国思想是贫乏的

中国思想只有道德训条，中国没有逻辑学，没有哲学。有《周髀算经》，然而登不上台盘。犹如中国有许多好工艺，却发展不到精密科学一样，中国没有唯理主义。范文澜痛诋宗教，他不知道，与基督教伴生在一起的有唯理主义，这是宗教精神。固然窒息科学，也培育了科学。中国有不成系统的经验主义，一种知其然不知其所以然的技艺传统，这成不了“主义”，只成了传统的因袭。中国有原始的辩证法，然而中国人太聪明，懒得穷根究底，所以发展不出什么有系统的辩证法来——何况，辩证法还必须要有真正的宗教精神才发展得出来，黑格尔可以为证。

也许没有宗教精神确也有好处，因为科学与民主更易被接受。然而，政治权威的平民化，却不比驱逐宗教精神更容易。

1973 年 3 月 27 日

直接民主与“议会清谈馆”

一、直接民主的理想，来自《法兰西内战》

一个人，要民主，又被“议会清谈馆”、“国家消亡”等唬住了，当然不免向往直接民主制。他认为，这种民主制，应该是从基层开始的，采取公社形式的，人民真正当家做主的，即使要派代表（可不是代议士，虽然在英文中代表和代议士都是 Represent），也必须是可以随时被选民撤换的；又这个代表机构，必须是真正的主权机构，等等。

不过，直接民主的概念，其实是西方文明的产物。所以，有必要从西方史的演变来看一看他们究竟怎样搞的。《法兰西内战》中的公社制，是西方文明的产物。看一看他们现在的议会政治和政党制度怎样演变过来的，它和直接民主制的递嬗关系如何，等等。

还想讨论一下更切近我们的当代的问题。

二、直接民主的原型雅典、罗马怎样变成帝国的

1. 雅典是直接民主的原型。

据亚里士多德的《雅典政制》，雅典有九个执政官，其中一个首席执政官，他们都是无给（无薪俸）职。

雅典除元老院外，没有类似部局会之类的常设官僚机构（英语 Bureau 就

是局、机构；Bureaucracy，官僚政治，就是由这些雇员组成的机关统治的政治，以相对于由元老院之类的议会直接统治的政治）。整个雅典城邦，只有极少数几个打更的、通讯员之类由公家养活的公务员。军队由自己出资装备的公民—民兵组成；将领临时推举；执政官中有一人是大将军，战时统率军队。

其所以如此，是因为雅典民主，其实是贵族政治——商业贵族及其子弟有钱，从政是体面事情。

不过，当政既然要经过选举，就必须有受选民（他们可并不都是贵族，极大多数是自由工商业者和自由农民）欢迎的政纲。当政时期干得不好，下次就选不上。雅典还有一种有趣的贝壳放逐法。一个政治家，给公民大会判决为有僭主的野心的时候，尽管他打仗打胜了，从政成绩很好，也可以加以放逐——赶出雅典，并不杀头。

雅典在和斯巴达打了一次筋疲力竭的战争（伯罗奔尼撒战争）以后衰落了。亚力山大从马其顿统一了古希腊（至少有二三十个雅典这类的城邦），一直打到阿富汗，建立了大帝国。后来这个大帝国分裂成几个帝国，不过这些帝国，都是凭借古希腊文化统治东方民族，是彻底东方专制主义的。

2. 罗马兴起得晚，它深受希腊文化的影响。

有历史的罗马城邦，只经历了短期的王政就实行了雅典式的民主。它有元老院，选出两个执政官（现在的圣马力诺这个小共和国还有共和罗马的遗风），任期两年。作战，由执政官当统帅。大政方针，全由元老院决定。军队，也由自行出资装备的公民军组成。罗马人还有一种“法律呆子”脾气，大小事情都要通过元老院用立法形式来确定。我国解放以前的大学法学院，有一门必修课罗马法。契约、债权债务、所有权，他们都咬文嚼字地定成法律，如此等等。

共和罗马只有现在罗马城及其周围一小块地方，所以它也是城邦。罗马人好战，虽然罗马城还被高卢人攻破过，不过它终究先是征服了全意大利，后来和迦太基（现在的突尼斯地方，由腓尼基人组成的一个商业国家，腓尼基人是犹太人同族，老家在黎巴嫩的西顿、推罗等处）打了几十年生死存亡的仗，直到这时候，罗马还是城邦共和国。不过征服中的俘虏越来越多，原先都是自耕农民的公民，现在专门打仗去了，分到奴隶的人成了奴隶主。贫穷又不打仗的公民，共和国免费发给粮食，逐渐逐渐成了彻底的寄生阶级。可是他们还有选举权，打仗发了财的统帅们对他们施舍。共和罗马就这样准备了帝国罗马。

打胜了迦太基以后，罗马征服了现在的法国、西班牙、希腊、巴尔干全部、小亚细亚、埃及、北非，把地中海周围都统一起来了。征服和防守征服的土地，使军队成为雇佣军（原来是公民军），它造成了军阀，军阀自然变成皇帝。不过，罗马的皇帝还由元老院选举，事实上有世袭制。皇帝却从来不敢说他“富有四海”，不敢说他统治下的人民都是他的臣属。甚至，拉丁文的 Emperor，不过是“掌军政大权的人”，不是“主人”。皇帝称为“主人”，那已是西罗马帝国接近灭亡的时候了。

至于 4 世纪以后的东罗马帝国，即拜占庭帝国，那是彻底承袭了东方专制主义的。所以，马克思称之为“没落帝国”。

三、中世纪的欧洲，它怎样转变到“宪政时期”的

罗马的灭亡，是由于蛮族的入侵。

蛮族是日耳曼诸族，经过一些变迁，他们实行了孟德斯鸠所称的“等级君主制”。这就是说，君王对所属诸侯（诸侯对从属他的小诸侯和骑士也一样）相互间有比较明确的权利义务关系，上面不得侵犯下面的权利。初期，君王和诸侯一样，靠他自己的庄园的农奴来供给，而且，直到后来根本没有普遍全国的“田赋”。农奴只对他所属的长上负有贡赋和徭役的义务。军队，是由封建骑士组成的骑士军队，所以中世纪欧洲历史上，从来没有“坑长平降卒 40 万”那样的事，最大的军队也不过几万人。

据英国的梅因考证，这种等级君主制，是蛮族在作为罗马帝国的邻人和雇佣兵的时候，从罗马法的契约观念那里脱胎出来的。十七八年前，我惊讶卢梭怎么写出他的《民约论》（全译应作《社会契约论》），后来懂得，那不过是他们历史传统的结果。

中世纪西方城市也不同于中国的城市。中国的城市，历史上最早是朝廷所在地。手工业是王室的，同时在法律上是皇帝的私产。汉武帝时，城市的税收进入少府（帝室的财库，不是帝国的财库）。西方的城市，是由向封建主付钱赎买了他的农奴身份的自由民自治的，公社（Comune；Communism，其实是公社主义）是城市的政治组织形式，它们对谁也不担负什么义务，不过，它得

防卫自己，它本身好像是一个城邦。

十四五世纪以后，在我们熟悉的英、法大革命以前，西方经历过一段开明专制主义时期。那些有名无实的国王，要统一民族国家，削弱诸侯的独立性，他们所依靠的办法有几条：①组成等级会议；②和城市联盟来巩固王权；③对外作战；④把诸侯弄到宫廷里等，逐渐统一军权和政权。直接的征服（即王室消灭诸侯，使之“郡县化”）是有的，不过，这显然不是主要手段。

这样，议会制度就逐渐形成起来。

英、法的大革命当然是重要的转折点，不过，若没有以上的历史背景，那些革命也还是不可理解的。

四、议会的渊源及其演化

议会，是在等级君主制的根子上长出来的。最初的英国议会，只有一个等级：诸侯。有名的大宪章，是英国诸侯反对国王违反惯例、侵犯诸侯利益，起来造反所争得的王室对诸侯的“不侵犯诺言”。城市生长起来了，商业发达了，关税成了王室的收入了，王权利用城市来搞统一。议会的成员，从诸侯这一个成分，扩大到包括城市代表，逐渐地，议会就成了“和平的”阶级斗争的集中舞台。“战争是政治的继续”，也可以从这个意义上来理解——议会内取不到妥协，就在议会外用战争来决定问题。17 世纪的英国革命和 18 世纪的法国革命，议会都是斗争的中心。对比中国的历史，这又是中国人所不能理解的。

议会的演进史，是其所包含的成分逐步扩大、民主权利逐步下移的历史。这就是说，开始只不过是等级君主制下封建的权利义务关系，最后成了民主政治唯一实现途径的议会政治，封建君主和诸侯的关系、斗争，本来和农奴毫不相干。但是少数特权人物之间的斗争，只要它是遵循一定的章程，而并不完全通过暴力，只要这种斗争的每一个方面，按照这种章程，必须力求取得群众的支持，它就势必要发展成为议会政治。举一个例，英国大宪章，因为诸侯不许王室向他们非分勒索，规定朝廷要征收钱款必须取得议会同意，从这里就发展出来“不出代议士不纳税”的口号。开始，它成了资产阶级的斗争武器，逐渐扩大成为“人民当家做主”的号召。这在中国也是不可想象的。中国只有

“迎闯王，不纳粮”，从来没有过“不出代议士不纳税”的口号，现在还是没有。

议会的演进史，又使民主政治演进到不同于城邦直接民主的代议政治。城邦的直接民主，行政权、立法权统一于公民大会和元老院，没有“朝廷”和“行政机关”与议会之间的对立。现在，议会是在诸侯对抗王室中成长起来的，议会代表立法权，而“朝廷”代表行政权。孟德斯鸠把它系统化为三权分立的宪政制度。

有一个具有立法权的议会，势必要演化出政党来。通过一个议案时的赞成派，演化成为执政党，反对派演化成为反对党。也唯有一个有立法权的议会，才使政治和政策，成为公开讨论的对象。否则的话，政治和政策，永远是由“时代的智慧和良心”躲在警卫森严的宫廷里作出决定。

五、英国革命、法国革命中的议会

英国革命以前，英国议会已经存在了好几百年了。革命中王党和革命党的武装斗争，是议会中的政治斗争的延续。克伦威尔之成为革命军的统帅，以及后来成为“护国主”，都是议会任命的，虽然克伦威尔的独裁，事实上消灭了议会。“光荣革命”以后，英国议会实际上取得了全部政权，王室不过是傀儡。

不过，直到1832年以前，英国议会实际上是贵族把持的。作为议员，是土地贵族的特权，王党由贵族组成，民权党也由贵族组成。后来的历史家说，19世纪及其前，英国资本主义猛烈发展时期，资本家的任务是打算盘、挣钱，大官、将军、大使以至其他权势职务，全由贵族包办。

和这种怪现象同时发生的是法国革命中议会的变化。大革命初期的议会，是英国式的。到国民公会—公安委员会时期，国民公会集立法权和行政权于一身，它是古罗马式的、由代表组成的直接民主机构了。

达到这一步，通过了恐怖主义。那是真正革命的，和当时死气沉沉的英国议会来比较，尤其如此。

不过，国民公会时代，其实为拿破仑皇帝铺平了道路。也许应该说，是巴拉斯的反动，而不是革命的国民公会给拿破仑效了劳。不过，我们也可效法鲁迅“娜拉走后怎样”的口吻，问一下，罗伯斯比尔不死，而且彻底胜利了以后怎样？也许，答案是罗伯斯比尔自己会变成拿破仑。不过这个拿破仑也许不会称帝，不会打算建立一个世袭的皇朝。也许，区别只不过是这一点点。这种区别在现代来看，无关重要。希特勒说过，皇帝（红胡子腓特烈）建立第一帝国，宰相（俾斯麦）建立第二帝国，士兵（他自己。他自己自称为社会主义者，不过是国家社会主义。戈培尔曾经是一个地道的马克思主义者）建立第三帝国云云。

六、直接民主是复古，事实证明直接民主行不通

其实，1789 年议会转为国民公会是复古。马克思说过，历史总要出现两次，第二次是讽刺剧。法国大革命时代的风尚是要复共和罗马之古，亦即复直接民主之古。《法兰西内战》倡导直接民主，一方面是要消灭异化，一方面也是复古——复国民大会之古，也是复共和罗马之古。

如果用一种客观的批判的眼光来读《法兰西内战》，为“新法兰西政制”描绘一幅图画，你会看到：

1. 它主张法国各城市都组成巴黎公社式的公社。一切城市公社，都是直接民主，决非代议政治的。乡村怎么办，说得很含糊。直接民主，当然不存在执政党和反对党。那么，像 1870 年的公社内部，也存在过政策互有区别的政派，它们相互关系如何？是不是也像罗伯斯比尔一样，反对派都归入反革命派，加以消灭？

2. 它主张，共和国是各公社的自由联合体。共和国要不要一个中央政府？如果要，今天我们聚讼不休的条条块块问题如何解决？《法兰西内战》显然主张彻底的“块块主义”。那么“块块之间”的关系如何处理？尤其如果彻底消灭私有制，“块块之间”的产品交换怎么办？按《反杜林论》，块块之间的交换决不可以通过货币，那么通过什么？

3.《法兰西内战》主张，自大革命以来，历经两个拿破仑皇朝建立起来的官僚机构要彻底打烂（今天人们对于“彻底打烂旧政权机构”的意思，作了彻底的歪曲)，要恢复雅典时代的简直没有行政机构的作法。你想想，行吗？

4. 取消常备军。这事实上是恢复雅典和共和罗马的民兵的、公民的军队。

行吗？这个主张，现在苏联和我国，只在“民警”这个词上留下了痕迹。可是，“民警”，难道是马克思的不领饷、轮流义务服役的民兵的原意吗？

现在人们读《法兰西内战》，简直是和尚念经。经上究竟说了些什么，历史渊源如何，当然一概不知道。至于拿它跟现实生活对照一下，用批判的眼光来观察它究竟行不行得通，当然更是无从谈起了。

七、考茨基的争论

考茨基说，当代行得通的民主，只能是保留行政机关（亦即保留官僚机构），实行代议政治，还要让反对派存在。

考茨基是和平过渡论者，他的和平过渡论，事实上给希特勒准备了第三帝国。他错了。

列宁强调直接民主的无产阶级专政，夺取了政权，扫荡了沙皇政治的污泥浊水，他对了。他和考茨基之间的区别，是无畏的革命和胆怯的庸人之间的区别，这是无疑的。

问题还在“娜拉走后怎样”。列宁相信直接民主，他甚至有充分的勇气，在布列斯特和约订立之后，解散了全部军队，用赤卫队（亦即公民的民兵的军队）代替常备军。他说，“机关”，不过是会计和打字员，可以由无特权的雇员组成；他说，群众的统计监督可以代替企业管理和政府阁部。列宁的计划委员会是由技术专家组成的，它不是什么经济管理机构。

实行的结果是：

苏联的军队是全世界最大的一支职业军队；

它的官僚机构是中国以外最庞大的机构；捷尔任斯基的契卡成了贝利亚的内务部；

以工厂苏维埃和农村苏维埃为基层的直接民主制，列宁生前已被工厂的一长制所代替；一切权力归苏维埃嬗变为一切权力属于党，再变而为一切权力属于斯大林、赫鲁晓夫、勃列日涅夫……

八、一段美国史

饶有兴味的是美国开国以后的一段历史。华盛顿是一个大地主，只因为大陆会议实在没有别人可以带兵，他才成了总司令，而战争确实也是艰苦卓绝的。英军打败了，康华利投降了，华盛顿部下的将领，还有他部下的一个政治家汉密尔顿要拥戴他为国王，华盛顿坚决拒绝，为了表示决心，他干脆离开了军队。

华盛顿当总统只当了两任，第三任就拒绝参加竞选。后来的几任总统，亚当斯、杰弗逊都有名望，尤其是杰弗逊，罗素还立了一个专门名词，叫做杰弗逊民主主义，一种全力扶植独立小农场主（我们称做自耕农，后来的宅地法规定，国家以低价卖给每户3600亩土地）的民主主义。

那位主张王制的汉密尔顿也没有杀头。他违反潮流，没有当上总统，不过成了“联邦党”的创始人。联邦党着眼于发展海外贸易，反对袒护穷人的民主主义，有严重的贵族倾向。不过他的联邦党，和主流派的党对峙，成为美国后来两党制的基础。

所以，美国独立战争时期大陆会议中的主要角色，都在政治舞台上露了一手。以此来比喻1917年，那就是斯大林、布哈林、托洛茨基轮流当了总统。并且，联共分成两个党，先后轮流执政。设想一下，这么办，十月革命会被葬送掉吗？我不相信。吹嘘世界革命的托洛茨基上了台，他还得搞五年计划，他还是不会冒什么险用武力输出革命。正相反，因为执政者总有反对派在旁边等着他失败，等着他失却群众的拥戴，等着下次选举时取而代之，随便什么事情不敢做得过分，更不用说把真理过头成为荒谬了，后来苏联发生的一切弊害的大半倒反而是可以避免掉的。

当然，唯有美国（这个由新教徒移民组成的国家）才会有华盛顿。华盛顿其人，如果生在俄国（这个专制沙皇，又兼东正教教会首脑的野蛮落后的俄国），即使不成为斯大林，也不可能是华盛顿。

九、“议会清谈馆”与“党外有党，党内有派”

不说各个国家的历史传统，现在来谈谈对两党的议会政治的一个主要批评：“议会清谈馆”。

议会政治必然有我们十分看不惯的地方。议会里有一套“战术”，为了阻挠议案通过，可以有冗长的演说发言，可以有议员互相抛掷墨水瓶，可以动武。通过一项法案时，要“三读”，讨论法律条文时咬文嚼字。无关重要的议案，也按正式的议事程序，可以有演说者对空座侃侃而谈的奇观。选举时会有五花八门的“抬轿子”、请客、地方大亨（杜月笙这一流人物）包办选举等，当然也少不了大大小小的贿赂。这些都不过是形式。更使某些哲学家看不惯的是，这全套东西表明一个民族没有领袖，缺乏领导，也就是等于没有“主义”。而且，那种咬文嚼字的议会讨论，真叫做庸人气息十足。

刚从德国，这个盛行黑格尔主义的德国到达伦敦的恩格斯，就是这样看待英国的。恩格斯也好，马克思也好，其实都是拿破仑第一的崇拜者，而黑格尔则曾称拿破仑是“世界精神”。黑格尔主义其实是哲学化了的基督教，英国的卡莱尔是个英雄崇拜的神秘主义者，恩格斯从他那里获得启发，相信绝对真理的人和狂热的基督教徒一样，都讨厌庸人气息，赞美一天等于20年的革命风暴，自然要对议会清谈馆深恶痛绝了。何况，把轰轰烈烈的1793年的国民公会和死气沉沉的英国议会对比一下，那种只计较一寸一寸前进的英国精神又算个什么呢？

我赞美革命风暴。问题还在于“娜拉走后怎样”？大革命要求铁的纪律，大革命涤荡污泥浊水，不过，新秩序一旦确立，那个革命集团势必要一分为二，“党外有党，党内有派，历来如此”。这时候怎样办呢？按逻辑推论，任何时候，都要一分为二，你总不能用“我吃掉你”来解决啊。用“吃掉你”解决以后，还是会“一分为二”，不断演变下去，势必要像蜻蜓一样把自己吃掉。既然总是要一分为二，干脆采用华盛顿的办法不好吗——比如说，我设想，不久后若能解决目前“政令不一”的现象，《文汇报》还该办下去，让它形成并代表一个派别。有一个通气孔，有一个吹毛求疵的监督者，总比龚自珍所说的“万马齐喑究可哀”要好一些吧。

至于弊病，哪一种制度都有，十全十美的制度是没有的。这个人世间永远不会绝对完善，我们所能做的，永远不过是“两利相权取其重，两害相权取其轻”，还有，弊害不怕公开骂，骂骂总会好些。

十、“保护少数派”是两党制的口号

1957年前后，我们这个国家也响亮过“保护少数派”的口号。其实，这是英国的穆勒说过的话，是地道的两党制口号。

少数派所以要保护，是因为它的政纲今天不被通过，今天不合时宜，若干年后，倒会变成时代的潮流。我们这个人间也是螺旋形前进的，看来像走马灯，老转圈，其实一圈转过来，向前进了一寸。革命是直接前进，不过，1789—1793 年，只占法国近代史约 200 年的 2%。人世间的基调是进化，革命则是进化受到壅塞时的溃决。100 年中可以有那么几天，一天等于 20 年。要求每天都等于 20 年，是要闹笑话的，这种笑话我们经历得够了。

十一、“当家做主”，“领导”，“竞争”，精神贵族——武斗的两派变成乒乓球的两方

直接民主的口号是人民当家做主。可是，古希腊史上留下来的还是一些英雄，“人民当家做主”其实是一句空话。

从马克思起，社会主义者在“民主—专政”问题的争论中所要实现的是对人民的“领导”——说得最彻底的是列宁：“马克思主义不是自发产生的，是少数人搞出来向群众中灌输的。”（不是原文）其所以和“议会清谈馆”格格不入，是因为那种清谈馆和“领导”概念是大相径庭的。

两党制的议会政治的真正的意义，是两个都可以执政的政治集团，依靠各自的政纲，在群众中间竞争取得选票。

实际上不可能做到人民当家做主，那一定是无政府。我们要的是不许一个政治集团在其执政期间变成皇帝及其宫廷。怎么办呢？不许一个集团把持政权，有别的集团和它对峙，谁上台，以取得选票的多少为准。要做到这一点，当然要有一个有关政党、选举的宪法，好使两个集团根据一套比赛规则（宪法、选举法）变成球赛的两方，谁胜，谁“坐庄”。

我们不是有过武斗的两派吗？现在这两派还在互不服气。这简直成了社会不安定的根源。使武斗的两派服从民主规则来竞赛，祸乱的因素就可变成进步的动力。

轮流坐庄就是轮流当少数派。轮流着来，走马灯——螺旋就转得起来了。

甚至两个党政纲没有差别也是好的。大将军艾森豪威尔不仅没有成为皇帝，还痛切地指出了美国有一种军界—工业界膨大的威胁。

当然，这样一定会产生一种职业政治家的精神贵族。不过这又有什么可怕的呢？像我们这个农民占80%的国家，不仅现在的政治家（不论他原是工人出身的）是精神贵族，科学家、工程师是精神贵族，中学教师还是精神贵族呢。要解决这个问题，唯一的办法是培养更多的贵族，"贵族"多如过江之鲫，他们自然就贵不起来了。陈毅就说过，日内瓦会议时他受到了各国外长的特殊的尊敬，因为那些外长，只当一任，下台就是平民，哪里有一个元帅的威风。那个发表了白皮书的艾奇逊现在在当教授，费正清其实是基辛格的老师。美国工人子弟上大学的比例越来越多。唯其多，美国现在倒有一种强烈的呼声：美国社会上有一些底层的集团，子女受不到足够的教育，成不了科学技术日趋发达的社会中的有销路的劳动力。天天在反对精神贵族的中国，那些贵族们下乡两年回来以后，他的贵族气味打掉一点没有？而现在高叫的是落实政策，其实是照顾贵族。农村里冬天无鞋的孩子们，又提不到议程上来了。我们要的是进步，向后看齐实在是进不了步的。

十二、官僚机构和代议政治

行政机关，亦即官僚机关当然是取消不了的。不过常务的行政机关应该稳定，要换班只是政务官。

这一点其实已经无须解释了。行政事务本身是复杂的专门行业，政党所争论的是政策问题。

其实，在政党政治下面，部长和司长、科长的关系也不是像现在那样的"领导"关系。常务次长和司长干他们的日常性的专门性的行政工作，他们可以为这种政策服务，也可以为那种政策服务。社会日趋复杂，国家机关不能没有，打烂（其实是取消）国家机器是办不到的。

不过，唯有有了真正的议会，不仅政策受到监督，日常行政也可以受到监督。你别看清谈馆的议会，我们的代表大会中，章乃器对预算提出一个问题，财政部还忙了几天呢。眼睛愈多，无法无天的事情愈可以减少。

所以，论到夺取政权，考茨基错了。论到"娜拉走后怎么样"，考茨基对了。

十三、李自成、洪秀全和 1957 年

你说到李自成和洪秀全，何必设想他们如果胜利怎样呢？朱元璋不是一个李自成吗？农民造反，没有知识分子成不了事，而刘基、宋濂、牛金星、李岩这一类人，除四书五经、廿四史而外，还能读到什么？不按照老一套，他们能够建立一个有效的政权吗？萧何是秦吏，西汉的法制全套照搬商鞅、李斯那一套，正因为如此，汉武帝才做成了第二秦始皇，拓疆千里。洪秀全已经沾到一点西方味儿了，可是他只搬来了令中国士大夫十分厌恶的“天父天兄”，其他一切都是皇朝旧制。太平军中开始还有点军事共产主义的味道，可是天朝田亩制度只是一纸空文。那种军事共产主义的东西，在朱元璋军中也有（朱元璋靠“明教”起家，明教是波斯传来的祆教的中国版），当了皇帝以后，在史籍中把这一套涂抹得只剩下一点影子了。

所以“思想要靠灌输”，一点也不错。“枪杆子、笔杆子，靠这两杆子”，一点也不错。

“五四”的事业要有志之士来继承。民主，不能靠恩赐，民主是争来的。要有笔杆子，要有用鲜血做墨水的笔杆子。

十四、补论：何以“人民直接统治”的民主是不可能的

上面“当家做主”一节，对此论述未详，补加申论。

首先，历史上直接民主只存在于“城邦”中。现在没有城邦国家，都是民族国家，而且，国家还在超越民族的界限，变得愈来愈大了（注意西欧共同市场向西欧邦联发展的趋势）。你想一下，势必得出这样的结论，这样的国家，若不是苏联、中国型的，只能是议会与行政权并存，有政党轮流执政的民主国家。

还可以作一些理论的探讨。历史是人民群众创造的，一点不错。历史学家写社会经济史的时候，也一定是这样写的。马克思在这方面的功绩，永远不会被遗忘。然而一部政治史，却永远是帝王将相、政治家、思想家的历史。理由何在？列宁作了最妥当的回答：政治是经济的集中表现。

进一步发展列宁的命题，可以推论：陈胜、吴广代表了秦二世时农民造反的愿望，这是人民群众创造历史的证明。但是，陈胜、吴广出来了，历史只能记载陈胜、吴广的活动，不可能记载千千万万农民的活动。而且，事实上秦汉之际的历史，主角是陈胜、吴广、刘邦、项羽、李斯、赵高。农民群众所扮演的角色是响应号召，当兵，战死，其中极小部分有战功，封侯，当了小官小吏，等等。结果，广大农民群众的处境改善了些，活得下去了，但是在政治上当家做主，并没有轮上他们。这不仅在专制主义的中国是如此，在大革命以后的法国也是如此。哪一次和平的阶级斗争，其结果也莫不如此。

所以，问题的焦点，只好退一步，不要奢求人民当家做主，而来考虑怎样才能使人民对于作为经济集中表现的政治的影响力量发展到最可能充分的程度。既然权威是不可少的，行政权是必要的，问题在于防止行政权发展成为皇权。唯一行得通的办法，是使行政权不得成为独占的，是有人在旁边“觊觎”的，而且这种“觊觎”是合法的，决定“觊觎”者能否达到取而代之的，并不是谁掌握的武装力量比谁大，而是让人民群众有表达其意志的机会，并且以这种意志来决定谁该在台上。如果这一点确实被认为是唯一行得通的办法，那么，伴随着这种制度而来的一切可笑现象，只能认为是较轻的祸害。当然，这种祸害也要正视，也要逐渐减轻它。

你还可以觉得政党、政派，无非是政客组成的集团，可以认为他们当主角的这种民主，很不光彩，感到和“人民做主”这个原则不合，因此还是要直接民主。你也可以认为，目前，人民教育水平不足，也许不幸只好如此。到共产主义时代，谁都知识丰富，目光明澈，那就不会如此了。

可是，想一想，现代社会高度分工，一个工程师在其本行中精通一切，如果你和他谈政治，极可能是极其愚蠢的。既然如此，即使在文明进化到极高度的时候（我不说共产主义，你知道理由何在），政治也是一种专门的行业，有政治家，他们精心炮制政纲，争取群众拥护，以期取得政权。可是，在台上的时候，他们的地位也不过是瑞士的外交部长而不是大元帅陈毅；下台的时候，当一名教授，这对于民主的神圣含义，又亵渎了多少呢？

何况，现在全世界，还远没有到这个程度，人民群众在政治上永远是消极被动的，能够做到当前掌握行政权的人不发展成为皇帝及其朝廷，已经很不容易了。奢望什么人民当家做主，要不是空洞的理想，就会沦入借民主之名实行独裁的人的拥护者之列。

再进一步说，人文科学中的一切东西，都是理论指导实践的，思想永远是灌输的。思想的产生，固然各有其物质生产方式的历史的根源（例如航海、商业、手工业、殖民的古希腊城邦之产生民主思想，大陆的农业国家之产生专制主义等），有阶级斗争的根源，但是，顺应时代潮流的思想，总还要通过思想家的头脑炮制出来，还要形成政派加以传播，才能形成时代的思潮。多元主义和两（多）党制，适合这个规律，不过它可以使有待于灌输的思想，不是“只此一家，别无分店”的，而是“百家争鸣，百花齐放”的。这样，不同思想间经过斗争，思想本身可以愈来愈深化；而在相互斗争的各家思想的争鸣中，民智可以启迪。民智启迪，是科学发达的重要条件。

1973 年 4 月 20 日

民主与“终极目的”

一、民主诚然不是目的，那么把社会主义设定为民主的目的又怎样？

问题的焦点是：社会主义实现了，或者共产主义实现了怎么办？按照辩证法，回答是，实现了，连民主也不存在了。

这个答复，其实暗含着，革命的目的是要在地上建立天国——建立一个没有异化的、没有矛盾的社会。我对这个问题琢磨了很久，我的结论是，地上不可能建立天国，天国是彻底的幻想；矛盾永远存在。所以，没有什么终极目的，有的，只是进步。

所以，民主是与不断进步相联结着的，而不是和某个目的相联结着的。

那么，我反社会主义吗？我不。私有财产终归是要消灭的，我们消灭了私有财产，这很好。我们现在的民主，在其下作政治活动的政治集团和党派，可以，而且大体必定会在这个共同前提下，各自提出自己的政纲和主张。

二、一个人，手里集中了为所欲为的权力，你用什么办法来约束他不乱搞？有什么保证？列宁说什么直接民主。不错，我们见到过初期的工厂苏维埃。可是，这个社会是分工的社会，搞政治终究不免是一种专门的行业，直接民主，不久就会被假民主所代替，散在于不以政治为专业的群众中的各种意见，会被“拥护”的高声呼喊所淹没。

除以上两条外，其他几条你对我的批评，全都同意。至于所谓哲学上的多元主义，无非就是不承认有什么终极目的的意思。关于终极目的的问题，如果你有兴趣展开，我倒很乐意和你继续讨论这个问题。

17 世纪以来，有两股革命潮流，一是英国革命和美国革命，这两次革命导向典型的资本主义。一是1789年和1870年的法国革命，它们在法国本身，导致了两个帝国和五个共和国。然而它们同时展示出消灭资本主义、走向社会主义的趋向。这种趋向，按两次革命本身来说，是不可能成为现实的。马克思在哲学、政治、经济学上辛勤努力地证明这种趋向可以成为现实，以及如何成为现实。1917年它真的成为现实了。成为现实了，并不是没有问题。对此，我们谈过，下面还要谈到。

上面这一段话的意思，是想指出，这两次革命都是注定不能成功的。罗伯斯比尔为了保卫革命，打退侵略，不能不破坏资本主义秩序。他实行恐怖，征发粮食，然而他的根本信念是保卫资本主义秩序。按照他的逻辑，革命的唯一可能的结果是拿破仑主义——用拿破仑法典来维持市民社会的生产关系，用彻底的独裁和对外的军事光荣，既压住资产阶级又压住无产阶级，使两者都为帝国效劳，而不使两者发生激烈的冲突。逻辑上唯一可能的结论是拿破仑主义，然而罗伯斯比尔本人不能成为拿破仑，因为他的恐怖主义得罪了一切阶层，破坏了政治的上层机构得以维持下去的内部和平。他只能为拿破仑清道。但是，《九三年》（雨果著）却是马克思—列宁的无产阶级专政的原型。

1870年，成功的可能性更微乎其微。姑且假定，公社打败了梯也尔，俾斯麦能听任法国成为公社的法国，像《法兰西内战》所描绘的那样吗？而且，公社内部并没有产生出坚强的领导中心（你对这一点是看透了的），这种领导中心，唯有在1870年以后又过了40年，马克思主义取得了工会的领导权，并且为一大批最有毅力的知识分子在理论上所真正掌握了的时候，才能形成。

此外，公社对镇压反革命和进攻凡尔赛的软弱，是和1793年遗留下来的影响有关的。1793年在欧洲留下来的影响，最深刻的是它们的恐怖主义。要知道，马迪厄的称颂罗伯斯比尔的《大革命史》，是20世纪的产物。直到西方文明传到中国的时候，法国大革命在一般人中印象最深刻的名言，是罗兰夫人的“自由，自由，多少罪恶假汝之名以行之”。这种对恐怖主义的强烈的反应，是巴黎公社软弱的原因。

正是巴黎公社的失败，正是白色恐怖的无比残暴，这才在后代“要革命的人们”中间留下了这样一个无可辩驳的命题：“对敌人的仁慈，就是对人民的残暴。”现在，1917年有了充分的条件了：革命的专政，粉碎一切反革命的抵抗，革命的恐怖就是人道主义，等等。1917年的革命胜利了，而以上这些命题，到这次“文化大革命”，依然还是有力的鼓动口号。

1917—1967 年，整整 50 年。历史永远在提出新问题。这 50 年提出了以下这些问题：

1. 革命取得胜利的途径找到了，胜利了，可是，“娜拉走后怎样”？

2. 1789—1870—1917，这一股潮流，走了它自己的路，可是还有另一股潮流，两股潮流在交叉吗？怎样交叉的？它们的成果可以比较吗？前景如何？

3. 1789—1870—1917，设定了一个终极目的，要不要从头思考一下这个终极目的？

关于第一个问题，说过很多了，暂时不补充了，待你批驳后再说。

关于第二个问题，晚近的材料有不少可以深思的。准备多说几句。

毫无疑问，资本主义这股潮流，没有限于英、美，它把法国、北欧、西欧、日本等都包括进去了。它有过极其残暴的表现：殖民主义、分割世界、帝国主义，它曾经想扑灭 1917 年的革命，它打了朝鲜战争和越南战争等。在英国，1870 年以后直到第二次大战为止，确实有过盛大的海外投资，把国内的经济发展都耽误了等。

可是，它也有另外一种经常在活跃着的因素：自由和民主的传统。因此，在帝国主义时期，有过霍布森（John Aileinson Hobson，他写的《帝国主义论》，是列宁的《帝国主义论》的原本）、维布伦（Veblen）等直言不讳的批评家；大英帝国的伦敦，庇护了马克思和他的“国际”。它还在它的内部发展起来了职工运动。这种职工运动固然把工党，甚至本来是马克思主义的社会民主党吸收到它的体系里面去，成为它的机体的一部分，然而也发展了一种“民主福利国家”。我最近涉猎了一些西方经济学的文献，有几件事很可注意。美国的利息、股利、地租等不劳而获的收入，1914 年是 1945 年的两倍。工资在国民收入（个人收入）中所占的份额，战后的 20 年中从 60% 上升到 82%，他们的知识分子，现在正在强烈地鼓吹平等主义，等等。至于另外一些事情，从西方新闻中可以获悉的，则有西方的军备支出，愈来愈受到国内福利支出的压力而不易扩张。相反，苏联的国民收入则有 40% 用于军备；军备竞赛的主动权，现在竟已操在苏联手里。又在那里，像萨哈罗夫这样的人正在受到政治的威胁——这可以说是因为他的自由主义帮了帝国主义的忙吗？

这样看起来，100 多年的历史，证明两股潮流在交叉。1917 年的革命无疑对资本主义形成一股强大的冲击力量，没有这种冲击，西方的资本主义不见得会从帝国主义的道路上退回来，不见得会在其内部产生一股民主福利国家的潮流，至少，这股潮流不会强大到目前那种正在缓慢地改变资本主义面貌的程度。奇怪的是，冲击了西方资本主义的这股潮流，本身也在演变，而且正像毛主席所指出的那样，事情正在向它的反面转化过去。

我不相信，它真能转化到它的反面。看来，互相激荡的两股力量，都在推动历史的进步；两股力量，正在互相渗透；渗透的结果，都促使它们向前进。没有激荡，没有渗透，进步就不可想象了。

这就可以谈谈终极目的了。1789—1917 年，这股力量所以强有力，一方面因为它抓住了时代的问题，一方面是因为它设定终极目的。而终极目的，则是基督教的传统：基督教的宗教部分，相信耶稣基督降生后 1000 年，基督要复活，地上要建立起千年的王国——一句话，要在地上建立天国。基督教的哲学部分，设定了一个“至善”的目标。共产主义是这种“至善”的实现。要使运动强大有力，这种终极目的是需要的，所以，当伯恩斯坦回到康德，即回到经验主义，说“运动就是一切，终极目的是无所谓的”时候，他破坏了这面飘扬的旗帜，理所当然地要成为修正主义。可是，这些发生在“娜拉出走以前”。娜拉出走了，1917 年革命胜利了，列宁跟他那时代的青年人说，你们将及身而见共产主义。当时的青年，现在恐怕已经死掉不少了，还活着的人，目睹的是苏联军舰游弋全球，目睹的是他们的生活水平还赶不上捷克，目睹的是萨哈罗夫的抗议和受迫害。而究竟什么叫做共产主义，迄今的定义，与马克思亲自拟定的定义“每个人的自由发展是一切人的自由发展的条件”（见《共产党宣言》）愈来愈分歧，愈来愈不一致，也愈来愈难理解。也没有多少人考虑过这个问题，也许考虑过这个问题的人，都可以有自己不同的答案。我的答案则是：即使以现在的状况而论，苏联和中国的普通人比过去好得多了——假如真有共产主义的话，他们现在比几十年前离共产主义近得多了。也许，让 1000 年前的人活过来看现在的世界，他们会说，这就是共产主义。不过每一代人都不会满意他们的处境，都在力求向上、向上、还向上，因此每一代人都有他们的问题（按辩证法说叫做矛盾）。至善是一个目标，但这是一个水涨船高的目标，是永远达不到的目标。娜拉出走了，问题没有完结。至善达到了，一切静止了，没有冲击，没有互相激荡的力量，世界将变成单调可厌。如果我生活其中，一定会自杀。这有什么意思呢？还是不断斗争向前，还是来一些矛盾吧！

说过这一段话，民主这个问题似乎也好解决一些了。

革命家本身最初都是民主主义者。可是，如果革命家树立了一个终极目的，而且内心里相信这个终极目的，那么，他就不惜为了达到这个终极目的而牺牲民主，实行专政。斯大林是残暴的，不过，也许他之残暴，并不100%是为了个人权力，而是相信这是为了大众福利、终极目的而不得不如此办。内心为善而实际上做了恶行，这是可悲的。

反之，如果不承认有什么终极目标，相信相互激荡的力量都在促进进步，这在哲学上就是多元主义；他就会相信，无论"民主政治"会伴随许多必不可少的祸害，因为它本身和许多相互激荡的力量的合法存在是相一致的，那末，它显然也是允许这些力量合法存在的唯一可行的制度了。我说过关于民主和进步、民主和科学的关系的许多话，上面也算是又一种解释吧。

1973年4月29日

老子的“道”及其他

我代你（陈敏之《老子笔记》）编了目，可是内容只匆匆忙忙读了一遍。肤浅的看法，你的笔记力图有严密的结构，这个结构是服务于你的重点的（据我看来，重点是五至十节），这个结构也很好地为你的重点服了务。你甚至写得有节奏，前四节像笛声悠扬开场，第五节以后逐渐繁弦促管，“结语”是真正的高潮。

既如此，你笔底必定带有感情，而且事实上丰富的感情“溢于纸表”，那么怎么能够说是干瘪呢？你说干瘪，是自称“无新意”。然而凡是涉及感情的，我看就无所谓新意旧意。感情是生命的表现，有感情的东西，怎么样也不是干瘪的。而一切奉命文学，则不论其中有无惊人之语，有无独创的新意，它总是干瘪的。

奉命文学不仅现在有，过去就有。杨兴顺我看就是奉命文学，汪奠基也不免于奉命文学，那时候的奉命文学是要给古代中国增添光辉，于是那些东西就不免把老子所没有的硬给他添上；任继愈也誉之为唯物论——为什么不呢？《矛盾论》不是引了吗？现在要尊法，凡非属法家的一律罢黜，老子又怎能不是唯心论呢？

凡不是奉命文学，而是带有感情的，我看它必定带有新意。你的笔记，我看就比杨、任之类要高。比如说，你的结语，他们哪一个人写得出来？何况，感情这个东西是万古常青，所以是万古常新的。

有缺点没有？有。已经说过，你的批判武器不犀利。

一、唯物与唯心，物质第一性还是精神第一性

恩格斯、列宁都十分强调唯物唯心是哲学上的根本问题。你探讨老子的“道”究竟是什么，是循这条线索进行的。你也感觉到，人们判断老子学说的时候，今天唯物，明天唯心，变化多端，难有准绳。虽然如此，你还在努力要以这个标准对老子的“道”作一判断。你的判断的结论似乎是下列两条：

甲，“老子在竭力摆脱天神创世说神秘主义的影响，然而他的‘道’还是恍惚的，不明确的，而且也还不免蒙上一层神秘主义的色彩。”

乙，“老子对自然界的本原还处在探索的过程中，还不能肯定它的性质……因为他用的是一些不肯定的语气，如渊兮……湛兮……”

而我觉得这两条结论都难得站住脚。所以如此，是因为你用的武器不犀利，不合适，你对此有所感，却不能断然放弃它。

我想略为详细地解析一下。

二、天神创世说是《圣经》的传统，中国古代思想放不进这个框框。另一方面，老子的“道为天下母”，仍然可以解释为天神创世说，而且有道教为证

1. 天神创世说，是近代西方哲学，尤其是马列主义猛烈抨击的对象。就西方世界而论，中世纪以来，不仅创世说成为窒息科学的祸根，上千年的神权政治也必须费极大力量加以消除。然而，中国古代事实上并没有天神创世之说，老子提出来的“道”，显然也不是意在反对这种说法。中国上古有“拜天”性质的宗教，直到现在北京还有天坛、地坛、日坛、月坛；有朦胧的鬼神之说，其中的神，在很大程度上是氏族、部族的远祖，所以有“神不飨非类”之说；有一种天或神支配人们命运的迷信，所以孔子有“子不语怪力乱神”。而荀子的“唯物主义”天道观，直到韩非的皇帝至上、皇帝可以为所欲为，根本不存在什么害怕神谴的恐惧的学说，目前正受到人们的大力赞扬。所有这一切，都证明中国并不存在一个全能上帝在七天之内创造世界，他一直在支配人类的祸福，要求人们无条件加以崇拜的那种宗教思想。至于对天的崇

拜，或对鬼神的祭祀，可以说是人类对于自己命运无定的恐惧，而不是对全能上帝、至善上帝的崇拜。

不仅如此，中国古代思想从这种恐惧与崇拜中解脱出来是比较早的（不是彻底解脱。彻底解脱不仅古代不可能，甚至现代，我也看不出它有可能）。范文澜对此有所论证，见《中国通史简编》。郭沫若的《先秦天道观的发展》也可以参考。老子的“道”，不是拜天教，不是鬼神崇拜，这是事实。它比殷代的占卜大大前进了。然而这是春秋以来的总的思想倾向，老子并没有起先锋作用——当然，系统的表述是有的，不过他的系统表述，究竟对“天道观”向唯物方向的发展起了什么作用，似乎难于评判。原因在于他的“道”，合理主义的成分固然有，神秘主义的成分似乎更加多。如果说要起“积极作用”，确实荀子的作用要大得多。

2. 神秘成分，你说到了很多，但是曾经熟读《南华真经》的你，何以对于老子发展成为“老庄”一派竟一个字也没有提到？

事实上老子的寂寥、渊湛、恍惚等，恐怕确实给庄子开了路。

老庄一派的思想，在中国思想上的作用是怎么样也不能忽视的。它从“道”的不可测，直接转向虚无思想。这条线索，从庄子、古乐府（游国恩对古诗十九首和乐府指出过其中人生无常的基本思想）、魏晋玄谈一直下来，甚至佛教到中国来，也完全改变了它在印度的思想内容，改造成为老庄一派的虚无思想。任继愈那本《汉唐佛教思想》我没有读，偶然翻一两页，看其中对此论述得似乎很中肯。

佛教与老庄合流，到宋以后更加凝固成为士大夫的这样一种传统——不为甄宝玉，就做贾宝玉。不是禄蠹，就去出家。甄士隐去，无非悟透“好了”；愤世嫉俗，只好自称老衲（李卓吾）。这当然是个人主义。然而有一种个人主义中国很少见：像布鲁诺那样宁肯烧死在火刑柱上不愿放弃太阳中心说；像宗教战争或异教迫害中的殉道；像生命可以不必要，航海却不可不去的冒险精神；像近代资本主义先锋的清教徒那样，把赚钱、节约、积累看做在行上帝的道；最后，像马克思认为是共产主义的基本标帜——每个人都能够“自我实现”（原话是“每个人的自由发展是一切人的自由发展的条件”）的那种个人主义。中国不是没有，可是，好像只有一个类型，文天祥、史可法之类，而这已是中国专制政治到了末日时候的从容就义，不是社会上升进步中的殉道精神与自我实现了。

我看，这件事庄子应该负责，老子也有责任。老庄以前殉道精神是有的——墨家。当然，起了摧毁作用的，归根到底还是秦始皇。

这一点，以前我的“笔记”中好像说过。

我认为，这是一个值得大声疾呼的根本问题。

3. 老子对“道”作了各种诠释，这究竟是什么意思？

下面我也想说说我的理解。暂时只想指出，即使把恍惚、寂寥、渊湛等等放下不谈，其中一条定义“道为天下母”，就不妨把它定为神秘主义的，或者如你惯用的，定为唯心的。

西方哲学中，譬如以你熟悉的黑格尔来说吧，“类”可以是同类的个别事物的共性，然而可以把“类”规定得比个别事物要“高尚”、“高贵”。从这样一种思想出发，就可以逐步走到，个别事物生灭无常，“类”却是永存的——不是从个别事物中归纳出类概念，而是类概念产生出个别事物，从这里很容易走到绝对精神这个结论上去。而哲学化了的基督教的上帝，无非是这种绝对精神而已。

这类体系，你不妨把它解释为天神创世说的哲学化，然而古希腊人开头弄出这套体系来的时候，他们的神却是神人同形的，所以这套思想体系其实是对多神的、神人同形的宗教的批判……

不扯远了吧。总之“道为天下母”，把“道”解释为规律，那就是规律产生天下，不是从“天下”这个客观存在中去归纳出规律来，这还不是十足的唯心主义？

所以，唯心唯物，扑朔迷离。以此剖析一切，实在不够用。

三、“在探索过程中，还不能肯定它”

你这条结论，似乎有点天真，也有点武断。

所以说天真，是因为你把马列主义武装了的你的思想路径，推之于老子了。

老子对于“道”作了多种诠释、多种定义，据我看，直截痛快地应该大喝一声，都是从他的伦理哲学和政治哲学出发，为了达到这方面的结论而来找根据的。所有这一切，都不是对自然现象作长期观察，而达到的什么世界观。

也许还可以更武断地说，老子对自然现象的规律性根本没有什么兴趣。他有兴趣的是伦理哲学和政治哲学。他对“道”的各种诠释，都是在伦理哲学和政治哲学的结论已经达到之后，用静观、玄览的方法冥想出来的。当然，完全脱离观察的话，冥想也就没有材料，没有内容，更达不到什么结论了。

你脑中有唯物唯心这条杠杠，老子根本没有。他冥想，他想到适合于他的伦理哲学和政治哲学的那些条条，无论那些条条相互之间是否有矛盾，都可以写出来。他本来不想对自然现象作什么系统的解释，他不知道什么唯物唯心，他为什么不能这样做？

可以注意的是，老子的伦理哲学和政治哲学的论断和箴言，我觉得似乎可以合成一个互不矛盾的整体。我没有详细研究过老子，如果我这个武断居然不错的话，“有了结论再去找前提”之说，也许是能成立的。那么你说老子“在探索过程中，还不能肯定它”，就不免是天真地推己及人了。

附带说说，对古代思想家的著作做分析，你总可以发现他的体系中有无数矛盾。如果把他的言论作年代程序的编排，你可以分析他的思想经验。假如这种发展经验的分析，有明白的证据证明他最后对什么问题还在摇摆，那么做“探索”、“不能肯定”的判断当然是可以的。《老子》这八十一章，究竟是不是老子写的还是疑问，那么，他的学说中的“多义”、“矛盾”等，就恐怕难于做“还在探索中”这样的判断了。

四、“其中有精”，“精”是不是粒子

你反对“精”是粒子的任继愈之说，解释为“精气”，我赞成。不过我想补充一点。

粒子学说，远在古希腊就有，德谟克利特、伊璧鸠鲁创原子说，19 世纪至 20 世纪的物理学利用这个假设，通过各种各样的实验加以证实了。一种学说，仅仅是一个假设，经过两千多年才证实，恩格斯据此论过理论思考（哲学）对科学的重大作用（《自然辩证法》）。于此可见，一种假设，不必以实验科学的发展水平为前提。就这点来说，任继愈解释“精”为粒子，并非没有理由。

然而古希腊的原子学说，是在长期的关于自然哲学（其实就是思辨的，即缺乏实验的自然科学）的争论中逐步发展起来的。春秋战国期间，关于“至大无外，至小无内”之类的争论是有的，像古希腊那样从地水风火这些要素到物质结构的争论却没有听说过。任何感情的发生都有它的原因，有它的环境；从无这样的端绪，突然出来一个粒子学说，那是不可能的。任继愈此说，无非要为中国争光而已，恐怕确实难以成立。

你的解释“精气”，我赞成，不过要说明理由。我知道宋、明以后有“理气”之说，也许“精气”这个名词，宋以前就有，我不知道。我根据“理气”之说赞成“精气”的解释。不过究竟战国时“精”作何解，老子的“精”，和其后也许有过的“精气”、“理气”之类，其间递嬗继承变化之迹如何，我不知道。老实说，像这样的问题，要仔细考证的话，够搞若干年的。

五、静观、玄览和“抽象”、逻辑

你批判老子的认识论是静观、玄览，是唯心论，不足取，要反对，我完全赞成。玄学必须让位给科学态度，静观、玄览是不行的。

你以《实践论》为武器，我也赞成。不过有一个问题，以前也曾接触到，最近读古希腊史中才认真考虑，觉得必须补充到我自己的“科学态度”中去。乘此机会在这里略加说明。

还从《实践论》说起。《实践论》指出，从感性知识到理性知识是一个飞跃，要经过综合、判断、推理的工夫（未查原文，大意是不错的）。马克思在《资本论》中，说过作为科学方法的“抽象”。现在要问，这个“综合、判断、推理”，或“抽象”，是不是静观、玄览？

可以彻底否定，理由是静观、玄览是“空对空”，而从感性知识到理性知识却是以实践、以感性为基础的。

然而仔细思想，如果排斥静观、玄览，你充其量只能得到因果关系中的或然率，根本作不出什么关于规律的陈述。要得出关于规律的结论，不仅你可以肯定“前”因跟随“后”果的或然率（最大的或然率是无限接近于1），而且你还得把前因达到后果的机制弄清楚。要弄清楚机制，一般总是先要建立假说，然后通过实验和观察加以证实，修改，或者加以推翻。推翻之后，要再作实验观察，你还得作出假设才行。

既然叫做假设，难道它就逃得了静观、玄览了？当然，假设，总不是没头没脑地胡说一气，总是有许多已知的东西，集合在一起，然而要凑成一个整体，其中有一些或不少未知的东西，你得凭直观来对它们作出假定。问题就在对这些未知的东西的假设，总不是有根有据地得以凭别的前提推出来，你只能没有根据地假设，然后可通过实验来肯定或排除，叫做试试改改（Test and Error）。

这不是推理。逻辑上所谓推理是有大前提有小前提推出结论来。这可以叫做综合、判断、抽象，随你怎么说都可以。然而它总是靠直观而不是靠推理得来的。

试问，这不算静观、玄览？

如果彻底排除静观、玄览，那就不会有科学，不会有哲学。最近读古希腊史，有人对古埃及、古巴比伦、古希腊文明详加对比之后，得出这样的结论：埃及、巴比伦文明比希腊早（早2500—3000年），古希腊人许多东西都是从那里学来的（几何从埃及来，天文历法从巴比伦学来，工艺技术就不用讲了。那里的冶铁公元前1000年就有，铜，公元前3000—4000年就有）。然而古希腊人不是经验主义地学，古希腊人善于对事物作“为事物本身”的思考，所以，自然科学渊源于古希腊，哲学渊源于古希腊，而埃及、巴比伦结果是毫无成就。

然而这里所说的静观、玄览，必须是先经过尽可能周到的观察，然后作严密的合乎逻辑的论证。当然，必须承认，所谓合乎逻辑，也是相对的。比如说，亚里士多德是逻辑学的鼻祖，他的《政治学》的论证似乎也颇严密，然而局限性还是十分厉害——不可以作无根据的跳跃。

老子的认识论，不仅是缺乏根据的冥想，他的论证有一个极大的毛病，极大多数是类比，即不是从前提到结论的推论，而是从外表上相似的一个不同事物的规律的陈述，无根据地应用到另一个事物上去。或者是前提和结论之间的推论，然而根据不充分，“推不出”结论，或结论大大超过前提。这一点，汪奠基的册子说到了，然而汪竭力赞扬老子的无名论逻辑（即用否定论证来达到肯定的结论），对其缺点只轻描淡写地说了几句。

其实，老子这方面的缺点，不仅本身严重，还流毒后代。比如《大学》上的修齐治平，不仅思想本身渊源于老子，逻辑上的跳跃也和老子一样。

严密的逻辑论证，历史上有一个确实的来历：公开辩论。古典时代的雅典人好讼，还有一套民主选举办法，雄辩术风行，甚至还有一个奇怪习惯，两人争辩一件事，可以有彩金，谁辩胜就得彩金。辩证法的原意本是辩论，你说话有漏洞，对方力图辩难，怕输，就要严密。逻辑学显然也是从这来的。

中国也有过，庄子与惠子的辩论即一例。可惜不久就焚书坑儒了。

这样，老子的逻辑毛病也就不足为怪了。没有运动，何来成就？

六、愚民政策和无为政治的根源何在

愚民政策和无为政治是《老子》中十分消极的成分，痛加批判是必要的。

黑格尔、马克思也一样，对中国（一般地他们更广泛地谈到“东方”，这是包括埃及、两河流域、波斯在内，即古希腊罗马文明以外的一切有古文明的民族）古代成就光辉灿烂，可是过后却长期停滞不前，都有很多贬词。对于这些贬词，现在我们一概不许说，好像现在问题已经解决了似的——或者是因为不说了，我们就不落后了。其实我们还落后得厉害，而且历史传统的负担太重。其中有一条，因为我们还在照老子的无为政治和愚民政策办事。

愚民政策已经无须解释了，无为政治似乎谈不上，因为我们似乎是“有为”得太过头，比如张奚若就说过好大喜功。这诚然是事实。然而有为中是不是也有无为政治的成分？我觉得，你列为愚民政策中的有意识因循守旧，反对物质文明的进步，似乎也有无为政治的味道。而这正是我们现在所奉行的政策的一部分（不是全部），正是我们两千年来停滞不前的原因所在。

费正清有一本《美国与中国》（内部中译本），似乎值得弄来一读。他把中国称做“内向的”，以别于西方的（古希腊罗马传统的）扩张的，这是一种委婉的对“因循守旧”的说法。今年上半年《参考消息》发表过一篇他来华后的文章，我读了十分生气，因为他说了许多好话，文章的结论，实际上是说，中国照现在这样下去不足畏惧。我看，这很足以反证我们现在还在搞无为政治。

假如上面这种说法还有一丝半点道理的话，那么你对老子这一套伦理哲学和政治哲学的阶级分析似乎显得不够。好的，他这一套，是没落贵族意识的反映，但是，为什么中国长期处在他这一套影响之下，成了一种民族风格了？

我承认，我答复不了这个问题，只是觉得光是阶级分析不够。

附带说说，无为政治与愚民政策，在历史上形成一派黄老的传统，也许后来还羼进到儒家的思想中去了。详加分析，极有必要。

* * *

你寄来了，我必须说几句，其实我说的这些，是在说我自己的话，你实在应该把它当做我的喃喃自语，谈不到什么针对你的笔记而发。

你的笔记，显然是按照你自己的哲学，你研究中的思想经验写下来的。我如果真的要针对你的体系说话，我至少要懂得你。我只读了一两遍，根本谈不到懂得你，所以并无针对性，只是敷衍塞责，交差而已。

1973 年 12 月 26 日

老子的“无名”是反对孔子的伦常礼教的有名论的吗

1. 题目中的说法，见于汪奠基的《老子的无名论逻辑》一书，其中指出，两千年来，老子一向被称为黄老之老与老庄之老，其实他的无名论逻辑是反对孔子的“始制有名”的伦常礼教的，并引王夫之、夏曾佑等人之说为证。王的《老子衍》粗略翻了一通，还没有读通，以后再来钻研。夏书未找到，以后再说。但是读几遍《老子》本文，深感此说难于成立。

如果《史记》本传所说有根据，老子是周的守藏史，生当春秋战国之交，深恶诸侯征伐兼并，倡导无为政治。《老子》书内，也有一些“民不畏死，奈何以死惧之”的激愤之语，那似乎是同情劳苦人民，倾向革命的了。然而通读全书，深感此书实在是站在当时的“侯王”立场上，警告他们必须知足、谨慎、无为，才足以保持既得利益，而且提出了一整套怎样保持既得利益的愚民政策的办法，如“虚其心，实其腹，弱其志，强其骨，常使民无知无欲”（第三章）等。然而因为全书大讲虚无缥缈的“道”与“德”，老子的这个侧面常常被掩盖起来了。

现在，从一个侧面，即老子诸项论证中“行道”的主体究竟是些什么人，来证明我的判断。

《老子》全书“行道”的主体，可以分为四类。一类是“王”或“侯王”，“王”或“侯王”也称为“圣人”；二类也称做“圣人”，但不能确实指证为“王”或“侯王”，或是一些在野的“圣人”的；三类是“士”；四类是漫不指明为主体的。

细绎全书，第一类，在81章中得29条，全录于后：

不尚贤，使民不争；不贵难得之货，使民不为盗；不见可欲，使民心不乱。是以圣人之治，虚其心，实其腹，弱其志，强其骨。（第三章）

圣人不仁，以百姓为刍狗。（第五章）

……爱民治国……能无为乎？（第十章）

不知常，妄作凶。知常容，容乃公，公乃王，王乃天，天乃道，道乃久，殁身不殆。（第十六章）

太上不知有之，其次亲之誉之，其次畏之，其次侮之。（第十七章）

国家昏乱，有忠臣。（第十八章）

圣人抱一为天下式……夫唯不争，故天下莫能与之争。（第二十二章）

域中有四大，而王居其一焉。人法地，地法天，天法道，道法自然。（第二十五章）

奈何万乘之主，而以身轻天下。（第二十六章）

以道佐人主者，不以兵强天下。（第三十章）

道常无名……侯王若能守之，万物将自宾。（第三十二章）

功成而不名有，衣养万物而不为主……以其终不自为大，故能成其大。（第三十四章）

国之利器不可以示人。（第三十六章）

道常……侯王若能守之，万物将自化。（第三十七章）

侯王得一以为天下贞……侯王无以贵高将恐蹶。（第三十九章）

人之所恶，唯孤寡不谷，而王公以为称。（第四十二章）

圣人在，天下歙歙焉……（第四十九章）

……修之于国，其德乃丰；修之于天下，其德乃普。（第五十四章）

以正治国，以奇用兵，以无事取天下。（第五十七章）

其政闷闷，其民淳淳。其政察察，其民缺缺。（第五十八章）

治人事天，莫如啬……莫知其极，可以有国。（第五十九章）

治大国若烹小鲜。（第六十章）

大国者下流……（第六十一章）

故立天子，置三公，虽有拱璧，以先驷马，不如坐进此道。（第六十二章）

古之善为道者，非以明民，将以愚之。（第六十五章）

夫慈以战则胜，以守则固。（第六十七章）

民不畏威，则大威至矣……是以圣人自知不自见……（第七十二章）

受国之垢，是谓社稷主。受国不祥，是谓天下王。（第七十八章）

圣人不积，既以为人，己愈有。（第八十一章）

第二类，也称圣人，其中有些也可以释为侯王，也可以释为在野的圣人的；不能释为侯王的，唯第九章、第二十九章两条，这两条还会引起一些其他似乎与本文主旨不符的更严重的问题，下面另有说。此项得 12 条。

圣人处无为之事，行不言之教。（第二章）

功遂身退，天之道也。（第九章）

圣人为腹不为目，故去彼取此。（第十二章）

天下神器，不可为也。为者败之，执者失之。（第二十九章）

圣人不行而知，不见而名，不为而成。（第四十七章）

圣人终不为大，故能成其大。（第六十三章）

圣人欲不欲，不贵难得之货……（第六十四章）

（圣人）是以欲上民，必以言下之。（第六十六章）

是以圣人被褐而怀玉。（第七十章）

圣人不病，以其病病，是以不病。（第七十一章）

天之所恶，孰知其故？是以圣人犹难之。（第七十三章）

圣人执左契而不责于人。（第七十九章）

第三类，明确地指为士的，得三条，另一条称君子。

古之善为士者，微妙玄通，深不可识。（第十五章）

君子居则贵左，用兵则贵右。（第三十一章）

上士闻道，勤而行之……（第四十一章）

善为士者不武。（第六十八章）

另一条称官长：

……朴散则为器，圣人用之，则为官长。(第二十八章)

似乎可以归入士这一类。然而“官长”究竟怎样解释还是疑问。汉人把皇帝称做县官（《史记·绛侯周勃世家》），春秋战国有卿、士、大夫之称，未见称当官的叫做官的，所以，这里的“官”是不是也指侯王，尚可存疑。

第四类，不指明主体的，不列举。

从以上列举各条来看，老子的“道”，显然是侯王的“道”，士的“道”，很难称之为超脱于既得利益集团之外，玄思冥想那样的“道”。所以把老子的“道”，和爱非斯的赫拉克利特的逻各斯（Logos），或者和伊奥利亚不论哪一个哲学家的自然哲学相比拟，都是不妥当的。中国文化是史官文化，商代已然，至周已经凝固到不可更易的程度了。老子不像孔子，没有当过司寇那样的大官，不过是一个小小的守藏史，然而他的思想实在无法超过侯王、士的范围。《老子》全书，决不是一个在野的圣人探索自然的奥秘（规律），或者人怎样达于至善的哲学，它是不折不扣的政治哲学、统治哲学。他的“道”，似乎说得玄妙得很，涉及天地宇宙。然而主体既已确定，天地宇宙不过是统治哲学的隐喻，本身并无独立的意义，所以也不求逻辑上的完整。这种以天地宇宙作为统治哲学的隐喻的手法，到韩非手里大大发扬光大，于是老子的“道”就变成了“明君贵独道之容”的“道”了。

把天地宇宙的“道”搞得在逻辑上完整的学说的，是庄子。然而庄子的主旨和老子是绝然不同的。老子是为侯王常保富贵出谋划策，他的清静无为是常保富贵的手段，他全书中绝无半句隐世遁世的话。庄子把老子的“道”弄到另一个方向上去了，然而这绝非老子本意。后世把老子奉为道士的祖师爷，其实完全把他误解了。

2. 汪奠基认为老子的“无名”，是反对孔子的伦常礼教的有名论的。如果上面的论断还站得住的话，老子的前提是肯定当时的社会秩序、当时统治阶级的既得利益的，不过他维持既得利益的办法和孔子不同罢了。孔子要繁复的礼——侯王卿士大夫各有相当于其身份的一套排场，死了人要厚葬，从天王的棺椁七层，逐渐挨次下来，普通老百姓死了老子办丧事也得弄到破家的程度。总之，尊者要向卑者“作威作福”。把三纲五常，亦即王侯、父亲、丈夫的权威不仅用“礼”巩固下来，而且要通过教化在每个人脑子里构成一套怎样也挣不脱的枷锁，等等。老子对这一套尊卑秩序原则上全不反对，不过他主张清静无为寡欲等，多少想减轻一点可怜的老百姓的负担。达到这个目的的办法是说服统治阶级——指出，按照他所悟得的“道”，你不这样就要丧失一切。这是想用利害得失来说服他们，而不是向他们的“良心”呼吁，因为向良心呼吁是无济于事的。然而《老子》第三十二章一段话，倒是一段奇文：

始制有名，名亦既有，夫亦将知止。

这是说已经制定了制度，有了权位和爵禄。既然你拥有了权位爵禄，那就应该知道限度，不要搞过分了。这其实已经是在向王侯卿士之类的良心呼吁，可惜这种呼吁绝不会见效，而清静无为常保富贵的利害说服，两千多年来也从未见效。

也许“呼吁”是这个“好心好意”的人写这洋洋五千言（或者聚集一帮人说教）的出发点，不过这个好心好意的人是承认现存的社会秩序，承认“始制有名”的“名分大义”无可更变，并以此为他的全部立论出发点的。他在这个前提下向统治阶级呼吁他们实行“让步政策”（他是让步政策的祖师爷），但仅此为止。他并没有主张什么平等主义，主张毁弃始制的“名”。他与孔子的区别不在有名与无名的区别上。

而且他的清静无为，是一种在政治、经济、技术、文化、科学、艺术上力求保持现成状态，甚至主张倒退，不求进步，不求创新，不主张与天斗与地斗，以争夺人类更美好生活的保守主义或倒退主义。他认为“奇技淫巧”会导致更严重的剥削，主张过原始式的物质生活和精神生活。可是历史证明，人类在进步，甚至剥削关系也促进了人类进步，而反对剥削的斗争，中心放在反对奇技淫巧上根本是找错了目标。这也许还是好心好意，可是这一份好心好意，对两千多年的中国的停滞不进并不是没有责任的。

负有责任的不仅是老子，反对复古，反对先王之道的荀况、韩非也要负责。他们口口声声法后王，然而其间并无进步创新之意，重点还在主张王的“唯辟作福，唯辟作威，唯辟玉食”的权利上面。所谓后王之道，抹煞了普通人的全部价值、权利与创造的冲动。

在这一点上，老子又不是全无责任的。因为他的无为哲学主旨虽是让步政策，然而带有严重的权术成分，是可以把它引申、恶化的。但就这一点来说，只能说到“并非全无责任”。否则的话，那是把别人的罪推到他身上去了。

平心而论，这些都有其历史的必然性。从殷商到春秋末年，一千多年的历史已经把“奉天承运，替天行道”的天子，以及由文明历史时候“始制”起来的“名分大义”完全固定化下来了，岂但政治，而是全部文化和思想都被摁在这一个框框里，凭谁都跳不出这个框框。老子还是好的，还在强调侯王自称为孤寡不毂是对的，要按这个精神行事的呢！除老子而外，先秦诸子哪一个不是背离这种精神，同心合力一步一步把历史从侯王——孤寡不毂这个阶段，推进到皇帝——朕这个阶段的呢？

而且，历史上不走这一条路的古文明，只有一个古希腊。那是各种特殊条件结合所成的特例——历史没有什么可以褒贬的，历史的教训所能照亮的只是未来，而未来倒确实有待于历史去照亮它的！

3. 有一条小小的反对理由，还不妨略加申述。假如说，老子的“道”是侯王的道，是侯王常保富贵之道，可是第二十九章“天下神器，不可为也。为者败之，执者失之”若释为皇帝当不得，谁得天下谁总终究要丧失它的话，那就说不通了。又第九章“功成名遂身退，天之道”，也似可作同样的反证。

然而粗读《老子》全文，反证只此两条。古人的书，不可能保证其中哪一条没有后人篡改，以逻辑上自相矛盾责备他是不行的，只好就全书主旨来看。此其一。其次，“天下神器”一条，也可以释为天下是奉天承运的天子在替天行道，名分已定的意思，而且看起来这样解释更合理一些。神者，天帝也；器者，器物也；神器者，天帝之所拥有也。天帝所拥有，交给天子替天行道，谁也不能去攘夺它，这就与我所释《老子》全文主旨不相矛盾了。

“功遂身退”一条，后世人引用的太多，似乎已成定论。然而通观《老子》全书，哪一条是主张侯王自动退位的？有的只是奉劝他们怎样才能长保权位。春秋时代，齐桓公还要“兴亡继绝”，既存秩序至少在人们意识中还是牢固的，《老子》主旨与这个历史背景相合。所以此条的身退，不可释为侯王的退位，只可释为一般的退避。后世人引用这一条当然不足怪，因为到战国时已有鸟尽弓藏之叹，春秋时则基本上是世卿制——一次征服，受封功臣世代承受爵位。

说得远一点，“身退”之说，如果确是全书内唯一的一条，别无其他同样的说法，还可以怀疑是不是后人窜入。

4. 以上写得很无次序，是胡扯，写于两天之前。这两天又考虑了一个问题，愚民政策。

上面几乎全未涉及此点，因为重点在探讨老子的“道”的主体是谁。释文中“有司杀者杀”一条我提出了异议，还说到如释文有变，将涉及你的批判的正文。从这条线索，又想了一下《老子》全书主旨究竟应该如何解释的问题。

我认为，老子是在替侯王常保富贵设想，无为政治、愚民政策都是为侯王出谋划策的，从历史进步的观点来说，都是开倒车的，反动的。然而他究竟不同于主张侯王或皇帝有权纵欲，可以对老百姓横征暴敛，还要用礼或刑法把老百姓的行为和思想搞得服服帖帖的儒法诸家。从全书来看，他的这种主张是一贯的，他主观上也许还是好心好意的。这样理解他的愚民政策对不对？有另一种理解法，那就是他的无为清静之类是说说的，一旦人民造反，他主张狠狠地杀。我记得你的批判原文好像是这样的意思。

论孔子

1. 你提的，“一旦克己复礼，天下归仁而不是归周”，确实打中了孔子的要害。孔子梦想的是西周秩序——“礼乐征伐自天子出”，“刑不上大夫，礼不下庶人”。具体一点说，他梦想的是一个周天王在发号施令，这个周天王下面有等级森严的一套贵族、诸侯、卿、大夫。从天王到大夫，尊贵的等级有差别，然而他们都不同于庶人，是庶人之上的一个贵族阶级，他们的尊严都是不可侵犯的。维持这套秩序的办法是正名，是教化。从孝悌开始的教化，使得庶人对贵族和贵族阶级上下之间相互之间都井然有序，贵贱有别，就像儿子对父亲，幼弟对长兄一样。问题在于，在春秋的大乱之世，礼乐崩坏，兼并盛行，犯上作乱已经成了家常便饭的时候，怎么办？孔子在《春秋》中虽然“天王”长，“天王”短，晋文公召周王到河阳，他还要写成“天王狩于河阳”，但却肚里有数，这个天王不行了，“我其为东周乎”，要另起炉灶，弄出一个代替周天王的天王，或者像管仲那样，兴起一个把天王变成至尊的偶像，旁边有一个事实上至强的霸（主）。所以所谓东周，是把鲁弄成霸主，或者干脆鲁称天王来代替周王朝了。公孙不狃和佛肸见召，他跃跃欲试，无非是想以此为开端来建立这个霸业。当鲁司寇后杀少正卯，隳三都，无非是想削平三桓（鲁的公族季孙、叔孙、孟孙三家），先尊公室，然后强鲁称霸。周游列国，到处留心政治，无非是想看看有什么机会“出售”他的一套政治主张。

在这里，他的政治主张，和他达到这种主张的手段是矛盾的。手段是仁、恕，目的是霸业。你批评得很中肯，仁、恕一套谁也不会听他的。不过他若真的当起权来，他的做法其实和管仲、商鞅是一样的。杀少正卯，隳三都，已见端倪。他自己心里明白，仁、恕是讲给别人听的，是教化芸芸众生的，至于当权的人要成霸业，不心狠手辣、芟除异己是不行的。他对管仲的称道，已经为我们当代人的“大节小节论”做了榜样了。

孔子对秦政的称道，和荀况的称道是一模一样的。虽然称道的对象，在孔子是大胆用了五羊大夫的缪公，在荀况是用了商鞅的孝公及其后诸王。

后代史家，说中国几千年来的政治一直是内法（或荀）而外孔，以孔做羊肉，挂招牌，以荀或法做实际。这一套其实开始于孔子本人。

这是孔子本人的言论与行动的矛盾及其必然的结论。中国历史正好符合于这个逻辑。

比较起来，孟轲比孔子要“一以贯之”得多。孟轲强调仁义，不惜得出“民为贵，社稷次之，君又次之”，以及“君视臣如草芥，则臣视君若寇仇”的结论。这种结论，是孔子绝对不会达到的。这就是他的归宿必然是法家的道理。孔子的嫡传是荀况，荀孟对立其实就是孔孟对立。

2. 但是，根据以上矛盾，说孔子就是一个假仁假义的人，那不免把他过分小丑化了。在我看来，他对他自己的思想是忠实的，他悽悽惶惶过一生，悲叹自己没有机会行道，并不是“仅仅为了面包”。为了证实这一点，不妨把他和苏秦、张仪对比一下。

他有许多十分庸俗的话，“学而优则士”，“耕馁，学禄”之类都是。但是，这是专制政体下官僚机构盛行的一般意识形态。孔于以前一千多年的古埃及的“文士”教训他的儿子，说的话，和孔子这些话，连措辞都差不多。再说，他带那么一大帮学生，事实上靠他们吃饭，他能不为这个子曰店做做广告吗？

要不落到这个陈套中去，在古代条件下，唯有个人主义盛行的政制才行。我现在动不动就说古希腊。早期古希腊执政者是土地贵族，国家是蕞尔小邦的城邦，当官的是荣誉职不支薪饷，要发财，你去航海，你去开辟新殖民地，你去做买卖，别在现成的一锅饭中去跟别人争更大的份额。学问不是“货予帝王家”换口饭吃的玩意，而是一种个人的创造活动，这才能够产生或者放眼宇宙，或者注视自己内心世界的思想家。专制政治不可能设想这种知识的出路，知识无非“求禄”，你能怪孔子吗？

你用《红楼梦》中贾宝玉的用语“禄蠹”来批评孔子。贾宝玉不做禄蠹，只好出家。我又要问，“娜拉走后怎样”——出家以后怎样？如果活下去，而且还要维持一种清高的生活，怎么办？

要不做禄蠹，要有一种合适的社会条件。不同于古希腊的现代条件是，尊重每个人的事业，每个人的创造性活动。居里夫人的科学业绩，一个诗人的好诗，都受人尊重，政治家的地位不比科学家高。当然，这又是精神贵族的语言，而且，说老实话，我承认，清洁夫的工作，怎么样也不会受人尊重的和教授一样。我老实承认，我的平等主义，对待清洁夫的是怜悯而不是尊重。不过，无论如何比一切人都俯伏在天王或皇室前面要好得多吧？

3. 关于“信”，你的评论也十分尖刻。但是，“民无信不立”之信，和“言必信，行必果”之信恐怕意义并不一样。一是政令之信，一是待人接物之信。政令之信是商鞅植木悬赏之信；待人接物之信，其必须遵守的程度恐怕确实与此有差别。当然，如果待人接物中提倡背信弃义，那是应该谴责的。但是把待人接物之信提高到政令之信，或者把政令之信降低到待人接物之信也未必妥当。而且，政令之信的重要性，我们不是亲身体会过的吗？

4. 还有一个小问题。四书朱注，是朱熹的著作而不是孔子的著作。凡朱注中如“义理”、“天理人欲”之类的东西，完全是另外一种哲学体系，以此解孔是不行的。

5. 我还发一个奇想。孔子求售的地方，鲁、宋、卫、陈、蔡，都是周的中心地区而不是僻地（到过齐，那是田氏代齐前夜，齐景公实在不像样）。战国的强国，秦、晋——后来的赵、齐、楚，都是边缘地区，中心故国，全被并吞。并吞了中心地区的魏强盛过一时，到最后还有一个信陵君，那也是继承了自称为狄的晋的遗业的。孔子不到边邦去求售，他的“周”要是“东周”，最好是建立在殷的故地，周公后裔的鲁，也是目的与手段矛盾的一例。普鲁士、奥地利都是日耳曼的边邦，苏联与美国，500 年前在世界上不占地位，新的历史往往是在新地方开头的，满脑子旧秩序的孔子是不懂得这一点的。

6. “父为子隐”一条，与“举直错诸枉”诚然是矛盾的，然而和“君君臣臣，父父子子”则并不矛盾。历来的评论家，都把孔子的“爱有差等”、“能近取比”列为他思想体系的重要前提。既然他的“天下国家”是家庭的推广，他当然要把家庭中的“团结”列为一切“团结”的前提，所谓“以孝治天下”就是这个意思。这样，姑且不说父亲揭发儿子的隐私，儿子揭发父亲的隐私起码是大逆不道的。

孔子的这个前提与西方政治思想是完全不一样的。你那儿有亚里士多德的《政治学》，亚里士多德认为人在城邦中的结合是达到至善的唯一途径。其实，唯有从这个前提出发，我们现在天天在嚷嚷的“集体主义”才算找到了根据。若以家庭为出发，向外推，推到天下国家，一旦忠孝不能两全，你取舍据何标准？而且，君臣一伦不过是父子一伦的推广。这还是一个人对另一个人的不可推辞的义务，其间又哪里能够引申出什么集体主义来？历来的思想家认为中国人的统治哲学是“父道主义”，即抚百姓如抚赤子，中国人的义务观念，脱不了对另一个人的忠孝。这是中国人团结不起来，一盘散沙的根源。现在的人，谈到个人责任的时候，总把“国家”放在第一位，这是政治与伦理哲学的根本前提已经变了的证据。然而评孔的人，却很少评到这一条。也许因为要痛斥“忠君”，又有点投鼠忌器之故。

7. 你的两篇东西并非思想批判，而是人物评传的性质。孔子这个偶像应该打倒，写他的评传，可以把他小丑化，你的评传似乎也有点这种倾向。这两份评传，机智隽永，比“时论”深刻多了。但是我不免有点因其过分“时论化”而略感遗憾。这是难免的，因为你手头的书太少，比如，《春秋》三传，是理解孔子思想体系的历史背景的基础，你手头并无此书，关于孔的身世言行，大体只能根据《史记》的《孔子世家》和《论语》之类的注解，所写只能是随笔。从随笔开头，当然会一步一步深入下去。

我是一个“倾心”西方文明的人，我总有拿西方为标准来评论中国的倾向，所以老是说要读点西方史。对此我也有我的辩解：若无欧风东渐，“五四”运动何能掀起，孔子怎能打得倒？科学与民主我们还是太少。第三世界的兴起，若靠传统的老本钱，我看还有问题。沙特阿拉伯的巴鲁迪曾经慷慨陈词，西方人打到东方去结果还是要滚蛋，这诚然是历史事实。但是，穆罕默德也曾带领第三世界西面打到法国的西班牙边境，东面打到匈牙利的边境，到底这个第三世界还是在发源于“航海、商业、殖民”之上的“科学与民主”前面比下去了。可不能忘掉“内因论”啊！

1974 年 4 月 12—14 日

评韩非

1. 说韩非是法家的“集大成”者，我总觉得抬高了他。

“教民耕战，富国强兵”是法家的积极的贡献，因为历史上秦皇汉武的对内大一统、对外开拓疆土得力于此，然而韩非对此没有贡献什么。“王子犯法，与庶民同罪”，以及废除贵族，实行二十等爵等，是把专制君主一人而外的一切人都平等化了，这也有其积极的一面，对此，韩非没有贡献什么。在“法术势”三者之中，韩非的贡献在术势两者，也许势还是他的创造发明，他的术是君主充分运用势的术，比申不害的术要厉害得多。所以他的贡献，似乎不外是：①君主阴险残酷的御下之术，②君主有权无限纵欲的说教。这两者，在法家的全部武器库中是积极作用起得最少、消极作用起得最多的东西。两千年来法家被攻击为刻薄寡恩，目标首先是韩非。这么说来，从“法家立场”来说，韩非也是害群之马。说他“集大成”，吴起、商鞅、李悝于地下，一定坚决反对。

2. 利害关系说与君主中心说，是韩非思想的两个中心——或者说，是他的“法术势”学说的两个前提。笔记揭露他这两个前提，当然材料丰富。

不过在这里，我倒想对他这两个前提略加分析。

3. 利害关系说不是韩非首创的。韩非的描写犀利泼辣，到了赤裸裸的程度，然而：

第一，他根本没有考虑人性中善良的一面，而且这是从动物式的本能中发展出来的。动物中的本能是食、色、幼小保护。两口子之间，至少有一段时期是相互依恋的。“女性本弱，为母则强。”这些都是超乎利害以上的关系。有人说，人是狼，然而狼群之中还有一定的秩序，这说得很对。

赫胥黎的《进化论与伦理学》，兼论及人性善与恶的两个方面，颇可参看。

第二，人与人之间的利害关系，导致了“尔虞我诈”，然而也导致人与人之间的利害结合，这是阶级斗争学说的前提。当甲乙丙丁四个人利害一致的时候，可以结合为一个小集团。为了与利益相反的人或集团斗争，这个小集团内部还必须保持为团结所必要的一定秩序。韩非根本没有考虑到这个问题。

事实上，利害学说并不一定导致专制主义，它也可以导致民主主义。韩非的利害学说，是专制君主立场上的利害学说，这是他的特点。

我十分厌恶这点。当然，冷静一点说，这是历史的必然，因为中国自殷到韩非，政治舞台上只有大大小小的专制君主，从这里发展不出来类似古希腊那种渊源于海外移民中建立起来的城邦制度上的民主学说，这是无可奈何的。

4. 韩非的两个前提：“利害”，有充分论证；“君主中心”，就我记忆所及全无论证，是作为不成问题的前提，不加论证就资为根据的。

上面说过，这是中国历史的必然，原不能责备韩非。然而君主中心虽非韩非倡导，君主中心与利害关系二者相结合，而且以如此丑恶的方式相结合，则必须归罪于韩非。

你读《尚书》，周公有以文王艰苦创业的故事以及殷纣王沉湎酒色以致亡国的故事教导后代帝王的。专制主义本来必定一代不如一代，必定愈来愈腐化堕落。韩非不注意这一点，倡导君主乘势以术御下，无限纵欲，那些地方的文笔犀利，简直是无耻——你留心一下，秦二世诛杀李斯前后那个纵欲诏书，所引的就是韩非的文章。

5. 韩非装腔作势，与棠溪公论辩中甚至慷慨激昂，不惜以身殉道，似乎他也有充分的道义根据。

最善意地了解韩非，他是认为列国相争，战乱频仍，必定要大一统，人民才得保全，才得休息。他的法术势是大一统所必要的。

然而，如果我们承认韩非思想突出的一条是君主中心，那么他就不可能有上面的“学说出发点”。

何况，如果有一点点“人民感”的话，他可以倡导君主对贵族残酷，然而他决不可以倡导君主本人纵欲。事实上，秦统一六国后大肆纵欲，阿房宫、陵墓、长城一起来，人民比战乱频仍中还要难受，这才造起反来的（顺便说说，现在人们为孟姜女故事翻案，好吧，长城建筑未可非议，然而与长城同时建筑的阿房宫和陵墓呢）。所以我说他是装腔作势。他的“慷慨殉道”，是没落王子想方设法光大王家的一种精神错乱。

6. 韩非的方法论，是片面主义的一元主义，是忠于自己所树立的教条的教条主义，他貌似观察细微，然而他从头到尾是“摘其所要”，对于客观事实不多方取材，对于所取素材不作多方考察。他有歪道理，他文笔犀利，说明这个人有才气。仅仅才气不能决定一个人的价值。我是认为，他在中国史上没有起一点积极作用，而他本人在道义上也毫无可取之处。

1974 年 4 月

一切判断都得自归纳，归纳所得的结论都是相对的

1. 真理是绝对的还是相对的？这其实是这样一个问题：要在下述两个命题中选定其一：

> 真理是绝对的。(1)
>
> 真理是相对的。(2)

命题的最素朴、最简单干脆的形式，就是上述（1）、（2）这种形式。这种形式可以附加许多条件，有时候甚至把两个互相对立的命题“辩证地”统一起来了。例如，《唯物论与经验批判论》第二章第五节所引《反杜林论》的下述一段话：

> 人的思维是至上的，同样又不是至上的；它的认识能力是无限的，同样又是有限的。按它的本性、使命、可能和历史终极目的来说，是至上的和无限的；按它的个别实现和某一时候的现实来说，又是不至上的和有限的。

应该略为作一些精密的分析（当然不免是“机械论”的，而不是辩证法的）。我们试把上述命题分剖为二：

> 按人的本性、使命、可能和历史终极目的来说，人的思维是至上的。(3)
>
> 按人的思维的个别实现和某些时候的现实来说，人的思维不是至上的。(4)

显然可见，命题（4）对应于命题（2）。命题（4）的结论，是："人的思维不是至上的。"这也是说，人所能掌握的真理，是相对的。而命题（3）则对应于命题（1），结论是："人能够掌握绝对的真理。"

可见，命题的形式不一样，一个是"所能"，一个是"能够"。暂时放下不说，到下面再加以讨论。

又命题所附条件也不一样，这又和命题的形式不同相互有关。

2. 现在我们先来分析命题（2）与（4）。

按恩格斯所附条件，可以又分剖为二：

甲，按人的思维的个别实现。

乙，按人的思维所处的某一时候的现实。

不妨问一下，这所谓个别和某一时候，按照过去的历史和未来可以设想到的状况，是不是所有的人概莫能外？

如果回答"是"，那么就归纳法来说，这就是普遍的无例外的状况。

不过，我们回答"是"，未免过于武断。谨慎一点，可以说：A. 按过去历史，未见例外；B. 推测未来状况，我们还想不出会有例外状况。

如果这样，那么，我们可以说，它或许是普遍妥当的——它的或然性极大。

归纳法所能得到的结论，只能这样。

归纳法以经验为根据。归纳法是笨办法，就已有证据一一检验，有时候，甚至流于极端机械的统计方法，用机械的数字来举出或然率到底是大是小——而且仅限于已经经验到的。至于未经经验的，只能根据已有的经验来推测，而这种推测的可靠性就更小了。

假如我们笨，缺乏想象力，只敢用经验方法——归纳方法，那么，我们说命题（2）或（4）是几近于完全普遍妥当。

恩格斯在《自然辩证法》里曾经痛骂过归纳法。不过，我们姑且把这个问题暂时放一下吧！

3. 再来看一看命题（1）和（3）。

这里的条件是：按人（或人的思维）的本性、使命、可能和历史终极目的，结论是“人的思维是至上的”——原文。从这命题推到真理的性质的时候，我妄加篡改成为“人能够掌握绝对真理”。因为这里，从“人的思维是至上的”，推出“人掌握的真理是绝对的”，似乎与条件的性质不合。

现在，我们来分析一下条件。条件是“按照”……所按照的有：①本性，②使命，③可能，④历史终极目的。

这四个按照的“东西”，可以说，无一不是理想性质的。其中“可能”一项，理想性似乎不太明显。不过，假如把它解释为人的潜在的神性的话，理想性就十分突出了。我相信，我不至于曲解了恩格斯的本意。

所按照的“东西”是理想性质的，所以推出的结论，不是一个简单的“是”，只是或然性极大（允许我说，其实这个或然性还是未曾验证的）的能够。

4. 所以，用平易的、笨的、人世间的、经验的语句来分析恩格斯的话的意思，似乎可以说成下列两节话：

> 甲，按经验归纳，人所掌握的真理，从来都是，今后也将几近于完全是相对的。
>
> 乙，但是这太缺乏想象力了。人是万物之灵，就人类总体，及其所要达到的历史终极目的来说，人能够掌握绝对真理。

5. 人要有想象力，那千真万确地是对的。没有想象力，我们年轻时哪里会革命？还不是庸庸碌碌做一个小市民？不过，当我们经历多一点，年纪大一点，诗意逐步转为散文说理的时候，就得分析分析想象力了。

我转到这样冷静的分析的时候，曾经十分痛苦，曾经像托尔斯泰所写的列文那样，为我的无信仰而无所凭依。

现在，这个危机已经克服了。

首先，我不再有恩格斯所说过的，他们对黑格尔，也对过去信仰过的一切东西的敬畏之念了。我老老实实得出结论，所谓按人的本性、使命、可能和历史终极目的的绝对真理论，来自基督教。所谓按人的思维的本性、使命、可能和历史终极目的的绝对真理论，来自为基督教制造出来的哲学体系——黑格尔体系。

我也痛苦地感到，人如果从这种想象力出发，固然可以完成历史的奇迹，却不能解决“娜拉出走以后怎样”的问题。

“娜拉出走以后怎样”，只能经验主义地解决。

6. 当我对哲学问题和现实问题继续进行一些探索的时候，我发现，理想主义并不是基督教和黑格尔的专利品。倡导“知识就是力量”的培根，亦即被恩格斯痛骂的归纳法的大师，是近代实验科学的先知，至少，在他的书中，他说，他倡导实验科学，是为了关怀人，关怀人的幸福。这个效果，我们看见了。我想，应该承认，他的效果，并不亚于马克思主义在历史上的功绩。

我还发现，当我愈来愈走向经验主义的时候，我面对的是，把理想主义庸俗化了的教条主义。我面对它所需的勇气，说得再少，也不亚于我年轻时候走上革命道路所需的勇气。这样，我曾经有过的，失却信仰的思想危机也就过去了。

我还发现，甚至理想主义也可以归到经验主义里面去。胡适的“少谈主义，多谈问题”可以归结为缺少理想主义，其实，也可以归结为，他回避当时历史所面临的根本问题，只敢搞枝节。而就他后来的参加“低调俱乐部”，以及他发表过的一些对中国文化的主张来看，他是认为，可以让日本打进来，然后像同化满洲人那样同化他们。这只能说可耻！我们那时候起来干，那是目标弄准了（顺便说说，最近看一本西方的经济学文摘，西方的教授们，也有人尖锐地指出，现在许多不发达的国家需要的是内部的革命，外援不足以解决他们的经济发展问题）。

而且，历史经验也昭告我们，每当大革命时期，飘扬的旗帜是不可少的。所以，理想主义虽然不科学，它的出现，它起作用，却是科学的。

7. 最后还想说一点：“真理是相对的”。

这在逻辑上叫做判断。现代逻辑学，承认判断总是出于经验的概括。经验的概括，总只有或然的性质，而不是绝对肯定的。

不过，古典的即亚里士多德的逻辑学，认为判断是，把一种性质赋予判断中的主词。判断，是形成概念的途径。概念，他们模糊地承认，那是出于归纳法的概括；不过，他们总不免赋予概念一种神秘的性质，即：

概念虽然来自事物，可是一旦形成概念，概念的品格就高于各个具体事物了。

既然如此，他们就不免把“绝对”的意义赋予判断，认为一切判断，都有绝对的性质。

列宁说，你说“真理是相对的”，这就是把相对绝对化了，你至少承认“真理是相对的”这一判断是绝对真理，其根源来自：判断的绝对化。

所以，请你注意，我在第2节中，力求避免这个判断绝对化。事实上，任何判断（除了纯逻辑的；太烦琐了，不谈它了吧）都不能是绝对的。

说“真理是绝对的”或“能够是绝对的”这个判断难于成立，并不是因为它绝对化了。而是说，它没有得到过任何经验的证实。

8. 关于“进步”的争论，我可以让步为：“从历史经验来说，民主是不断和进步相联系着的。以过去推未来，我猜测，我相信，事情极大可能还是如此。”

这算行了吧。

1973年5月3日

辩证法与神学

一、《反杜林论》以外

1.《反杜林论》以外的关于辩证法的论证和解释——一个对照

我这里想就《反杜林论》第一篇来探索一下辩证法问题。不过先摘录两段《反杜林论》以外的著作，也许是有意义的。

一段是恩格斯的《费尔巴哈论》，写于1888年，比《反杜林论》的写作时间1878年晚10年。

> 黑格尔哲学……永远结束了以为人的思维和行动的一切结果具有最终性质的看法……真理是包含在认识过程本身中，包含在科学的长期的历史发展中，而科学从认识的较低阶段上升到较高阶段，愈升愈高，但是永远不能通过所谓绝对真理的发现而达到这一点，在这一点上它再也不能前进一步……就再也无事可做了……历史同认识一样，永远不会把人类的某种完美的理想状态看做尽善尽美的；完美的社会、完美的“国家”是只有在幻想中才能存在的东西……这种辩证哲学推翻了一切关于最终的绝对真理和与之相应的人类绝对状态的想法。在它面前，不存在任何最终的、绝对的、神圣的东西……除了发生和消灭、无止境地由低级上升到高级的不断上升过程，什么都不存在。

另一些，摘自狄慈根的《辩证法的逻辑》。马克思在《资本论·跋》里提到过它，并赞许过它。列宁也十分重视这本书。

> 除万有（All）之外没有什么东西是真正的神，是真理和生命。
>
> 那么，这究竟是逻辑还是神学呢？
>
> 是逻辑，也是神学……所有的大逻辑家，都很注意神和神德，而所有忠实的神学家，都试图把他们的主张安放在某种逻辑程序上。逻辑按照它的整个的性质，是形而上的……
>
> ……企图否认神的领域（Celestial Region）与理性的领域（Rational Region）之间不可避免的关系……（那些人）都是所谓形式逻辑的信徒……
>
> 形而上的逻辑［按：狄慈根此语，系指辩证逻辑或辩证法而言。所谓形而上，是指超乎仅仅物理的东西以上（Metaphysics），非黑格尔用来指形式逻辑的 A = A 那种呆板特点的——作者］的目的是要把它的领域扩大到永生之界，连天上的逻辑程序都要寻求，连一切知识的最后的问题它都谋求解决……
>
> ……你应该注意，真理的学说的显著的无产阶级的性质。它使人民有逻辑上的依据，好去否认一切教士主义（Clericalism）和神秘主义（Mysticism），并在这神圣的真理所居住的那个世界中，谋求他们的解放。

狄慈根此书，写于1880—1883年，原名为《论逻辑书——特别论民主主义的无产阶级的逻辑》。他把辩证法看做革命的无产阶级的神学，从来没有受到过反对，不仅马克思、恩格斯、列宁，中译者柯柏年（我所据的是1949年中译本，此书最早译本出版于1929年，再版于1939年）亦然。

《费尔巴哈论》中恩格斯那段话，是彻底“反神学”（?）的，至少，就措词来说，和我那个《一切判断都得自归纳》笔记完全一样。狄慈根公开把辩证法等同于神学，但是未受“斥责”。这究竟是怎么回事？

2.《神圣家族》——指责逻辑泛神论

原来，狄慈根不加掩饰地，甚至是更加公开地袭用黑格尔的“原意”。而黑格尔的原意，马克思曾经一度指责它为逻辑泛神论，然而不久又回到了黑格尔，这就是所谓“费尔巴哈倒脏水，连孩子都不要了，而马克思则批判地保存了黑格尔的合理内核”的意思。狄慈根的那些话，确实是黑格尔的内核，马克思在《资本论·跋》中用另一种用语说了同样的话。不过，既然马克思是保留其内核而又加以改造，用语就不能像狄慈根那样随便。所以，哲学家们赞许狄慈根的时候，必定还要加上一个保留，狄慈根用语不精确。

现在，让我们先来考据一下“逻辑泛神论”是什么意思。

马克思指责黑格尔，一生中几乎只限于写《神圣家族》那个时期，亦即《费尔巴哈论》里所说的“我们都一下子成了费尔巴哈派”的那个时期。在这个极短的时期中，马克思几乎完全否定了唯理主义，几乎完全跟后来恩格斯称之为机械唯物论的英法唯物论走。《反杜林论》篇末“导言”摘录了一段马克思对英法唯物论的赞美之词，初见于《神圣家族》。还有一件极其有趣的事，边沁，这个英国的所谓哲学激进派头子，后来马克思在《资本论》里把他骂得极不像样的，在《神圣家族》里也被马克思戴上一顶“唯物论”的桂冠，1892 年恩格斯在“导言”中终究没有把这段赞美之词摘录进去。

那么，马克思批判黑格尔的逻辑泛神论，究竟何以是“泛神”的呢？按照我的理解，黑格尔的逻辑学 = 辩证法 = 世界模式论。分别说明几句。

①黑格尔的逻辑学，不仅仅是研究思维规律的科学，而是整个世界——物质世界和精神世界的总和（这还不太确切，下另有说）——的秩序和规律的“科学”。这个世界的秩序和规律的特点是辩证的，所以黑格尔的逻辑是辩证逻辑。

②这个世界的秩序和规律的特点是什么呢？（1）质量互变（相当于黑格尔逻辑学第一部“存在论”的根本特点），（2）矛盾统一（相当于黑格尔逻辑学第二部分“本质论”的根本特点），（3）否定之否定（相当于黑格尔逻辑学第三部分“理念论”的根本特点）。

③作为以上三个规律的基础的，还有两条主义：（1）真理不可分主义。这就是说．你研究局部事物的真理。因为它是整体世界的一部分，所以孤立研究是发现不了它的真理的。唯有在森林中才有树木，所以，唯有从森林学去研究树木才能懂得树木的真理。这也就是我们反对胡适“多研究些问题，少谈些主义”的那条原理。（2）事物真理性的一元主义，而不是多元主义。这也就是说，真理只有一个，公说公有理，婆说婆有理，那是不行的。这也就是恩格斯以客客气气的方式和赫胥黎争论不可知论是不对的（《反杜林论》书末所

附“导言”是针对赫胥黎写的)，列宁脸红脖子粗地斥责卢那卡尔斯基(《唯物论经验批判论》)等人的“相对真理论”所本的那条主义。

马克思在《神圣家族》中批判的“逻辑泛神论”，始终也没有批判我上面所学的三个规律和两条主义。他批判的是另外一些东西，例如“概念”比具体高，例如黑格尔的“推论”是“木质的铁”等。马克思按其本性是唯理主义的。革命的理想主义者不能不是唯理主义者。然而当马克思跟费尔巴哈一起反对醉熏熏的思辨的时候，也有一阵子曾经赞美那位认为亚里士多德、柏拉图等的哲学是反动的，主张彻底的经验主义的培根。而且，无论他所指的逻辑泛神论，具体地指黑格尔学说的哪一部分而言，反正黑格尔的逻辑学 = 辩证法 = 世界模式论，确确实实如狄慈根所说，这既是逻辑，也是神学。唯理主义者本质上不得不是神学家，因为正如狄慈根所说，理性的领域与神的领域之间，不可避免地是联系着的。

3. 马克思的哲学是培根和黑格尔的神妙的结合

所以，《神圣家族》时代的马克思，几乎是反对唯理主义的，而就本性而言，马克思这个革命理想主义者则不能不是唯理主义者。果然，《神圣家族》才写完，马克思通过《经济学—哲学手稿》、《关于费尔巴哈的提纲》和《德意志意识形态》的写作，从否定黑格尔又回到了黑格尔。

《手稿》直到本世纪 30 年代才被发掘出来，列宁未及见到。《德意志意识形态》，马克思、恩格斯生前从未发表，查苏利奇等俄国革命家曾指名想读此书手稿，恩格斯不给看(参见《回忆马克思恩格斯》一书)。《关于费尔巴哈的提纲》11 条，一直到 1888 年《费尔巴哈论》发表时附在篇末发表。可是，恩格斯写《费尔巴哈论》的时候，真可以说竭尽了一切力量来遮盖“逻辑 = 神学”的性质，简直把辩证法写成了进化论，把黑格尔写成马克思 + 达尔文，把马克思写成“反对不可知论的培根”了。

甚至你把《反杜林论》和《费尔巴哈论》作极粗略的对比，你也能发现这一点。比如说“按它(人的思维)的本性、使命、可能和历史终极目的来说，是至上的和无限的”，在《反杜林论》中特别着重；在《费尔巴哈论》中，不仅没有这样明示的文字，连这样的精神，都不可能在《费尔巴哈论》的字里行间找出来，唯有极其细心地读《费尔巴哈论》，体会那里论“思维与存在同一性”的篇章，才可以知道那里在反对不可知论，亦即在十分委婉地主张唯理主义。原因很简单，上世纪80年代90年代科学（不是黑格尔自称的那种科学，黑格尔的科学其实是神学，这里所说的“科学”是黑格尔轻蔑地称之为经验科学的科学，《反杜林论》和《费尔巴哈论》用孔德的名词称之为实证科学，其实马克思是很反对这种名称的）发展十分迅速，神学式的唯理主义愈来愈不行时，恩格斯也得注意这种风尚……

而且，事实上“撷取了黑格尔合理内核”的马克思的哲学，也确实是黑格尔和培根的神妙的结合。

马克思取自黑格尔的，是他的唯理主义。略为说得具体一些，是黑格尔的“真理是整体”，黑格尔的一元主义，以及“能思维的人”，“其思维，最终说来是至上的和无限的人”，是客观世界的主人，亦即“神性寓于人性”之中的黑格尔加以哲学化了的新教精神。人是世界的主体，神性寓于人性之中，这个世界是一元地被决定的，真理是不可分的，这对于革命的理想主义确实都是不可少的。

马克思对黑格尔加上了极重要的培根主义的改造。黑格尔那一套，全是在思辨中进行，在思辨中完成的。马克思根据培根主义的原则，要把这一套从思辨中拉到实践中来进行，在实践中完成。这就是说黑格尔的哲学命题是哲学地解决了的。马克思要把黑格尔的哲学命题拉到政治经济学中来解决——马克思在黑格尔哲学中发现了“异化”的秘密，他认为不可能在哲学中解决异化，要在经济学中解决异化。这就是《资本论》的哲学前提。价值，商品拜物教，剩余价值，剥夺者被剥夺，这就是在经济学中解决哲学上提出来的异化的道路。

黑格尔那一套既在思辨中进行，在思辨中完成，所以黑格尔主义有三条极重要的后果。第一，既然神性寓于人性之中，而寄寓了神性的人性，又表现于人的思想、人的精神之中，那么，人认识真理，就是认识至善，真与善是一元论的，至善的即至真的，至真的也必是至善的（这就是为什么黑格尔、恩格斯那么反对康德的真善二元论）。第二，黑格尔也讲实践，不过他的实践是思辨的实践。黑格尔的真善一元论，表现为“理论与实践一致”这个命题，不过他这个命题，只是“理论与思辨的实践一致”，这等于是一句废话，做起来当然不难。第三，在思辨实践上达到真善一致，其实际的道路也是铺得十分平坦的——赞美法国大革命的黑格尔，只要在《法哲学》上论证普鲁士王国的秩序合于大革命的原则，“真善一致”就达到了。

附带说说，恩格斯在《费尔巴哈论》上论到黑格尔的“凡是现实的都是合理的，凡是合理的都是现实的”那两句名言的时候，给黑格尔涂上了大量的脂粉。只要读读黑格尔的《法哲学》，读读马克思的《黑格尔法哲学批判》，就可以知道，这位所谓内心蕴藏“革命愤火”的哲学家，其实不过是普鲁士王室的有学问的奴仆而已。

马克思对于黑格尔上述那三条，都接受过来，又都加上了革命的改造。第一，真善一致，即理论与实践一致，接受过来了，不过从此，理论与实践一致就是真刀真枪，“玩儿命”的事情，可不是空谈所能达到的了；第二，实践，在培根，基本上是生产的实践，马克思是革命的实践，“人应该在实践中证明自己思维的真理性，即自己思维的现实性和力量，亦即自己思维的此岸性”（《关于费尔巴哈的提纲》第2条），可不是纺纱的骡机、蒸汽发动机和电灯电话之类的真理性，而是社会主义和共产主义的真理性——请注意，这里用上了“自己思维的此岸性”这几个字，就其意味着异化的消灭而言，翻译成“在地上实现天国”，应该确未歪曲马克思的本意；第三，岂但普鲁士王国并未体现真善一致，迄今为止的历史都不足以体现“真善一致”。就建立真正真善一致的人类世界而言，迄今为止的历史，不过是人类的史前史——这几句话，见于《反杜林论》一书，你如果拿来与《费尔巴哈论》对比对比，又可以体会出两者实在不是一个调子。

4. 这一结合的后果

这一结合的后果是异常巨大的。从政治上来说，它赋予了社会主义共产主义的革命以神圣性。从哲学上来说，到此为止的唯物论几乎都是经验主义的，唯理主义则是唯心论的。现在唯理主义和唯物论结合在一起了。不是称做唯物辩证法或辩证唯物主义吗？按照上面我们对辩证法本性的描摹，把它译成唯理主义的唯物论，显然是顺理成章的。

《关于费尔巴哈的提纲》11条，你如果从这个角度去读，可以体会出上述的意思来。

5. 马克思本人坦然承认的辩证法——历史的和逻辑的一致

马克思凡写到他的哲学的时候，他都坦率承认这一点。他的最晚的哲学著作，正式发表的是1873年的《资本论》第2版《跋》（见于中译本第1卷卷首)。在那里，他自认是黑格尔的门人，自认“卖弄”辩证法。在此《跋》中，辩证法究竟是什么，他自己没有回答，他引了一个俄国人的书评所写的他的方法论，这也可以算是他自己所作对于辩证法的定义。这个定义，请注意，和《反杜林论》第1篇第12、13章两章是不一样的，不过，《反杜林论》马克思是同意的，所以《反杜林论》可作《跋》的补充。

另外，列宁再三强调过《资本论》方法论中历史的和逻辑的一致，这一点，确实体现于《资本论》全书。不过，我们还应该再来琢磨琢磨历史的和逻辑的一致到底是什么意思。我想，只能作这样的解释：①历史按照逻辑的必然性而发展。②这里所说的逻辑，不是什么A=A、判断、推论之类的“思维规律”，而是中国人所谓的“道”。“大道之行也”的“道”，是先验的东西[①]。下列一段话要作为上述意思的正面证明微嫌不足，不过也可以嗅出“道”的强烈气味来：

> 研究必须充分地占有材料，分析它的各种发展形式，探寻这些形式的内在联系。只有这项工作完成以后，现实的运动才能适当地叙述出来。这一点一旦做到，材料的生命一旦观念地反映出来，呈现在我们面前的就好像是一个先验的结构了。(《跋》)

6. “破”与“立”，体系与方法

历史的与逻辑的一致，按字面解释，也可以释为“历史发展，合乎我的理论；我的理论，说清楚了历史发展的规律”。这不是曲解，唯理主义者之所以是唯物主义者，只因为他们坚持了这一点。

可是，这样一来，恩格斯在《费尔巴哈论》中所指出的黑格尔的方法和体系的矛盾，不免也要见于一切唯理主义者，马克思也不免。

“方法是革命的”，也即意味着，它在破旧方面是锐利的。

可是体系呢？黑格尔固然在体系上是保守的，马克思如何？

让我们摘录《关于费尔巴哈的提纲》的几句话：

> 旧唯物主义的立脚点是“市民”社会，新唯物主义的立脚点则是人类社会或社会化了的人类。
>
> 哲学家们只是用不同的方式解释世界，而问题在于改变世界。

真的，“破”旧是为了立“新”，马克思是有新可立的。他要立的，是相对于公民社会（个人主义的社会）的社会化了的人类，亦即“集体英雄主义，民主集中主义……”的人类。

可是，马克思批评黑格尔把概念看得高于具体事物，亦即把共性看得可以优于、超越于、可以淹没个性（见《神圣家族》）是不对的。还有一位哲学家（罗素）说，亚里士多德以来，有一派哲学家一直把概念看得比个别具体事物高，其实在各个人头脑里，某类事物的概念，不过是他心目中这类事物的最优型而已。

再说，社会化的人类我们也见过，经历过了。你是承认今天“社会化了的中国人”是中国人整体的无条件的共性，还是认为这实质上是恐怖主义的手段所强加于中国人整体的虚伪的共性？

西方马克思主义在复活（见最近的《参考消息》），复活的是马克思主义的“破”的一面。它的“立”的一面，后人固然有歪曲它的地方，然而它本质上是黑格尔主义的，那是无可讳言的。

二、《反杜林论》各章

以上是《反杜林论》以外，拉拉杂杂谈一些与《反杜林论》有关的根本问题。现在，再来按《反杜林论》各章节次序，略加评论。

1. 引论部分——关于形而上学

“形而上学”，是黑格尔用来称呼非辩证的世界观的。

恩格斯在引论中历数形而上学的毛病，你的信里，也谈到甚至现代的自然科学家也一概都是“形而上学家”。然而我要对此提出异议。

①“形而上学”，即对于自然的研究，采取分门别类地，一项一项“孤立”地深入钻研下去，而不综合，不在其发展运动中观察的那种方法，不仅在世界科学史中是必不可缺的阶段[②]；而且，中国人正因为没有这个笨劲，所以，中国有天才，而没有科学上系统的步步前进，不停滞、不倒退的前进。中国人善于综合，都是根据不足的综合。你读一下《老子》、《大学》、《中庸》就知道了。中国人是天生的辩证法家，可是辩证法把中国人坑害苦了。

我从前说过，中国传统没有“逻辑学”，我说的“逻辑”是形式逻辑；也不妨说成中国没有形而上学，因此，中国没有精密科学。

②我不同意现在的自然科学家都是形而上学家之说。

如果这种说法，不自觉地暗含了自然科学家都不免是反“唯理主义 + 神学”的，那我倒同意这个意思。但是，总的说来，自从达尔文进化论以来（或者如恩格斯在《费尔巴哈论》指出的科学三大发现以来），自然科学早已超出了形而上学的阶段了。《费尔巴哈论》写成以来又 80 多年了。这 80 多年自然科学的发展，超越了过去的 3000 年。原子物理学、电子学、控制论、生物科学、实验天文学、宇宙航行，哪一门都不是局限地考察一个小局部，哪一门都联系其他学科才能有所进展，哪一门的新成就都在不断改变人们对于宇宙的总看法（即所谓世界观）。不仅如此，本世纪初期，人类对于自然的探究，一般还限于了解自然，充其量只限于“了解、控制，以为人类造福”这个观念。现在人类发现，人的活动对于自然的改变，对于自然界自身的循环运动的影响，已经不是可以忽略的了。于是发生了环境问题、能源问题，甚至宇宙医学问题等。

所以，自然科学早已超出了形而上学的范围。自然科学早已从发生发展，亦即从自然史方面去研究自然了。说现在的自然科学还处于形而上学阶段，是绝对的时代错误。

自然科学超出形而上学阶段，与黑格尔没有关系。现在的自然科学是自然史的科学，而黑格尔的辩证法则是：“不承认自然界有任何时间上的发展，任何‘前后’，只承认‘同时’……黑格尔体系……把历史的不断发展，仅仅归于‘精神’。”（《反杜林论》，1970 年版，第 10 页）

也许所说的自然科学家是形而上学家，是因为他们不懂得辩证法吧。但是，近代自然科学是实验科学（注意黑格尔称为经验科学，恩格斯称为实证科学，自然科学家则自称为实验科学），他们所需要的方法论是“实验逻辑”，辩证法对他们全无用处。相对论的发现者爱因斯坦，远不是一个偏隘的物理学家，而是一个具有广阔眼界的科学家，他就否认辩证法对他的科学事业有过任何用处。

相反，在辩证法盛行的中国……

当然，科学家不专不能有所发现发明。专了，总不免眼界狭隘，以偏概全。以偏概全，是书呆子的通病，这并不可怕。新闻自由、出版自由、言论自由、批评自由、学术自由，天然地成为消除片面性的解毒剂。有这些自由，自然而然会形成一种综合的世界观。《十万个为什么》对你的综合的世界观有帮助没有？我看有帮助，比什么辩证法的说教的效果要大得多。

③西方科学技术的猛烈发展，是因为不存在辩证法的教条之故。

“辩证法”作为批判的即“破”的武器，是有巨大价值的。一旦它成为统治的思想，它的整体性的真理，它的“一元主义”，都是科学发展的死敌——对不起，我说得也许太愤慨太严重了一些。然而，历史明显地证明，不存在辩证法的教条（亦即辩证法未成为统治的思想）之外，科学技术发展十分迅速。

这是偶然吗？不是。举几个实例就可以知道。罗素的新实在论、逻辑实证主义、逻辑原子主义、控制论和基本上承袭亚里士多德以来的逻辑原则的辩证法是抵触的，然而它是电子计算机的哲学基础。苏联先是骂，后来采用了电子计算机。但是，只要辩证法继续是教条，苏联永远不可能成为电子计算机这类划时代发明的故乡。

再举一个例，玉米、高粱以及一切植物的品种改良，现在盛行一种新技术，叫做什么杂交，所依据的是孟德尔—摩尔根理论，辩证法加以指斥、拒绝，有过一个20年代的苏联科学院院长为此送掉了命。现在又默默地引入这种新技术了。然而哲学问题不解决，永远只能引入而不能创新，永远不会有自主性的创造性的学术研究。

这样的例子还多着呢。

所以，我认为，假如真正的科学家，读了《反杜林论》而抛弃他原来习以为常的方法，而来彻底改造思想，成为辩证主义者，那么，他的科学生命也就完蛋了。

④每一个真正的科学家，各有他自己的方法论与世界观——恩格斯在《自然辩证法》一书中所说的“理论”对于科学研究的重要性是夸张。

事实上，每一个真正的科学家，都各有自己的“方法论”，方法论是在他自己的工作中摸索出来的，不是“承袭”得来的。举例说，居里夫人为了发现铀，炒了十吨以上的沥青矿，提炼出来几克铀，费了七八年（?）或更多的时间。这种提炼过程，势必要应用已知的一切化学方法；或者，已知的方法还不够，还要创造出新的化学提炼方法。已知的方法中哪种方法或那些方法是适用的；如果要用新方法，如何推陈出新，这是方法论问题。这种方法论问题只能由她自己来解决，书本和老师没有告诉过她。当然，她摸索前进的道路，前人已经做过许多工作。比如，归纳法，归谬法，她在学校里已经念过，正如她会说话，这种语言能力是从前人那里承袭来的一样。但是，切合这个特殊发明的具体方法，是从旧材料中推陈出新来的。就这个意义上说，新的科学发现，同时也是一种新的方法论的创造。

方法论就是哲学。我上面这些话，无非是说，每一个人（当然不是泛指芸芸众生）有他自己的哲学。

所以，唯有多元主义而不是一元主义，才是符合于百花齐放百家争鸣要求的。

再说，凡在科学上有创造发明的人，虽然他的创造发明，对揭示大自然的秘密来说，不过是"人类知识宝库中的一粒沙子"（居里夫人语），然而他总会陶醉于他的成就，总会以偏概全。他既戴上了他自己制造的有色眼镜，他自然会有一种通过这副眼镜所见的世界——世界观。这并无害处。以一个人而论，是以偏概全；多少人的"偏"凑合起来，也就接近于全了——不过要求新闻、言论、出版等的自由。

人类就是在这种不断的偏（偏来偏去、颠颠拐拐）中蹒跚行进的。

假如上面说的不错，那么黑格尔有他自己的眼镜，马克思、恩格斯也有他们自己的眼镜，对不对?

人各有自己的眼镜，那很好。可怕的是，有一种钦定的眼镜，限定一切人全得戴上，否则……

马克思、恩格斯的眼镜，从人类历史来说，不过是无数种眼镜中的一种，是百花中的一花[3]。唯理主义者总以为他自己的一花是绝对真理；或者用另一种说法，理论（即唯理主义的理性）对于科学总具有指导意义。可是这种指导总不免是窒息和扼杀，如果这种理性真成了钦定的绝对真理的话……

2. 第一篇第五—八章——自然哲学

《费尔巴哈论》的副标题叫做《德国古典哲学的终结》；本文内又正式宣告"自然哲学就是最终被清除了。任何使它复活的企图不仅是多余的，而且是一种退步"（见该书第四章）。我相信，这是恩格斯跟杜林啃酸果，写他的《自然辩证法》（那分明是不想发表的草稿）以后得出的结果。真的，自然界如此浩瀚广阔，丰富多彩，你能添一粒沙子已经很不容易了，你妄想用一种什么哲学体系来一以贯之，那简直是梦呓。黑格尔写他的大逻辑和哲学全书，本来就是梦呓；杜林跟着效法，更是梦呓。恩格斯跟着啃酸果，一半是不得已，当然不能否认，他也还想要搞出一种指导科学的哲学来。到《费尔巴哈论》，他宣告这是“一种退步”，那算是他的宣言了。

把《自然辩证法》从草稿里硬挖出来，而且大事鼓吹的是德波林，那是一场悲剧。德波林这种“后退”的逆流，是想抬出恩格斯增加哲学的权威，要用哲学来指导一切。斯大林不能忍受这分狂妄，把哲学武器没收过来成为“斯家政治”的工具，其结果就是《联共党史》中有名的那份《辩证唯物主义和历史唯物主义》。这一幕，已经是喜剧了。

这幕喜剧，在中国排演了而未上演。曾经有过关于“板田模型”的尝试，这是一种包罗自然哲学体系在内新哲学体系的酝酿，为此，还曾指定专人组织对自然辩证法的研究。你读了杨振宁与记者的谈话了吧？这种新哲学体系，现在大体收场了，不想演出了。这幕不会演出了的喜剧，更是喜剧化的喜剧。

托尔斯泰说得对，人的自视是分数中的分母，分母值愈大，分数值愈小。居里夫人说“沙子”，我实在不由得敬仰她！

3. 第一篇第三、四、十一、十二章
——辩证法、先验主义和世界模式论

这几章是很有兴趣的，因为其间包括了严重的自相矛盾。让我从坦率地指出自相矛盾开始。

恩格斯说，杜林是先验主义。先验就是超越于经验，就是不可以用经验来验证的意思。说杜林是先验主义，就是说杜林的哲学体系不可以用经验来验证。这一批评很中肯，很好。

不过，请问：质量互变、矛盾统一、否定之否定，这三个辩证法规律，是可以用经验来验证的吗？

恩格斯说能，理由，这是唯物辩证法，是客观世界的辩证规律在人脑中的反映。

但是，根据我们对于归纳法所作过的透视，凡是你从客观世界观察得来的规律，总不过是或然的规律，决不是必然的规律。你哲学家有多大能耐，你曾经观察过宇宙上下古往今来一切事变，你能超过这个或然性，主张你有权“创造”——不对，按照唯理主义，应该说“发现”，至于“创造规律”则是唯心论了——好，就说“发现”吧，再问一句，你根据多广泛的观察，说你

已经发现出来绝对的普遍的规律了？

这是哲学的质问。

再来一个科学的质问。质量互变规律，你怎样解释，现在物理学定义逐渐有全归于数量化的趋势——光波、声波、电波、燃点、熔点、氧化点、温度、压力、光谱分析、天体的光谱分析等。物理学定义数量化≠质量互变规律。

同样的质问可以适用于另外两个辩证法规律。

已经指出过，恩格斯这三个规律，其实是他所指责为黑格尔的世界模式论的逻辑学的三个部分——存在论、本质论、理念论的精华。他指斥说，这种世界模式论是先验主义，他反对这种先验主义。然而一转身，他又把这种世界模式论的精华撷取过来，称之为辩证法，称之为客观世界的客观规律，后来又称之为自然辩证法。这不是自相矛盾又是什么呢？

这种自相矛盾是不可避免的。因为恩格斯所反对的是黑格尔的唯心主义。至于黑格尔的唯理主义则全套接受下来了。这就是《资本论·跋》所说的头足颠倒，加以改造的意思。

然而，唯理主义的理性推理（Reason）是人的一种心理能力。你怎样才能够唯理主义而不是唯心主义呢？

真正的，首尾一贯的唯物主义，必须是经验主义的。即一方面承认人的头脑（心智）可以通过观察、直观、实验、推理等一切方法来了解事物的过程，作出各种各样的假设，这些假设的妥当性限制在哪个范围，其或然率是高是低，唯有事实才能加以验证。

而且，近代科学鉴于观察实验的环境条件，所用工具、方法，对于实验结果都有影响，所以“科学定义”应该是“操作的定义”，即说明实验操作过程的那种定义。这样，就可以使“经验”的主观影响，对于实际结果所引起的误差，都成为可以计算可以控制的。

这是近代科学飞跃进步所用的方法（我所知太少，不能描摹于万一）。假如近代科学死守住辩证法三规律，它老早停滞不进了。

4. 书末“导言”——反对不可知论，非借重唯理主义不可

让我们跳跃一下，跳跃到书末，反对赫胥黎的“导言”上去。

仔细读这篇“导言”，可见那是在反对赫胥黎的。然而其立论很奇怪，它是

从“不可知论者不肯肯定回答没有神”开始的。这也许是一个便当的着手方法。

当时的英国不可知论者，如赫胥黎，发现猴子变人，为了不进一步得罪教会，也许仍像康德那样把上帝保留起来，这诚然是一个缺口。不过，请注意，狄慈根公然把逻辑（他说的逻辑 = 辩证法 = 世界模式论）等同于神学，这也是缺口啊！

至于不可知论者是唯物主义者，只是它坚持经验主义的立场。坚持他所知的事物的特性，是这些特性对感官产生的印象，而不肯进一步认为，这是“绝对真理”，这对严肃的科学工作来说，有什么不好呢？科学家说水，可以有无限多种定义。润我的口，使生命得以产生的元素，H_2O，又进一步可以在原子物理学意义上定义，每一种定义，都可以附加操作条件——即这一定义是在哪一种感官印象上，如何操作，所发现的特性。这样，每一个定义都等于自觉地声明，它没有穷尽该事物的全部特性——是的，这是拒绝承认它是绝对真理，可是这一拒绝，不是为继续发现可能发现的无穷无尽的真理留下余地了吗？这有什么坏处呢？

是的，布丁的证明在吃。可是倘若吃掉一样东西，就是证明了这样东西的话，人类对于可吃的东西的科学知识不是就会少得跟原始人一样了吗？而人类现在吃得比原始人好得多，精美得多，分明是因为他并不满足于吃的证明。他对吃的证明写下了一个操作性定义，说这样东西吃起来我的感官印象如何。该物其他特性，我从吃之中未有所见云云。这确实也犯下了不承认绝对真理的罪名，可是确实也给科学进步留下了余地。

“导言”也好，《费尔巴哈论》也好，反驳不可知论的又一途径是“重新制造出来”。可是重新制造就算穷尽了真理了吗？不再该留下一点余地吗？有机合成诚然是巨大进步，有机合成就算是人类掌握自然的顶点了吗？我不相信。我坚信我这不相信是正确的。

所以要反对不可知论是另有原因的——是唯理主义者的一种哲学原因。唯理主义者，尤其是革命家们，是革命的理想主义者。他们唯有坚持“理想”是唯物的，有根据的，同时又是绝对正确的（或者谦虚一些，是组成绝对真理的某个重要成分），他们才心有所安。他们唯有坚持真就是善，才能理论与实践一致地勇往直前。这是一种道德哲学的原因，本来应该为之肃然起敬的。

我自己也是这样相信过来的。然而，今天当人们以烈士的名义，把革命的理想主义转变成保守的反动的专制主义的时候，我坚决走上彻底经验主义、多元主义的立场，要为反对这种专制主义而奋斗到底！

（《反杜林论》第1篇有三章关于道德和法的，这确实需要专门研究，这里就姑置不论了。）

三、再超出《反杜林论》

1. 经验主义也能达到上帝——贝克莱大主教

但是，有唯物主义的经验主义，也有主观主义即唯心主义的经验主义。

这种经验主义，借口人们所能感觉到的唯有他自己的感觉，并通过这种“辩证法”来否定客观实在的世界，借以证明唯有上帝是实在的。

这里首先要指出，贝克莱这种诡辩，是古希腊思想—基督教传统中的异端，其实十分近似于印度的寂灭思想。这里略为多解释几句。

古希腊思想，从探究客观世界，即从所谓宇宙论开头，无论主张万有不变的，还是主张万有皆变的，反正从来没有想过把客观世界否定掉，而都是从客观世界的存在出发，企图去探究它的究竟的。全能的上帝，是哲学上的第一原因和终极目的的形象化，这也就是唯理主义的实质。亚里士多德、黑格尔之间全套西方哲学都属于这一派。培根力主经验主义，但还是唯物主义的经验主义。确实，在西方哲学整个唯理主义优势之中，唯有培根以后的英国，是经验主义占优势。再重复一句，是唯物主义的经验主义。神学家贝克莱在经验主义的英国，要证明上帝，从唯理主义下手，道途过于迂回，于是从经验的主观化着手，果然他大大轰动了社会，轰动了历史。

然而，从经验的主观性达到否定客观世界，这是佛家唯识论所走的路。赫胥黎的《进化论与伦理学》（Ⅱ）的注八，一条很长的注，对此作了有说服力的评论。

这虽然是异端，是支流，却被列宁大大利用来反对唯物主义的经验主义，这是很有趣的事。

2. 四种可能的组合

要对列宁的评论作评论，需要对唯物论或唯心论、唯理主义或经验主义这四者一切可能的组合作一个简单的分析。可能的组合计有四个，在马克思主义文献中都有评论和定名，这就是：

唯理主义的唯物主义——辩证唯物主义。

唯理主义的唯心主义——“客观唯心主义”，即本来面目的黑格尔主义。奇怪的是，这两种成分都彻底“唯心”，列宁在《哲学笔记》对之却一唱三叹，称为“唯物主义最多，奇怪，然而是事实”。

唯心主义的经验主义——“主观唯心主义”，即贝克莱主义，近乎佛家的涅槃理论，是古希腊思想—基督教的入世精神的异端，轰动过，但未成为一支重要的流派。

唯物主义的经验主义——“羞羞答答的唯物主义”，“不可知论者”。它始于休谟、康德。列宁批评的维也纳经验批判主义，其实是康德主义清除掉不少宗教成分以后的东西，这个流派对于近代西方科学的发展起过很大作用。杜威主义也属于这个潮流，不过是维也纳学派以外的一派。

近代自然科学的实验主义、多元主义，以及自然科学的迅速发展，繁荣昌盛，总的说来，是唯物主义的经验主义的后果。可是，中国的马克思主义者，被列宁所误，却一直把它看做是贝克莱主义的“一丘之貉”，悲乎！

1973 年 8 月 4 日

注释

①中国人所谓“道”，外国人也有现成的名词，叫做逻各斯（Logos），和逻辑（Logic）差一点点。神化的逻辑即是 Logos。《新约·约翰福音》首句“泰初有道，道与上帝同在”。这个“道”，英译本是 Words，不知希腊文原文是什么字。我猜测还是 Logos。

②可以读一下周建人译的《物种原始》。如果没有植物和动物分类学的积累，进化论是产生不出来的，远达不到分类学精密程度的《本草纲目》，从中肯定产生不出进化论来。

③马克思地下有知，肯定会赞成我这种说法。参见《马克思恩格斯全集》第 1 卷论出版法的文章。又参见马克思的博士论文引埃斯库罗斯剧本普罗米修斯的“台词”（见本书“《希腊的僭主政治》跋”）。

古希腊城邦制度

——读古希腊史笔记

专制主义政体自以为“抚民如抚赤子”，亦即一切阶级无论其利害如何不同，均被视为皇帝的子民，皇帝自命为一视同仁地照顾他们的利益，不许结党，不许发表不同于皇帝的政见，不许干预皇帝的施政。事实上，一方面皇朝残酷地剥削人民，成为人民利益的最大的敌对者，一方面，皇帝的庞大的官僚机构又每日每时在产生出来新的贵族阶级，帮助皇帝剥削与统治。这样，皇朝政权及其官僚机构自己处于敌对阶级中的一方，而又讳言阶级，严禁结党，阶级斗争就只好采取骚乱、暴动、农民战争和皇朝更迭的形态。在这种状况下，阶级政治的城邦制度的一切现象当然不会出现，皇朝政权也就决不是什么凌驾于敌对诸阶级之上，不使各阶级之间胜负不决的斗争弄到两败俱伤，使社会得以持续下去的一切暂时现象了。

古代希腊
马其顿
色雷斯
奥林匹斯山
特洛伊
小亚细亚
希
腊
爱琴海
爱奥尼亚海
阿提卡半岛
萨拉米斯岛
雅典
伯罗奔尼撒半岛
奥林匹亚
迈锡尼
斯巴达
提洛岛
以弗所
米利都
克诺索斯
克里特岛
地中海
爱琴文明中心
公元前8至前6世纪的希腊
最重要的城邦
其他一些重要的城邦

代序：多中心的古希腊史

一位历史家在评论希罗多德的《历史》一书的时候说：

> 古希腊文明的游牧形态，古希腊生活的多中心，古希腊殖民地之分布于东西南北，从法西斯（Phasis，今苏联高加索巴统附近）到赫拉克里斯石柱（今直布罗陀海峡），从敖德萨（Odessa）到塞勒尼（Cyrene，今利比亚班加西附近），每一个独立的城邦的自给自足，这些古希腊主义的强点同时又是它的弱点，使得文人们一直对古希腊史感到绝望。就历史记载而言，文化上落后于古希腊的古代文明——埃及和亚洲诸大王国，比之古希腊世界那些小小共和国要幸运得多。代代相承的国王，统治着疆域广阔、人口众多的领土，为国家档案提供几乎是老一套的编年史……又，王朝国家的疆域无论如何广阔，汉谟拉比（巴比伦王）或拉姆塞斯（埃及法老）的诏旨总是驰传于全国的：一个帝国为历史提供了描述和记忆的地理范围。但是，从亚该亚人的来到直到薛西斯（Xerxes，波斯大帝居鲁士之子）的进犯（希波战争）为止，在古希腊历史和古希腊文明领域内，并不存在什么能够有权要求管辖全希腊的，或甚至某个地区的最高政治权力。某种性质的团结是存在的，一种精神上的并且是愈来愈紧密的团结：宗教、语言、制度、风尚、观念、情绪，全都趋向于这种团结。不，还不止这些，围绕某个提佛（Thebes，旧译忒拜）某个雅典，和伯罗奔尼撒诸中心的周围，或在伊奥利亚（Ionia，今土耳其小亚细亚西海岸中部），在大希腊（今意大利半岛南部），在利比亚，甚至在黑海（Pontus）或者直到远西（以马萨利亚 Masselia 即今法国马赛为中心的一群城市），

有结成集团的，有合并的，有近邻同盟，有统一运动；但是你仍然不能通过推理从树木看到森林……（梅根：《希罗多德和修昔底德》，第V卷第19章，*Herodotus and Thucydides*，byR. W. Macan，ch. 19，vol，V，c. a. h.）

这位历史家说的是迈锡尼时代后期到希波战争以前约七百年间的古希腊。那么希波战争以后怎样呢？是的，领导古希腊人抵抗波斯进犯的是雅典和斯巴达，古典时代的希腊史基本上是以希腊本土的这两个强大国家为中心的历史，然而，一方面，这两个国家甚至谁也没有完全掌握过希腊本土及其密迩诸岛屿诸城邦的最高政治主权；另一方面，还有许多“边远”的即黑海、意大利南部和西西里、利比亚、远西希腊诸城邦，根本从未处于这两个中心国家支配之下，各自独立发展，虽然它们本身也不同程度地集团化了。甚至亚历山大征服以后，古希腊化王国也还有好几个。古希腊史，从头到尾是多中心的。

这种历史上少见，在我们中国人看来更觉难于理解的现象，首先可以用古希腊的城邦制度来加以解释。

所谓城邦，就是一个城市连同其周围不大的一片乡村区域就是一个独立的主权国家。这些独立的主权国家疆域是很小的：

除斯巴达（Sparta）而外，阿提卡（雅典）是全希腊仅有的，领土相当广阔，却一直处在一个单一意志指导之下的国家，和阿提卡的1000平方哩（相当于中国纵横百里的一个大县——本书作者）的领土相比，任何其他古希腊城邦的领土是很小的，彼奥提亚诸城邦，除提佛而外，领土面积平均为70平方哩（纵横25华里——本书作者），西息温（Sicyon）140，夫利阿斯（Phlius）70，科林斯（Corinth）350，优卑亚八城平均180，甚至只有一个城邦的海岛基俄斯（Chios）只略多于300，而此岛还是最大的。

塞维阿·赛尔彼喜阿斯（Servius Sulpicius，公元前1世纪的罗马将军）写信给西塞罗说：“当我从亚洲回来，从埃吉纳岛（Aegina）航行到麦加拉（Megara）去的时候，我开始观察我周围的地方。在我后面，我可以见到埃吉纳岛，前面看到麦加拉，右面庇里犹斯（pireaus，雅典的海港），左面科林斯。”（阿德科克：《古希腊城邦的兴起》，第Ⅳ卷第26章，*The Growth of Greek City-states*，by. Adcock，ch. 26，vol. Ⅳ，c. a. h.）

在古希腊史上留下了那么多史迹，并传下了那么多学术文化遗产的就是这些小城邦。这些小小的城邦不仅是独立的主权国家，而且直到亚历山大事实上把它们降为一个大帝国中的自治城市以前，它们各自顽强地坚持了它们的独立，那些握有霸权的“大国”，企图控制它们，往往也确实控制了它们，然而很少有吞并掉它们的。即使某个城邦被它的强大邻邦所真正毁灭了，不久，战胜了这个邻邦的另一个霸权城邦也会来“兴灭国，继绝世”，召集流亡在外的公民把它恢复起来。

这些城邦显得具有某种个性，这种个性愈是高度发展，愈是强烈地被意识到，就愈不愿意哪怕是部分地牺牲它……每个城邦向它的邻邦要求它的自由和自治，要求有权按照它自己的意愿处理它自己的事务……城邦虽然不容忍它境界以内主权的分割，对它邻邦的独立却是容忍的。防卫的意志超过了攻击的意志。事实上，领土的扩张亦即东方诸帝国内占支配地位的帝国主义，在古希腊诸城邦却出奇地微弱。古希腊人缺乏疆域广阔的政治重要性的那种感觉。他们愈是清楚地意识到他们国家的和宗教的社会一致性，他们愈是不愿意扩张，因为扩张意味着他们密切的共同生活松懈下来了。他们打算要统治邻邦，却不打算吞并邻邦，更不愿意在一个较大的联盟内放弃他们的独立。(同上)

城邦制度既是古希腊的传统，也是古希腊政治思想的不可违背的潮流，是古希腊政治学的既存前提，离开了城邦制度就没有政治学。柏拉图（Plato）的《理想国》，无论他的“理想”内容如何，他所理想的国家是一个城市国家，即城邦。亚里士多德（Aristotle）的《政治学》把城邦规定为“至高而广涵的社会团体”，他的政治学，不折不扣是城邦政治学，离了城邦就没有什么政治学可言，东方式的专制主义大王国，在他看来是一种“野蛮人”的制度，是摒除在他探讨范围之外的。

查考一下希腊语中关于城市、城邦、政治、政治学等名词的变化，也是很有趣味的。吴寿彭在《政治学》译注中说（以下，希腊文词汇都用拉丁字母写出）：

“波里斯”（Polis）这字在荷马史诗中都指堡垒（城堡）或卫城，同乡郊（Demos）相对。雅典的山巅卫城“阿克罗波里斯”（Acropolis），雅典人常常简称为“波里斯”。堡垒周围的市区称为“阿斯托”（Asty）。后世把卫城、市区、乡郊统称为一个“波里斯”，综合土地、人民及其政治生活而赋有了“邦”或“国”的意义。

……由“波里斯”衍生出几个重要名词：1. Polites（波里德斯），为属于城邦的人，即“公民”。2. Politeia（波里德亚）：①公民和城邦间的关系；②由这种关系形成全邦的“政治生活”；③把这种关系和生活厘定为全邦的政治制度，即“宪法”；④有时就径指该邦的“政府”。3. Politeoma（波里德俄马）：①公民团体；②较狭隘的公务团体；③有时就和波里德亚相同，或为政体或为政府。

从“波里斯”滋生的词类还有形容词 Politikos，作为名词……指“治理城邦的人”，现在还泛指各种国家的治理者即政治家。Politics，亚氏原指城邦政治的理论和技术，现在也通用为各种团体的政治学。（亚里士多德：《政治学》，商务印书馆 1965 年版，第 110 页译注）

关于古希腊城邦的“波里德亚”（Politeia），亚里士多德说：

这里，我还得陈述“波里德亚”（Politeia）和僭主政体两个类型……

“波里德亚”的通义就是混合（寡头和平民）这两种政体的制度；但在习用时，大家对混合政体的倾向平民主义者称为“共和政体”，对混合政体的偏重寡头主义者则不称“共和政体”而称贵族政体……（同上，第 198 页）

我认为，古希腊人习惯于把非王政的政制，不管是贵族还是共和，称做“波里德亚”（Politeia），这就是“城市国家的政制”的意思。贵族平民（或共和或民主）之分是后来的事，开头的时候无非是贵族制度——不过那是合议制，而且，最初说不定还是平民的哩——因为始建一个殖民城邦，人数有限得很……

第一章　什么是城邦

城邦制度，是古希腊文明一系列历史条件演变的结果。究竟是一些什么历史条件，演变出来这样一种制度，正是本文所要探讨的。在探讨这个历史过程以前，有必要先把城邦这个概念弄清楚一下。

城邦的自治

前面已经说过，城邦，是以一个城市为中心的独立主权国家。这里所说的“以一个城市为中心”，显然就排除了领土广阔，包含多个城市的国家。那种国家是“领土国家”，而不是城市国家了。领土国家因为疆域广阔，人民之间不可能有紧密的政治生活，或者换一句涉及到下面将要详加讨论的“政体”问题的话来说，领土国家没法实行主权在民的“直接民主”制度。所以，城邦首先是迥异于“领土国家”的“城市国家”。

城邦是“独立主权国家”，不过这里所说的“独立主权”的意义是相对的，因为按照古希腊人的概念，甚至“参加”在某个“帝国”内的城邦，只要有自己的法律，有自己的议事会、执政官和法庭，它还是一个城邦。这里需要特别说明一下，我们中国人一说到帝国，总不免要把它等同于我们历史上秦汉以来的郡县制的大帝国。可是古希腊人所称的“雅典帝国”、“斯巴达帝国”之类的帝国，其实不过是以雅典和斯巴达为盟主的“联盟”，有点像我国春秋时代齐桓、晋文的“霸业”。盟主向加盟国家征收贡赋，要他们出兵加入盟军，在不同程度上干涉加盟国家的内政等。不过，第一，盟主没有周“天王”那样神授的最高王权[①]；第二，至少在形式上和理论上盟主不能委派加盟城邦的执政者，虽然扶植加盟城邦内亲附自己的政派和人物总是少不了的。帝国既非郡县制的帝国，参加在某个帝国内的城邦起码还是一个自治共和国；另一方面，希波战争以后，亚历山大征服以前，一百四五十年间古希腊的“帝国”亦即“霸业”，变动实在频繁。“霸权”从雅典手里转移到斯巴达手里，又从斯巴达手里转到提佛手里等。可是城邦还是这些城邦，灭亡了的是有的，例如米罗斯（Melos），但那是极少数。于是，城邦的意义也就大大超过了一个帝国内的自治共和国，以后亚历山大征服结束了城邦分立的状态，但是，城邦政治的流风余韵，在罗马时代和欧洲中世纪时代，一直流传不衰，还对近代西方历史产生了极其强烈的影响……

所以，要理解古希腊城邦制度，首先不要和我国春秋时代及其以前的小国林立相混淆。春秋以前诸小国，虽然政制各异，各专征伐，然而从有史时代开始，就有一个凌驾他们之上的神授的最高政治权威，在周代，是周“天王”；在殷代，是有时称为“帝”的殷王朝；在夏代，是称为“元后”（相对于称为“群后”的“诸侯”国家）的夏王朝。古希腊远古时代有过这样的最高政治权威（亚该亚人的“万民之王”——迈锡尼诸王），然而从多里安人征服以后，这样的最高政治权威就已经不存在了。其次，春秋及春秋以前，诸小国一直处在相互兼并过程中，这种兼并过程，直到秦始皇的大一统的郡县制的大帝国才告结束。在此以前，虽有孔子的“兴灭国，继绝世”的绝望号叫，兼并一直被认为是伟大的王业。古希腊有史时代，也有过这样的兼并，斯巴达征服美塞尼亚即其一例，然而兼并受到极其强烈的抵抗，以至例如斯巴达就不得不很早就从兼并转为“同盟”政策（见后第四章）。自此以后，古希腊世界内部政治上的集团化，一般都采取“同盟”形态，甚至事实上结束了古希腊城邦制度的亚历山大，他之对待古希腊本土诸国，表面上也只能采用同盟的方式。

主权在民与直接民主

我国古代的小国林立，和古希腊城邦究竟还有某些相同之点，可是，古希腊城邦制度的另一个特点，亦即使得这些蕞尔小邦顽强坚持其独立的主权在民与直接民主制度，则是我国古代从来不知道的东西了。所谓直接民主制度，是指城邦的政治主权属于它的公民，公民们直接参予城邦的治理，而不是通过选举代表，组成议会或代表大会来治理国家（即所谓代议制度）的那种制度。

在这种制度下：

> 凡享有政治权利的公民的多数决议，无论在寡头、贵族或平民政体中，总是最后的裁断具有最高的权威。（亚里士多德：《政治学》，商务印书馆1965年版，第199页）

直接民主制度，可以以伯里克理斯时代的雅典（公元前443—前429）为例。雅典的全体公民都要出席“公民大会”，“公民大会”每月举行2—4次，解决城邦的一切重大事件：宣战与媾和问题，城邦粮食问题，听取负责人员的报告，握有国家的最高监督权，审查终审法庭的讼事等。每个公民在公民大会中都有选举权，每个公民都有可能被选为“议事会”的成员，每个公民都要轮流参加陪审法庭。陪审法庭的成员多达6000人，而当时雅典的公民总数，最高的估计也不会超过6万人。当时的实际政权由“十将军委员会”掌握，将军任满离职要接受审查，有叛国行为或作战失败的要受到裁判，法庭和公民大会可以没收其财产，可以加以放逐或处死等。

直接民主制度唯有在领土狭小的城市国家中才有可能。在这些国家中，乡居的公民进城参加公民大会可以朝出暮归，人们相互间比较熟悉，一国政务比较简单，易于在公民大会中讨论和表决。在领土广阔的国家，这些条件是全不具备的。所以，城邦制度和直接民主两者是互相依赖，互为条件的。

公民与公民权

那么，什么是“公民”呢？从字源上来说，“公民”（Polites）原意为属于城邦的人（见前代序）。不过，在古代希腊的任何时代任何城邦，它决不是指全体成年居民而言。妇女不是公民，奴隶不是公民，农奴不是公民，边区居民不是公民，外邦人也不是公民。即使除去奴隶、农奴、边区居民和外邦人而外，祖籍本城的成年男子，能够取得公民权利的资格，在各邦的各个时期也宽严不一。比如说，古典时代的雅典，凡是自备甲胄武器和马匹，参加公民军当骑兵和重装步兵的富裕阶级或中等阶级的成年男子是公民，参加海军当桨手[2]的贫民阶级，领取国家发给薪饷的，也是公民。但在伯罗奔尼撒战争中“三十僭主之治”的时期，僭主们规定雅典公民只能有5000人。“三十僭主之治”被古希腊人看做政权被僭夺的时期，当时的5000人连名单也未公布，所以只能称是变态，不能算是常态。在通常状态下，古希腊诸城邦的公民资格虽然有种种差异，凡是自备甲胄武器，不领薪饷地参加公民军的那部分成年古希腊居民，包括已经退役的老年人在内，总是它的公民，或至于是它的公民中的主要成分。这并不是说，无公民权的外邦人、农奴如斯巴达的黑劳士（Helots）就没有从军义务了。他们也要从军，不过在军中参加辅助部队或任军中杂役。在战争的紧急时期，也有征召“买来的奴隶”当战舰的桨手这类事情发生，不过这终究是少数。

“公民”、“公民权”等，不见于我国古代，也不见于埃及、两河流域等早于古希腊或与古希腊同时的“东方”各帝国。要详细考证这种政治法律概念在古希腊起源于何时何地，怎样进一步演变到古典时代那样明确的程度，即使在直接继承了古希腊文明的西方，那里的史学家拥有大量文献碑铭和地下文物资料，这个任务也许也不是容易的。看起来，这是在长期历史演变中不知不觉地形成的，正如 Polis 一词从城堡变成城市，变成城市国家一样，“组成城市国家的人”即“Polite”，也在漫长的历史时期中，一次又一次发展它的含义，同时也加上一重又一重的限制，逐渐变成了亚里士多德下述定义中的公民和公民组成的城邦：

> 1. 凡有权参加议事或审判职能的人，我们就可以说他是那一城邦的公民；2. 城邦的一般含义，就是为了要维持自给生活而具有足够人数的一个公民集团。（同上，第 113 页）

亚里士多德上述定义，是从公民权利方面来界说公民的含义的。假如我们参照古希腊城邦的兵制即公民军或“民兵”制度，把公民的权利和义务两方面一起来考虑，那么我们可以构成这样一个概念，即公民是城邦的主人，他们有“执干戈以卫社稷”的义务，同时有权参加城邦内议事或审判的职能，这一方面可以借此理解城邦的“主权在民”及直接民主制度的诠释，借此理解“公民是自己的主人”，“公民是轮流地统治或被统治”，或用吴寿彭的译语（亚里士多德：《政治学》）叫做“轮番为治”的意思。古希腊有过以中小农公民为主的农业城邦，它们的基本人口是公民及其家属，在历史的某个时期发挥过很重要的作用，“轮番为治”的直接民主显示出来过强大的威力。然而，我们也应该把“主人”一词，理解为公民是城邦内一切非公民——农奴、奴隶、外邦人、边区居民，甚至他们自己家里的妇女与小孩子的“主人”。古希腊的奴隶制（包括农奴制）固然有其自己的历史，后面我们还要专节介绍，不过城邦及其公民的含义，本来也不可避免地要引导出来奴隶和奴隶制的概念的。

兵制——公民军

前面已经指出，古希腊诸城邦的军队是公民军，它是战时征集，平时离营的民兵，每个战士的甲胄、武器、马匹，都是由自己出资购办，而不是由国家供给。战时在营时期，给养通常也由战士自备。战时给养自备看起来是离奇的，但是只要想到，在著名的几次大战争以前，在漫长的历史时期中，古希腊诸城邦所碰到的“战争”，多半是相邻的两个城邦或几个城邦之间的局部冲突，战争不过比一比胜负借以解决某项争端，通常不致发展到有关城邦存亡的地步。那就可以设想，这种制度完全是行得通的。希波战争以后，尤其是伯罗奔尼撒战时及战后，战争愈来愈频繁，这种公民军制度也愈来愈行不通。开始是公民军领薪饷，以后是雇佣军逐渐取代公民军，随之而僭主政治逐渐代替“主权在民”的政体，那时古希腊的城邦制度也已经奄奄一息了。

公民军不是常备军，雇佣军才是常备军。一般说来，公民军的统帅是选举的，唯有斯巴达有常任的统帅——它的两个王[③]。在古希腊史籍中我们常常读到，著名的统帅如彼奥提亚（Boeotia）的埃帕梅农达斯（Epaminondas）在他当过将军，任期已满而未被连选为将军的时候，就以普通战士的身份从军作战。顺便说说，古希腊的军队人数一般并不太多。亚历山大出征波斯，出发时全军不过三四万人。除此而外，战争双方各有三五千重装步兵的战役就是很大的战役了。一方面因为军队人数较少，一方面因为古希腊人重视个人勇武和体育锻炼，所以战争中的统帅都列在军阵内参加战斗，而不仅仅是“指挥员”。

古希腊的公民军制和我国春秋战国时期的兵制显然大有区别，这里不打算作详细比较。军制不同，武器供应方式也随而不同。古希腊公民军武器甲胄既由从军公民自备，所以武器制造作坊是一项重要的私人企业；我国则自殷代以来，武器制造就由王家垄断，所以有“食官”的“百工”……

官　制

“主权在民”的古希腊城邦的“官制”，也具有它自己的特色。一般城邦所设行政官员，亚里士多德介绍为：1. 将军或统帅，2. 市场监理，3. 城市监护，

4. 公共水源管理，5. 乡区监护，6. 司库，7. 登记民间契约或法庭判决的“注册司”，8. 执行法庭判决刑罚的“执罚员”及“典狱官”等（均见《政治学》，第329—338页）。这些行政官员都是义务职，不支薪金。其中，执罚员或典狱官有青年公民帮助他们执行职务。其他行政职务，在小邦无须常任吏员，在大邦如雅典，因为政务繁忙，常任吏员不可缺少的，这些吏员就由国家奴隶充当。尤其有趣的是，雅典有常备警察，他们是国家买来的奴隶，通常是斯基泰人（居于黑海北岸南俄草原的一个民族），称为“弓手”，或称“斯基泰人”。然而，这些奴隶的待遇倒还不错，每人每天领取的“给养”相当于出席公民大会或陪审法庭的公民所领的津贴，也可以自行觅取居住的地方……

古希腊城邦行政官制的另一个特色是，全部行政官员并不组成为某个行政首脑统一领导之下的“政府”。各种行政官员任期不一，全都由公民大会或其他相应机构直接选出，各自独立对公民大会或其相应机构直接负责。这样的做法，公民大会就要直接处理许许多多具体行政事务，不免有轻重并列本末倒置的危险。为了补救这种缺点，于是由议事会［它由公民大会选任，或由城邦的每一个基层组织如村坊（Demos）各别推选定额人员组成］对应该提交公民大会的各项议案和报告先行预审，分别轻重缓急，也许还附加处理意见，然后提交大会。公民大会人数众多，无法进行详细讨论，通常只能就议事会提出议案加以批准或否决，所以议事会是一个实际掌握行政权的机构。

以上介绍，实际上已经超出我国传统的所谓“官制”，亦即行政机构（或者按照西方传统称之为“官僚机构”）的职掌、分工、品级、编制等问题，而涉及到整个政制问题了。确实，古希腊城邦政制，不许有单个政府首脑统一领导下的无所不能的行政权力，使得公民大会或议事会只成为“陪衬”这个行政权的“清谈”的议会，这是直接民主制度的重要组成部分。不仅如此，法庭也是由公民大会选任的，法庭也得对公民大会及议事会负责，重大讼案的上诉和终审机构是公民大会本身。近代西方的立法、行政、司法三权分立制度，是古代希腊所不知道的。理解古希腊城邦政制的这个方面，再来读马克思的《法兰西内战》和列宁的《国家与革命》，确实可以使我们对于马克思和列宁何以倡导直接民主制，何以猛烈抨击“议会清谈馆”，获得深一层的理解。

正如古希腊的兵制一样，古希腊的“官制”也和我国古代“官制”有原则上的区别。从远古时代起，我国专制君主下就已经有十分发达的行政机构

（或“官僚机构”）了。《周礼》列举的庞大的行政机构固然是战国和汉代官制的杂凑，西周初期周王廷下面的庞大政府机构，从郭沫若考释的西周金文也可窥见一二，这种传统大概还可以推溯到殷代……

城邦的自给和闭关主义

现在再回过头来看看亚里士多德的定义。

亚里士多德的定义中有“自给生活”一语，这在理解古希腊城邦制度时也是极端重要的。自给（Antarkeia，Antarky）是指经济上的自给自足。一个城市国家，除非像斯巴达那样禁止贵金属流通，严格禁止奢侈，当然谈不到现代所谓的经济自给，即没有原料与市场的对外依赖。上面所谓的自给，既指通过某种经济政策保障城邦的粮食供应（如在雅典）之类的经济问题，也指限制外邦人购买地产，借以保障公民的财产权的法权问题，恐怕也推及于城邦的一般的闭关主义：外邦人没有公民权，也不能入籍为公民，力谋使城邦成为它的“特权公民的特权公社”。变例是有的。从“放宽”一方面讲，梭伦立法允许外邦人入籍（见后），因为那时雅典力图发展它的手工业，借此吸收外国艺匠（其中有许多是埃及人）到雅典来。从“抓紧”一方面来说，斯巴达为了害怕外邦人带进来有碍于它的严峻的军营生活和军事纪律，实施排外条例，禁止外邦人无故入境。除此而外，古希腊城邦如雅典允许外邦人入境，甚至允许古希腊的或非古希腊的蛮族外邦人世世代代在那里居住下去，然而不得入籍为公民，不得购买土地，与本国女子结婚不得视为合法婚姻，还要交纳雅典公民不交的人头税等。我们只要想到古希腊诸城邦实际上一般超不过我国一个县，其中有些城邦是全希腊的经济中心，是古代的大城市，它的经济中心的地位不可避免地要吸引大量人口到那里去，我们就可以想见，这种闭关主义和自给自足，造成了公民和外邦人间怎样的严格界限，又怎样不可避免地促成奴隶经济的形成和发展了。在并非经济中心的农村地区如斯巴达则有农奴制和边区居民制度，它们的存在，是这个“维持自给生活……的公民集团”性命攸关的前提条件，所以斯巴达要有十分严峻的制度来维持这种残酷的阶级统治。

然而，城邦的自给原则和闭关主义，在发达的海上贸易和频繁的邦际交往的状况下，确实还发展出来了一套国际惯例，这就是后代国际法的萌芽。这些国际惯例中，首先是“外侨招待制度”，即规定公民根据互惠原则招待外侨的

一种制度。塞尔格耶夫（CepreeB）引公元2世纪希腊作者波吕克斯（Pollux）的话说：（CeepreeB）

> 招待外侨者乃是居于别邦（指本人的城邦）而对全邦（指外人的城邦）作一般性服务的人，例如，负责供给外来者的住宿，在必要时替他们找到公民大会的进程或者剧场的座位。[④]

招待者的服务是自愿的，也是荣誉的。这种招待者逐渐成为两邦政府的中间人，外交谈判通过他们进行，到城邦来的使节也先到本邦的招待所，这是后来的使馆和领事馆的萌芽形式，不过招待者不是外邦派遣的使节，而是本国公民为外国办理他们的事务，并且始终保持着私人待客的性质而已。

频繁的国际交往又发展到两邦间订立等权协定，即许给一国公民在别国享有该国公民所享有的国家法和私法上的权利；它还发展成为商业条约，即规定不同城邦公民间有关商业、信贷业务、各种买卖契约的种种诉讼程序上的法规的条约；发展成为国际仲裁的惯例，仲裁者是争端双方同意的第三者等。

同样的原因，在古希腊诸邦之间也逐渐发展出来一套关于宣战媾和、同盟条约、和平条约、交换战俘、为发还对方阵亡者尸体而协议休战等国际惯例。我们读古希腊作家留下来的史籍，比如说修昔底德的《伯罗奔尼撒战争史》，往往不免怀疑，那里所说的一套国际惯例是不是把古史现代化了。然而作者确实是生在古希腊的古典时代，而且是伯罗奔尼撒战争中雅典的一个方面军的将军，因战败撤职而从事写作的。

“法治”的城邦

正如自给自足和闭关主义的城邦，在国际交往上要发展出一套国际惯例和国际法的萌芽来一样，城邦公民集团“轮番为治”的原则，也使得它必须发展出一套国家法和私法来。换句话说，城邦必定是“宪政国家”或“法治国家”。城邦既然是“轮番为治”的公民团体，城邦当然高于它的每一个个别公民，也高于它的一切统治者，这是城邦的“民主集体主义”——一种以公民最高主权为基础的民主集体主义，所以，它必须有规章，要按规章治理。同时，城邦既然是自给的和闭关的，它也必须有各种法律来保障这种自给的和闭关的生活。这就是说，城邦要有关于公民资格、公民的权利与义务的法律，要有行政机构、议事机构和法庭的选任、组织、权限、责任的法律，这些是国家法，即宪法。还要有关于财产、继承、契约等的私法，以及把血族复仇的古代惯例，转化为国家负责惩处犯罪行为的刑法。于是政治和法律两者密切相关，甚至在某种程度上是同义语——柏拉图的主要政治著作之一题为《法律篇》，亚里士多德同样性质的著作题为《政治学》。“立法者”（Lawgiver）是政治家，而不是法典的技术性的编纂者。

由此又派生出另外一种重要的后果。城邦的公民是分为阶级的，政治权力的分配，各种政策的制定和政务的执行，私法、刑法法典的制定，重大诉讼案件的判决，都与相互冲突的各阶级利益有关，一句话，城邦的法律反映统治城邦的阶级的意志。虽然如此，凡包括在公民团体内的各阶级，既然都有参与议事和审判的权利，这些阶级相互之间的阶级斗争，在一定程度上就会在法律范围内进行，表现为公民大会内、议事机构内、陪审法庭内的合法斗争。唯有当阶级对抗不可能在法律范围内解决的时候，才会演变为政变或革命，亦即演变为法律以外的暴力斗争。至于公民团体以外的，亦即在法律上没有政治权利的那些阶级对公民团体或公民团体内某个阶级的斗争，那只有一开头就采取法律范围以外的激烈形态，这就是斯巴达的农奴暴动，雅典等城邦奴隶逃亡和奴隶暴动等。这也就是说，城邦制度使得公民团体以内诸阶层组成为政治上的阶级，组成为各有自己政纲的政党或政派，使宪法范围内的政治斗争直接反映各阶级之间的斗争。阶级斗争的这种形态不见于专制主义的王政国家。在那里，相互对抗的各阶级利益不可能表现为各政党各政派的政治纲领，因为那里根本不可能存在什么政党，斗争也不可能在“宪政”范围内进行，它在平时采取曲折得多隐蔽得多的形式，到矛盾尖锐到极点的时候，就要爆发为武装起义和王朝更迭了。

城邦能够发展成为帝国吗

本节一开始，我们申诉了城邦与领土国家的区别，然而必须指出，古代希腊并非没有领土国家类型的城邦。这里所说领土国家类型的城邦，并不是指若干城邦的联盟，因为联邦内诸邦是自治的，它们都具有相对的独立主权。这里指的是斯巴达，某种程度上特萨利亚（Thassaly）也是，拿斯巴达来说，它以万人左右的特权公民统治区域广阔的“边区居民”所住的区域和市邑，统治为数众多的农奴身份的黑劳士。“边区居民”究竟处在什么地位呢？修昔底德（Thucydides）

告诉我们，斯巴达南边一个海岛锡西拉（Cythera），为边区居民所居住，有他们自己的城市，在这个城市范围内他们有某种程度的自治权，然而，斯巴达的军政大计他们无权参与，他们的城市还有斯巴达特派的‘事务官”（总督），他们要交纳贡赋[5]。斯巴达的边区居民占地辽阔，锡西拉不过是一个例子而已。以锡西拉的例子来推论，由万人左右的公民组成的斯巴达国家分明是一个领土国家，锡西拉之类边区居民城市则是这个领土国家的一个自治市。

斯巴达不是严格意义下的城邦，西方历史家通常都赞同这种说法。它在古希腊史中是一个变例。有这样一个变例，不足以变更古希腊史上城邦制度的特点，何况它的政制中自治、自给、主权在民、直接民主等特点，大体上和一般古希腊城邦还是一致的。在这里，我们是想提出一个问题，既然古希腊的城邦，有的事实上是领土国家，那么，一般说来，强大的城邦可以通过征服建立一个帝国吗？

古希腊的史实，对这个问题基本上作了否定的答复。斯巴达的“边区居民”诚然是通过征服而臣服于它的，但是当斯巴达想进一步征服更多的地方时就碰了壁，而且，正是为了保持已经臣服于它的边区居民和农奴，才使它不得不在它的公民集团中建立那么严峻的一套制度。变例是有的，今南俄克里米亚和塔曼两半岛上的潘提卡彭（Panticapaeum）和西西里的叙拉古（Syracuse）的古希腊殖民城邦后来蜕变成了王国。上世纪英国古希腊史家格罗脱（Grote）对此作了这样的解释：这两个地方的环境有利于僭主招募非希腊人为雇佣兵，王国是依靠雇佣兵建立起来的。我觉得这种解释是合理的，因为自治、自给、主权在民的城邦，邦与邦之间，本邦公民与非本邦公民之间的界线十分森严，这种制度本身和为建立一个帝国所必要的对被征服的民族采取兼收并蓄的政策是互不相容的。

当然，古希腊史对这个问题的答复不是最后的，最后的答复是罗马史作的——罗马帝国分明是城邦罗马在大征服中建立起来的。不过罗马史同时也令人信服地证明了，城邦制度如果说还有不少长处，那么所有这些长处在它变成帝国的时候，几乎全都转化成为反面的东西，成为丑恶不堪的东西了。

城邦制度是从氏族民主直接演变过来的吗

我们把什么是城邦制度在概念上略加澄清以后，紧接着的一个问题是，这种制度是从哪里演变过来的，又怎样演变过来的？接下去，我们还要对它的发展和消亡过程，它的长处和弱点，它对后来历史的影响略加探讨。

许多著名的历史家对上述第一个问题有十分肯定的答复：城邦制度是从原始公社的氏族民主制度直接演变过来的。如果我们接受这个解释，我们就不能不问，一切民族都经历过原始公社阶段，氏族民主是原始公社的共同特征，我国当然也不例外，那么为什么我国古代史中找不到一点城邦制度的影子呢？如果我们再进一步涉猎一下中国以外几个历史悠久的古代文明——埃及、两河流域、以色列和叙利亚、印度、波斯等的历史，我们发现在那里也同样找不到什么城邦制度的影子。我们就不能不怀疑，城邦制度的古希腊在世界史上是例外而不是通例，而在古代东方史中，政制的演变倒是具有某种共同之处的。

共同之处是，它们都存在过“神授王权”——有一个身兼军事领袖和最高祭司，或者用我国史籍的语言来说，叫做“国之大事，唯祀与戎”——的最高统治者，即君主。他的权力是绝对的，人民是他的“臣民”。这种王权起源于部落王。原始公社性质的部落的王，也许是氏族民主制度下的民选军事领袖，因为那在遥远的古代，不可能见于史籍。部落王通过兼并建立起来一个王国，他自己部落内与他一起从事征服的战士成为新王国的贵族，被征服部落的人民成为新王国的臣民。随后这种“杀人盈野，杀人盈城”的征服业绩被渲染为神的业绩，在征服中建立起来的王权也被渲染为神授的王权。王权所依靠的是军事力量，但唯有当“手执宝剑”的王同时又是“受命于天”的王，他才具有精神上的权威，王权才世袭得下去。王权是神授的，所以我国周代的王称为天王，他是“天子”——“天的儿子”。古代东方诸国各有不同的宗教，王权神授所用的说法五花八门，各尽其妙，实质上是完全一致的。这种“神授王权”历久不变，“神授王权”的“政体”，按黑格尔的说法叫做“东方专制主义”，其性质和城邦制度是截然不同的。

既然东方各国政制演变有其通例，古希腊城邦制度则是例外，那么何以同样从原始公社的氏族民主出发，后者直接演变成为城邦制度，前者都几乎没有任何例外地走上“东方专制主义”的道路了呢？从亚里士多德起，许多西方史家对此作了几乎完全一致的斩钉截铁的解释，言词虽不尽一致，却可以亚里士多德下引几句话为其代表：

> 蛮族王制（是）僭主性质（按：即东方专制主义式）的王制……因为野蛮民族比希腊民族为富于奴性；亚洲蛮族又比欧洲蛮族为富于奴性，所以他们常常忍受专制统治而不起来叛乱。（《政治学》，第159页）

看起来，身为亚洲人的中国人的我们都没法“接受”亚里士多德和与他一致的一切西方史家的上述解释的。

“没法接受”，多少有点感情用事，就是我们在感情上接受不了这样侮辱性的解释。感情当然不能代替历史事实。如果历史事实确实如此，感情上接受不了又有什么办法？可是，历史研究确实证明了这样的史实：远古希腊一样存在过“神授王权”，城邦制度是“神授王权”在一种特殊环境下演变出来的东西，它并不是直接从氏族民主递嬗过来的。于是，我们东方人在比较我们古代的专制主义政体和希腊古代城邦制度的截然区别之后，理该进一步探索：是什么环境，通过什么方式使古希腊的“神授王权”演变成为城邦制度；还应该进一步探索，城邦制度怎样发展演变，它对后代历史留下了什么影响？这也就是本文的目的。

以下，我们就来逐步展开这一探索。

注释

①五霸时代的政治至尊和至强不是集于一人的。至强的是霸主，至尊的是天子即周天王。“尊王室”是霸主的霸业所必不可少的政治口号。古希腊历史上这样的王权是有过的，后面还要说到，不过，至少从公元前11世纪起，这样的全民族的“神授”的政治权威就已经不再存在了。

②希波战争前后，希腊战舰兼用风力和人力。当时比较旧式的战舰，每舰有50个桨手，比较新锐的战舰称为三列桨战舰，桨手分布于高低三排座位上，每舰备桨手150人。

③参看塞尔格耶夫：《古希腊史》，第162页。斯巴达的两个王产生于两个有势力的氏族，即阿基太族（Agidae）与欧里篷提泰族（Euripontiadae）。王——巴西琉斯——统率国军（征战时由二王之一统率），审判主要有关家族法的案件并执行某些祭礼的职权。——陈敏之注

④《古希腊史》，高等教育出版社1955年版，第277页。——陈敏之注

⑤参看《伯罗奔尼撒战争史》，商务印书馆1960年版，第297页。——陈敏之注

第二章　远古希腊存在过神授王权

古希腊史上的所谓英雄时代

上世纪末和本世纪初，在古代史研究上出现了一个“考古学”时代。在这个时代之前，比如说关于古希腊史的研究吧，所根据的主要是古典时代及其后的希腊历史家留下来的史籍，加上长期来搜罗到的碑铭和文物。在古代希腊典籍中，最古的是荷马的史诗《伊利亚特》（Illiad）、《奥德赛》（Odyssey）和希西阿（Pesiod）的《神谱》及《劳动与时令》等诗作。其中荷马的史诗《伊利亚特》叙述了亚该亚人“万民之王”亚加米农（Agamamnon）远征特洛伊（Troy），也就是以木马计著名的那次战役的故事；《奥德赛》所说的则是特洛伊战斗中的英雄奥德修斯（Odyssus）战后回国——他是古希腊西海岸今科孚岛附近的伊大卡（Ithaca）岛上的巴西琉斯（Basileus，即王）——航海历险的故事。这是些文学作品，古时的希腊人虽然很认真地把它们当作可靠的历史，有时并根据《伊利亚特》中的“船舶目录”来解决各邦之间领土上的争端（因为“船舶目录”历数了当时各邦所属的领土），在19世纪的疑古空气中，它们被看作并非信史的传说。真的，古代希腊类似荷马（Homer）史诗这样的英雄传说还有不少，其中有卡德摩斯（Cadmus）在提佛播种龙牙，长出许多战士，经过互相残杀的搏斗，剩下几个人建立了提佛城的故事；有伊阿宋（Iason）驾驶亚尔古（Argos）号船远航黑海觅取金羊毛的故事等。古典时代的希腊悲剧作家取材这些英雄传说，写成许多艺术价值很高的悲剧留传于世，这些戏剧毫无疑问地也丰富了这些传说。又，希腊的神是一些神人同形的形象，他们有七情六欲，喜怒悲欢，神还与人结合，生下来的后裔就是英雄传说中的英雄们。这样，神话中的神和英雄传说中的人扭合在一起，史诗的历史价值显得更为可疑。19世纪的英国希腊史家格罗脱干脆把希腊史的信史时代定在有碑铭可据的第一届奥林匹亚（Olympia）庆会（公元前776年），在此以前，历史家几乎一致把它归入传说时代，并正式称之为“英雄时代”。

英雄传说中有王，希腊语称为巴西琉斯（Basileus）。有小地区上的王，例如伊大卡岛的巴西琉斯奥德修斯，有亚该亚人的“万民之王”亚加米农，他是有权统辖全希腊各地诸巴西琉斯的大王。按照传说，亚加米农属于彼罗普（Pelop）家系，他拥有全希腊的“王权”，王权的根据何在弄不清楚。在《伊利亚特》中，王权的象征是彼罗普斯（Pelops）传下来的王杖，这支王杖据说是赫菲斯塔斯（Hephaestus，希腊诸神中的工艺大匠）制作的，彼罗普斯把它给了阿特里阿斯（Atreus）一系，传到了亚加米农手里。古希腊各邦各有自己的英雄传说，传说中无例外地都有王，例如雅典，就有传说中的西克罗普斯（Cycrops）、埃勾斯、提秀斯诸王，还有王制消亡以前最后一个王科特罗斯（Codrus）。传说中有王，有许多史迹可凭，所以，古希腊有王政时代，古代希腊作家全都承认，近代史家对此也毫不怀疑。然而，往上推溯，王政渊源于难以凭信的英雄传说。往下数去，到了有信史可凭的历史时代，古希腊各邦的王都已被贵族阶级的专政所取代，只剩下斯巴达的两个王一直继续到公元前3世纪，其余凡在说希腊语的人民中而有王的，都是一些落后的地方，于是，有些著名的历史家就把古希腊的王解释为不同于“东方专制主义”中的王。他们认为，古希腊的王不是东方那样“神授”的王，英雄传说中即使有神授王权的模糊的迹象，那也纯粹出于诗人的想象。古希腊的王原来是氏族民主制度中的民选军事领袖，史诗中要赋予这些民选军事领袖以神话的色彩，在历史上，“并没有证明任何东西”。

考古发掘彻底更新了远古希腊史的面貌

但是，上世纪末开始的考古发掘，及其后长时期历史家和考古学家的辛勤研究，使得远古时代的希腊史的面貌彻底更新了。

考古学有它自己的历史，这里不想来叙述这番历史。总之，考古发掘者们把英雄传说中特洛伊古城发掘出来了，把亚该亚人的“万民之王”亚加米农的都城迈锡尼发掘出来了，把传说中的克里特的克诺索斯王的宏伟的宫殿发掘出来了。这些考古发掘的经过，发掘出来的东西的图版，对于发掘结果所作的研究，以及目前史学界一致公认的结论，可以在一般古希腊史的书籍中找到，塞尔格耶夫的《古希腊史》对此介绍较详，可以参看。这里只作一些十分简略的介绍。

在克里特岛，发掘了克诺索斯古城，找到了宏大的宫殿，其上有十分“现代化”的壁画，精美的陶器瓶和人像，刻有线形文字的粘土版。

在迈锡尼（《伊利亚特》中亚加米农的王都），找到了用长三米以上宽一米的巨石垒成的城墙和“狮子门”；找到了规模宏大的陵墓，有坑冢，还有圆冢，圆冢作蜂巢形，高 18 米，直径也是 18 米，还有宽阔的长达 35 米的墓中廊道；找到了精工装饰的武器，金质面具，金质的巨型精美酒杯等。

在奥科美那斯（Orchomenus）、提佛等地，也找到了故宫的废墟。

从这些出版文物的图版中，给我们提供了三四千年以前爱琴文明的栩栩如生的直观印象，使我们对于这些统治者们生前怎样生活和统治，死后又有怎样豪华的“陵寝”，获得一些概念。在这些地下证据面前，我们无论怎样也不能相信，这些巴西琉斯是氏族民主制度下的民选军事领袖，我们不能不肯定，他们和“东方专制主义”下诸王一样，是“受命于天”，统治剥削大批劳动人民的“王”。

历史研究当然不会停留在直观印象阶段上。通过这些发掘和研究，史学界发现，古希腊文明开始于克里特，从克里特传布到大陆希腊，其中心是迈锡尼。克里特文明一直可以推溯到公元前 3000 年，其极盛时期在公元前 1600 年，还在特洛伊战役前 400 年。特洛伊战役是实有其事的，战争的一方亚加米农，迈锡尼的王，和亚该亚人的“万民之王”，大概也是实有其人的。史诗固然不是信史，然而有确凿的史实为其核心。

面貌彻底更新了的远古希腊史，内容也在逐渐丰富中。下面我们摘录一些文字，以便略略了解它的内容。

克里特文明

克里特文明开始很早，公元前 3000 年，那里已进入铜器时代。

大约在公元前2250—1200年之间，克里特岛是一个海上帝国的中心，它在政治上和文化上扩大它的影响及于爱琴海上诸岛，和大陆的海岸……它的自然主义的美术值得最高的赞美，它享受着在许多方面就其舒适而言比古代世界的其他任何地方更“现代化”的文明。（ch. Ⅲ，vol. 1，c. a. h.）

克诺索斯的统治者领有当时最大的海军，迫使昔加拉第群岛（希腊半岛东南）称臣，并且建立了克诺索斯城在爱琴海上的霸权……从公元前17世纪起，（克里特岛）已经和希腊大陆有着频繁的往还。克里特航海者已经出现在迈锡尼、梯伦、科林斯地峡、彼奥提亚、阿提卡、特萨利亚等地……

在公元前2000年克里特已经有如下的手工业者：武器匠、木匠、铁匠、皮革匠、制壶匠、青铜器匠、镂刻匠、象牙技师、画家、雕塑家等等。（塞尔格耶夫：《古希腊史》，第3章）

关于克里特的政制，史学界根据各方面的证据，推定在公元前1600年的第二克诺索斯时代。

社会政治制度在许多方面类似古代东方王国……否则，便难以解释那些大建筑物，多种手工业，奢侈品以及雅致的玩艺从何而来……照东方的例子可以类推，奴隶劳动可能跟土人劳动一起使用来建宫殿，筑道路，开石矿，做各种工艺，以至充当海员。

正如埃及法老王那样，克诺索斯宫的统治者一身兼任祭司和军事首领之职。有一幅米诺斯后期彩色浮雕，清楚地证明了这点。这浮雕绘着一个人，高约3米，头戴王冠，冠上饰以一束彩色长羽毛，冠下露出长发卷，散垂于肩际，颈上有几排金项链，腕上有粗重的手镯。（同上）

克诺索斯王的装饰类似埃及法老王，有的学者还推测克里特文明干脆是从埃及迁移过去的。

所谓的米诺斯文明，是在青铜时代同时开始的，它就在这个时代繁荣于克里特岛的东部和中部……埃及的影响开始于第一王朝时代（公元前3500年）……以后，在前米诺斯第二期（公元前2800—前2400年），埃及成分变得如此强烈，甚至在克里特可能建立了埃及的殖民地，就我们所能知道的而言，那是在第六王朝以下的事情。也许，发生于第一王朝之初和第五王朝倾覆时期的（埃及的）动乱，赶走了相当数量的人民集团，使他们到克里特去找和平和碰运气。而克里特原是住着有血缘关系的种族的。或者我们可以想象，冒险的克里特水手向南航行——也可能被一阵风暴刮得离开他们的航程——发现了尼罗河谷的奇迹。就这样，或者出于偶然，或者由于冒险，走上克里特到此为止从未享受过的文明道路的冲击力量来到了。（瓦斯：《早期爱琴文明》，第1卷第17章，*Early Aegean Civilization*，by J. B. Wace，ch. 17，vol. 1，e. a. h.）

克里特岛上的最初居民来自亚非草原，是有人种学上的证据的：

分析克里特岛上最早居民体型遗迹的结果证明，这个岛上最初居民的全部，或绝大部分，是“长头颅”人（亚非草原最早居民），而“宽头颅”人（安那托利亚和古希腊的最早居民）虽然最后占了优势，可是在原来克里特的人口当中，他们却毫无代表性或仅仅占一个少数。这个人种学上的证据，肯定了这样一个结论，就是最早在爱琴群岛上任何一个岛屿上居住的人民，乃是由于亚非草原的“干燥”而迁来的移民。（Toynbcc，ch. 5，p. 94 ~ 95）

人种与埃及相同，文化受到埃及的强烈的影响，克里特这个海上帝国类似东方王国，看来是合乎情理的结论。

迈锡尼和亚该亚人

迈锡尼在希腊大陆的伯罗奔尼撒半岛东北部，离科林斯不远的地方。它虽然并不滨海，但是它和科林斯湾、萨洛尼克湾、阿各斯湾三个海湾的距离几乎相等，是一个交通中心。考古发掘证明，那里的文明比希腊北部如特萨利亚等地兴起得早得多，也证明文明是从克里特岛传播过去的。文明究竟通过什么方式传布过去的，眼前只能加以猜测：

最终使得古希腊后期（考古学分期公元前16世纪）迈锡尼的大陆文明兴起的，是特别以米里雅（Miriyan）器物及其制造者为代表的，强烈的克里特因素对古希腊或大陆成分的冲击。正当“希腊中期Ⅱ”结束之前，亦即公元前1600年前不久，一个强有力的王朝开始于迈锡尼，它的第一代君主，也许就埋在坑冢中，更像是在第四坑冢的第一批死者之中。

……大约正好在公元前1600年，伯罗奔尼撒，古希腊中部和其紧邻地区，出现了文明的第一次伟大进步……可能在迈锡尼（Mycenae）、梯伦斯、科林斯、奥科美那斯、提佛等地建立起来了克里特的殖民地；或者，我们可以相信，影响力量并不是通过殖民或征服，而是通过和平的进入，通过商业、移居、旅行之类而发生作用的……不管怎样，公元前1600年左右，可以称为米诺斯—古希腊的一种文明，在希腊大陆上，从奥塞里斯（Othrys）山到萨洛尼克（Saronic）湾，在伯罗奔尼撒以及科林斯湾北岸一带，分明占有统治地位。也可能有不止一个王国，事实上更像包括着几个王国；不过它们必定是由于共同的文明，由于要在外国环境下站住脚跟——如果上面所说的道理是正确的话——的必要性而团结在一起的。（瓦斯：《早期爱琴文明》，第1卷第17章）

公元前16世纪和15世纪时期，正是克里特文明的黄金时代，克诺索斯城雄霸全岛，其他诸城全部被毁。就在这个时候，大陆希腊的伯罗奔尼撒半岛上建立了强大的迈锡尼王朝国家。这是迈锡尼文明的第一时期，它来自克里特，似乎也处于克里特统治之下。

公元前14世纪，上述情况发生了根本变化，克里特衰落了，迈锡尼兴盛起来了。前14世纪初期，迈锡尼的王宫和卫城改建得规模宏大，城市不仅是王宫所在地，而且成了政治经济中心，聚居着王廷的文武人员、工匠和奴隶。王宫建筑宽广，有好几层楼。上文所提到的巨石城垣、狮子门和豪华圆冢，都是这个时代的建筑物。有的史学家还推测，迈锡尼诸王像埃及法老一样有生前营陵的传统。迈锡尼统治着整个伯罗奔尼撒半岛、阿提卡（雅典）、彼奥提亚、优卑亚岛、爱琴那岛，它扩大及于特萨利亚、爱奥尼亚诸岛屿、埃托利亚（中部希腊科林斯北侧）。克里特这时也许倒转来向迈锡尼纳贡了。

这里是“非克里特”的王朝。是不是就是古希腊人的王朝呢？是的。

希腊土地上的发现……表明在公元前14世纪和13世纪，在南部和中部希腊存在着富有的强大的国家，拥有高度的文明。没有理由怀疑，这些国家的统治者属于希腊血统，起码也是说希腊语的……我们可以大胆地说，第一，传统把皮拉斯基人（Pelasgians）指为这个时期希腊许多地方的十分重要和强有力的人民，这是一般的证据；第二，很可能，就在这个时候，除少数边远地方而外，前希腊居民已经普遍地被希腊人降服了或赶走了；在这些早期居民中，也许我们可以较有信心地提到里利吉斯（Leleges），他们有许多向东移居到爱琴海上诸岛屿，移到小亚细亚去了，以后又出现于历史中。（伯里：《亚该亚人和特洛伊战争》，第Ⅱ卷第17章，*The Achaeans and the Trojan War*，by J. B. Bury，ch. 17，vol. Ⅱ，c. a. h.）

迈锡尼王朝的崛起和克里特的衰落，反映了希腊人对非希腊人的胜利。不过，公元前13世纪中期以前的迈锡尼王朝的统治者，是不是就是皮拉斯基人，因为证据缺乏，并无定论。稍后，到公元前13世纪中期：

另一批人即亚该亚人走上了前台，自此以后，传统开始向我们提供看来多少可信的消息，它提到了代表实在人物的姓名，记述了确凿的历史事件。

公元前1200年，我们发现亚该亚人成了克里特的统治者，同时，在希腊那么多重要地方都有亚该亚统治者，以致“亚该亚人”成了说希腊语的人的恰当的普通名词了。（同上）

亚该亚人的扩张

亚该亚人从哪里来，又是怎样来的，其说不一，下面是一种说法：

亚该亚人总被看做希腊本地诸族人民的一支——犹如皮拉斯基人，希伦人，彼奥提亚人，德赖俄普人（Dryopiaus）和其他诸族人一样——原先住在北方兹帕尔克俄斯（Spercheus，彼奥提亚之北）河谷及其邻近诸地……

关于前13世纪的希腊史，传统向我们提示出一幅无分南北的、恒常而活跃的民族移动的图画：统治家族的成员，有时因为犯了杀人大罪害怕被杀者血族的报复，或者出于自愿，或者被迫出走，然后通过婚姻或其他途径在他乡赢得了王侯之位。如果我们接受这样的传统观点，认为亚该亚人是希腊人，原来住在兹帕尔克俄斯和普纽斯（Peneus）河谷和马利亚湾（Malian Gulf）一带，他们之在南部希腊或克里特或在其他地方上升到掌权的杰出地位，那可能干脆就是这类民族移动的结果。北方希腊人比南方希腊人穷，他们生活在粗野得多的状况之下。伊塔（Oeta）山和马利亚湾以北地方的考察，没有显示出那里存在过什么可以和迈锡尼、太林斯（Tiryns）或奥科美那斯哪怕略相比拟的城市和宫殿。我们容易理解，这个地区的冒险家们会出来想要夺到一个王国，出来碰碰运气，应该是到处皆是的。我们发现，大约在公元前1223年，亚该亚人攻打了埃及。在一个（埃及）的铭文中，记载着法老门利普达（Meneptah）打退了一次利比亚人的进犯，他们得到一帮海上人民的支援，这里出现了他们的名称（Ekwash，或 Akaiwasha）！

和南向的冒险一样还有东向的冒险，见于伊阿宋的“亚尔古”号的航行，从特萨利亚的爱奥尔西阿斯（Iolcius）港口出发到赫勒斯滂（Hellespont）和普罗彭提斯（Propontis，今达达尼尔海峡和马尔马拉海），这次航行确实在雷姆诺斯（Lemnos）岛上建立了一个希腊殖民地。（Bury，op. cit.）

上引文中的所谓的亚该亚人入侵埃及，据史家考证，其侵入范围也及于当时埃及统治下的巴勒斯坦。亚该亚人的入侵被埃及打败了，但是侵入巴勒斯坦的那部分入侵者，一支亚该亚人、加里亚（Carla）人等民族混合的队伍就地投降了。不久，埃及衰微，退出巴勒斯坦，这部分人又兴旺起来，组织自己的国家，这就是《旧约》上的“非利士人”（非利斯丁 Philistine），“巴勒斯坦”是由他们得名的。非利斯丁诸国后来大概被以色列人和腓尼基消灭掉，人民被同化了。从此以后，叙利亚、巴勒斯坦沿海一带也是古希腊殖民所进不去的禁区了。

亚该亚人海外扩张的势头十分猛烈。他们南进埃及、巴勒斯坦，北攻小亚细亚西北部的特洛伊，此次战役就是荷马史诗的主题。其实，向南侵犯还不止埃及、巴勒斯坦等地。史料表明，塞浦路斯岛有非常古老的希腊殖民地，荷马《伊利亚特》的船舶目录，从军攻打特洛伊的有罗得岛、寇斯（Cos）岛（小亚细亚西南角上几个海岛）的船舶和战士，可见那里早已是希腊殖民占领的地方。不仅如此，还有史家根据同时期其他古代国家遗文的阐释，猜测亚该亚人还在小亚细亚大陆的西南部上建立过一个“独立的亚该亚王国”，这样，塞浦路斯、罗得诸岛的殖民，和入侵埃及、巴勒斯坦就都是和这个中心有关的了：

> 根据不久以前阐释的赫梯族的一部分遗文，某些学者（Forres，Glotz）提出了如下的猜测：迈锡尼的阿特鲁斯氏族，在其全盛时代，不但使古希腊其余的巴西琉斯（王）称臣，而且在埃及、小亚细亚、昔加拉第群岛，和地中海的西部都巩固了自己的势力。大约于公元前14世纪，在小亚细亚，在旁非利亚及其附近的岛屿，形成一个独立的亚该亚王国（古称阿客雅瓦 Achiyawa）。亚该亚王国和赫梯王国的关系复杂，有时和平共处，有时彼此敌视。到了公元前13世纪，自从在卡狄殊（Kadesh）败溃之后（公元前1290年），赫梯王国虽有个时期衰落了，它在地中海东南部的霸权，显然落入亚该亚人之手。公元前13世纪至12世纪期间，亚该亚人联合其他部落（加里亚人、西利西亚人 Cilicians、条克理人 Teucres 等），摆脱了赫梯的桎梏，侵入埃及。关于这点，埃及的碑文亦有记载，虽提及侵入埃及的海洋民族中有达那俄斯人（Danaos）——亚该亚人的别称。但是，自从上述几个民族被埃及法老拉美斯四世（Ramses Ⅳ）打败以后，“亚该亚同盟”就瓦解了，所有这些民族便分散在地中海诸岛和沿岸之间。（塞尔格耶夫：《古希腊史》，第104—105页）

亚该亚人的迈锡尼王朝

无论亚该亚人的“来到”是采取了渗透的方法还是采取了武力征服的方法，还是兼用了两种方法，亚该亚人扩张的规模是巨大的，同时，在迈锡尼有一个亚该亚人的中心王朝也是无可怀疑的。还是根据荷马《伊利亚特》中的船舶目录，亚该亚人的“万民之王”亚加米农直接统率的军队来自迈锡尼大城堡富饶的科林斯和西息温等地，而斯巴达的黑劳士（Helos，注意这个地名和后来斯巴达所征服的 Helots 名称的某种一致性）等地则是他的兄弟麦尼劳斯（Menelaus）的王国的领域。除此而外，还有二十几个国家来的船舶和军队，每个国家各有自己的王，和《伊利亚特》亚加米农这个迈锡尼的王一样。

> 在古希腊世界具有首要地位并行使着某种领导权，要说这是“迈锡尼帝国”也许是过甚其辞。谁也不纳贡，谁都不对它负担什么军事服役的义务，除掉它自己的王国而外，没有任何证据足以证明它是一个正式的政治同盟的盟主。但是彼罗普斯（Pelopids，亚加米农所属的世系）具有一种其他君王所承认的优越地位，看起来这并不仅仅因为他家的财富和军事威力较大，也因为具有某种优越性——他拥有“王权”。然而理由何在，并不清楚。王权的象征是彼罗普斯传下来的王杖（据说是赫菲斯塔斯 Hephaestus 神制作的）。彼罗普斯把它给了阿特里阿斯（Atreus）一裔，然后传给了亚加米农。可能“万民之王”（Kreion）一词是用来指彼罗普斯家对寻常的王（巴西琉斯）的优越地位的。（Bury，op. cit.）

根据我们中国人所知中国古代王朝的状况，亚该亚人的这个迈锡尼王国，有点像周王朝的“王畿千里”，即一个对诸侯具有最高王权的中心王朝直接统辖的地区，其他王侯（根据郭沫若的金文考证，春秋时代及春秋以前周的诸侯，在其国内也可称为“王”）对它有某种程度的臣属义务。我在上面用“有点像”这几个宇，因为我所知的史料十分贫乏，这只是推测。掌握了迄今为止已经发现的各种史料的西方史家对此也只能作某种推测，因为这个时期的古希腊史，完全缺乏信史的记载，所能资为根据的，是考古发掘所得的文物，和同时代其他古代国家史料的间接证据，所以很不容易下什么肯定的判断。

不说迈锡尼王国和古希腊其他诸邦的关系，迈锡尼王国这个“王畿”又是一种什么政制呢？

根据地下发掘出来的宫殿、城垣、陵墓等，不征集巨额的人力物力决搞不起来这一点来说，迈锡尼王国的人民会有苛重的贡赋和徭役负担。人力物力也许来自海上贸易和海上掠夺，不过从这里得来的财富集中于王家，这个王家也决不可能是氏族民主制下的民选军事领袖。贡赋是否有一部分来自属国？我们不知道。中国的周天王确实也向诸侯征收贡赋，按我们所知的史料，例如齐桓公责备楚国不向周天王交纳应交的一份贡赋，这份贡赋是“苞茅”，是楚国的土产，供周王朝祭祀之用的，那是一种礼仪上的贡赋。如果允许作类推的话，这种贡赋即使有，大概也是微薄的。伊伦贝格（Ehrenberg）主要根据地下资料，对于迈锡尼王国的政制作如下的判断：

> 迈锡尼王国可能结合了东方的祭司——君王和印欧酋长遗风两者。国王之下似乎发展起来了一个上层阶级和一种贵族政治，比起克里特来，这个阶级也许更不像廷臣，而是独立的小统治者和独立的武士。人民又怎样呢？书版（按即考古发现的文字资料）指出了一批专职人员、各类工匠和商人，其中许多是王室的仆人，另外一些是神或王的奴隶……田制是一个未解决的问题……也许是以我们可以称之为封建社会的结构为基础的。(《古希腊和罗马的社会和文明》，第5—6页)
>
> 迈锡尼的社会制度颇有些与克里特社会制度相同的地方。但是，在迈锡尼，贵族的氏族显然有更重要的地位。考古学上的材料，多少证实了荷马史诗中的某些资料。(塞尔格耶夫：《古希腊史》，第102页)

总之，迈锡尼王国的东方特征，比克里特稀薄了一层。伊伦贝格所说的封建社会结构，是以欧洲中世纪王权及各级封建领主间的松弛的隶属关系作比喻的。如果我们考虑到，克里特的“集中化”，不过是在一个岛上的集中，迈锡尼王国统治的地区比克里特一个岛要广阔得不可比拟，还要加上海上文明的特征，它之向“多中心化”迈进一大步是不足为怪的。

议事会和公民大会

还是根据荷马的《伊利亚特》，好多后来成为古希腊城邦制度特征的要素，我们在那里并没有发现，或者只有一些影子。在那里，战争的胜负取决于披甲的王侯之间的战斗，打死了一个敌人赶紧要剥下他的甲胄，可见甲胄是珍贵的东西。普通战士在战斗中算不了什么，兵制当然不是公民军。事实上，公民军制是公元前8世纪前后重装步兵战术发明以后才形成的，而重装步兵战术的形成，显然又与城邦制度的初步形成有关。“法治”可以找到一点影子，荷马描写的阿奇里斯（Archines）的盾上有一幅打官司的图像，审判者是“长老”，这距离陪审法庭还遥远得很。值得特别注意的是，军中重要决定要召开全军大会来宣布，这个大会只听取传达，不作讨论，也无权表决。又，这位“万民之王”的亚加米农为了要解决继续围城还是解围撤兵的问题，要召集首领们的会议来讨论并作出决策。从英文译本来看，这两种会议的名称就是后来用来称呼公民大会和议事会的 Assembly 和 Council，也许希腊文也就是 Agora 和 Bouli。据此也许可以作判断，城邦政制中的主权在民和直接民主制度，早在亚该亚的迈锡尼时代已经萌芽了。假如不是诗人把后代他所熟悉的政制撰入他所叙述的时代（这是可能的，因为史家公认，《荷马史诗》写成于公元前 9 世纪，而且写成并长期传颂于小亚细亚诸殖民城邦，后来才传到希腊本土的），应该承认这是氏族民主的传统，也就是伊伦贝格所说的“印欧酋长遗风”的一项内容。这种萌芽，就现存典籍来看，确实是我国古代所找不到的。但是，纵然有这种因素存在，按荷马史诗的整个气氛来说，亚该亚诸王还是“神授的王”，这符合于地下发掘出来的证据，说是民选军事领袖是未必妥当的。

多里安人的入侵

亚该亚人的迈锡尼王朝为时不长，从北方来的多里安人和其他民族不久就摧毁了这个全希腊的最高王权，从此希腊本土就形成了各邦分立，不相统属的局面。

多里安人是北方的希腊人，他们在色雷西亚（今希腊东北和保加利亚南部）、伊利里亚（今阿尔巴尼亚及其周围地区）人的压迫之下向南迁移，进入巴尔干希腊内陆。某些史家根据考古文物（所谓几何图形的陶瓶）的证据，认为他们最初进入希腊本土可以上溯到公元前 15 世纪，那是小股移居。公元前 12 世纪特洛伊战争之后，迈锡尼王朝急剧衰落了，希腊大陆上相对统一的局面从此开始逐渐破坏，多里安人的来到，最终破坏了各地的交通联系，他们直接南下占领迈锡尼王国的中心，伯罗奔尼撒本岛东北部阿尔哥斯地区，焚毁了迈锡尼、梯伦斯、科林斯的港口科腊古（Koraku），把迈锡尼旧壤一块一块割裂开来建立多里安人诸邦，其时约在公元前 1050 年左右。

在多里安人入侵前后，或者和它同时，特萨利亚人（大概也是西北希腊人）占领了历史时代的特萨利亚（奥林比斯山以南，吕都斯山以东，以拉里萨为中心的一片广阔草原），也许还有其他西北希腊人的入侵，结果，北部和中部希腊旧迈锡尼时代诸国的政治地理彻底改变了，成立了爱奥里斯诸国：特萨利亚、彼奥提亚、福西斯、洛克里斯以及当时还相对落后的埃托利亚、阿开那尼亚诸地，他们彼此也不相统属。阿提卡（雅典）一直未被侵入，密迩阿提卡的优卑亚大岛大概也未被侵入，这两个地区以后称为伊奥利亚。连同南面伯罗奔尼撒岛上的多里安人诸邦，形成历史时期希腊本土的三大集团，爱奥里斯（Aeolis）、伊奥利亚（Ionia）和多里斯（Doris）。但这是人种语言集团而不是政治集团。每一个集团各自独立，集团的界限有时也影响各国间政治上的结合，然而基本上是两回事。

伯罗奔尼撒是迈锡尼时代的王畿，是统治全希腊的迈锡尼王朝的中心地区，占领伯罗奔尼撒的多里安人，至少曾经企图在占领那里的多里安人诸邦中形成一个领袖诸国的中心王权。按照传统，征服者是英雄赫拉克利斯（Heracks）后裔赫鲁斯（Hgllus）的三个孙子，长兄占领了阿尔哥斯（Argolis），另两个兄弟占领了拉哥尼亚（Laconia，斯巴达）和美塞尼亚（Messenia）。阿尔哥斯王国所辖地区包括迈锡尼、梯伦斯等迈锡尼王朝的大城（多里安人把那些城市都毁掉了，王国中心在阿尔哥斯城），它理当成为多里安人诸邦的盟主。然而多里安的斯巴达似乎从头到尾没有理睬这个要求，而原属迈锡尼王国的科林斯、西息温以及阿尔哥斯的挨彼道鲁斯（Epidaurus）、赫迈俄尼（Hermione）等地方又各各建成了多里安人的小邦。自此以后，虽然阿尔哥斯王国长期内一直念念不忘它的被否认的宗主权，公元前7世纪时还出现过一位著名的国王斐登（Pheidon）想要重建霸业，却没有获得什么成就。多里安人诸邦中最强大的斯巴达实行过兼并政策，它征服了邻邦美塞尼亚，然而当它想继续征服北面的阿卡狄亚（Arcadia）的时候，它的征服政策失败了，以后它建立了拉凯戴孟同盟，长期来一直是伯罗奔尼撒的，也是全希腊最强大的军事力量，然而这终究截然不同于统治全希腊的最高王权，并且具有城邦希腊的许多特征，后面我们还要另加介绍。

多里安人入侵所造成的希腊本土的状况就是这样。在亚该亚迈锡尼旧壤上建立起来的诸独立小国都是王国，然而凌驾诸小国之上的最高王权从此消失，再也恢复不起来。从多里安人征服到公元前8世纪的三四百年中，考古发掘证明，那个时代没有豪华的建筑，没有精美的手工艺品，陶器的装饰也从富丽的瓶绘退化到朴素的几何图形，所以西方史家以欧洲中世纪为比喻称这个时代为“黑暗时代”。

古希腊文明中心的东移

以上略略介绍了远古希腊的灿烂的克里特迈锡尼文明，在上世纪80年代以前，历史家对它基本上是一无所知的，这是考古学的伟大成就。唯有考古的发现，才使一向被看做不可凭信的英雄传说，提升到头等重要的史料的地位，而公元前8世纪以前的三四百年也就成了继灿烂的远古文明之后的“黑暗时代”，不再是渺不可考的“史前时代”了。

然而这个“黑暗时代”其实并不黑暗。希腊本土也许可以说是衰落了，因为没有留下什么宏伟的建筑物和精美的工艺品；也许这不过是王朝的衰落，普通人民没有了豪华奢侈的王朝，也许过得比从前好了一些，并且还在休养生息积聚力量。更重要的是，多里安人的入侵，大大推进了迈锡尼时代早已开始的海外殖民。迈锡尼旧民，一部分屈从于被征服者的地位，一部分避难到例如伯罗奔尼撒的阿卡狄亚山区，更有一部分移居海外，到海岛上去，到小亚细亚沿岸一带去，到迈锡尼时代已经建立起来的殖民地去，或者另去开辟新的殖民地。远古的灿烂的希腊文明中心东移了，而那里正好是古希腊城邦制度的发源之地。

第三章　海外殖民城市是城邦制度的发源之地

爱琴文明是海上文明

史学界通常把克里特—迈锡尼文明称为爱琴文明，这不仅因为这两个地方同处爱琴海上，而且，这个文明确实具有海上文明的特征。克里特是一个海岛，迈锡尼虽在大陆上，“文明”是从克里特漂海过去的。古希腊本土原是一个半岛，这个半岛被海湾地峡和高山分隔为彼此几乎隔绝的小区域，可是它的海岸线极长，港口多，又有爱琴海上和爱奥尼亚海上希腊两边诸岛屿，把希腊半岛和小亚细亚、意大利连接起来。在海船上航行的人，前后都有肉眼可以望得见的岛屿用来指示航程，这种条件几乎是世界上任何其他地区都不具备的。正因为如此，公元前两千多年的时候，克里特已经建立了第一个海上霸权。远古时候，希腊的冒险家们以海盗为生，他们劫掠海行中的船只，也劫掠岛屿上和大陆海滨的村镇，并以此为荣（见 Thucy.）。在克里特—迈锡尼文明尚未发现以前，历史家曾经认为，腓尼基（今黎巴嫩西顿、推罗一带）是第一个海上霸权，腓尼基人建立了迦太基，古希腊人航海是从腓尼基人那里学来的。克里特—迈锡尼文明发现以后，根据各种证据，史学界现在公认，是腓尼基人向古希腊人学会了航海而不是相反。闪族文明渊源于大陆，西顿、推罗（古腓尼基两个主要的城市王国）是被大陆上亚述、巴比伦等帝国逼迫得向海上去谋生存和发展的，其时已在公元前十二三世纪，当时的爱琴文明已经十分辉煌了。

海上劫掠和海外殖民距离并不太远。克里特文明伸向希腊本土和爱琴海上诸岛屿，也许就是海外移民的结果。亚该亚人来到希腊本土，曾经迫使原住希腊本土的克里特人、加里亚人、里利格（Lelege）人、皮拉斯基人等移居海外。他们之中有一部分留下来和亚该亚人混合了，所以他们与古希腊人有血缘关系。他们的移居海外，历史上为古希腊的海外移民起了打先锋的作用。亚该亚迈锡尼王国本身的海外扩张势头又很猛烈，远征特洛伊之役显然是为了开辟移民小亚细亚西北部以及进入黑海的道路，在这次战役中希腊人占领了雷姆诺斯（Lemnos）、伊姆罗兹（Imbros）、累斯博斯（Lesbos）等岛屿。战后，古希腊人立即殖民于特内多斯（Tenedos）、安坦德拉斯（Antandras）、西拉（cilla）、库梅（Cyme）、彼坦尼（Pitarie）等地，这个地区以后逐渐扩大，它实际上是一个“新亚该亚”。同样，小亚细亚西南角海外的罗陀斯（Rhodes）、寇斯（Cos）、塞米（Syme）诸岛，也许还有塞浦路斯（Cyprus），特洛伊战役前后已经有古希腊人移居。前面已经指出过，有的史学家甚至猜测小亚细亚南岸中部大陆上曾经建立过一个独立的亚该亚王国。这些都属于早期海外殖民，是爱琴文明的海上文明特征的必然结果。

多里安人来到以后的海外移民

多里安人的来到，大大促进了原来已有相当规模的海外移民。

移民的第一个方向是小亚细亚西北角上，亦即特洛伊战后建立起来的“新亚该亚”地方。亚该亚诸王国先后倾覆的时候，迈锡尼、阿尔哥斯、斯巴达、派娄斯（Pylos）各地亚该亚王侯贵族纷纷移居此地，特洛伊战役中许多事迹是在这个地区保存下来，以后通过史诗传诵于世的。移民的第二个方向是小亚细亚西部中部，后来称为伊奥利亚诸城的地方。那里的移民的相当部分是从阿提卡（Attica，雅典）出发的。多里安人入侵的时候，阿提卡地区未受侵犯，修昔底德说：

> 希腊其他地方的人，因为战争或骚动而被驱逐的时候，其中最有势力的人逃入雅典，因为雅典是一个稳定的社会，他们变为公民，所以雅典的人口很快就比以前更多了。结果，阿提卡面积太小，不能容纳这么多的公民，所以派遣移民到伊奥利亚去了。（《伯罗奔尼撒战争史》，第 3 页）

伊奥利亚最初移民从雅典出发是可信的，因为米利都（Miletus）四个族盟有三个和雅典的名称相同。在那个地区，古希腊人建立的殖民城市有米利都、佛西亚（Phocaea）、埃弗塞斯（Ephesus）、科罗封（Colophon）、厄立特利亚（Erythrae）以及基俄斯（Chios）、塞莫斯（Samos）等岛屿。

移民海外的有利国际条件

多里安人入侵以后的移民，显然是分散的无计划的。这里我们要问，为什么他们竟然没有碰到当地人民的抵抗呢？殖民于海岛比较容易，因为海岛的"土著"人数少，文明程度又低于希腊人。可是，小亚细亚大陆上居住着文明极发达，组成为强大国家的人民，例如，亚该亚人费了那么大的力量打下来的特洛伊，考古发掘证明它有整整12层的乡村和城市彼此相叠，亚该亚人打下来的特洛伊，在它的第七层，那已是文明极先进的城市了。特洛伊既然要"万民之王"亚加米农统率全希腊的军队去攻打它，其他地方的殖民又怎么能够分散进行的呢？

也许可以称为历史条件的偶合。小亚细亚内陆，远古时期有强大的赫梯王国，它的中心在今土耳其首都安卡拉附近克泽尔河（古称哈利斯Halys河）的东面。赫梯王国曾经南下与埃及争霸于腓尼基和巴勒斯坦地方，特洛伊王国大概就是和这个王国结盟的。特洛伊以外，也还有伊奥利亚地区的当地势力存在，阻碍古希腊人的殖民。古希腊人攻打特洛伊城的时候，赫梯衰落了，古希腊人得以攻陷特洛伊城，也许还是以此为背景的。以后，赫梯王国被亚述帝国灭亡了，而和亚述争霸的对手有埃及和巴比伦，所以亚述注意中心在南面，并没有牢牢抓住小亚细亚。多里安人来到，古希腊人广泛殖民于小亚细亚的时候，福里基亚（Phrygia）王国代赫梯王国兴起于小亚细亚，但势力不大，而且它的中心离海岸较远。海岸上散处着的是一些零星部落，其中有许多是克里特的遗民，以及前面提到过的和古希腊人种语言接近的加里亚、里利格斯等族人。古希腊人只要和这些小民族打交道，没有碰到一个强大王国统一领导下的有组织的抵抗。虽然如此，古希腊人殖民于伊奥利亚地区，还是碰到了困难。伊奥利亚是一片富饶远胜于南北两端的地方，然而古希腊人移民于此较晚，多里安人入侵以前，那里还无古希腊人的踪迹。根据考古发掘所得证据，史家推测这是因为公元前14、13世纪那里存在着一个深受赫梯文明的影响，也许是依附于赫梯王国，以士麦拿（Smyrna）为中心的一个国家。赫梯衰亡了，它还撑持了一个时期，足以抵抗古希腊人的殖民。不知道这个国家怎么消失掉了，古希腊人也就移民到那里去了，不过时期略晚而已。

这种有利的国际条件不可能一直持续下去。公元前 7 世纪小亚细亚西侧兴起了强大的吕底亚王国，王都萨第斯（Sardis）距海岸不过 80 公里，从此希腊城市就碰到了麻烦，并逐渐演变成为规模壮阔的希波战争。不过从公元前 11 世纪到 7 世纪有四五百年之久，这么长的时间足够孕育出一种新文明新政制的了。

多里安人的海外移民

移民并不限于迈锡尼遗民，入侵者的多里安人也大批向外移居。这大概是一些不满意他们所分得的掠夺品的人，或者因更富于冒险性而继续泛海前进的人。这些多里安人直下克里特岛，这还可算是入侵的继续，但并不以此为止。他们还进入小亚细亚西南角、古希腊人早已移居其间的罗陀斯（Rhodes）等岛屿，还在大陆上建立了奈达斯（Cnidus）、哈利加纳苏（Halicarnassus）等殖民城市。这样，古希腊本土的爱奥里斯、伊奥利亚、多里斯三个集团就各各有了海外殖民地的对应部分。公元前 8 世纪，古希腊所谓有史时期开始的时候，所谓的古希腊，就已经不光是希腊本土，而是包括爱琴海上诸岛屿与小亚细亚两岸的海外殖民地在内的了。

筑城聚居的必要性

史家考证，认为最初古希腊的海外殖民，多数是夺取当地人民原有的居民点住居其中，原有的居民成为移民团体的“依附民，常常是农奴”。然而移民团体人数不多，为了防卫当地人民的报复，或者为了防卫不时可能发生的海盗的劫掠，他们必须筑城聚居。移民团体也可能选择某个位置有利的空地，白手起家建设他们的家园，因为同样的理由，也必须聚居在一起，周围筑城以利防卫。这些初期移民，目的在于觅取新土地。他们到达新地方，总要夺取一片土地或是开辟一片土地分给各个成员，他们基本上是务农的人民。但是这片土地只能是城堡附近不大的一片，因为移民团体的所有成员，至少在最初时候只能不分贵贱聚居在城堡之内，即在城外，也只能在城垣附近。

这是殖民地和本土间的一个巨大差别。本土居民世世代代居住在分散的乡村中，筑有城垣的城堡也是有的，那是巴西琉斯（王）宫室所在，也是人民遇警避难的地方。古希腊人最初称之为“波里斯”（Polis，这就是后来转义为城市国家，即城邦那个词）的就是这些城堡。城堡外面，城垣脚下，后来也聚居了一些普通人民，古希腊人最初把这样的聚居之地称为“阿斯托”（Asty）即市邑，那和称为“波里斯”的城堡是有区别的——一种贵贱之间的区别。然而移民团体只好一开始就筑城聚居，从一种意义上来说，本土的“波里斯”和“阿斯托”之间的贵贱区分不再存在了；从另一种意义上来说，城堡与普通人民原来也并非没有关系，那是躲避外敌或海盗的侵犯的避难之所。现在，他们身处异邦，他们只好一直住居在这个避难所内了。

城堡（Polis）和市邑（Asty）之间的区分，就是在这些殖民社会内也长期保留在记忆之中，产生于这些殖民社会中的荷马史诗，许多辉煌的辞句用来赞美城堡，市邑是算不了什么的。然而殖民城市的现实终究取代了古老的回忆，高贵的“Polis”一词终于用来指这些城市。又因为这些筑城聚居的殖民城市，各自是一个独立社会，各自发展成为独立国家，“Polis”也就用来指城邦，即城市国家，甚至并非城邦的一般国家了。

自立门户与“分裂繁殖”

一个筑城聚居的殖民地是一个独立的社会，这是容易理解的。这些独立的社会各自发展成为一个独立的国家，则有许多复杂的因素，简单的语源学的解释是不足以说明问题的。

我们还记得，就在多里安人入侵以前，小亚细亚西北角就已经有一个事实上的“新亚该亚”。有利于古希腊人殖民扩张的国际环境是，小亚细亚腹地没有一个强有力的国家足以阻止这种分散的无计划的殖民。使我们不得不反过来设想，假使古希腊人能够把原来的“新亚该亚”和新到的移民的力量组织起来，集合起来，在强有力的领导之下，同样的条件岂不是也有利于古希腊人作深入腹地的征服，也不难建立一个古希腊人征服者高踞于本地人民之上的大王国吗？但是历史并没有按照这条路线发展。历史的实际是，这些殖民城市遵循一条“分裂繁殖”的路线，亦即殖民城市建立安顿下来两三代之后，自己又成为殖民母邦，派遣移民到邻近的甚至辽远的海岛和小亚细亚沿岸去建立新的殖民城市去了。

不结集起来作深入腹地的征服，各自独立并遵循“分裂繁殖”的路线，原因必定很复杂，其中大部分也许我们永远无法知道的了。下面，我们想从殖民动机所决定的各个殖民地的自立门户，不相统属的强烈愿望，和经济方面这些殖民城市向工商业发展这两个方面，对它作一些极不充分的解释。

在古代技术条件下移居海外的人，总有些冒险家的气质。即使多里安人入侵时期出走的，显然也因为他们不愿屈居于被征服者的地位。去古未久的罗马人辛尼加对古希腊人移居海外的动机作了下述评述，他列举了移民的各种原因，我们都可以在这些原因上附加一条冒险家气质的理由。

> 有的是遭敌人侵略，城池被毁坏，物品被抢光，被迫流落出走的；有的是由于内战而被驱逐出境的；有的是由于人口过多，为了减轻负担出走的；有的是由于瘟疫、地震或不幸土地遭到难以克服的天灾而离乡的；另有一些人则是由于受到外方土地肥沃景物美妙等夸大传说的诱惑而出走的。(杜丹:《古代世界经济生活》)

古典时期的希腊史家希罗多德（Herodotus）还给我们说了这样一个故事，那更加是“宁为鸡口，毋为牛后”的自立门户的强烈愿望促成了移民海外的典型例子：

> 拉凯戴孟（Lacedaemon）的铁拉司（Theras）是卡德谟斯（Cadmus）一族的人，他是攸利斯提阿斯（Eurystheus）和普罗克利（Procles）的舅父。当这些男孩子还是年幼的时候，他在斯巴达以摄政的身份执掌王权。但是当他的外甥长大并成了国王的时候，铁拉司既然尝过执掌最高政权味道，他便受不住再当一名臣民，于是他说他不愿再留居拉凯戴孟，而是渡海到他的亲族那里去……铁拉司便带领着三艘三十桡船到原来称为卡利斯诺的岛上去……这个岛由于他的殖民者铁拉司的名字而被称为铁拉司岛……(Hero. Ⅳ, p. 147 ~ 148)

伯里的下述评论虽然是针对亚该亚人在特洛伊战争前后的移民而说的，对于多里安人入侵以后的移民，以及海外殖民城市建立起来以后，由那里出发移民新地方的所谓“二次移民”，大体上也是适合的：

当我们要找出和英雄时代的性格相称，并且确实以我们所知的那个时代的情景为基础的（移民的）动机的时候，我们一方面注意到，这次战争（特洛伊之战）的实际结果是对古希腊人来说开辟了小亚细亚海岸永久居住的新土地；另一方面我们也注意到，在亚该亚贵族之中，早就感到有这样一个扩张范围的需要了。我们已经知道，富有冒险精神而又感到在故乡没有他的地位的古希腊王侯们已经在靠近加里亚和吕底亚的罗陀斯和其他岛屿上定居了下来，另一些又怎样在北面的雷姆诺斯（Lemnos）已经取得了立足之地。事实上殖民早已开始，殖民不是由于在古希腊发生了一般意义的人口过剩，而是由于贵族和王侯家族中发生了人口过剩。（伯里：《亚该亚人和特洛伊战争》，第Ⅱ卷第17章）

希腊人这种自立门户的强烈愿望，其实不仅决定了殖民城邦遵循“分裂繁殖”的扩张路线，也决定了这些殖民城邦老是相互竞争，相互敌对，不能团结起来对付全民族的共同敌人。古代希腊留下来的史料表明，这些城市之间经常发生武装冲突，重装步兵战术多半是在古希腊城邦之间的战争中发展起来的，因为公元前7世纪吕底亚（Lydia）王国兴起以前，古希腊人没有碰到过什么严重的外来敌人的进犯。而当国际形势变化到地中海和黑海上再也没有新的海岛和海滨可供他们殖民的时候，这些冒险家们宁愿去当“蛮邦”如埃及和波斯的雇佣兵。公元前7—前6世纪，埃及的赛斯王朝的军队中有许多古希腊人，公元前5世纪末，争夺波斯王位的波斯王子居鲁士（Cyrus）向巴比伦进军的军队以一支万人左右的古希腊雇佣军为主力，当小居鲁士战败被杀的时候，这支雇佣军从巴比伦附近长征到达黑海的特拉布松。这个长征故事流传古代，历久不衰。马其顿的亚历山大征服波斯的时候，波斯大王的军队中，有两三万人的古希腊雇佣军。公元前4世纪以后，武力、文化、经济、技术各方面都冠绝当时地中海世界的古希腊人，一方面长期进行自相残杀的内战[①]，一方面出去当“蛮邦”的雇佣兵，结果要由蛮邦的马其顿来结集古希腊人的力量征服波斯。甚至这次征服还没有造成古希腊人的民族统一，以致要由“蛮族”拉丁人的一个城邦罗马来统一地中海世界，统一地中海的“希腊社会”。不过这已经扯得太远了……

经济发展和发展的方向

初期移民，目的是到海外去寻找可以安家落户的新土地，目的不在商业。但是聚居于一个城市中的独立社会势必要谋求经济上的“自给”，因而除农业以外必定要发展必要的手工业，要作对外的商品交换。一旦商业和手工业发展起来，交换范围的扩大简直是没有限制的。而古时小亚细亚这个地方的状况，又十分有利于古希腊人城市的工商业的发展。小亚细亚东部是赫梯的旧壤，两河流域（美索不达米亚）文明传播到那里为时很早，冶铁技术大概首先发源于高加索（公元前1000年时，地中海世界已进入铁器时代），包括冶金技术在内的工业技术十分发达。古希腊移民，通过民族混合和其他途径，在小亚细亚广泛吸收了先进的古代巴比伦文明，有助于他们的手工业的发展。另一方面，海滨的殖民城市背后有广阔的腹地，可以取得手工业原料，可以用工业品交换粮食，而且还据有发展海上贸易最有利的地位。地中海的海上贸易，早在克里特时代已经开始，迈锡尼衰落之后，腓尼基人继起贩运其间。当古希腊人在海外城市定居下来的时候，星罗棋布的古希腊人海外殖民地事实上组成了一个古希腊人的海上贸易商站网。这些条件，使多数古希腊殖民城市走上农工商业兼营的道路。农业是他们最初得以取得生活资料的行业，工商业发展以后，他们当然不会放弃，因为无论哪个城市，某种程度的粮食自给总是十分必要的。不过，有些城邦，尤其是某些海岛，后来大种葡萄，酿酒出口了。工业，有钢铁制造业、陶器、纺织、制革，其中尤以米利都最为著名。商业的扩展尤为积极，因为开通新商路，寻求新的市场和新的原料来源，是市场经济获得新发展的首要条件。

这是推动古希腊殖民城市遵循“分裂繁殖”路线的第二个因素。开辟新商业，需要在新地方建立商站，这些商站是财富集中之地，必须筑垒据守，以防劫掠。这些新商站是商业殖民城市有计划派人建立的，在当地人民软弱可欺的情况下，或在当地人民文化落后，古希腊人的海上贸易帮助他们输出土产交换精巧工业品，交换葡萄酒，橄榄油等“珍贵物品”，得到他们欢迎的状况下，很快又形成为一个新的古希腊殖民城市。派遣新移民出去的殖民母邦，并不缺乏热烈愿望出去碰碰运气的冒险家，这些人又是母邦统治阶级所不喜欢的“难领导”的顽梗不化分子，他们移居到新地方恰好可以消除母邦内的扰乱因素，“分裂繁殖”于是愈来愈成为古希腊扩张的基本方式了。

“二次殖民”

这就是由古希腊海外殖民城邦出发的“二次殖民”。荷格斯（Hogarth）结合当时地中海地区的国际状况，综述二次殖民的过程如下：

> 最初的古希腊殖民地很早就在它们紧邻地区作二次殖民了。米利都建立了爱阿苏斯（Iasos），库梅（Cyme）和累斯博斯（Lesbos）移民于邻近的一切海岸和小岛。小亚细亚西边的爱琴海沿岸和前海（即今马尔马拉海）沿岸，加上黑海最西端的赫拉克里亚（Heracleia）、潘提卡（Pontica），在英雄时代（公元前9世纪）以前都已经被占领了。
>
> （小亚细亚）南岸……罗陀斯岛以西的地方直到西里西亚—西普里阿特（Cilician—Cypriote）集团诸城市出现以前，我们没有碰到最初的古希腊殖民地，但是，看起来在旁非利亚（Pamphylia）诸城市中有过古希腊人商站性质的居留地，诸如法西利斯（Phaselis）……帕加（Perga）、阿斯盆都（Aspendus），按其名称来看，那里的居民还是当地人占据支配地位，西里西亚一些城市如塔尔苏斯（Tarsus）亦然。
>
> 建立在较远的腹地，距海比通常古希腊城市与其港口间的距离为远的（如科罗封 Colophon 之距诺丁姆 Notium）我们只听到梅安徒（Meander）河上和赦尔密斯（Hermus）河谷的一些。梅安徒河上的马格尼西亚（Magnesia）和特拉里斯（Tralles）两城自称和任何海滨殖民地同样古老，另一个西彼洛斯（Sipylus）山下的马格尼西亚（Magnesia）亦然。
>
> 下一步古希腊人继续殖民，目标指向（小亚细亚）南岸。库梅据说是第一个成了“异域”上殖民地的母邦，它移植了一批移民到旁非利亚旁边，但是马上丧失给蛮族人了。罗陀斯在吕西亚（Lycian）海岸中部建立了两个小商站，并和某些不知来源的多里安人联合起来殖民于西里西亚的苏利（Soli），塞莫斯（Samos）占领了西部西里西亚的乃吉达斯（Negidos）和西伦德里斯（Celenderis）。人们对这些地区所抱希望似乎仅限于此……亚述的萨尔贡（公元前8世纪后期）的一个记载，吹嘘他们的舰队在塞浦路斯海上，像鱼一样地驱逐和捕获了贯凡（Javan，按：即

伊奥利亚 Ionia）人的船只，把和平给了西里西亚和推罗，也许这里透露出来了阻力是够大的。

叙利亚和埃及海岸对海外来的殖民者事实上是关门的；但是我们发现公元前 720 年有一个古希腊人（Yāwāni）统治的阿西多德（Ashdod），又在诺克拉底（Nancratis）这个各地古希腊人共有的殖民地建立（时间在公元前 6 世纪初）以前，有一个米利都的商站早已设立在康洛庇克尼尔（Canopic Nile）最靠近海边的某个地方了。

除掉持续不断地努力抓住埃及贸易而外，米利都这个亚洲诸殖民地最大的母邦，看来把它的注意力全都转向北面……在那里，它预料碰不到任何认真的竞争对手……所有的海岸都敞开着大门……攸西布伊斯（Eusebuis）相信米利都拥有海上霸权达 18 年之久，这必定用来标志它的令人惊愕的扩张努力的开始的，米利都在这次扩张中，最后（根据一个很可能是过甚其词的传统说法）在小亚细亚的北岸建立了 70 个以上的殖民点。这次海上霸权的时间，攸西布伊斯定为公元前 8 世纪后半，看起来没有充分理由把它转到别的时候去。（荷格斯：《小亚细亚的希腊殖民地》，第Ⅱ卷第 20 章，Hellenic Settlement in Asia Minor，by D. G. Hogarth，ch. 20，vol. Ⅱ，c. a. h.）

总之，到公元前 8 世纪前半为止，古希腊本土还处在从黑暗时代开始苏醒过来的时候，小亚细亚诸殖民城市，在其邻近地域，以及远涉重洋向南向北的积极的殖民扩张，已经有好几百年了。到公元前 6 世纪为止，小亚细亚西岸，包括原来北端的爱奥里斯，中部的伊奥利亚，南部的多里安三个区域，殖民城市“繁殖”得愈来愈多；小亚细亚南岸，迤南叙利亚海滨，古希腊人多次的殖民努力被亚述帝国和其他势力阻挡住了，从此以后，那里一直是古希腊人进不去的禁区。而且，从推罗、西顿出发的腓尼基人的海上殖民，成为古希腊人在地中海上殖民势力的激烈的竞争对手。在埃及，以米利都人为主建立了一个古希腊人的商站城市诺克拉底，它的存在也和埃及人的古希腊雇佣军有密切关系。这个时期古希腊殖民扩张的最大成就是开辟了黑海航路，从此在达达尼尔、博斯福鲁两海峡的两岸，在马尔马拉海（Mar - mora，希腊人称之为 Propontis，意为前海），在黑海的南北东三面海岸，逐渐布满了古希腊人的殖民地。

就中建立在今苏联的克里米亚和诺曼两半岛上，以旁提卡彭（Panticapaeum）为主的一群殖民城市，是把南俄草原上的粮食输出到古希腊去的重要商业中心，对此后古希腊的经济生活起着十分重要的作用。这个时期以后，古希腊人也大规模向西、向南殖民，因为殖民母邦也包括古希腊本土诸国，推动殖民的因素更为复杂。

殖民城市和其母邦的关系

殖民城市的“分裂繁殖”规模和速度是令人惊讶的。如果米利都确实如传统史料所称的建立了70多个殖民地，即使设想这是延续两三百年殖民活动的结果，包括它自己直接建立的“子邦”和“子邦”所建立的“孙邦”在内，这个数目也是十分可观的。米利都建立的殖民地上的移民当然不会全部来自米利都，其中必定包括四面八方来的古希腊人，不过这种规模可惊的移民必定也抽干了米利都的人力。大规模的移民活动必定会使各城邦的人力感觉不足，它会促使各城邦加紧同化它们统治的非古希腊血统的居民，使得殖民征服造成的依附民或农奴的社会地位逐渐上升，并使其间的界限逐渐泯灭，这对新国家内酝酿出来的新政制必定会产生重大影响。同时，我们虽然没有听到这个期间古希腊本土诸邦有什么殖民活动，但是小业细业的殖民扩张必定也为古希腊本土“过剩人口”开辟了出路。这一点，正如海外殖民地的迅猛经济发展一样，不断对古希腊本土诸邦的经济和政治发生深刻的影响，下一节我们还要略加分析。

“分裂繁殖”式的扩张的重大后果之一，是无法在为数日趋众多的殖民城邦中形成一个政治军事经济的中心国家。新殖民地最初是多方面依赖母邦的，一旦它具有足够多的居民，建成一个自给的独立的社会，它就组成为一个独立于母邦之外的国家了。荷格斯说，古代希腊作家所称的米利都“握有海上霸权达18年之久”是它的殖民活动最迅猛的时期的标志，看起来是恰当的解释。因为新殖民城市很快就成为无助于母邦的政治军事威力的独立国家，所谓米利都的海上霸权实际上是并不存在的东西。公元前7世纪开始米利都经常受到吕底亚王国的军事侵略，直到公元前5世纪初期米利都被波斯攻陷为止，没有听到它所建立的诸殖民城邦对它的抵抗外敌侵略作过什么帮助。

事情还不止于此。殖民地还会和它的母邦打起仗来。修昔底德记载的伯罗奔尼撒战争的起因之一，是雅典干涉科林斯和它的殖民地科西拉（Korcyra）之间的战争。此事发生在公元前 5 世纪后期，时间已经很晚了，不过当时的“国际惯例”无疑是公元前 10 世纪以后小亚细亚诸邦之间的关系流传下来的，摘录修昔底德书中的片断材料，可以有助于我们了解殖民地及其与母邦之间的关系。科西拉的使节在雅典的公民大会上说：

> 如果一个殖民地受到良好待遇的话，它是尊重它的母邦的，只有它遭到虐待的时候，它才对母邦疏远。派到国外去的移民不是留在母国的人的奴隶，而是他们的平辈……（《伯罗奔尼撒战争史》，第 28 页）

科林斯的使节在同一个会上说：

> （科西拉人）说，他们被派遣出去的目的不是来受虐待的。我们说，我们建立殖民地的目的也不是来受侮辱的，而是要保持我们的领导权，并且要他们表示适当的礼貌。（同上，第 31 页）
>
> 科林斯人……怨恨科西拉人……在公共节日赛会时（指在科林斯地峡举行的赛会）没有给予科林斯人以特权和荣誉（指殖民地向母国呈献的牺牲，派遣代表参加科林斯人的节日典礼等）；在祭神的时候，也没有给予科林斯人应有的便利。他们轻视他们的母邦，自称他们的金融势力可以和古希腊最富裕的国家匹敌，而他们的军力大于科林斯……（同上，第 22 页）

可见，所谓殖民地对于母邦的尊敬，不过是一些宗教礼仪上的细节，所谓母邦的领导权，也决不是政治军事上对殖民地的支配权。殖民地在一切方面是母邦的平辈，母邦和殖民地之间，从来没有也不可能结成什么政治集团。政治集团的分合，完全取决于各邦之间的实际利害关系，与母邦子邦关系是不相干的。

母邦派遣殖民地当然不会没有实际利益可得，最大的好处是新殖民地会扩大母邦的商业，有助于母邦经济的发展。有些西方史家认为，公元前 6 世纪的埃弗塞斯（Ephesus）富裕到可以借钱给吕底亚王国的广植党羽谋求继位的一个王子。无论如何，小亚细亚诸城邦在几百年的经济发展中必定已经形成一批富豪世家；平民是贫穷的，有在豪富庄园中当短工的流浪汉（《奥德赛》卷十八)，但是他们的生活水平大概还大大高于古希腊本土的例如公元前6世纪雅典的“六一农”（见本篇第五章《贵族阶级寡头专政面临的新形势》一节)。经济上繁荣富裕的一群工商业城市，好像密缝于“蛮邦”原野这大片织锦上的花边（罗马时代的作家西塞禄的描绘)，然而没有结合成为军事上足以自卫的集团，也没有任何城邦足以成为团结的中心，这就是“分裂繁殖”的古希腊城邦群的状况。

以契约为基础的政体

在以上的叙述中，盛行于古希腊城邦的自治自给这两个要素，已经跃然可见了。这些自治与自给的城市国家的政体会摆脱血族基础，转而以契约为基础，似乎是顺理成章的。脱因比（Toynbee）说：

> 海上迁移有一个共同的简单的情况：在海上迁移中，移民的社会工具一定要打包上船然后才能离开家乡，到了航程终了的时候再打开行囊。所有各种工具——人与财产、技术、制度与观念——都不能违背这个规律。凡是不能经受这段海程的事物都必须留在家里，而许多东西——不仅是物质的——只要携带出走，就说不定必须拆散，而以后也许再也不能复原了。在航程终了打开包裹的时候，有许多东西会变成饱经沧桑的，另一种丰富的新奇的玩意了……
>
> 跨海迁移的第一个显著特点是不同种族体系的大混合，因为必须抛弃的第一个社会组织是原始社会里的血族关系。一艘船只能装一船人，而为了安全的缘故，如果有许多船同时出发到异乡去建立新的家乡，很可能包括许多不同地方的人——这一点和陆地上的迁移不同，在陆地上可能是整个血族的男女老幼家居杂物全装在牛车上一块儿出发，在大地上以蜗牛的速度缓缓前进。
>
> 跨海迁移的另一个显著的特点是原始社会制度的萎缩，这种制度大概是一种没有分化的社会生活的最高表现，它这时还没有由于明晰的社会意识而在经济、政治、宗教和艺术的不同方面受到反射，这是“不朽的神”和他的“那一群”的组织形式……（Toynbee，p. 129)

脱因比在这里用“萎缩”一词是恰当的。因为我们知道，殖民城邦并不是没有“氏族”（Clan）和“族盟”（Phratries）这一类组织，而且大家知道它们的政制基本上是贵族政治。氏族、族盟、贵族，这一切好像都是部族国家原有的东西，但是稍稍考究它的内容，就知道相同的不过是名称，内容已经完全变了。

下引格尔顿乃尔（Gardener）阐释是说明雅典的氏族和族盟的。雅典位居希腊本土，格尔顿乃尔文中所说“大移民”是指古老的亚该亚人进入希腊而言，那次移民究竟是否已经把血族关系的族盟改变成为“战友关系”的族盟，不妨存疑，但是用来解释古希腊人海外城邦中的族盟，似乎是十分恰当的。

> 在历史时代，阿提卡按照一般古希腊国家共同采用的方式，把它的公民居民分配于12个族盟或“兄弟集团”（Brotherhoods）之间。这些族盟看来起源于自愿的结合，首先由于战争中的伙伴关系组成……在大移民以后比较安定的时代，它……长期保存了下来，它的成员，在保卫生命和财产中要互相合作……
>
> ……可以肯定，氏族并不是族盟的组成部分。通例，每个氏族的成员并不全部属于同一个族盟，而是十分无规则地分布于多个族盟之中的……
>
> 所以，氏族是私人性质的宗派组合……
>
> 氏族的真正性质是不难找到的。在早期社会中，要把自己和平民分离开来去追逐宗派利益的上等人，是一些大地主。最初的贵族就是由此形成的……大地产的所有主最终结合成为贵族阶级，于是氏族在根本上成了贵族的组织……氏族的重要性在于他们维护名门和豪富的世裔……（格尔顿乃尔：《早期雅典》，第Ⅲ卷第23章，*Early Athens*，by Gardener，ch. 23，vol. Ⅲ，c. a. h.）

“原始社会萎缩”必定会使新的殖民城邦采取不同于在血族基础上长成的部族王的制度。按脱因比的说法，新制度的原则，要“以契约为基础”。

> 跨海迁移的苦难所产生的一个成果……是在政治方面。这种新的政治不是以血族为基础，而是以契约为基础的……在古希腊的这些海外殖民地上……他们在海洋上的“同舟共济”的合作关系，在他们登陆以后好不容易占据了一块地方要对付大陆上的敌人的时候，他们一定还和在船上的

时候一样把那种关系保存下来。这时……同伙的感情会超过血族的感情，而选择一个可靠领袖的办法也会代替习惯传统。(Toynbee, p. 132)

说到“以契约为基础”，我们不免想到卢梭的“社会契约论”，而脱因比之采用“以契约为基础”这种说法，显然也是有卢梭存在心中的。然而我们决不可以把古史现代化。古希腊殖民城邦政体虽势必不能不以契约为基础，初期，他们还不能不采用他们所熟悉的王政形式，从王政向前演变，第一步只走到贵族的“权门政治”，达到主权在民的直接民主制度，还有一段遥远的路程。

初期殖民城邦的王政及其贵族阶级

小亚细亚诸殖民城邦，开始时似乎都有国王。这是因为他们在新地方建立新国家所能效法的楷模，还只能是他们所熟习的旧制度。另一方面，也因为有些城邦开始时古希腊人还居少数，要等到本土移民逐渐增加上来，和当地人民逐步同化的时候，这些城邦才彻底“古希腊化”了。所以，伊奥利亚诸殖民城邦、国王或是雅典王科德洛斯后裔，或是吕西亚（Lycia）的格兰西都（Glancidae）世系，后者也许是在古希腊人成分最弱的地方取得了政治权力的。有许多城邦，因为没有旧王室的世裔，城邦的创立者的世裔成了世袭的王室，埃弗塞斯（Ephesus）和厄立特利亚（Erythrae）即其实例。但是一旦这些城邦古希腊化了，王政就有名无实，实际上成了贵族阶级的阶级统治了。这一点，反映于荷马史诗《奥德赛》中。此书卷六，奥德赛漂流到斯客里亚（Scheria）岛，此岛由瑙西都斯带领一批被圆目巨人（Cecrops）侵扰的人民跨海移入，筑城聚居，建立了腓阿刻斯（Phaeakes）国家。瑙西都斯是该国的第一个国王，奥德赛到达时，已由他的儿子阿尔刻瑙斯继位了。但是“那里有一个由12个贵人组成的议事会，做瑙西都斯的儿子阿尔刻瑙斯王的顾问。那里有一个大会集会的公共场所，腓阿刻斯的人民集合于此，但不是来投票，而是来看远方来客奥德赛的”。

新国家的贵族是些什么人呢？

在王政下面，区别于人数更多的非古希腊本地人的全体古希腊人，构成贵族阶级。根据6世纪米利都的历史，可以推测他们之间的区别。在王政倾覆之后很久还继续存在，本地人的彻底古希腊化并没有能够消除这种痕迹。

> 不过当自然增殖和西面古希腊人的连续移入，使得古希腊人贵族很快变成城邦居民中的多数的时候，他们内部又出现了新的差别。有一些小小的集群获得了权力和特殊地位，并把它掌握在手来对抗其余的古希腊人。伊奥利亚诸城邦的最初历史，记载着那里的古希腊人阶级早已分化为拥有土地的一批寡头，和无特权而又心怀不平的潜在的民主主义者了。（荷格斯：《小亚细亚的希腊殖民地》，第Ⅱ卷第20章，*Hellenic Settlement in Asia Minor*，by D. G. Hogarth，ch. 20，vol. Ⅱ，c. a. h.）

显然，在这样的新国家中，王权是毫无基础的，国王原来就没有任何神授的权威，他不过是贵族阶级中显要的一员，用不到什么革命和政变，王权会自然而然地消失掉。我们中国人熟悉我们几千年的皇朝政治，我们从西方近代史中也知道，盛行于中世纪欧洲的王权要经过怎样的暴力革命和社会震荡才最后消灭掉。当我们初读古希腊史的时候，对于他们远古的王权怎么会“和平”消失感到很不容易理解。这种和平消失的过程，放在海外城邦的历史背景下来观察就不是什么怪事——古希腊本土诸邦王权的和平消失，原来是起源于小亚细亚殖民城邦的一种时代风尚。小亚细亚是当时古希腊世界最先进最文明的地方，处在逐渐“现代化”过程中的古希腊本土诸邦要追随这种风尚当然是可以理解的。

贵族世裔的门阀政治

在这样的新国家中，政权掌握在组成为政治上的阶级的贵族手中。这种贵族政治不是亚里士多德《政治学》中所说的“公民的多数决议……总是最后的裁断，具有最高的权威”，只不过因为选任执政人员的种种限制，使当权者是贵族阶级的那种贵族政治，这是古希腊人称为权门政治（Dynasteia）的那种寡头政体。一批贵族门阀世世代代处在当权地位，最高政权机构是元老院或议事会，元老院或议事会成员是终身职，补缺选任并不通过什么公民大会或自由民大会选举，而是根据元老院或议事会自己的决议，从贵族门阀中挑选任命的。自由民大会或者只召集来听传达，无权议事，或者名存实亡，久不召开。一切政务都由这个元老院或议事会决定，这是一种真正贵族阶级的贵族专政。阿德科克说：

城邦据以建立起来的宪法结构是贵族政治。当生活安定下来的时候，个人领导权让位给一个阶级的稳定的影响力量，在海外，这个阶级有时候是亲手掌握了最高政治权力的最初移民……当王权日益缩小最后消灭的时候，古老的自由人大会也消失不见或不起什么作用了。国家是能够自由自在为之服务的人的财产。政府的主要机构是议事会，它或者是贵族的一个核心集团，或者是整个特权公民。取代了君主政体这个集团的团结一致予人以强烈的印象。凡是抱负非常，因而不愿屈从这种城邦生活体制的秩序的人，可以离开本城去建立新城邦。

贵族们并不是闭住在狭小的生活圈子中的，他们要在议事厅内学会成为议事会内的同僚。执政官们通常是他们的下属，因为议事会成员一般是终身职务，而议事会的稳定的影响力量则控制着国家，同时，在一个依靠世代相传以智慧为生的时代中，经验是聚集在其中的各个侪辈身上的。在早期古希腊史上杰出的人物并不多见，并不是因为历史记载的缺乏，而是因为，只要没有新的力量来扰乱它，城邦不要那些适合于它的有秩序生活体制的大人物也是过得去的，国家高于它的统治者……

希腊国家的本质在于国家是一个阶级的国家。“宪法就是统治阶级”，国家是围在一个小圈子里面的。这就是贵族政治的遗产……（《希腊城邦的兴起》，*The Growth of Greek City-states*）

梅因在论及王权之递嬗为贵族政治时说：

1. 英雄时代的王权，部分地依靠神所赋予的特权，部分地依靠拥有出类拔萃的体力勇敢和智慧。逐渐把君主神圣不可侵犯的印象开始淡薄，当一系列的世袭国王中产生了柔弱无能的人，王家的权力就开始削弱，并且终于让位于贵族统治。如果我们可以正确地应用革命的术语，则我们可以说，王位是被荷马一再提到的和加以描写的领袖议会所篡夺了。无论如何，在欧洲各地，这时已从国王统治时代转变到一个寡头政治时代，即使在名义上君主职能还没有绝对消失，然而王权已经缩小到只剩下一个暗影。他成为只是一个世袭将军，像在拉凯戴孟；只是一个官吏，as King Archon at Athens；或仅仅是一个形式上的祭司，as Rex Sacrificulus at Rome。

2. 在希腊，意大利和小亚细亚，统治阶级似乎一般都是包括着由一种假定的血缘关系结合在一起的许多家族，他们虽然在开始时似乎都主张有一种神圣的性质，但他们的力量在实际上并不在于他们所标榜的神圣性。除非他们过早地被平民所推翻，他们都会走向我们现在所理解的一种贵族政治。

在更远一些的亚洲国家，社会所遭遇的变革，在时间上，当然要比意大利和古希腊所发生的这些革命早得多；这些革命在文化上的相对地位，则似乎是完全一样的，并且在一般性质上，它们也似乎是极端相似的。有些证据证明，后来结合在波斯王朝统治下的各个民族以及散居在印度半岛上的各个民族，都有其英雄时代和贵族政治地位；但是在他们那里，分别产生了军事的寡头政治和宗教的寡头政治，而国王的地位则一般没有被取而代之。同西方的事物发展过程相反，在东方，宗教因素有胜过军事因素和政治因素的倾向。在国王和僧侣阶级之间，军事的和民事的贵族政治消失了，灭绝了，或者微不足道；我们所看到的最后结果，是一个君主享有大权，但是受到了祭司阶级的特权的拘束。在东方，贵族政治成为宗教的；而在西方，贵族政治成为民事的，或政治的，虽然有着这些区别，在一个英雄国王历史时代的后面跟着来了一个贵族政治的历史时代，这样一个命题是可以被认为是正确的，纵然并不对于全人类都是如此，但无论如何，对于印度—欧罗巴（Indo - European）系各国是一概可以适用的。（梅因:《古代法》中译本，第6—7页）

梅因所看到的是，古希腊、罗马、吠陀时代的印度、埃及、巴比伦以及日耳曼征服以后的欧洲。真的，中世纪欧洲的历史，对于西方史家来说，是最现成的根据。甚至日本也部分适用。就是对于中国完全不适用——不，对于春秋战国时代还是适用的。春秋战国时代真是中国史定型的关键时代。

必须注意，所谓古希腊城邦的贵族政治，并不是杰出的一两个贵族的“人治”，它是合议制的，它会发展出一套贵族这个阶级内部的民主惯例，从而必须逐步建立起一套规章制度，这就是法律和法典的渊源，总之，这是“法治”。而且，既然“国家高于它的统治者”，必然就会体现为作为阶级意志的法律高于个人的意志，法律不可能像“前王所定者为法，后王所定者为令”一样，只体现个别统治者的意志的东西了。

那么，王又怎样呢？

当形式上的王政还继续存在的时候，王不过是贵族阶级中比较显要的一员，他没有实权，更没有特权，他的唯一代替不了的职务是主持祭祀大典。就是这种“政由宁氏，祭则寡人”的地位也没有维持多久。在海外城邦，库梅的王政至少继续到公元前8世纪之末。其他地方，王政都消失于此时之前。王政消失以后，王（巴西琉斯）的名义往往还保存着，它属于一个王室后裔，然而一切特殊地位全都取消，成了普通贵族中的一员。在米利都发现的，属于公元前6世纪的一个铭文，记载某次祭典，说到“王参加了这次奉献牺牲的祭典，但是他没有比歌队中的其他人员分到更多的‘胙肉’”。这种情形，以后也见于古希腊本土的雅典。公元前8世纪后，古希腊的执政官九人团中，次于首席执政官是巴西琉斯（王），他的职务是祭仪执政官，他担任祭司和处理宗教事务。

拿这种贵族政治和我国春秋诸国的“世卿政治”比较一下，也是饶有兴趣的。春秋时代的“世卿政治”当然是贵族政治，但不是组成为一个阶级的贵族用“法治”来行使的政治统治，它是几个贵族世裔，或贵族中杰出人物的“人治”，同时，“世卿政治”下，国君仍然保持着至尊的地位，至少理论上他可以随时亲掌政权。这种“世卿政治”，在中国史上是以“三家分晋”、“田氏代齐”，然后通过激烈的兼并和法家的政治改革成立中央集权的专制主义皇朝而最终结束了的。古希腊的贵族政治性质与此不同，历史上说，它是王政和民主政治之间的过渡阶段。历史条件不同，发展的道路自然就不一样了。

官制与兵制

贵族专政下的“官制”如何，从古代文献碑铭中应能找到若干具体材料，可惜我的涉猎范围十分狭隘，无法举出什么直接史料。虽然如此，阿德科克文中“议事会成员一般是终身职务”，“执政官们通常是他们的下属”两语，还可以给我们某些启发。

这种“官制”，也见于共和罗马。共和罗马元老院成员都是终身职，执政官和其他高级行政官员由“百人团民会”选出，任期很短，通常是一年。他们虽是民选的，实际上“每一位前任的高级官员最终还是参加了元老院，而新的官员事实上又同样是从那些元老中选出来的”（科瓦略夫：《古代罗马史》，第131页）。共和罗马的官制也许可以帮助我们推测古希腊殖民城邦的官制，而且说不定罗马这种官制还是从古希腊人那里学来的。可以设想有一个贵族寡头组成的议事会，它掌握全部政权，其中成员全是终身职务。行政官员任职期限有定，无论他们的选任是否通过人民大会，事实上，这种职务由议事会中的成员轮流担任，并对议事会负责。这些贵族们的执掌政权是为了保卫本阶级的利益，这个阶级是富有的，所以他们的职务全是义务职，不向国家领取报酬。

关于兵制，亚里士多德告诉我们：

> 在古希腊，继君主政权之后发生的政体的早期形式中，公民团体实际上完全由战士组成。其始，都是骑士，军事实力和战阵的重心全部寄托在骑队身上……（《政治学》，第 213 页）
>
> 在古代，擅长以骑兵制胜的城邦常常为寡头政体，就因为战马畜于富饶的著名家族。这些寡头城邦惯常用骑兵和邻邦作战，我们可举爱勒特里亚（Eretria）、（优卑亚岛上的）卡尔西斯（Chalcis）、梅安徒河上的马格尼西亚（Magnesia ad Meander）以及小亚细亚其他许多城邦为例。（同上，第 181 页）

城邦的自治和自给决定它的兵制一开始就必须是“公民军制”。贵族寡头政制时代，不论城邦居民多少，组成城邦的 Polite（原意“城邦的人”，转意为“人民”）是贵族，所以它的军队主要由骑兵组成。

社会阶级关系的变化

殖民城邦从主要务农逐步变化为农工商业兼营，其中有一些还变成以工商业为主，并且还发生了规模壮阔的“二次殖民”，社会阶级关系自然也会发生剧烈的变化，前引阿德科克文中也简略提到了。大体说来，城邦建立之初所征服的本地居民，原来是依附民或农奴身份，在漫长的世代中，他们在语言风尚上希腊化了，商品货币关系的发展，以及人力的缺乏，必定使他们上升到了自由民的地位。这些自由民，连同古希腊本土来的新移民，构成城邦的非贵族的平民大众，照阿德科克的说法，他们是“心怀不满的潜在民主主义者”。在希腊本土，非贵族的平民大众，是僭主推翻贵族寡头政体所依靠的力量，他们以后也推倒僭主，建立了民主政体（参见本书第五章）。在小亚细亚，外敌的侵犯打断了事变的进程，僭主上台固然依靠他们，建立民主政体却在希波战争胜利之后，僭主的倾覆，外来的因素起了决定性的作用。

商品货币经济的发展，豪富世家的形成，必定会发生购买奴隶的需要；贩卖贸易会成为海上贸易的组成部分，又是自然而然的事。“蛮族”诸部落间经常发生自相残杀的战争，“蛮族”的酋长很快就会懂得拿战争中的俘虏交换精巧的工艺品和葡萄酒、橄榄油之类的东西，古希腊城邦中的豪富世家借此可以买到“家奴”，这是古希腊奴隶制的开始。公元前 8 世纪以前小亚细亚诸城邦也许已经用买来的奴隶从事手工业生产，《奥德赛》中腓阿刻斯的巴西琉斯的家庭作坊有磨面的、打线的、织布的奴隶，但是，在农庄中“搬石头，起围墙，种大树”的苦工，是外来的流浪汉（也许是从希腊本土新来的贫苦移民）的雇工而不是买来的奴隶，从多种证据来说，我们可以有信心地判断，在那时候小亚细亚诸希腊城邦中奴隶制度还刚开始萌芽，还没有形成为一种占支配地位的“制度”。奴隶制盛行于古希腊，已经是希波战争以后的事情了。

古希腊文明的中心再次移回本土

到此为止，城邦制度基本上已经确立起来了。一个稳定的保守的贵族议事会统治下的城邦，距离“主权在民”还有一段距离，不过，促成“主权在民”的条件也已经近在手边了。

从贵族寡头政制转向民主政治这个伟大政治变革的舞台却不在小亚细亚诸殖民城邦，因为公元前 7 世纪吕底亚王国的兴起，以及它对小亚细亚诸城邦的军事侵略打断了那里的事变进程。这个政治变革的舞台是在希腊本土，其间有一个中间环节，即经济发展的浪潮从小亚细亚影响本土，使本土几个主要国家先是城邦化了并且集团化了，然后，同样的经济发展又引起了那里“主权在民”的政治变革。下面两节，我们将扼要介绍这个过程。

这就是说，从公元前 7 世纪起，古希腊文明的中心又从小亚细亚移回希腊本土了，古典时期希腊史上几次著名的历史事变，如希波战争、伯罗奔尼撒战争等中心都在希腊本土——公元前 7 世纪，希腊本土的黑暗时代结束了，发源于小亚细亚的新文化新政制，开花结果都在希腊本土，小亚细亚诸城邦以后愈来愈退居次要地位了。

但是公元前 7 世纪以前小亚细亚这个中心，不仅发展出来了新政制——城邦制度，发展出来了兴盛的海上贸易和城市手工业，也发展出来了新的文化[②]。据传说，荷马是基俄斯人，荷马的史诗写作于小亚细亚，最初也传诵于小亚细亚。早期的著名的希腊诗人阿基洛古（Archilochus）是佩洛斯（Paros）岛人，萨福（Sappho）和阿尔喀俄（Alcaeus）是累斯博斯岛上的米提利尼（Mytilene）人，摆脱氏族意识的传统，抒发个人自由和个人独立自主情绪的抒情诗，和史诗一样都发源于小亚细亚。这些诗作，和公元前8世纪希腊本土彼奥提亚诗人希西阿的《劳动与时令》一样，代表“古希腊文艺创作的已经很高的发展阶段”（塞尔格耶夫:《古希腊史》，第201页）。最早的希腊哲学是伊奥利亚自然哲学，有泰勒斯（Thales）为首的米利都学派，此外毕达哥拉斯（Pythagoras）生于萨摩斯，赫拉克利图（Heracleitus）是埃弗塞斯人，阿拉克萨哥拉斯（Anaxagoras）是克拉左美奈（Clazomenae）人，德谟克利特（Democritus）是阿布提拉（Abdera）人，西方医学鼻祖希波克拉底（Hippocrates）是可斯（Kos）人。他们虽然都生于公元前6世纪及其以后小亚细亚殖民城邦衰落的时代，然而学术上的创造发明总要有长期的积累，公元前6世纪以后小亚细亚诸城邦思想家和学者辈出，正证明了前一个时期小亚细亚这个文明中心在历史上所起的伟大作用。雅典成为古希腊文明的中心，已经是公元前5世纪以后的事情了。

古希腊的学术文化，包括它的宗教，都具有不同于东方的色彩，这显然和它的城邦制度一样，是它的独特历史环境的产物。而意识形态和政治制度两者，又是互相影响的。不过这是一个专门的问题，对此，下面还要略加探讨。

注释

①这里用“内战”一词，其实是不适当的“现代化”。每一个古希腊城邦是一个独立的国家，所以，一个城邦内部民主党和寡头党之间的武装冲突才是严格意义的内战，两个城邦或两个城邦集团之间的战争，是国际战争而不是内战。现代国际法中的战争和和平法，是从古希腊城邦之间的战争的国际惯例中演化出来的。

②现在的希腊字母表创造于公元前8世纪。拉丁字母表是当时尚未统一的一种希腊字母表略加变化而成。俄文字母表也是以希腊字母表为基础的。

第四章　古希腊本土的城邦化与集团化

古希腊本土政治演变的多种类型

已经指出，多里安人入侵以后，直到公元前8世纪为止，古希腊本土是处在“黑暗时代”之中。这个时期本土各邦的历史演变，有不少史料留传下来，其中例如雅典，因为是后来古希腊文明的中心，古代希腊的作家对它远古的历史就作过不少研究，晚近还发现了亚里士多德的《雅典政制》残篇。但是，所有留传下来的史料，都分属各邦，综合的史料是没有的。尤其是要探讨古希腊本土诸邦历史演变受到了小亚细亚诸殖民城邦怎样的影响，影响的具体过程又如何，材料特别缺乏，多年只能根据相关的史实作一些推测而已。

无论如何，影响是有的，而且有理由推定影响是深刻的。在通观公元前8世纪以后到古典时代古希腊各邦历史演变的过程之后，我们可以相信，这种影响：1. 首先见于本土的海上交通特别便利的，科林斯地峡上的科林斯、麦加拉（Megara）、西息温（Sicyon）；优卑亚岛上的卡尔西斯（Chalcis）、爱勒特里亚（Eretria）和萨洛尼克湾中小岛埃吉纳。它们是本土的典型的工商业城邦，它们的领土很小，其中最大的科林斯的领土不见得比小亚细亚那些“分裂繁殖”的殖民城邦大多少，其他都不过是一个城市及其附郭的规模。2. 除这些最早受到影响也变得最快的城邦以外，还有第二类国家，原是一片农业地区，有不相统属的小巴西琉斯各据城堡，分立割据，在黑暗时代中统一起来了，王政消失了，成立了单个城市为中心的大城邦，或者成为若干自治城市所组成的联盟。这种类型的演变方式在古希腊本土发生得最多。早期的雅典、彼奥提亚、洛克里斯（Locris）、福西斯（Phocis）、伊利斯（Elis），后期（这里所谓后期，时间下限一直可以推到公元前3世纪，甚至还要晚些，那已在马其顿的亚历山大征服以后了）的阿尔卡迪亚（Arcadia）、亚该亚（Achoea）、埃托利亚（Aetolia）都属于这一类。3. 斯巴达和特萨利亚属于另一个类型，那里一直存在着农奴阶级、“边区居民”和贵族阶级或特权公民之间的严峻界限和深刻矛盾，而且这两个国家又都是领土广阔，严格说来，它们都是领土国家。然而它们的政制在某些方面还是城邦化了的，不过它们的经济条件和历史传统使它们不可能彻底“城邦化”，而各各保持了自己的特殊面貌。4. 还有介于2、3两种类型之间的国家，至少可以举出一个阿尔哥斯。它的演变过程后面也要约略提到。

希腊本土无论如何狭小，总是具有内陆纵深的地区，它的天然条件决不可以和“缀在蛮邦原野这片织锦”上的“花边”——海外殖民城邦相比。本土诸国的城邦化多半同时又是某种程度的集团化，这是不可避免的。通观古希腊史，我们就会感觉到，多中心的古希腊幸亏有这种集团化，才得以打退波斯人的侵犯，否则的话，成串的富裕的滨海工商业城市，等不到罗马的征服，就会听令东方大帝国的波斯任意宰割而毫无抵抗力量了。

希腊本土政制演变的一个环节，即王政的消失，公元前8世纪前后几乎都已完成。亚里士多德解释此种变革的原因是：

> 古代各邦一般都通行王制，王制（君主政体）所以适于古代，由于那时贤哲稀少，而且各邦都地小人稀。另一理由是古代诸王都曾对人民积有功德，同时少数具有才德的人也未必对世人全无恩泽，但功德特大的一人首先受到拥戴。随后，有同样才德的人增多了，他们不甘心受制于一人，要求共同参加治理，这样就产生了立宪政体。（《政治学》，第165页）

亚里士多德上面这段话是政治学，也是史论，它确实美化了王制，也美化了古希腊人的自由精神，虽然据说他搜集过一百多个希腊城邦政制史作过研究，我还宁愿从脱因比之说：立宪政体，“以契约为基础的政体”渊源于小亚细亚传布到希腊本土。唯有在这种先例影响之下，贵族阶级起来消灭王政成为时代风尚，这种和平过渡才得以实现。一个著名的传统的故事似乎可以证明脱因比的看法。历史时代希腊诸邦保存王制的仅有的例子是斯巴达，但是斯巴达的王的权利，在所谓来库古（Lycurgus）立法和监察委员会取得巨大权力以后，削弱到仅仅保持出征时统帅军队的程度，其时在公元前7世纪。普鲁塔克（Plutarch）说，当时斯巴达两王之一色奥庞波（Theopompus）的王后，谴责他所能留给后代的王权少于他从前王留传下来的权力，色奥庞波王回答说："不对，我留下来的比从前更多，因为从此王权可以保持得更为久远。"（普鲁塔克：《来库古传》）色奥庞波这样回答，显然因为他看到时代潮流不允许古代的王制继续存在下去。不过小亚细亚殖民城邦风尚影响本土的具体过程，在亚里士多德的时代也许已经漫不可考了。

科林斯等国的海外殖民

王制消失的过程虽已漫不可考，本土诸国城邦化的第一个冲击因素，是东边经济发展和大规模殖民运动的影响，似乎确有证据。最先受到这种影响的第一种类型诸国，今以科林斯为例，略加介绍。

科林斯是多里安人在入侵中建立起来的小国家，被征服的迈锡尼遗民沦为农奴。它两面临海，领土面积不到800平方公里（纵横不到60华里）。它的第一代多里安国王名阿乃提斯（Aletes），历代国王的名字被保存在古代的编年史中。公元前8世纪时，王政结束，贵族政制代之兴起。当时贵族世裔，都自称是第五代国王的后裔，这些贵族世裔互相通婚，并严禁族外通婚。公元前7世纪，开始出现一种美丽的自然主义风格的科林斯陶瓶，它以精美闻名于整个古希腊世界，多里安人入侵以后长期盛行的几何图纹陶瓶从此逐渐消失。此种陶瓶，据考证是在西息温（科林斯邻邦，比科林斯领土还要小得多）制造，由科林斯出口的。科林斯两面临海，从萨洛尼克湾出爱琴海；从科林斯湾西去，沿希腊本土西海岸北航到克基拉以北（现代又称为科孚岛），越过奥特朗托海峡到达意大利半岛南端的靴跟，公海的航程不过七八十公里。这样优越的海上交通条件，加以迈锡尼时代海权的遗风，它进入海外贸易为时必定很早。历史记载它的最早的著名的海外活动，是贵族领头的西向移民。公元前734年，贵族世裔的阿基阿斯（Archias）成为西西里岛上叙拉古（Syracuse）城的建城者；同一贵族世裔的刻西克拉提斯（Chersicrates）率领移民开辟克基拉岛殖民地。传统说他们移居的动机是寻找更多的土地。即使我们相信传统的说法，同意商业动机并不是最初移居的目的，但无论如何它是受到了东边的影响的。

> ……（科林斯的）诗人厄米伦斯（Enmelens，属于王裔贵族）……的时代被定为8世纪中期，如果这是可以接受的话，他的诗作残篇令人注意地指明了伊奥利亚文化的流入，这不仅因为他的诗模仿伊奥利亚史诗的方法和形式，也因为诗内表明了他对米利都发现黑海一事的兴趣。（瓦德—吉里：《多里安城邦的兴起》，第Ⅲ卷第22章，*The Growth of Dorian States*，by H. J. Wade-gery，ch. 22，vol. Ⅲ，c. a. h.）

我们似乎可以据此推测，这个在多里安人入侵中建立的小王国，在海外城邦的影响之下，逐渐发展海上贸易和手工业，这使得它工商业比重逐步增大，由此推动了贵族阶级的"现代化"。他们取代了王政，建立了贵族专政的城邦，并领头殖民于海外。不过到此为止，他们内部土地贵族和被征服人民后裔的农奴之间的矛盾还未解决，"城邦化"还未完成，这一任务是由后来的"僭主"来完成的。

科林斯以外，上面列举的其他第一批工商业城邦的情况各有不同，演变过程大体类似。卡尔西斯居民都是伊奥利亚人，内部矛盾不显著，它的冶金工业发展较早，后来有铜矿城之称，它的海外殖民在历史上极为著名。它首先殖民于西西里岛上，建立了纳克索斯（Naxos）城；它还在今希腊北部萨洛尼克城南面的卡尔西狄克（Chalcidic）半岛建立了32个殖民城市，半岛即以此城得名。麦加拉、西息温两城后来也经历了一段僭主政治统治时期。麦加拉是西西里岛上麦加拉亥布拉（Megara Hyblaea）、博斯福鲁海峡西岸拜占庭（后来东罗马帝国首都，今属土耳其，名伊斯坦布尔）及该城海峡对面的卡尔西顿（Chalcedon）的殖民母邦。埃吉纳（Aegina）这个海岛城邦以海上贸易著名，雅典兴起以前，它在爱琴海上拥有强大势力。

这里顺便要提到一个极有趣味的事情。优卑亚岛上一个小公社名为库迈的，在公元前8世纪上半期在意大利今那不勒斯附近建立了一个古希腊殖民地，也称为库迈。此地距离罗马不足200公里，它是古希腊文明输入拉丁地区的前哨。史料证明，公元前6世纪伊达拉里亚（Etruria）统治拉丁地区以前，梯伯河以南完全处于古希腊文明影响之下，而现在通用的拉丁字母表，基本上就是卡尔西斯的希腊字母表（当时希腊各地文字极不统一），有一点变化，但变化很小。紧邻库迈的凯彭尼昂（Campanion）地区，有些公社的希腊化十分彻底，以致后来的古物收藏家把罗拉（Nola）、阿贝拉（Abella）和法利逊（Falisan）等城市，看作在某种意义上是卡尔西斯的城市。这是罗马文明渊源于希腊文明的强有力的具体证据，城邦罗马的政制是从希腊城邦学来的，从这里也可以得到间接的证明。

西息温、麦加拉、科林斯三邦的僭主政治

第一类型诸国，卡尔西斯，爱勒特里亚未受多里安人征服，埃吉纳是多里安人移居的小岛，都没有被征服人民苗裔的农奴。西息温、麦加拉、科林斯三邦是多里安人征服迈锡尼的旧壤，被征服人民世世代代是多里安人的农奴。这几个小邦猛烈发展工商业，还大规模移民海外，完全可以想象，那里非贵族的自由民中会出现因工商业致富的暴发户，然而政权掌握在贵族手里，他们是被排挤在政治之外；另一方面，守旧的土地贵族会因为商品货币经济的发展，刺激起对财富的贪欲，加紧对农奴的剥削，引起农奴的反抗，而人力的不足又会加强农奴反对运动的势头。政治权力的分配方式愈来愈和各阶级力量的对比相脱节，群众普遍骚动造成了某些野心家乘时崛起的机会。他们提出能够满足渴望政治变革的平民要求的政治纲领，结集一批平民武力推翻贵族，把政权夺取到自己手里，然后像君主一样（虽然往往不称“王”，而用终身执政官，独裁将军之类的称号）一人独揽政权。然而，他们当政期间，却能够实行有利于平民和农奴的政策，和某些合乎时势需要的政治经济的变革。

古代希腊的僭主政治之风最初也是从小亚细亚传过来的，而且，早期的僭主和晚期的即伯罗奔尼撒战后的僭主，在性质上和所起的历史作用上又有很大的区别，下一章，我们对此还拟作一些比较系统的说明。这里只想介绍一下西息温、麦加拉、科林斯三邦僭主政治的约略经过。这三个城邦，僭主夺取政权最早的是西息温。西息温和麦加拉原有称为“泥腿子”、“穿羊皮的”、“拿棍子的”农奴阶级，大概是被征服的多里安人，古代作家把他们比之于斯巴达的黑劳士。西息温僭主奥萨哥拉（Orthagoras）出身贫贱，他上台后解放了这些农奴，对多里安人则加以侮辱，对他们的三个部族给以牧猪奴（Hyatae）、牧驴奴（Oneatae）、牧豚奴（Choireatae）等侮辱性的名称，并把非多里安人的部族名称改为“万民之主”（Archeloi），这些名称居然沿用了200年。科林

斯僭主居柏塞卢（Cypselus）兴起以前，贵族巴枯氏（Baechiads）氏族执政，他们首创西向殖民；公元前8世纪末，科林斯执掌古希腊的海上霸权。公元前7世纪初，阿尔哥斯的裴登王兴起，科林斯发生内讧；公元前664年，科林斯和它的殖民地科西拉发生海战，统治集团威望大降，居柏塞卢取代了贵族政权。居柏塞卢本身也属于统治的巴估氏氏族，他和继位的儿子伯利安德（Periander，希腊七贤之一）进行了一系列改革，解放农奴，提高工商业的地位，改革货币制度，大力造船，开凿运河，修筑道路，奖励科学艺术等，使居勃来底斯（Cypleids）朝的科林斯成为当时希腊世界的第一流国家，和米利都的僭主司拉绪布卢（Thrasybulus），甚至和埃及的法老王都维持着友好的亲戚的关系。这些僭主政权最多不过持续三代，旋即被民主政治或贵族政治所取代。然而即使代替它的政治制度，按亚里士多德的说法还应称作“贵族政制”。古代的秩序是再也恢复不过来的了，一切改革基本上都保持了下来。其中属于社会政治制度的，有农奴平民上升成为公民，有成文法典的公布等。从此以后，执政者即使是贵族，也得对公民大会和公民选出的议事会负责了。

工商业城邦卡尔西斯，虽然没有被征服人民后代的农奴，在此期间，也出现过僭主。

斯巴达和拉凯戴孟同盟

也是多里安人国家的斯巴达所走的是截然不同的另一条道路。

斯巴达在多里安人征服时期占领了拉哥尼亚地区，在伯罗奔尼撒岛南部欧罗达（Eurotus）河谷平原，土地肥美，然而，没有良好的海港，所以，它从来是一个农业国家。入侵之初，征服者和当地居民关系如何，史料缺乏，难有定论，也许拉哥尼亚周围的“边区居民”就是最后被征服者的苗裔。他们是自由民，然而不是斯巴达的公民，他们有自己的市邑，在这些市邑中他们拥有某种程度的自治权，但他们无权参与斯巴达军政大计。他们要向斯巴达国家交纳贡赋，他们的市邑有时驻有斯巴达的军队，有斯巴达派来的监督。修昔底德所介绍的锡西拉岛的状况，也许可以代表一般边区居民和斯巴达的关系。拿我们所熟悉的中国历史来比拟，边区居民是斯巴达的“藩属”。这种关系是不是征服初期就这样确定下来的？中间有什么变化？在美塞尼亚（Messenia）征服之前，斯巴达人是不是自己耕种他那一份土地的自由农民，我们都不知道。

公元前 8 世纪，正好科林斯陶瓶盛销希腊世界，西去的航路开通，意大利和西西里岛上多里安人的殖民运动如火如荼地进行，海上贸易和商品货币经济猛烈发展的时候，斯巴达征服了它的邻邦，古希腊人的国家（多半是公元前 11 世纪多里安人征服时代剩下来未被征服的迈锡尼故国）美塞尼亚，当地居民全被沦为农奴，这就是人所共知的黑劳士（Helots）。这个名词也许起源于美塞尼亚的一个城市黑劳士（Helots，见于荷马《伊利亚特》的船舶目录）。这次征服之后，斯巴达夺得了拉哥尼亚以外另一片广大富饶的农业地区，这片地方面积几乎和拉哥尼亚一样大。两三个世纪之内，斯巴达曾经沉溺于和平富裕的生活之中，以致特尔裴（Delphia）神庙的一次神谕中，把斯巴达的贵妇风姿和阿尔哥斯的勇武战士（关于阿尔哥斯当时的武功，见下文）同列为古希腊世界的第一流事物之中。现存的诗人阿尔克曼（Alcman）抒情诗《少女之歌》残篇，也显示出那个时代斯巴达贵族家庭中少女生活之美。地下发掘所得文物，证明这个时代有出身小亚细亚的诗人居留在斯巴达并创作了优美的诗歌，地下发掘证明这个时代斯巴达还有自己生产的精美的陶器。所有这些，都和当时古希腊先进的文明世界的时代潮流相一致的。

但是斯巴达的这种“繁荣”，并不是依靠自身的经济发展，而是建立在剥削被压迫被征服人民的基础之上的。残酷的剥削引起反抗，公元前 7 世纪中期，美塞尼亚发生了规模壮阔的革命运动，斯巴达人用全力来扑灭这次革命。所谓的第二次美塞尼亚战争历时 20 多年，传统说，战争期间如此之长，动员规模如此之大，斯巴达的男丁悉数从军，战争结束归来时，后方的妇女和边区居民“私通”生下来的“私生子”都已经成人了。这些私生子被斯巴达人驱逐出去，移居意大利南部的塔林顿（Tarentum）。

长期残酷的“第二次美塞尼亚战争”以斯巴达的胜利而告终。美塞尼亚再度被征服，一部分人移居海外，其余的被征服人民一直处于称为黑劳士的农奴地位。可是这一次战争大大提高了斯巴达人的警惕，为了防止“叛乱”，保持征服所建立的秩序，从此，黑劳士永远处于严厉的监视之下，斯巴达的男人则从小就处于严峻的军营生活之中。斯巴达不是一个城市，而是一个军营。一切艺术文化会松弛这种恒久的警惕与严峻的军营生活，于是，斯巴达人从此就不要艺术文化了。严峻的军营生活要求一种军事共产主义的生活，商品货币经济会瓦解这种秩序，斯巴达人从此禁绝贵金属在国内流通，交换媒介只准用笨重的铁块……

这就是传统所称道的来库古（Lycurgus）的立法。其时在公元前7世纪末，大约和雅典的库隆暴动同时。来库古的口传约章（Rhetra）规定，斯巴达公民家庭新生的婴儿要送给长老，经过检查，若认为不宜让他生存，就抛到泰革托斯山峡的弃婴场（Apothetae）。强健的可能长成为良好战士的婴儿才许养育成人。青年人终年不穿鞋，大部分时间生活在团队（Agelē）里，从事体育锻炼、运动和学习语文。少年人和青年人都奉命去做苦工，并且必须绝无抗议、绝无怨言地去完成。成年公民每人领受一分份地，由黑劳士耕种，他们依照斯巴达人的份地被规定10人至15人一组，向公民交纳实物贡赋——大麦、猪肉、酒和油。公民不得从事生产劳动，他们必须参加公餐（Syssitia），不论贫富都吃一样的东西，每人交纳定量产物给公共食堂供公餐之用。全部公民都是战士，平时都生活在按军事编制的集体里，军事操练一直不断。斯巴达人在美塞尼亚战争中发展出来的一套恒常防卫农奴“叛乱”的制度，使得斯巴达的重装步队成为整个古希腊世界最精锐的军事力量。他们还相应地建立起来一套集体主义的、不怕个人牺牲的、以军事荣誉重于生命的精神进行训练的制度。古希腊历史家希罗多德告诉我们，希波战争中防守温泉关的斯巴达王李奥倪达部下300战士全部战死，其中有两个人因患病得李奥倪达允许离军，一人闻警返阵战死，一人生还本国，受到全民蔑视，后来在普拉提亚（Plataea）战役中奋勇作战，才洗雪了污名（Ⅶ，第229—231页）。

斯巴达的两个王统率国军（在征伐时由两王中的一王统率），审判主要有关家族法的案件，执行某些祭礼。斯巴达的最高政治机关是长老议事会，长老是由公民大会从有势力的斯巴达氏族中选举出来的。公民大会另选出五个监察委员，后来监察委员发展成为超乎议事会之上的寡头机关，他们陪同国王出征，监视王的行动；他们负责征募国军，决定一切政策，后来又掌握司法裁判权。不过监察委员还得对公民大会负责，宣战媾和等重大决定，要由公民大会通过。塞尔格耶夫说：“斯巴达的宪法，对斯巴达公民来说是民主制的，但是对附庸民族来说就是寡头制的。”（《古希腊史》，第162页）

斯巴达的全权公民最多的时候不过1万人，到公元前5世纪时就不到6000人了。军队以公民组成的重装步兵为主力，边区居民从军组成辅助部队，黑劳士也要从军，任军中杂役。伯罗奔尼撒战争中人力不足，有黑劳士参加重装步兵，有一次，在美塞尼亚形势十分不稳的状况下，监察委员佯称要解放参战有功的黑劳士2000人，让他们戴上花冠参加祭典，同时暗中组织青年公民发动一次“特务行动”，这2000人从此就不知所终了。

这次“特务行动”终究是非常措施。以黑劳士的身份而论，他们要交纳实物贡税，但他们有自己的家计；他们分属于各个公民，然而他们不能被出卖；不像“买来的奴隶”那样是“会说话的工具”，显然他们是农奴。对此国内史学界有过激烈的争论。后面还准备专门加以讨论。

拉凯戴孟同盟

斯巴达征服美塞尼亚，使得它成为按古希腊标准而言的领土十分广阔的国家，这已经是希腊本土政治上一种“集团化”，然而它还没有从此停止下来。

斯巴达于征服美塞尼亚之后，曾想继续兼并它的邻邦。公元前6世纪前半，斯巴达进攻在它北面的阿卡狄亚，尤其觊觎特格阿（Tegea）这块富饶的平原，战争持续了30年（约公元前590—560年），征服没有成功。当领导战争的两个王死了，新王即位时，变兼并政策为“强迫结盟”政策。又经过一两次战役，特格阿同意与斯巴达结盟。公元前6世纪中叶，波斯进犯的危机已经隐约可见，斯巴达有意识地扩大他的结盟政策，开始是阿卡狄亚，其他城市陆续加盟，成立拉凯戴孟同盟（Lacedemon League，正式名称是“拉凯戴孟人和他的同盟者”Lacedemons and its Allies。拉凯戴孟是斯巴达的别称），以后，伯罗奔尼撒半岛西北的伊利斯（Elis）和科林斯地峡上诸邦也陆续加入。这是一个军事同盟，伯罗奔尼撒半岛全部，除阿尔哥斯和亚该亚（Achaea，半岛北面濒临科林斯湾的一个狭长地区）而外，诸国全部参加在这个同盟之内。加盟诸国对盟主不负担贡赋，仅在战时结成联军，联军的统帅属于斯巴达人。伯罗奔尼撒半岛历史上一直是希腊本土政治军事力量的中心，这个地区通过同盟的道路结成集团，使得它在波斯进犯面前自然而然成为抵抗运动的最后的也是最坚固的堡垒（见第六章）。

斯巴达兼并政策的失败

同属多里安人国家的科林斯地峡诸邦，采取发展工商业，对外殖民，解放农奴的路线。僭主伯利安德（居柏塞卢之子）在位的时候，科林斯的经济文化冠绝一时，是雅典以前希腊最强大的海军国家，它对西西里的叙拉古等城邦，则几乎从头到尾一直保持一种精神上的领导地位。而斯巴达则在整个希腊世界忙于对外的殖民扩张和建立一种新的高度文明的时候，为征服邻近的希腊人国家，并且为了镇压反抗的被征服人民使他们翻不了身起见，建立了当时的希腊世界所没有的、也是后代一切国家所未见的严峻的秩序——所谓“严峻”，对征服者和被征服者两方面而言都是适合的——这是历史上罕见的现象。它的公民的那种不怕个人牺牲的高度集体主义精神，它的蔑视财富，放弃艺术与文化，它的平等主义的公餐制度等，博得许多古希腊思想家的赞美，柏拉图的《理想国》所理想的政治和社会制度就以斯巴达为其原型。但是斯巴达的这种秩序并不能一直保持下去，伯罗奔尼撒战争中，以其军事威力建立起的斯巴达帝国，被外面花花世界所诱惑，败坏了这种制度的根本。公元前 4 世纪，斯巴达累败于忒拜同盟名将埃帕梅农达斯之手，美塞尼亚获得解放，阿卡狄亚诸邦脱离拉凯戴孟同盟。斯巴达国内秩序败坏以后，虽有阿吉斯四世（Agis Ⅳ，公元前 245—前 241 年）和克利奥米尼三世（Cleomenes Ⅲ，公元前 235—前 212 年）等王屡谋改革，还是一事无成。斯巴达和它的严峻秩序和古希腊诸城邦一样，消失在历史的洪流之中。

在斯巴达的历史中，有一个对我们来说很有兴趣的问题，那就是为什么它一度实行兼并政策，而且征服了美塞尼亚却又半途而废，改为实行同盟的政策？关于这一点，有人以古希腊人爱好自由，为维护国家独立而战不怕牺牲来解释。我们姑且承认这一点，然而仅此一端，也还不足以解释此种现象。吕底亚王国进犯小亚细亚诸城邦，许多城邦旋即纳贡称臣；波斯军进犯古希腊，古希腊本土北部、中部诸国都屈服了，还派兵参加进犯的波斯军。屈服的古希腊城邦固然没有沦为郡县，至少是从独立国家贬低到了藩属的地位，可见古希腊诸邦在强大的军力面前并不是永不屈服的。问题是：斯巴达之对美塞尼亚和波斯之对古希腊诸邦所要求的条件不一样——后者以对方降为藩属为满足，前者则彻底摧毁被征服国家的统治阶级及其政治组织，不加利用，又不去提高这些国家原来被统治的平民的地位，从中吸收力量使之为征服者所用，或者进一步使之成为征服者统治阶层中的组成因素，虽然决不是占重要地位的因素。斯巴达对被征服国家的各阶层人民似乎是一律加以奴役，并且在征服者和被征服者之间建立起来一种森严的等级界限，世世代代不得逾越，从而征服者的统治阶级自身也必须世世代代处在永久的警惕之中，这和帝国主义政策所不可缺少的对所统治各民族“兼收并蓄”的方针是背道而驰的。这种政策，在一次征服中作出了范例以后，自然会使它的第二次征服对象上下一心，誓死抵抗，兼并政策也就再也行不通了。

斯巴达在政治上还有另一种传统，即坚定地维护立宪主义的贵族政体，它对僭主政治和民主政治一样感到厌恶。它的这种传统政策，使它在伯罗奔尼撒战争中摧毁了进入它的“帝国”范围一切城邦的民主政体，到处树立亲斯巴达的贵族政体。这是公元前5世纪末至4世纪初的事情，在公元前6世纪，它促成了科林斯地峡诸邦推翻僭主政体，对雅典的僭主政体的倾覆，也尽了一臂之力。大略经过，后面还要扼要介绍。

特萨利亚

特萨利亚是希腊本土集团化的另一个例子。它的社会结构类似斯巴达，其政体则和斯巴达迥然不同。

特萨利亚拥有希腊本土最广阔的平原，它的领土面积约十倍于雅典，居统治地位的特萨利亚人，是多里安入侵时期武力侵入的一支西北希腊部族；当地居民是操爱奥里斯方言的迈锡尼旧民，征服者在语言上被当地居民同化了，然而他们是特萨利亚的贵族。当地居民，一部分移居海外，一部分退入平原周围的山区，以后成为特萨利亚的“边区居民”，他们享有的自由，比斯巴达的边区居民要多一些。留居平原的被征服者沦为农奴，称为“珀涅斯泰”（Penastae），其地位和斯巴达的黑劳士相同，不过所受监视要轻微一些。

征服者在特萨利亚平原周边山麓或平原中央丘陵上筑成城堡，统治周围被征服的农奴和纳贡的边区居民。每一个城堡有一个巴西琉斯，各自独立成王，不相统属。公元前7世纪以后，王政消失，代之而兴的贵族，虽然还不时发生内讧，居然以政治家风度合作起来组成了特萨利亚“联邦”。联邦制度细节没有资料可凭，大体上是分布于特萨利亚的无数小城市分别联合成为四个瑞士自治州（Canton）那样的地区联合组织，每个州设有一个选举产生的政治权利机构，称为Tetarch，这四个“州”又联合产生一个特萨利亚的“联邦政府”，称为Koinon，首席行政官称为Tagus，是不限资格地从诸城市中互选出来的。“州”的Tetarch和联邦的Tagus的职能主要是军事上的，各城市各别独立治理它的内政。自治州的 Tetarchs 是常设机构，Tagus 看来唯有在紧急情况下才选举出来统率“联邦”军队。所谓“内政”，其实也十分简单。因为特萨利亚除农奴制土地贵族而外没有什么工商业，独立的自由小农人数也少。镇压农奴（“珀涅斯泰”）和边区居民的反叛显然是建立“州”和“联邦”机构的主要目的，不过在有了这些机构之后，特萨利亚的军威也曾在不同时期震慑过它的邻邦。

特萨利亚的政治权力似乎基本上限于贵族，贵族又并非集合居住于一个城市，而是分散据有各自的小城市和城堡的。它的重要的城市有拉利萨（Larissa）和克拉龙（Cranon）。它的军队是贵族的骑士军，在马蹬发明以前[①]，骑士在重装步兵面前不是决胜的兵种。它长期来一直处于领有农奴的贵族的专政之下，内部等级森严，直到亚里士多德的时代（公元前 4 世纪后期），某些特萨利亚城市的分居平民（Demos）还不许涉足于政治集合场所。所以，这个希腊本土领土最广的“大国”，在古希腊史上所起的作用不大。波斯军侵入的时候，它首举降旗；亚历山大征服波斯的时候，特萨利亚的骑兵是亚历山大远征军中的重要组成部分。

看来特萨利亚确实是一个领土国家而不是一个城邦。它的政制的某些方面确实受到了城邦的影响，例如王政的消失，贵族阶级的联合，贵族阶级内部的某种民主惯例等。不仅如此，根据亚里士多德《政治学》的资料，特萨利亚的主要城市拉利萨后来也有城市公民和城市公民民选行政官员的制度，这大概已是比较晚期的现象。拉利萨和克拉龙二城实际上从来是广阔的特萨利亚领土国家的政治中心，是特萨利亚各地贵族所组成联邦的都城，而不是以其本身为主体的“城市国家”。一个联邦的都城的城市管理采取某种“城市自治”的形式，而不像我国的历代皇朝把都城的城市管理交给帝国的官吏（如清代的“九门提督”），在后世的西方诸国是常例。历史地说，这是城邦制度的流风余韵，特萨利亚的拉利萨市的制度，也许是这种现象的第一个例子。

雅典的统一运动

后来成为古希腊文明中心的雅典，兴起的时间比科林斯、斯巴达都晚，留下来的史料较多，研究得也比较详细，它的演变为城邦的过程比较典型，分别在本章与次章加以介绍。

雅典所在的阿提卡地区，面积两千多平方公里，只相当于我国纵横百里的一个大县，然而在古希腊的条件下，这已是有内陆纵深的一个地区了。它分割成为几个小平原（马拉松平原、埃琉西斯 Eleusis 平原和雅典平原）和几个山区，最南端的劳里翁（Laurium）山区在古典时期有著名的银矿。后期迈锡尼时代，阿提卡密布着小巴西琉斯的城堡，其中雅典和埃琉西斯长期间彼此敌对，筑着长城互相防卫。这个地区成为古希腊最杰出的城邦，第一个步骤是历史上著名的统一运动（Synoe Kismos）。

统一运动的实质是阿提卡境内各独立城市（或城堡）全部撤销其独立性，把分散的政治权力集中到雅典一个城市中来。传统把这一历史任务的完成归功于有勇有谋的提秀斯王（Theseus，参看普鲁塔克：《提秀斯传》），后来史家则对之作了比较切实的解释。他们认为，所谓统一运动实际是雅典以外各城市（或城堡）的贵族集中住到雅典城来，组成阿提卡的贵族议事会，统治整个阿提卡地区。而且这件事情不是一下子完成的，是经过了一个漫长的过程的——开始是少数几个城堡的贵族集中雅典，接下来向雅典集中的城堡逐步增加，最后与雅典长期敌对的埃琉西斯也合并进来，统一运动才告完成。多里安人入侵时代，阿提卡地区始终未被侵入，这已为史家所公认。据此，我们也许可以推测，多里安人入侵也促成了阿提卡的统一运动。古希腊史家斯特累波（Strabo）说，雅典王梅朗淑（Melanthos）之子科德罗斯（Codrus）在抵御多里安人入侵的战争中阵亡（参看吴寿彭译亚里士多德《政治学》，第 229 页译注）可以作为间接的证据。阿提卡陆上邻邦西面是麦加拉，属多里安集团；北面是彼奥提亚，属爱奥里斯集团；历来和雅典都不友好，阿提卡境内诸城合并成为一个统一国家是形势促成的。有的史家还认为这个过程开始于公元前 1000 年，最后完成之时，在公元前 700 年前不久，看来是有相当理由的。

初期雅典的政制，塞尔格耶夫介绍如下：

> 数百年来，统一的阿提卡的最高统治权，是属于雅典的巴西琉斯的。在公元前 8 世纪左右，雅典的王权绝迹了。据传说，雅典最后一个巴西琉斯是科德罗斯。王权消灭之后，雅典的首脑便是从“贵族后裔”选出来的执政者，即所谓“执政官”（Archons）。初时，执政官的任期是终身的，后来就 10 年改选一次，及后每年改选一次。初时，只选一个执政官，但

> 大约在公元前6世纪中叶，便有“执政官九人团”的组织——1. 首席执政官（即正式的执政官），初时掌握大权，但后来权力也受限制；2. 祭仪执政官（即巴西琉斯），主要是尽祭司的职责，兼处理有关宗教崇拜的审判事宜；3. 军事执政官（即元帅），是雅典国民军的领袖，兼司邦交大事；4. 其余六个司法执政官，乃是法律的维护者，兼各种审判委员会的主席。执政官是尽社会义务而不受报酬的……任职期满以后，执政官便入“元老院”（Areopagos），即国家最高议事会……（《古希腊史》，第174—175 页）

看来，这和我们在小亚细亚殖民城邦所见到的贵族寡头政制是完全一样的。这时候的公民（Polite，即“城邦的人”）看来仅限于集中住在城内的特权贵族，住在“村场”（Demos，此字为希腊语民主政治 Democracy 的语根，并参见次章介绍雅典克利斯提尼 Cleisthenes 立法一节）内的平民恐怕是不算在“城邦的人”（Polite，公民）的范围之内的。

雅典虽号称为最初伊奥利亚诸殖民城邦如米利都、埃弗塞斯等的母邦，然而初期殖民过去之后，它就不再去创建什么殖民城邦，而且直到公元前6世纪初梭伦改革以前，它的工商业也似乎没有什么重大的发展。阿提卡本来是比较广阔的一个地区，此时的雅典基本上是务农的，比之同时代的科林斯，卡尔西斯（Chalcis）诸邦的迅猛的对外殖民而言，它的人口外流似乎也是微不足道的。贵族的阶级统治，人口的日益增加，必然导致贵族对平民剥削的日益加重，这就是库隆暴动和梭伦改制的背景。另一方面，人口外流不多，人力保持于国内，也是后来雅典得以成为抗击波斯进犯的骨干力量的原因。

雅典走上统一运动和贵族统治的道路是不是受到海外殖民城邦的影响，古典时代的希腊史家如希罗多德、修昔底德等毫未提到，近代有些史家论述它的原因的时候，往往归之于内部生产力的发展。多里安人入侵以后漫长的数百年间，雅典经济毫无疑问会有某种程度的发展，但直到统一运动完成，贵族统治确立之时，雅典还是一个产粮的农业国家，而不是园圃的农业国家；它虽有优良的海港，但它的海外贸易还不及一个小岛埃吉纳；它的陶器工业远未发展，当时优美的科林斯瓶还在称霸古希腊世界，所以它的政治改革的推动力得自经济发展的，当远较科林斯、卡尔西斯等城为微弱。另一方面，雅典号称伊奥利亚诸海外城邦的母邦，它跟那些城邦的交往应该是比较密切的。所以，有理由推测，雅典的贵族从海外殖民城邦当政的贵族那里学到了关于各种新型国家的知识。阿提卡境内诸小城邦的贵族共同抵御外族入侵的要求，加上经济的发展以及其他许多我们不知道的原因的相互作用，使得雅典还在变成工业和商业的城市以前就组成了一个单一城市领导周围比较广阔农村地区的国家。我们有理由推测，这个城邦的务农的平民，初期还算不上是城邦的公民。史料表明，梭伦（Solon）改革以前，这些平民的处境是贫困而悲惨的。激烈的阶级冲突，引起了骚乱暴动，出现了立法者和僭主，当人民群众的力量强大到足以推翻僭主统治的时候，就形成了古希腊史上著名的雅典民主。因为这个过程在古希腊各邦中具有典型的意义，当在次章内作比较详细的介绍。在这个过程中，雅典发展了商业和手工业，它的经济力量逐渐超过了科林斯和卡尔西斯；而在民主政体下，它又拥有为数较多的务农的公民，得以招募一支较大的公民军，这又是雅典军事威力的来源。古希腊本土诸城邦中，唯有雅典兼具这几个因素，它之成为古希腊文明的中心，并不是偶然的。

阿尔哥斯和克里特

阿尔哥斯（Argos）占有迈锡尼时代的王畿（亚加米农本人的王国），它最初在多里安人诸邦中占有领袖地位。多里安人征服之初，它还得以在某种程度上支配科林斯地峡上诸邦；传统还说，那个时候存在过一个阿尔哥斯“帝国”。公元前8世纪中期，阿尔哥斯的霸权衰落了。公元前7世纪阿尔哥斯在斐登王统治下武功很盛，打败过斯巴达和雅典，实行过币制改革。亚里士多德说斐登“起初为王而终于做了僭主”，大概他在国内实行过个人的专制统治。这个传统的部族王国以后也成了“主权在民”的城邦，它国内除阿尔哥斯这个城市而外，还有阿欣（Asine）、太林斯（Tiryns）等重要城市。各城市间的关系如何，已经难于稽考了。

阿尔哥斯东南有特洛真（Trozen）、赫尔米温（Henmione）、埃彼道鲁斯等小国，濒临阿尔哥斯湾或萨洛尼克湾，面积不大，都是科林斯类型的单一城市的城邦，在历史上没有起过什么作用。

克里特岛为多里安人占领后很快分别建成40个城邦，据说后来还达到过100个。

彼奥提亚、福西斯、洛克里斯

公元前4世纪一度掌握古希腊霸权的彼奥提亚（Boeotia），位居希腊中部，南邻阿提卡，以土壤肥沃著名。迈锡尼时代彼奥提亚已是比较发达的地区，建有某些迈锡尼统治下的小王国的城堡，后来的提佛、奥科美那斯等城市大概就是在它们的旧址上发展起来的。历史时代的彼奥提亚传统说是入侵者的旧裔，但是假如确实有过外族征服的话，征服也没有留下什么严格的阶级界限，按照著名的希西阿的《劳动与时令》诗作来看，自耕的自由农民在公元前8世纪就居于主要地位了。彼奥提亚的王政消灭得很早，希西阿诗中的巴西琉斯，有的史家认为也许指的是贵族。彼奥提亚原先有许多独立的小公社，它们之间很早就有同族性质的联合，还有泛彼奥提亚的宗教庆典，又因为那是希腊本土的四战之地，古典时代多次战争都会战于它境内，这种容易遭到外敌入侵的环境，促使它趋向于合并成为一个联盟。组织联盟的盟主是提佛城，为了组成彼奥提亚联盟，提佛城还对某些城市进行过战争。公元前550年，除奥科美那斯和布拉的（Plataea）两城外都加入了联盟，几十年以后这两个城市也加盟了。联盟的政治机构称彼奥塔斯（Boeotarth），加盟城邦各自保持独立。

位居彼奥提亚之东，南临科林斯湾的福西斯（Phocis），地域不大，居民分散于20个左右的小市邑中，古希腊世界的宗教中心特尔斐神庙就在它境内。公元前590年，福西斯的两个市邑为了神庙周围一块土地发生了争吵，特萨利亚以这次事件为借口，干预、占领了福西斯，许多希腊城邦联合起来驱逐特萨利亚人，福西斯在其中起了主要作用。在此以前，福西斯各市邑之间本来就有部族性质的联合，战争中发展成为比较巩固的统一国家，按其性质而言，也可以称之为福西斯联盟；不过加盟的小市邑独立性不强，未必具有独立城邦的性质，所以福西斯国家，其实是自治的市邑联合组成的领土国家。

洛克里斯（Locris）邻近福西斯和彼奥提亚，它以奥布斯（Opus）城为中心，经过雅典那样的统一运动建成为城邦。

农村地区的建城运动

以上列举诸城邦，多数由旧时城堡发展成为人民聚居的城市和城邦。本土城邦的最后一种类型，是原来的农村地区建立城市，发展成为城邦，这可以称为建城运动，阿德科克称之为“狭义的统一运动”。他说：

> 这里那里的诸村落的共同体，通过深思熟虑的行动，放弃村庄合居一处，这个过程是狭义的“统一运动”。我们知道这种统一运动在东部阿卡狄亚（Arcadia）怎样在起作用的。东部阿卡狄亚分为两个村居共同体的集群，每一个集群原来都拥有一个筑城的避难所，北集群的称为城（Polis），南集群称为堡（The Fort）。也许因为害怕斯巴达人的侵略，南集群联合起来组成了特格阿（Tegea）城邦，不久，北集群就组成了曼底涅亚（Mantinea）城邦。曼底涅亚统一运动的理由在于害怕南邻的军事力量，这个理由因渴望控制平原北部的水源又加强了一层。由于同样的原因赫赖亚（Heraeans）由于伊利斯人（Elis，伯罗奔尼撒西北的多里安人城邦）愈来愈厉害的侵略倾向被迫建立了赫赖亚城邦（亦在阿卡狄亚境内）。只要密迩别的城邦，无疑就能触动村居的共同体起而模仿，希腊西北部（指阿开那尼亚 Acamania、埃托利亚 Aetolia）诸城邦，看来是从那里出现一系列科林斯的殖民地以后，才陆续形成的。（《希腊城邦的兴起》，*The Growth of the Greek City-states*）

古代希腊晚期，亚历山大征服以后的希腊主义时代，兴起了亚该亚同盟（以伯罗奔尼撒半岛北部濒临科林斯湾的亚该亚为中心），埃托利亚（在中部希腊的西侧）同盟。这两个地区都是山区，古典时期，它们都是落后地区。当滨海的先进的工商业城邦已经经过了奴隶制经济的极盛时代，因内部激烈的阶级矛盾而陷于分崩离析的境地的时候，自由农民居主导地位的这些山区，于是建立城市，组成同盟，起而占有希腊本土的支配地位。不过那时已是罗马征服的前夜，古希腊人在政治军事上不久就退出历史舞台了。

近邻同盟

希腊本土的“统一运动”或“同盟运动”，从来都是局部的。全希腊的组织全是宗教性质的，其中最重要的是“近邻同盟”。

近邻同盟（Amphictyonic League，the League of Neighours）以特尔斐（Delphi）神庙为中心。特尔斐神庙祀奉阿波罗（Apollo），神庙的渊源很古，可以追溯到亚该亚人来到希腊的时候，后来成为希腊三个人种集团爱奥里斯、伊奥利亚、多里斯共同的宗教中心，特尔斐的阿波罗神谕甚至为“蛮邦君主”（如吕底亚、埃及）所信任。近邻同盟原是围绕温泉关附近地母（Demeter）神庙而设立的邻近诸邦的同盟，不清楚同盟的起源和其目标如何，反正它要求加盟诸邦在发生战争时不得切断对方的水源，不得毁灭对方的市邑。鉴于其称为“近邻”，究竟最初的加盟诸邦，在兹帕尔克俄斯（Spemhus）河上和塞费苏斯（Cephisus）河上游诸共同体之外，是否还有别的，是可疑的。不过到公元前600年的时候，同盟包括了北部和中部希腊的全部人民，其中有特萨利亚的四个“州”，有福西斯人、彼奥提亚人、洛克里斯人、多里斯的多里安人（残留在中部希腊的多里安人小邦）、优卑亚的伊奥利亚人和历史上仅见名称没有史料参考的三个小邦多利普（Dolepes）、马里（Maliams）、伊纳斯（Aenians）人。不久发生了所谓第一次神圣战争，特尔斐神庙原由克利塞（Crisa，属福西斯的一个小共同体）管理，战争的结果，神庙归近邻同盟保护。近邻同盟的年会也移到特尔斐来召开。此时特萨利亚在近邻同盟中占绝对优势，福西斯也处于特萨利亚的军事占领之下。后来各邦协力驱逐特萨利亚占领军，近邻同盟的成员随之扩大，雅典、斯巴达、西息温等都成为加盟国家。扩大的近邻同盟此后还在特尔斐主办“皮提翁庆节”（Pythium Festival），有音乐竞赛，后来又增设体育竞赛，这大大提高了特尔斐神庙的地位，使它成为团结古希腊人的中心地点。近邻同盟则逐渐从宗教性的联合，转为政治性的国际性的联合。这决不是一个超国家的组织，只是古希腊世界各主权国家通过这个同盟发生了集体性的相互接触，有助于发展出一些国际惯例而已。

奥林匹克庆节

另一个纯粹宗教性的“奥林匹克庆节”更负盛名，现代的国际奥运会自称是继承了它的传统的。庆节每4年一次，第一届奥林匹克赛会早在公元前776年举行，它由伊利斯主办，最初参加的不过是近旁少数几个国家，以后逐渐扩大，即使很少参与古希腊世界政治事务的远方诸邦，如黑海和“远西”，也都热心参加那里的竞走、角斗、战车竞赛等运动。竞赛的胜利者获得桂冠或橄榄冠，且有立像的权利，所属城邦亦引以为荣。诗人与雄辩家也参加奥林匹克赛会，公元前4世纪，显赫一时的西西里叙拉古（Syracuse）僭主自炫诗才，派人在奥林匹克赛会上朗诵他的诗作，竟备受讥嘲。为了保证赛会的举行，希腊诸国协定，赛会期间交战中诸国一律要停战若干天。这种盛大的庆节，显然大大促进了古希腊的统一文化的形成，加强古希腊民族的团结，事实上它是古希腊世界中主权国家的城邦制度之外另一个重要的政治因素，它对后来的历史事变是产生了极深刻的影响的。

注释

①马蹬的利用，无论在中国或欧洲，都已经在中世纪了。没有马蹬的骑兵，是赵灵王“胡服骑射”的骑兵，威力在于“骑射”，不能作马上白刃战，所以抵不过带甲、持盾、持矛集团作战的“重装步兵”。

第五章　公元前8—前6世纪的古希腊世界——城邦制度的最后完成

第一节　总　述

以本土为中心的古希腊世界的形成

公元前8—前6世纪，古希腊世界发生了剧烈的变化。变化的第一个方面是，这200年间，古希腊人从小亚细亚及本土出发，殖民于东西南北。古典时代以本土为中心的地中海上的希腊世界，就是在这个时期形成的。古希腊人的这个大移民运动，一方面在移民区域碰到了激烈的竞争者和对手，一方面又是东方的内陆帝国对小亚细亚希腊人军事进犯的结果。所以，大移民固然是古希腊人的海外扩张，但是其中一部分人民属于“避难移民”的性质。变化的第二个方面是，希腊本土结束了多里安人入侵的漫长数百年间的“黑暗时代”。本土诸邦，在此期间城邦化了，也集团化了；加以从东面来的外敌侵犯，“黑暗时代”曾经是古希腊文明中心的小亚细亚，现在丧失了它的中心地位；古希腊文明和古希腊历史事变的中心，在此期间移回到了本土，虽然雅典中心地位的确立，还在希波战争之后。以上两个方面，前两章已经多方面涉及，然而未作系统的介绍。本章第二节将就国际环境、大移民、海外城邦，第三节将对以雅典为中心的希腊本土的状况，作比较系统的介绍。由于古希腊史的多中心的特点，以上介绍与前两章虽有不少重复之处，看起来还是节省不了的。

希腊世界的经济变革

大移民与本土的城邦化及集团化所形成的以本土为中心的古希腊世界，是由无数自治自给的蕞尔小邦组成的。各个区域的外部条件各不相同，每一个区域的各城邦的内部状况和历史演变过程也各不相同，但这个时期的有些变革，特别在经济方面，是共通于整个古希腊世界的。

古希腊人殖民于东西南北，每一个海外殖民地和本土的所有国家，固然各按当地的资源交通条件和它们自己的历史传统，经营多种多样的经济生活，但是，大移民更突出了古希腊的海上文明的特色。

> 在古希腊人的国民生活中，海洋所起的作用，有了确定的形式，并且升到了最重要的地位。殖民地靠近海洋，而且只有靠着海洋才能和它们的母邦往来。它们在政治上经济上的独立，以及它们本身的存在，都需要有强大的船队。远在雅典掌握古希腊诸海的霸权以前，科林斯、优卑亚的卡尔西斯、米利都、佛西亚、罗陀斯、叙拉古、塔林顿（Tarentum，意大利南端）和马赛，便都已有强大的商业舰队和武装舰队。（杜丹，p. 29）[①]

海上贸易和海上交通的发达，反过来对古希腊各殖民地城邦和本土诸国的经济，又产生巨大影响。它使本土诸国古老的自然经济，迅速转为商品货币经济；使海外和本土原先的工商业城邦，由于粮食和原料供给方便，而得以不受限制地扩大它们的工商业。同时，也使某些“单一经济”的殖民城邦，扩大多种经营，力谋自给自足。雅典本以粮作农业为主，大移民中及其后逐渐发展起来更加适合于其土壤条件（丘陵、沙地）的葡萄、橄榄、果园与其他园圃农业，粮食逐渐取给于进口。由于输出油和酒需要容器，因此它又迅速发展起陶器业，不久它的陶器就超过了科林斯。米利都、科林斯、卡尔西斯等老早就是工商业城邦，粮食原料供给充分了，使它们工商业的发展更加迅速。与此相反，有些殖民地建立之初，虽不过是一个商站，但因周围农业资源丰富，当它的人口因新移民的到来而日益增多时，就兼营农业。后来，它们逐渐发展成为自给自足的共同体，于是对母邦的依赖日益减少，并成了独立的城邦，这在前面已经说过了。

经济的迅猛发展，促成了贵金属铸币的应用。贵金属铸币的应用，反过来又影响于经济发展的速度。古希腊人用贵金属条块为交换媒介为时已久，但当时的交换媒介，除贵金属条块而外，还兼用牲畜、铜斧、铁块、铜制三脚架之类的实物，商品货币经济的发达究竟还受到一定限制。公元前8世纪，小亚细亚的吕底亚王国开始用天然的琥珀金（金银合金）制成铸币，伊奥利亚诸城邦米利都、佛西亚、埃弗塞斯继起仿制，不久，斐登王统治下的阿尔哥斯，萨洛尼克湾上的埃吉纳、优卑亚（Euboea）和雅典也自铸货币。铸币材料，改用成色较高的金或银[②]。这种打制了某种固定图像，成色重量一致的小圆片，既便利了商品交换，本身又是代表一般意义的财富，连同弥漫于古希腊世界的迅猛的经济发展，产生了重要的社会与政治后果。

贵族阶级寡头专政面临的新形势

我们由前一章知道，公元前8世纪初期前后，无论海外或本土诸邦，政权大体上掌握在贵族阶级手里，政制是寡头专政。以小亚细亚诸邦而言，各邦执政的贵族阶级奠定了自治自给城邦的基础，发展了对外移民，然而这些成就是在相对的和平状态下获得的，现在他们面临了强大的外敌侵犯的威胁，历史记录似乎显示他们对付这种威胁是无能的。“西方希腊”也有同样的迹象。就整个古希腊世界而言，一切城邦在迅猛的经济发展面前，一般都出现了下述的社会与政治新形势，保守的贵族阶级，出于他们的阶级利害的考虑，更显得无法应付。

一、新的致富的机会和贵金属铸币的使用所促成的金钱贪欲，刺激了许多人作各种各样的冒险，或从事创造性的经济活动。一部分当政的土地贵族，利用权势取得了财富；同时也出现了贵族以外的工商业的富裕阶层，而他们是被摒除于政权之外的。这样，政治权力的分配和各阶级实际力量的对比之间，出现了矛盾，这种矛盾日益加剧。

二、经济发展和海外移民都造成了人力的不足，使得土地贵族难于掌握他们支配之下的人手。另一方面，商品货币经济的发展，刺激了土地贵族的金钱贪欲，从而使他们加深了对平民群众的剥削。梭伦改革以前雅典的状况，可以引为典型。

> （雅典的）贫民本身以及他们的妻子儿女事实上都成为富人的奴隶；

他们被称为“被护民”和“六一农”（按：史家均释为须交农产品收获5/6的分成佃农），因为他们为富人耕田，按此比率纳租，而全国土地都集中在少数人手里，如果他们交不起租，那末他们自身和他们的子女便要被捕；所有借款都用债务人的人身为担保，这样的习惯一直流行到梭伦时代为止。（亚里士多德：《雅典政制》，三联书店1957年版（下同），第4—5页）

三、古代希腊以奴隶制著名，然而古希腊的奴隶制起源于买来的奴隶（战俘，从蛮族那里贩买来的奴隶），并非起源于古希腊社会内部的债务奴役。此时古希腊诸城邦的平民群众，是大移民和经济扩张所不可缺的极其宝贵的人力资源。因此，上引雅典的严重情况，必定会引起社会骚动，引起暴动，剧烈的社会变革和政治变革就不可避免了。

古希腊诸邦历史演变过程的多样性与一致性

以上所说的是一般情况。古希腊诸邦的内外环境，极不相同，各邦统治阶级对付新形势所采取政策也不同，有的成功，有的失败，各邦历史演变也就多种多样。在古希腊本土，同属多里安人的国家，科林斯、麦加拉、西息温在新形势下大举移民海外，发展工商业，使得它们内部发生剧烈的社会政治变革，于是兴起僭主，推翻贵族，解放农奴；斯巴达则征服美塞尼亚，扩大了农奴的数量，加强对农奴的镇压，为此建立了公民中严格的军营生活，从此以后，长期内经济和艺术文化的发展，是和斯巴达无缘的。再进一步，科林斯等邦的僭主政治，在斯巴达干涉下被推翻，建成了主权在民的政体，然而斯巴达的“战士—公民”的特权公民的“民主”制度，则数百年间保持不变。又如本土特萨利亚四周高山，贵族役使农奴耕牧于广漠平原之中，古希腊世界的沸腾的经济生活与剧烈的政治变革对它影响微弱。它的政制虽然也因外部变化而有所变化，实质上一仍旧贯。

与此相反，多数海外城邦处在猛烈的经济变革的漩涡中心，又有外敌的侵犯，不能不发生剧烈的政治震荡。然而东方希腊和西方希腊所碰到的外敌力量强弱悬殊，从而小亚细亚诸城邦出现了波斯儿皇帝性质的僭主，西西里则出现了战胜迦太基人的西西里帝国。

以上是古希腊诸邦历史演变过程的多样性。但除少数例外（斯巴达、特萨利亚在古希腊史上确属例外），古希腊诸邦历史演变过程也有其一致性。公元前8—前6世纪这一段时间，各邦都处在大移民造成的经济环境之中，各邦都处在强大的外敌威胁之下。海外城邦在此期间，有的直接受到侵犯，有的与敌方发生了战争。本土诸邦，显然也已经感到波斯入侵的威胁。用历史眼光来看，本土诸邦此时期内历史演变过程，具有不少应付迫在眉睫的事变的因素。而且，此时期内许多城邦出现僭主政体，继以推翻僭主，实行民主，又显出历史过程的某种一致性，虽然这个过程并非完成于公元前6世纪，要推迟到下一个世纪。有许多城邦没有出现僭主，而出现了立法者，有一些没有发生这类政治震荡，“和平”地进入民主政体。从整个古希腊世界的历史来看，其间是可以找到某种规律的线索的。

贵族阶级的寡头专政，经过僭主政体，或经过立法者和民选调解官过渡到民主政体，也就是本文所探讨的古希腊城邦制度的最后完成，本章第三、四两节将对此略加介绍与探讨。

第二节　国际环境、大移民和海外城邦

吕底亚王国的兴起与波斯帝国的征服小亚细亚

小亚细亚初期移民的二次移民开始于公元前8世纪，或更早一些时候（均参见第三章），当时小亚细亚腹地没有什么强大的国家，那里的古希腊诸城邦得以自由自在的扩展，达一个多世纪之久。大约从公元前8世纪起，紧邻伊奥利亚的内地兴起了吕底亚王国，王都在萨第斯（Sardis），距海滨不过80公里。在基格斯（Gyges）篡夺吕底亚王位以前，这个王国似乎力量不大，还不足以威胁古希腊诸城邦。公元前8世纪，正是米利都开辟黑海航路，小亚细亚诸邦对外移民和海上贸易猛烈发展的时代。公元前8世纪末或7世纪初，基格斯篡位，篡位后他立即进犯米利都和士麦拿，并攻陷了科罗封，显然并未久占就退出了。下一个吕底亚王阿底斯（Ardys）又进攻米利都，攻陷普赖伊尼（Priene），也未久占。公元前652年，蛮族西墨里安（Cimmerians）进犯吕底亚，攻陷王都萨第斯，吕底亚一时衰落，若干年间无力进犯伊奥利亚希腊城

邦。公元前7世纪末，亚述帝国被巴比伦、米地两王国灭亡，并瓜分了它的领地。吕底亚再度强盛，它的国王阿耶特斯（Alyattes）曾东犯米地王国。不久两国联姻和好。阿耶特斯全力西犯，攻陷了士麦拿（Smyrna），把它夷为平地（这是小亚细亚古希腊人殖民城市被毁灭的仅有的例子，这个城市大概到亚历山大征服后才恢复起来），进犯克拉左美奈（Clazomenae）和米利都（Miletus），并和米利都进行了长达11年的战争，此时正值米利都著名僭主司拉绪布卢（Thrasybulus）在位的时候。米利都以坚壁清野的方法抵抗进犯，并依靠海上运输维持城市的供给。阿耶特斯久战无功，罢兵议和，希罗多德说此后“两个国家成了密友和联盟”。约公元前560年，吕底亚王克劳苏斯（Croesus）继位，更加积极进攻小亚细亚诸希腊殖民城邦，在他统治期间把北中南大陆海滨的全部希腊城邦都降服了，降服的条件大概相当宽大，只要纳贡称臣就行，不干涉城邦的自治。这些城邦降服后，因能更加不受阻碍地和内陆贸易，似乎也安于这种环境。

然而吕底亚的极盛时代，不过是昙花一现。东边的波斯在居鲁士统治下不过几年就征服了米地王国，并继续西进灭亡了吕底亚，俘虏了克劳苏斯，小亚细亚的希腊人城邦又从吕底亚的藩属转为波斯帝国的藩属，以下的事变就紧接着希波战争史了。

小亚细亚古希腊人的避难移民

吕底亚王国长期来与古希腊城邦时战时和，在和平时期似乎有密切的经济文化交往，埃弗塞斯的一个僭主还是吕底亚王的女婿。降服了小亚细亚全部希腊城邦的吕底亚末代国王克劳苏斯王廷，是古希腊人常去访问之地。传说，雅典梭伦离职后曾到过萨第斯（Sardis）。波斯征服吕底亚后，对转而藩属它的古希腊城邦虽有宽容，也怀疑忌。当时的波斯王廷有古希腊人的宠臣——希腊名医德摩斯底斯（Democedes）曾为波斯大王的御医，波斯用兵时要依靠希腊人提供海上力量。但波斯属下的海滨城市，除希腊而外，还有腓尼基（西顿、推罗）。古希腊、腓尼基之间的海上竞争，竟然也表现为两方在波斯王廷中的争宠。

小亚细亚诸城邦对吕底亚和波斯的先后降服，对它们的经济文化发展，似乎还没有极其严重的影响，这是古希腊人甘心纳贡称臣的主要原因。然而也有一些古希腊城邦，或某些城邦中的一部分古希腊人，宁愿移居他处，不愿屈居藩属地位。克拉左美奈人有些避难雅典，把那里的陶画新风格带到了雅典，帮助雅典发展了陶业。佛西亚于吕底亚侵入时（公元前600年）大群人扬帆西去，建立了“远西”的马萨利亚（Massilia，即今马赛）殖民地；不久，马萨利亚移民于科西嘉（Corsica）岛上；当波斯王居鲁士征服时，又有一群佛西亚人避居科西嘉殖民地。罗陀斯岛古希腊人建杰拉（Gela）城于西西里岛上，奈达斯（Cnidus）人跑到埃及去当雇佣兵。提奥斯（Teos）则全城人都上了船，开到色雷斯海岸建立了阿布提拉（Abdera）城（哲学家德摩克利特Democritus的故乡），另有一部分人移居黑海北岸。诸如此类的避难移民，是公元前6世纪以前希腊大移民的一个组成部分，黑海、色雷斯及西方新殖民地的建立，甚至希腊本土有些城邦工艺技术和文化的提高，都从中汲取了力量。

僭主政体之盛行于小亚细亚

公元前7世纪起，小亚细亚希腊城邦开始出现僭主政治。历史上最著名的有米利都的司拉绪布卢（约公元前625年）和塞莫斯的波利克拉底（Polycrates，公元前6世纪后期），但是累斯博斯（Lasbos）岛上米提利尼（Mitylene）城邦的僭主和埃弗塞斯的僭主，则比司拉绪布卢还要早得多。这一种个人专制的政体，是一些野心家利用贵族寡头政体面临新形势下的无能，纠集心怀不满的平民群众，组织个人卫队，毁弃当时的宪法或惯例，夺取政权而形成的。他们在夺取政权后，实行一些有利平民的政策，然而政权则不向平民群众开放。就城邦政制的一般演变规律来说，僭主以暴力推翻根深蒂固的贵族寡头政体，是走向“主权在民”的政制的一种过渡形态，也算还是必要的过渡形态。以小亚细亚的特殊环境来说，吕底亚王基格斯弑君篡位，显然为古希腊人僭主政体做出了范例。公元前7世纪末，司拉绪布卢在米利都的僭政时期，长期抗击吕底亚王国的进犯，这表明了司拉绪布卢具有特出的军事才能，抗击外敌进犯的成功，显然是他得以僭窃国政的原因；公元前6世纪塞莫斯的波利克拉底的抗击波斯进犯，也属于同一原因。但是公元前6世纪中期以后，小亚细亚诸城邦臣服于波斯的时期，各城邦又大体上都有亲波斯人的僭主。这些僭主，类似于中国历史上金人侵宋后在中原建立的儿皇帝，很难说他们起过什么历史进步作用了。

除了个人专政的僭主而外，米提利尼（Mitylene）还有著名的彼塔卡斯（Pittacus，希腊七贤之一，梭伦的同时代人），推翻僭政，担任民选调解官（Aesymnetes，艾修尼德）凡十年，终使米提利尼从僭主政体顺利地过渡到民主政治。僭主、民选调解官和立法者这类现象，都不见于我国历史，又在雅典史上前后出现，使雅典成为希腊诸邦政治变革中的完整典型。

黑海两岸的古希腊殖民地城邦

黑海西端，今达达尼尔、博斯普鲁两海峡两侧，马尔马拉海上诸古希腊人殖民城邦，波斯进犯时都纳贡称臣，和小亚细亚其他城邦无异。东面，黑海南岸的锡诺普（Sinope，土耳其境内，现仍保持旧名），特拉布松（Trapezus，土耳其境内，现仍保持旧名）；更东，有高加索境内的法西斯（Phasis）、底阿斯可里何斯（Dioscorias），因为地点偏僻，似乎没有臣服于波斯，它们一向和米利都维持繁盛的海上贸易，输出麻、木材、铁等原料。黑海北岸南俄海滨，以刻赤海峡上旁提卡彭（Panticapaeum）为首的星罗棋布于大河入海口上的一批古希腊人城邦，不仅未受波斯征服的影响，甚至后来的罗马也没有直接征服其地。它们向米利都等小亚细亚工商业城邦，后来更向雅典输出南俄草原上斯切仃斯（Schytians）的粮食，也是古希腊的诸种工业品和橄榄油、葡萄酒的重要市场。这些贸易大大促进了小亚细亚和希腊本土工商业的发展。这些地方的古希腊人，也许有相当多的部分是避难移来的。考古发掘，证明他们一直保持了伊奥利亚甚至迈锡尼的古风。饶有兴趣的是，雅典盛期市内警察是国家奴隶，称为斯基泰人或称弓手。也许南俄草原上诸城邦，后来和希腊各地之间维持着相当规模的奴隶贸易。

南俄希腊人殖民地在希腊世界中处在最边远的地方，它们的文化因袭“英雄时代”的古风，对古希腊文明无所贡献。19世纪末期起，俄国学者在那里作了精细的考古发掘，现在史学界所知该地状况，很大部分是考古研究的成果[③]。

黑海南岸的古希腊城邦，亚历山大征服以后，先后成为古希腊主义诸王国和罗马的重要支撑点。其中如锡诺普，后来是从中国出发的“丝绸之路”的陆上终点，特拉布松曾经是东罗马帝国被土耳其毁灭以后，一个力图挣扎的短命的古希腊帝国的中心。两地（都在土耳其境内）迄今还保持古代的地名。

黑海南北两岸的古希腊城邦的政制，大体随古希腊世界的霸权所属，时而民主，时而寡头。其中显得十分特别的，是克里米亚半岛上的旁提卡彭，它集合附近古希腊城邦建立了“博斯福鲁王国”，王国所属臣民有大批希腊化的斯基泰人，王权有时也属于希腊化的斯基泰贵族。这种情形，在后来亚历山大征服所建立的东方诸王国中是常例。

色雷斯

爱琴海北边色雷斯海滨，今属希腊，但古代希腊的北界在奥林匹亚山，色雷斯及其西边内陆的马其顿还是蛮族地区，马其顿居民人种语言和古希腊人接近。这个地方的移民，始于公元前 8 世纪，优卑亚岛上卡尔西斯移殖于卡尔息狄斯（Chalcidice）半岛，百年之后，科林斯在该地建立了波提底亚（Potidea）。卡尔息狄斯半岛迤西地区，与吕底亚、波斯先后侵犯小亚细亚古希腊人城邦的时候，小亚细亚古希腊人移殖于此，提奥斯人建立阿布提拉即其一例（见前）。公元前 6 世纪末，这一带也已密布了古希腊殖民地。

古希腊人在该地移民，没有碰到本地居民的严重抵抗，古希腊殖民地对马其顿、色雷斯的开化，起过相当的作用。这些殖民城邦并不处在海上交通要道，商业不十分发达，务农人口占相当比例。卡尔息狄斯半岛多森林，附近有著名的旁加优斯（Pangaeus）银矿，这是殖民地的重大富源。它们的政治生活似乎比较正常，文化发达，阿布提拉是德摩克利特的故乡，斯塔基拉斯（Stagirus）是亚里士多德的故乡。但整个色雷斯地区处在波斯军进犯希腊本土的行军路上，希波战争期间它们受到严重损失，也不得不屈服于波斯轭下。公元前马其顿王国勃兴，它们首先被吞并，并且成为马其顿威力的一个重大因素。

埃及和古希腊人在塞勒尼的殖民

希腊本土南方的国际环境，又不同于它的东方。

亚该亚人在公元前 14、13 世纪，曾扩张于小亚细亚南岸中部和叙利亚、巴勒斯坦海滨，后来面临埃及、腓尼基、以色列和亚述帝国的遏阻，终致失败，从此这里是古希腊人进不去的地方（已见第二、三、四各章）。公元前 8 世纪起，南面的形势发生了根本的变化。曾经是克里特文明渊源之地的埃及王国，此时已经极度衰落。公元前 10 世纪起，它先后被西面的利比亚人和南面的努比亚人所征服，建立了征服者的王朝。公元前7世纪，亚述帝国一度征服埃及，公元前665年萨米提卡斯（Psammetichus）依靠铜装人（穿铜甲的伊奥利亚和加里亚雇佣兵）的援助，建立了赛斯王朝（埃及的第26王朝）。事实上米利都早在公元前8世纪的时候，就在埃及设有设防的商站，以后还建立了巨大繁荣的古希腊人殖民地诺克拉斯。公元前7—前6世纪古希腊雇佣兵一直是埃及王朝的重要军事因素，古希腊人的雇佣兵和商业利益两者是互相支持的。约公元前630年，塞拉（Thera，西克拉底斯Cyclades的一个岛）人和克里特人之殖民于塞勒尼（今利比亚之绿山区）显然是古希腊人在埃及的扩张的继续。

赛斯王朝于公元前525年被波斯所征服，直到亚历山大征服为止，古希腊人在埃及的活动发生了障碍，繁荣的诺克拉底逐渐湮灭了。塞勒尼殖民地继续存在了下去，但是它的经济与政治，都具有不同于其他古希腊城邦的面貌。

塞勒尼最初的古希腊殖民者中没有妇女，他们的殖民受到利比亚人的欢迎，他们普遍娶利比亚妇女为妻。50年后，塞勒尼人邀请各地古希腊人移居到他们那里去，应邀前去的是克里特人和伯罗奔尼撒半岛各邦的人，不久新来者和原居民发生龃龉，于是建立了新城邦贝尔卡（Barca）。那里袭用了当地人惯用的王政制度，但是一种适合于希腊人习惯的“立宪王政”。后来当朝国王实行政变，废弃宪治，实行专制政治。波斯军征服埃及时，当地的专制国王利用波斯力量进行自相残杀的内战，并成了波斯的藩属。

伊达拉里亚人和“大希腊”

古希腊人在西方的殖民，也有严重的竞争对手。在意大利半岛上，对手是伊达拉里亚（Etruria）人，在西西里岛上和“远西”，对手是腓尼基人的迦太基帝国。地中海欧非两侧的当地居民，在公元前7—前6世纪相对说来还很落后，不足以阻挡古希腊人的殖民。

古希腊人称意大利南部为“大希腊”（Magna Graecia），这是因为那里山川壮丽，平原宽阔，比希腊本部、中部及南端被海湾山岭分割成为彼此隔离的狭小地区，以及爱琴海上诸岛屿，气派远为宏大之故。这些地方的殖民城邦有克洛吞（Croton）、西巴里斯（Sybaris）、洛克里（Locri）、利吉姆（Rhegium）、厄利亚（Elea），以及最北面的丘米（Cumae）、那不勒斯（Naples，古名Neopolis）等。然而，丘米以北，古希腊人又为伊达拉里亚人所阻，一直要到阿尔卑斯山（Alps）外，才有古希腊人的“远西”殖民地马萨利亚移去的尼斯（Nice）、摩纳哥（Monoco，今法意边境）等城邦。

伊达拉里亚人是公元前10世纪移居到意大利梯伯河以北地区的，公元前7—前5世纪之间，伊达拉里亚人的势力扩张到了意大利的北部和中部，北起阿尔卑斯山麓，南迄今那不勒斯都在它们统治或影响之下，直到公元前5世纪，它才衰落。到公元前4世纪，它完全崩溃了。罗马文化受到伊达拉里亚的强烈影响，史学界还有一种说法，认为罗马城是伊达拉里亚人建立的。伊达拉里亚人是从哪里移到意大利的，从古希腊时代起直到现在止一直是史学界争论的问题，大体可以断定他们来自小亚细亚沿岸，古希腊的希罗多德相信他们是从基格斯（Gyges）以前的吕底亚去的。他们殖民意大利早于古希腊人，传统还认为古希腊人西向殖民之所以较晚，是因为伊达拉里亚人的阻挡，直到古希腊人的航海技术和海上作战能力足以克服这种阻力，他们在西西里和意大利南部的殖民才得以开始。

公元前6世纪后期，古希腊城邦丘米和伊达拉里亚人发生过战争，领导丘米人作战的亚里斯托德摩斯（Aristodemus）战后成为丘米的僭主。早期罗马的国王塔魁尼阿斯（Tarquinius）被废黜后曾避居他的宫廷。西巴里斯也出现过僭主，洛里克则有过最古的立法者宙留古斯（Zalencus）的活动。

腓尼基和迦太基

腓尼基人很早建立他们的城市王国拜布罗斯（Byblus）、息敦（Sidon）、泰尔（Tyre，今黎巴嫩）。早在公元前16世纪，他们就殖民于塞浦路斯和爱琴海上诸岛屿，当时是克里特—迈锡尼文明盛期，他们在东地中海的活动似偏重于海上商业，或作短期的黄金开采，没有作什么永久性的殖民。克里特—迈锡尼文明衰落之后，腓尼基人积极向西地中海扩张。公元前12世纪，腓尼基人的船舶最初在西地中海出现。杜丹说：

> 他们在往西班牙矿区的途中，需要沿着非洲海岸的停靠港口；他们在这些港口无疑开始了与土人最初的交易；而且这些港口后来变成了经常的“商站”，即真正的殖民地。根据传说，最早的腓尼基人殖民地，从东往

> 西，为大雷普提斯（Leptis Magna，今名雷布达）、哈德卢密塔姆（Hadrumetum，今名苏撒）、乌提卡（Utica）、希波·提阿尔希托斯（Hippo Diarhytos，今名比塞大）和希波·利基乌斯（Hippo Regius，今名波那），并且当时在赫拉克里斯双柱（直布罗陀海峡）之外，在丹吉尔之南拉拉士（Larash）附近已建立了利克莎斯（Lixus）。同时，泰尔人和西顿人又在马尔太岛、西西里岛南端、撒丁岛和西班牙的加的斯，获得了立足之地。（《古代世界经济生活》中译本，第150—151页）

腓尼基人在西方建立的最大的殖民城市是迦太基（今突尼斯首都旧址），建城时间在公元前9世纪末。当泰尔、西顿先后藩属于亚述帝国、迦勒底巴比伦王国和波斯帝国而衰落的时候，迦太基起来在整个西方保护腓尼基人，所有西地中海的腓尼基殖民地或者自愿，或者通过征服和强迫，先后归属于迦太基，结集成为强大的迦太基帝国。其时在公元前6世纪，并且也通过一个漫长的过程。迦太基的霸权，大概首先建立于非洲沿海，次及于西班牙及科西嘉、撒丁尼亚（Sardinia）两岛，最后才到西西里岛上和古希腊人争霸。

塞勒尼、马萨利亚和阿拉利亚

克里特岛和塞拉岛上的古希腊人殖民于利比亚的塞勒尼（Cyrene）时间为公元前630年。塞勒尼殖民地建立后不久，即向西作二次殖民，正值迦太基兴起初期，沿非洲海岸向东推进，结果两方面都停止于原地，没有发生什么冲突。

小亚细亚的希腊城邦佛西亚，于公元前600年之前，殖民于西班牙地中海滨南端的门拉卡（Maeanaca，今马拉加Malaga两侧）和西班牙一个盛产银子的古王国塔提苏斯（Tartessus）通商。这个地方深入腓尼基人的势力范围，大约在阿拉利亚战后（见后）被毁灭了。佛西亚人殖民于马萨利亚（Massilia，今法国马赛）是公元前600年的事情，这里离腓尼基迦太基在西班牙南部的传统势力范围很远，加以当时迦太基人势力微弱，无力干涉。公元前560年，佛西亚人又殖民于科西嘉岛上的阿拉利亚（Alalia），此时小亚细亚古希腊人避波斯侵犯纷纷西移，传说普赖伊尼（Priene）城邦的比阿斯（Bias，古希腊七贤之一）曾建议古希腊人集体移居撒丁尼亚。科西嘉岛离意大利北中部伊达拉里亚人地区很近，古希腊人在两岛上势力扩大，对腓尼基人的商路是很大的威胁，加以公元前6世纪中期，正是迦太基强国兴起之时，公元前535年，佛西亚舰队与迦太基伊达拉里亚联合舰队战于科西嘉的阿拉利亚，佛西亚人自诩胜利，但放弃阿拉利亚，而且从此以后，古希腊人再也不涉足于科西嘉和撒丁尼亚两岛了。

阿拉利亚战后不久，佛西亚的殖民地马萨利亚和迦太基海战获胜，战后订立了一个确切的条约，条约也许以西班牙地中海上的纳奥角划分双方“势力范围”，此后长期间双方相安无事。马萨利亚二次殖民所建立的城邦，最东有今法意边境的尼斯和摩纳哥，最西南有西班牙境内的伊波利亚（Emporiae）和罗德（Rhode），移民大概不少来自小亚细亚。

西西里岛上的古希腊殖民城邦和古希腊人、迦太基人在西西里岛上的长期冲突

古希腊人移民西西里岛，始于公元前8世纪，最早的有科林斯移民的叙拉古，麦加拉的麦加拉亥布拉（Megara Hybleae，见前章）和纳克索斯岛移殖的同名城邦，公元前8—前7世纪，古希腊人在该岛上移民盛行，建立了赠克利（Zancle）、利吉姆、林地尼（Leontini）、卡塔拉（Catana）、迈利（Mglae）、机拉（Gela）、希米拉（Himera）、卡斯门尼（Casmenae）等殖民城市。也许当时腓尼基人已经涉足于西西里岛，但当时泰尔衰落，迦太基尚未兴起，古希腊人没有碰到什么抵抗，当时的腓尼基人被赶到该岛的西北角。到公元前6世纪，腓尼基在那里有三个殖民城市：摩提亚（Motya）、帕诏马斯（Panormus）、索罗斯（Solus）。公元前580年，古希腊人殖民于阿克累加斯（Acragas）的时候，发生了古希腊人与腓尼基人的第一次冲突，腓尼基人帮助当地土著厄力密亚人（Elymians）抵抗古希腊殖民者，古希腊移民（来自小亚细亚南端的奈达斯和罗陀斯岛）领袖彭达斯拉斯（Pentathlus）被杀。这还是迦太基人并未干预其事的小规模冲突。公元前6世纪后期，迦太基已是强盛的帝国，它出兵到西西里岛，征服该岛西北端的腓尼基人殖民地使之归属于它。从此以后，西西里岛成为古希腊与迦太基长期争夺之地。公元前5世纪初，正当希腊本土抗击波斯进犯军的时候，以叙拉古为首的西西里古希腊诸城邦和迦太基进行了第一次大规模的决战，古希腊人获得了胜利。但斗争并未结束，公元前5世纪及4世纪，西方古希腊人与迦太基人间有两次大规模的战争，这一斗争还延续到罗马时代，公元前

3—前2世纪发生于罗马与迦太基之间历时100多年的三次布匿（迦太基另一名称）战争（战争中出现了历史上著名的迦太基名将汉尼拔 Hannibal 和罗马名将西庇阿 Scipio 兄弟），其实是西方古希腊和迦太基斗争的继续。

西方古希腊的形成

古希腊人殖民于科西嘉、撒丁尼亚两岛的失败，使西方的古希腊殖民地集中于两个区域：1. 意大利南部，即所谓“大希腊”及西西里岛，虽然前者面对北面的伊达拉里亚人和后来的罗马人，后者面对西南的迦太基人，但是因为它们不过相隔一个极其狭窄的墨西拿海峡，逐渐形成一个以西西里岛上叙拉古为首的集团；2. 马萨利亚及其东面两侧地中海沿岸的古希腊殖民地。它们和大希腊西西里集团之间陆上有伊达拉里亚人的阻隔，海上有科西嘉、撒丁尼亚两岛的阻隔，一直独立生存独立发展。以上两个集团，前者与希腊本土联系比较密切，公元前5世纪以后的西西里帝国，是古希腊世界三大霸权（雅典、斯巴达、西西里）之一。它的历史命运和东方希腊不同，因为亚历山大征服是向东的征服，大希腊西西里不受其影响。它们是罗马人所征服的古希腊世界的第一批城邦，罗马人接受古希腊文明，首先是通过它们的媒介与影响。马萨利亚集团孤悬“远西”，和希腊本部其他部分的历史事变的关系更为疏远，它列入罗马版图是在罗马征服高卢的时候，晚于东方古希腊，也晚于“大希腊”和西西里。但是它存在于高卢（今法国）的地中海滨为期颇长，古希腊文明通过它传播于高卢。罗马人征服高卢时，高卢南部归化罗马比高卢其他部分远为顺利，马萨利亚的传布古希腊文明大概是起了一些作用的。

西方古希腊诸邦是“立法者”最早的活动舞台（见次章），这显然因为它们建立的初期（公元前8世纪中期及7世纪初期）恰当新潮流兴起的时候，传统的负担在那里又比古老城邦远为轻微。然而在公元前6世纪末期，当西西里诸古希腊城邦开始和迦太基进行剧烈斗争的时候，西西里开始出现僭主政体。公元前5世纪初期，西西里一切城邦几乎都在僭主政体统治之下。僭主政体出现，除对外战争这个因素之外，内部阶级斗争也是重要原因。所以当时也有个别城邦选出立法者兼民选调解官，一时避免了僭主政体出现。但是大希腊与西西里诸古希腊城邦的僭主倾向和“帝国倾向”远胜于东方。在公元前5世纪他们与迦太基人的战争之前，已经通过征服，结成一个以叙拉古为首的“帝国”。战胜迦太基人，就是在这个“帝国”的首脑叙拉古僭主机伦（Gelon）领导之下取得的。希波战争以后，在当时古希腊世界民主浪潮的影响下，大希腊与西西里诸城邦转为民主制度，以后西西里的叙拉古两度出现历史上著名的僭主岱奥尼素（Dionysius）和阿加托克利斯（Agatocles），在它被罗马灭亡的前夜，僭主亥厄兰（Hieron）已正式称王了。

第三节　雅典民主的确立与城邦制度的最后完成

库隆暴动以前雅典的状况及其周围的环境

公元前7世纪中期雅典的状况及其周围的环境，前章已有过简略的介绍，阿德科克以形象化的语言对此作了下述描绘：

> 在公元前7世纪的前半期，雅典是古希腊的一个朦胧的角落。它已经完成了一件事情——统一；埃琉西斯、马拉松（Marathon），或修尼阿姆（Sunium）的农民，已经认为自己是雅典人了。存在着一个中央政府，当这个中央政府传话出去，要征召人们入伍作战，或者征集黄牛作祭神的牺牲，人们是服从的。政府是贵族的政府，阿提卡的农民把国家大事任凭他们的长上们去处理，他们自己埋头于种田，或者忙于学种橄榄树。到这时候为止，还没有什么海上贸易。雅典人是下船出海的，因为海道比陆上道路好走，许多学者认为造船区（Naucracies，雅典的古老地方基层组织）是存在着小规模海军的证据，而雅典的狄斐隆（Diphlon）风格的陶瓶，常常显现出某种也许是雅典船舰警戒海盗的东西。雅典本身属于卡勒利亚（Calauria）近邻同盟，即萨洛尼克湾周围诸城的一个宗教同盟，但在它外航海路上，远处有埃吉纳岛这个妒忌的商人海岛，近处有本城渴望得到的萨拉米，现在在麦加拉人手里，他们和这个帕拉斯（Pallas，是雅典娜女神的别称。雅典娜是雅典城的保护神）的城有邻邦的宿怨。确实，到这时候为止，还没有什么足以出口的东西，也没有什么威力足以赢得外面的市场。别的城邦已经从事于殖民的冒险，他们也获得了报酬。值得注意的雅典工业是陶器，但是它支配市场的日子还在后面，科林斯、西息温和卡

尔西斯的陶器现在还掌握着豪华陶器的阵地。阿提卡较大部分的土地是瘠地，农民从那里难获一饱。好地多半分布在城市后面的平原上，绝大部分属于贵族，贵族的氏族名称成了这个区域许多地方的地名。贵族因拥有肥沃的土地，所以是富裕的，他们学习过某种辉煌的生活，直到现在，还可以看到当时阿提卡陶瓶上对此的描绘。他们和绅士一样，把钱财消耗在古希腊诸体育竞赛的庆节中的竞胜上，所以在奥林匹亚有时候听到雅典人的名字，在近邻诸邦的科林斯、麦加拉、西息温存在着辉煌的僭主政体。雅典的土地贵族在僭主宫廷中学会了对株守家园的阿提卡农民说来是陌生的各种各样的抱负的欲望。

总之。这时候雅典已经受到近在咫尺的科林斯等的影响，然而它的经济还不发达，阶级分化还不剧烈。所以公元前630年左右发生的库隆暴动，是一次在外部影响之下的尚不成熟的僭主政变。

库隆暴动和德拉孔立法

库隆出身贵族，曾在奥林匹亚赛会上得过锦标（公元前640年），是麦加拉僭主特阿真尼（Theagenes）的女婿。库隆利用宙斯节日民众群集的时机，企图发动政变，夺取最高政权。暴动者有麦加拉的重装步兵，却没有雅典的平民，显然是特阿真尼想通过暴动把邻邦雅典置于他自己（麦加拉僭主）女婿统治之下。库隆一党夺得了卫城，民众并不热烈拥护，当政贵族却从四方征集人民来围攻卫城。围攻历时很久，四方人民不等围攻结束，便回去了。围攻中库隆和少数随从逃跑了，暴动者因缺粮议降，执政官阿克密尼德（Alcmaeonidae）氏族的麦加克利斯（Megacles）允许降者可以免死，结果却把托庇神坛的降者杀死了[④]。暴动以失败告终，为此雅典还和麦加拉之间发生了一次胜负未决的战争。

库隆暴动虽有邻邦插手，它总反映了雅典社会的动荡不安。当政的贵族阶级所能想到的是制定成文法典加以公布，藉以限制不法分子，所以有德拉孔法典的颁布（公元前621年）。德拉孔是当时的执政官之一，他的法典以对犯罪者严峻著称，唯一具有进步意义的地方，是反对血族复仇制度，以及把当时已经存在的关于故杀、非故杀和自卫杀人三者加以区别的惯例，作了成文的规定。多少世代以来，唯有贵族才懂得法律，唯有他们才能接近诸神，才能伸张神的正义，现在把贵族垄断的法律和审判职能公开出来，这也可以算是一次重大的让步。但是他的法律中关于整顿财产关系的部分，看起来着重于保障债权人（贵族高利贷者）的权利，于是加深了社会的阶级矛盾，使得库隆暴动以来的社会骚动更加激烈了。

梭伦改革的背景

雅典内部的动荡，基本原因在于土地兼并和债务奴役。前面引述亚里士多德《雅典政制》的一段话，说明雅典的土地贵族在周围富裕的工商业城市城邦及其豪华的僭主宫廷影响之下，加深了对农民的剥削，而在贵金属铸币逐渐通行的条件下，最有效的剥削方式之一是高利贷。雅典农民祖辈相传的那一份土地成了债务的抵押品。史家考证当时成为抵押品的土地事实上成为债权人所有，债务人只能保留一种出款赎回的权利。有的债务要以人身为担保，出现了农奴身份的“六一农”，一种残酷的债务奴役制盛行起来了。库隆暴动到公元前6世纪初期的几十年间，雅典大概处于经济迅猛发展时期，雅典从麦加拉手里夺回了萨拉米，麦加拉的僭主政体垮台了，雅典商人开始到黑海、埃及和塞浦路斯去经商，这使得平民对于当时的国内秩序更加觉得不可忍受，而德拉孔的法典也许更加强了高利贷者和贵族的地位。现在真的有平民暴动和僭主出现的危险了，救治的办法是要找到一个“民选调解官”（Aesymenites）来调停对立的集团的利益，来解决“如何免除债务人的钱债，来重分土地，并根本改革现行的秩序”（普鲁塔克Plutrach，《梭伦传》）的问题。“雅典人和因雅典的伟大而所获甚多的世世代代的人，很幸运地找到了这样一个人，他就是梭伦”（阿德科克语）。

梭伦改革

梭伦是贵族分子，以鼓动和领导对麦加拉的战争，夺回萨拉米闻名。公元前594年梭伦被选为首席执行官，并授权为仲裁者和立法者，并被视为“民选调解官”。梭伦就任以后，第一件重大的改革是“解负令”（Seisacktheia），拔除立在债务人份地上的记债碑，作为债务抵押品的土地无偿归还原主，保障小块农地的水源；禁止人身奴役和买卖奴隶。因债务流落异邦的人，也都回来了。为了使“解负令”得以贯彻，也废除了与土地无关的工商业债务，但不禁止改革以后的工商业信用。其次是禁止输出谷物，准许输出橄榄油到国外，使雅典农业迅速过渡到集约性的果园与园圃经营，这是当时有条件输入粮食后改变阿提卡农业经济结构的带根本性的措施。后来又公布遗产自由，禁止奢侈，限制葬礼的浪费和铺张。这和孔丘提倡的厚葬和“三年之丧”恰成对照。梭伦立法的根本原则是承认私有财产，容许土地的转让和分割，这使得人们放手创办企业，推动了经济活动。

梭伦为了发展雅典的手工业（我们记得，此时正是科林斯陶瓶独霸市场的时代），允许外邦人获得雅典的公民权。梭伦立法关于杀人罪的处理，保持了德拉孔法典的规定。他的法典禁止对他人包括奴隶在内的暴力伤害，从而使奴隶得到相对的人身安全。

梭伦立法，废除贵族在政治上的世袭特权，而代之以财产法定资格。他的法律规定雅典公民分为富农（原称“五百斗级”）、骑士（这两级养得起马，应征为骑兵）、中农（原称为“双牛级”，构成重装步兵）、贫民（构成轻装步兵，担负军中杂役）四级，全都有参加公民大会（Ecclesia）的权利。公民大会直接选出执政官，和其他执政人员如司库和执行法庭判决的“十一人”等，这些公职只有最上层阶级的公民才有被选举权。国家重要政务都要由公民大会通过，提给公民大会议案的预审工作则由新设立的“四百人议事会”担任。元老院的任务现在是保证国家法律不受破坏，保证法律的有效实施。它的最初成员由梭伦选任，以后，凡执政官任期终了，经审查政绩后加入元老院，并终身任职。“四百人议事会”的成员由四个部落各选100人组成，因为它负责预审提交公民大会的议案，所以实际上执掌最高政权。元老院和议事会两者，梭伦比之为船上的两只锚。

梭伦首创了陪审法庭（Heliaea of the Thesmothetae）的新制度。“Heliaea”的原意为集会，陪审法庭的原意当是“作为法庭的公民大会”（Assembly as a Court），其实际状况，不外行政官员于市集日在市场上审理讼案，而由有空暇时间的若干公民参加。但是把这种办法制度化起来，则是司法上民主化的重要措施。史家还认为，后来成为雅典民主制度重要组成部分，人民对执政官在其任期终了时实行的政绩审查，是人民这种“参与审判”的权利的推广。

梭伦改革的经济后果

梭伦的“解负令”规定免除一切债务，并且竟得以和平实行，在古代史上是罕见的例子。梭伦当时的地位是民选调解官，亦即民选的独裁者，具有僭主那样的专政权力。也许因为当时高利贷所引起的社会动荡已经到了岌岌可危的程度，这个调停于敌对阶级之间的独裁者才得以使“解负令”贯彻下去。然而“解负令”并不是平分土地，所以贵族阶级祖传的土地，亦即非因高利贷收进的抵押土地仍归贵族所有，贵族阶级的优越经济地位并没有受到摧毁性的打击，所以“解负令”实际上是一种改良主义的措施。虽然如此，废除债务，连同其他的经济措施，如改革币制，改革度量衡制度，吸收外籍技工等，确实鼓励富裕阶级以其财富投入工商业，从而使无地人民获得就业于农业以外的职业的机会。他的限制谷物输出，鼓励橄榄油出口的政策，也推动小农发展集约经营的园圃农业。这些都说明雅典迅速地从一个农业区域发展为工商业区域。从此雅典处于“东方希腊”与“西方希腊”海道中心的优越地位，以及它的天然良港庇里犹斯（Pireaus）和法勒隆（Phalerum）日益发挥其作用，不久雅典就成了古希腊世界第一个工商业城邦。梭伦所奠定的雅典的经济发展路线，不是传统的“分裂繁殖”路线，不是广泛殖民于海外，而是相反地保持了人力资源于国内，使纵横不过百里的一个小区域发展成为乡郊有小康的农业人口的大工商业城市，从历史观点说来，这无疑是很大的成功。

梭伦政制的性质及其演变

梭伦政制，以财产多寡区分公民为若干等级，最低一级的平民，有选举权而无被选举权，议事会成员、行政官员一律由选举方法产生，按照古希腊的政治概念，这是一种金权政治（Timocracy），而不是民主政治。所谓民主政治（Democracy）必须是平民占统治的政体，必须不论财产多寡都有资格被选任为议事会成员及行政官员，而其选任又必须用拈阄方法，这样全体公民才有可能全都有轮流任职为议事会成员或陪审法庭成员的机会，议事会成员有可能全都有成为议长委员会成员的机会。至于议长委员会，则每年由议事会改选若干次，每届任职若干天，主持全部政务。这样，在议事会全部任期内，又使所有议事会成员都有机会参加议长委员会主持政务。雅典采用这种制度，始于梭伦以后70年的克利斯提尼（Cleisthenes）时代。至于梭伦政制给平民的，则不过是在公民大会内发言与表决、选举的权利，这种权利，充其量只能阻止上层阶级对平民的过分剥削，当上层阶级势力大时，甚至这种阻止作用也难完全达到，于是平民的权利就只剩下在那里抒发一些愤懑不平的感情而已。

但是梭伦的金权政治对于当时的雅典还不失为一次革命。我们不能忘掉改革以前的雅典是贵族阶级的寡头专政，平民不仅无权议政，而且处于债务奴役的状态。改革以后，贵族阶级固然还是当政的阶级，然而非贵族的富裕农民也成了当政阶级，从前实际上并无公民权利（不算做 Polites——“城邦的人”即公民）的平民，现在在公民大会中也听得到他们的声音了，这显然是一种革命性质的变革。

梭伦公民资格中以“资”为根据的财产，原来仅限于土地财富，这是当时雅典社会的农业性质所决定的。稍后，工商业迅猛发展，计算财产资格时把非土地财富也包括在内，贵族权力进一步削弱。又因为计算标准改按货币不按实物，而物价则逐步高涨，结果雅典公民中因财产资格的限制而没有被选举权的逐步减少，终至寥寥可数。政制的这样逐步民主化，并非梭伦初意，而是历史演变的结果。

作为立法者的梭伦

史家考证，梭伦立法并非全部都出于他的创造。梭伦曾经商海外，周游列国。“金权政治”制度，科罗封、伊奥利亚、库梅、卡尔西斯、爱勒特里亚实行于雅典之前，基俄斯则新近实行民主政治，这些成例，大概是梭伦立法的来源。然而梭伦政制并不是拼凑这些成例的结果，而是针对雅典的现实情况所制定的制度，其间有周详审慎的判断，也有冒风险的创造，为古希腊的城邦政制开辟了一条“主权在民”的新路。事实上古希腊世界进入“主权在民”的时代始自梭伦立法，梭伦立法为建成一个繁荣强大的雅典准备了条件，也唯有这个“最卓越的城邦”的活生生的例子，才能够把古希腊世界推进到这个阶段。

梭伦法典，在财产、继承、犯罪的惩罚等方面都有革新，他的法典又以其完善、简洁、富于弹性为后世所称道。它是亚历山大征服以后古希腊主义诸王国法典的楷模，在罗马帝国时代它通行于帝国旧希腊地区，是罗马法的“竞争对手”。法典原文保存于雅典议事会堂，并在市场上立柱公布。从此以后，雅典进入“法律”统治，亦即希腊语所称为优鲁米亚（Eunomia）时代。斯巴达实行来库古的“口传约章”（Rhctra）时间略早于梭伦立法，历史上也称为优鲁米亚。古希腊城邦制度中的法治传统，遂于此奠定。

梭伦离职

梭伦的改革，虽然调解了各敌对阶级之间的激烈冲突，发展了经济，一时形成了雅典社会的团结，并使雅典积极参与了当时近邻同盟的纷争，加入近邻同盟，获得了同盟的投票权，但因贵族丧失太多，不甘心于自已的失败，无地平民没有满足他们的土地要求，两者之间还存在着深刻的矛盾。在这种情况下，作为“民选调解官”，拥有大权，享有无上威望的梭伦，有理由无限期保持他的政权，成为雅典的僭主。何况公元前6世纪初期，是古希腊世界僭主政权盛行的时期。此时科林斯僭主伯利安德，米利都僭主司拉绪布卢，西息温僭主克利斯提尼在位，小亚细亚、西西里和大希腊各邦到处是僭主盛行，优卑亚岛上著名的铜城、拥有大批殖民城市的邦卡尔西斯也在僭主统治下，而且梭伦的朋友们都劝他建立僭政，不要“鱼在网中，却让它跑掉了”。但是，梭伦坚决不为所动。又鉴于贵族对他责难，平民对他不满，要拥立他为僭主的朋友们对他讥嘲，他伫立海滨“好像一群猎狗包围中的狼”。最后，他要求雅典人立誓保持他的法律，他放下了政权，离开雅典到海外漫游去了。

在僭主盛行的时代，像梭伦一样的“民选调解官”，有机会建立僭政，而自动放弃政权的，还有累斯博斯岛上米提利尼的彼塔卡斯（Pittacus），他和梭伦都被列为“希腊七贤”之一。

雅典的党争

梭伦离职后，雅典长时期陷入党争之中。当时雅典党派分为“平原派”，由据有平原土地的贵族组成；“海滨派”，以工匠商人为主；“山居派”，主要为无地少地的山居平民（饶有兴味的是，长时期中三派领袖都是著名氏族出身的贵族分子，这种状况一直继续到雅典民主的极盛时期——希波战后到伯罗奔尼撒战前的“伯里克理斯民主”时代）。这三派最初联合起来驱逐了企图僭窃政权的执政官达姆斯阿斯（Damasias，公元前580年），继以麦加拉重新夺取了萨拉米，发生了雅典与麦加拉的一次战争，一个贵族分子庇色斯特拉托（Peisistratus，普鲁塔克说他是梭伦的亲戚）在此次战争中立了战功，成为“山居派”的领袖（公元前570年）。他以诡计得到公民大会的同意，建立了一支50人的个人卫队，建立了僭政（公元前560年），平原派和海滨派立即联合起来把他赶下了台。大概他下台后还留在阿提卡，同年，他和海滨派结合起来恢复了僭政。三四年后他和海滨派分裂，僭政倾覆，他被逐出雅典（公元前556年），由海滨派领袖麦加克利斯（Megacles）当政。

庇色斯特拉托被逐后住到色雷斯海滨的卡尔息狄斯（Chalcidce）半岛（我们记得那里有许多古希腊人的殖民城市）的西北，联合当地乡居人民建立了一个城市（后来发展成为有名的希腊城市安菲玻里Amphipolis），开发著名的旁加优斯（Pangaeus）银矿，积聚了一批财富，和马其顿王、提佛人（Thebans）、阿尔哥斯人（Argives）建立了良好关系，和纳克索斯岛的一个富有的冒险家里格达米斯（Lygdamis），一个想在纳克索斯岛建立僭政的野心家结合在一起，成立了一支雇佣军。这个时期，雅典本国内因库隆暴动杀害暴动者被放逐的阿克密尼德家族已经回国，政权掌握在他们手里。

庇色斯特拉托被逐后的第十年（公元前546年）得到优卑亚岛上爱勒特里亚的帮助，在那里集合了他的部队，并在阿尔哥斯1000名军人的帮助下，进军雅典。雅典“山居派”起为内应，雅典当局征集公民军起来抵抗，结果防军溃散，各自回家，敌党逃亡，庇色斯特拉托僭政于是确立，里格达米斯也成了纳克索斯的僭主。塞莫斯著名僭主波利克拉底（Polycrates），是在庇色斯特拉托和里格达米斯帮助下才得以上台的。

庇色斯特拉托僭政的性质

据普鲁塔克的《梭伦传》，庇色斯特拉托建立僭政的时候，梭伦已倦游归来，他全力反对僭政，号召雅典人起来抵抗僭政，即使在庇色斯特拉托势力已经巩固的时候，他还坚持这种立场，始终不渝。但是庇色斯特拉托的僭政，实际上贯彻了梭伦立法的根本精神。“山居派”的土地要求，现在可以没收逃亡贵族的土地来予以满足了，梭伦法典全部保存下去，梭伦创立的一切国家机构也照旧存在，不同的是，现在在全部机构之上高踞着一个权力无边的僭主，他的意志是不可违背的。庇色斯特拉托和一般的僭主一样，不称王，他的正式职衔是什么，我们不知道。他表面上十分尊重“宪政”，他本人可以应元老院（执行最高法院职权）的传询到庭受审，自行辩护。他征收农产品的1/12或1/10的所得税，借此，他贷款给新获得土地的小农，加以在他统治下雅典有长期的和平，橄榄树普遍长成起来了。他组织“巡回审判”到村中去处理诉讼事宜，免得庄稼人浪费时间和精力上城诉讼。在他统治下，雅典油酒出口增加，陶器业发展起来了——不仅作为容器的粗陶，雅典的精美陶器开始代替科林斯、西息温占领了国外市场。他发展海外贸易，发展造船业，城市居民增加了。他从米提利尼手里夺得了黑海入口处的息基昂（Sigeum），借以保证黑海的粮食进口和油酒及工业品的市场，并委任他的非婚生子为那里的总督。附带说说，平原派的领袖庇色斯特拉托的政敌米太雅德（Miltiades）在息基昂对面欧洲一边的一个大半岛克索尼苏斯（Chersoneses，即构成达达尼尔海峡北侧的欧洲大陆的突出部分）上，建立了一个住有色雷西亚（Thracian）、多龙西（Dolonci）人，并在古希腊人保护下的小国家，米太雅德成为他们的僭主。这个贵族，后来在希波战争中回国参战，作出重大贡献。

庇色斯特拉托统治下的雅典开始建设城市，从商业和租税得来的财产，用来兴办巨大的公共建筑物。

公元前527年，在长期的和平统治之后，庇色斯特拉托病死，他的儿子继为僭主。后来的雅典人把庇色斯特拉托统治的20年看做太平盛世，确实雅典发达起来，强盛起来了。他的僭政是梭伦坚决反对的，但是他客观上实现了梭伦立法中许多好东西，虽然僭主政治和梭伦立法的根本原则背道而驰。

僭政倾覆与克利斯提尼改革

庇色斯特拉托的儿子不孚众望。公元前514年，发生了哈摩狄阿斯（Harmodius）和阿利斯托斋吞（Aristogiton）刺死庇色斯特拉托次子希帕库斯（Hipparchus）的事件。这次刺死案件出于私仇，但是后来雅典人把这个首先起来打倒僭主政体的人尊为英雄。此事发生后，庇色斯特拉托长子希比亚（Hippias）还继续当政，然而心怀疑惧，戒备森严，大举迫害政敌。除他的雇佣兵外，不许雅典人拥有武装，成了真正的暴君。在国外，庇色斯特拉托在世时一贯实行的睦邻政策，也因国际局势的推移和他的儿子们的举措失当而未能继续下去。此时波斯帝国已经臣服了小亚细亚诸希腊城邦，那里的僭主都是波斯帝国的儿皇帝，而希比亚却选中了拉姆普萨卡斯（Lampsacus）的僭主，波斯大王的宠臣为女婿，这表示他现在希望依靠波斯的力量来维持他摇摇欲坠的统治。公元前510年，留居克索尼苏斯的阿克密尼德族人由麦加克利斯的儿子克利斯提尼率领，从彼奥提亚武装回国，然而未能成功。最后，斯巴达王克利奥密尼斯（Cleomenes）率领大军经麦加拉进入阿提卡，希比亚的雇佣军和他的同盟特萨利亚的骑兵败北，希比亚被逐困守雅典卫城，经过谈判，以不伤害他家被俘的子女为条件，他答应离开雅典到息基昂。于是庇色斯特拉托朝的僭主政体结束，雅典政权归于克利斯提尼手中。

克利斯提尼本身是雅典著名氏族的贵族，他的母亲是西息温著名僭主克利斯提尼的女儿，但是当时雅典贵族阶级的党“平原派”的领袖是伊萨哥拉斯（Isagoras）。僭主希比亚是由斯巴达的武力倾覆的，斯巴达的政策，一贯是推倒僭主，建立贵族政体，这一次，他们也力拥伊萨哥拉斯上台。公元前508年伊萨哥拉斯果然当选为执政官，克利斯提尼一时失败了。但当伊萨哥拉斯要把僭主时期的公民名单进行审查，并将其中僭政时期获得公民权而显然并非贵族阶级的人洗刷出去的时候，克利斯提尼起来维护他们的权利。这是两个贵族分子争夺政权的斗争中必然要采取的策略，但是就是这种斗争，却反映了雅典社会的阶级斗争，而克利斯提尼是站在工匠商人和平民这一边的。

克利斯提尼再度当政，并实行了他的著名改革。其间，斯巴达曾再度干涉，几经曲折，克利斯提尼在人民支持下击退了斯巴达的干涉军。伊萨哥拉斯随同斯巴达干涉军流亡国外，克利斯提尼的改革顺利实施了，雅典民主进一步巩固了。

克利斯提尼改革的要点

克利斯提尼在政制上的改革主要为以下三点：

一、根据地区原则划分阿提卡的基层组织。阿提卡被分成三个区域：1. 雅典城及其近郊，2. 内陆中央地带，3. 沿海地区。每个区域分为十个部分，名为三分区（Trittys）。三个区域的一个三分区合在一起成为一个部落，这种部落并不是集合在一片毗连的地带的部落，而是跨三个区域的一种人为的集合，它唯有在公民大会表决期间才得以集合起来。这样的组织方法，既依地区原则打乱了氏族传统，又打破了从前的“山居派”、“海滨派”、“平原派”等按经济发达程度不同的地区，结集成为党派的旧例。从此，以氏族为基础的贵族势力极大地削弱了，旧日党争据以划分的界线也不再存在。于是僭主复辟的依靠削弱了，雅典今后的政治派别的划分也要按照新的原则了。

三分区之下的基层单位是“自治村社”（Demos），在农村地区是村落，在城市及近郊的当然按街坊划分。每个区域内的一个三分区，有的辖本区的一个村社，有的辖几个，所以全阿提克部落和三分区的数目一直保持不变，村社则逐渐增加，克利斯提尼时代有100个村社，300年后增为174个。

村社是一种经济性的、行政性的、宗教性的、军事性的同时也是政治性的单位。招募重装步队，和用抽签法选出陪审员，都在村社内举行。村社男丁，18岁由民选村长登记入公民和兵役名册，被认为有执干戈以卫社稷的义务，也有出席审判的权利。20岁起，他就是一个全权公民。

二、克利斯提尼的议事会人数为500人，称“五百人议事会”，以代替以前的“四百人议事会”。议事会由每个部落选出50人组成。部落内代表人数则按村社大小分配。选举方法用抽签法，每个公民一生内都有机会成为议事会成员。

议事会选出议长委员会，共50人。这50人分为10个组，每组5人，每组轮流主持日常政务35—36天，所以，在议事会的一年任期内，每个议事会成员都有一次成为主持政务的五议长之一。

每个部落选出一个将军，统率本部落征集的公民军，并组成一个“十将军委员会”统率全军。以后，雅典最高政权实际上操在“十将军委员会”手中。

有资格选任为议事会成员的，还限于公民中富农和骑士两级，在它以下的中农和贫民两级仍不得选任为议事会成员。

三、陶片放逐法是克利斯提尼法典中最富特色的一种制度。每年春季，召开一次非常公民大会，用口头表决是否要实行陶片放逐，换句话说，决定公民中是否有人危害了公民自由，必须加以放逐的。假如指出了其人，就召集第二次公民大会，每个人在陶片或贝壳上写下他认为危害公民自由的那个人的名字。凡被大多数投票判决有罪的人，就要离开雅典，为期10年，但是他的财产不被没收，期满回来，他以前的一切权利也随之恢复。

陶片放逐法表明当时雅典公民绝大多数人识字，能写。此法目的原在防止阴谋夺取政权的僭主政变，并曾经起过巨大作用。希波战后，僭主政变的威胁实际上不再存在，这个制度还维持了一个时期，不过那时已失其原意，成为党争的工具了。

雅典民主的确立

雅典政制，到克利斯提尼改革为止，确实兼具“主权在民”和“轮番为治”的两个特色。梭伦、克利斯提尼所建立的这种制度，虽然中间还经历一些曲折，到公元前4世纪末亚历山大征服为止，基本上没有变化。甚至亚历山大征服以后，雅典事实上已经丧失主权国家地位，沦为马其顿王国的附庸，以及后来被罗马征服，沦为罗马统治下一个自治城市的时代，它政制的某些方面还保持了下来。

倘使我们回顾这种政制建成的过程，我们可以历数以下各点：1. 库隆暴动，动摇了古老的贵族寡头专政；2. 德拉孔立法，贵族作出了某些让步，但那是属于贵族巩固他们已经动摇的经济和政治统治的企图；3. 在严重的阶级矛盾面前，雅典没有经历一次暴力革命，找到了梭伦这样一个民选调解官，初步建立了民主制度；4. 庇色斯特拉托的僭政，客观上起了贯彻梭伦改革的作用，从此以后，贵族阶级独占政权的那种旧秩序再也不可能恢复了；5. 雅典人民推翻僭政，实行克利斯提尼的改革，雅典民主从此确立了下来。回顾这个过程时可以发现一种饶有兴趣的现象，这一连串历史事变中起了某种主导作用的人物，全属于贵族阶级，甚至克利斯提尼的改革，也留下了几个贵族世家之间争夺政权的某种痕迹。不过这种现象，历史上是屡见不鲜的。民主政治建立初期，文化知识和政治经济事实上是贵族阶级独占的。当经济基础和时代潮流决定历史演变趋向的时候，贵族分子有的出于个人的信念，有的纯粹为了满足个人的野心，投向人民方面，成为民主政治的斗士，这是一种合乎历史规律的现象。其中某些人，如梭伦，具有伟大的人格，让“已经进网的鱼跑掉”，而不愿僭窃政权，则为世世代代的后人所敬仰。

古希腊城邦制度的最后完成

雅典民主确立于公元前6世纪之末，其间经过一个庇色斯特拉托的僭政时期。庇色斯特拉托僭政时期，正是古希腊世界诸国普遍为僭主所统治的时期——亚细亚诸邦，大希腊与西西里、希腊本土科林斯、西息温、麦加拉、卡尔西斯等经济比较繁荣的诸邦亦然，唯有斯巴达保持古老的贵族政制原则，始终保持反对僭主。雅典推翻僭主，固然有斯巴达的帮助，但斯巴达指望雅典恢复贵族寡头专政。雅典则不仅维护了梭伦改革的原则，还向民主化方面继续跨出了一大步，为古希腊诸邦做出了范例。克利斯提尼以后不久，就发生了希波战争。战后雅典在经济实力上超过米利都、科林斯，在军事实力上超过了斯巴达，不仅后来雅典同盟加盟诸国奉它为盟主，它事实上还成为全希腊的楷模，它的民主制度成为各邦效法的榜样。例如，雅典政制中最具特色的陶片放逐法，据考证，就有米利都、阿尔哥斯、叙拉古、麦加拉四国仿行。公元前5世纪以后，古希腊各邦政制还是五花八门，各具特色，而且也变化多端。亚里士多德的《政治学》据说就搜集了150多个实例，作了比较研究写成的，现在我们读这部著作，还可以看到古希腊政治的十分复杂的多样性。但是，大体说来，除早期和后期的僭主政治而外，我们可以有把握地说，“主权在民”与“轮番为治”总是它们的共同的特色。所以，我们说雅典民主的确立，就是希腊城邦制度的最终完成，大体是符合事实的。

第四节　僭主、立法者和民选调解官

古希腊政制演变中的僭主、立法者与民选调解官都不见于我国古代，这些概念也是我们所不熟悉的，本节对此分别略加解释。

僭主——不合法的王

古希腊的僭主都不称王（巴西琉斯）。他们是事实上的专制君主，他们都用一些谦逊的称号，如“终身执政官”、“全权将军”等。“僭主”一词，希腊原文为“Tyrannos”，转为拉丁字的“Tyrant”，近代西方把它用在很不好的意义上，中文译为“暴君”，是符合近代西方用法的。不过我国有些西方古代史的中译（如王以铸译科瓦略夫《古代罗马史》）把此词还译为“暴君”，则与古代的意义不合。瓦德—吉里考释此词来历及其意义，颇有助于我们的了解，转录如下：

> “Tyrannos”也许是一个吕底亚名词，基格斯[⑤]就是一个大Tyrannos，是古希腊僭主的榜样。这个名词从基格斯那里转用到伊奥利亚新上台的君主，诸如埃弗塞斯的米那斯（Melas），他的女婿司拉绪布卢，后来是米利都的大僭主。它从这里传播到（科林斯）地峡上诸城邦，然后又从那里传到西面……
>
> “Tyrannos”这个称号是新奇的，外来的，它确实并不表达什么污辱的意思，这个称号上之于诸神（Zens Tyrannos，有“至尊的宇宙”的意

思），在希罗（Hero）的Ionic中，它似乎和巴西琉斯完全是同义的。但是英雄时代以来巴西琉斯这个词已经集合了敬畏之念，“Tyrannos”则具有批判的、玩世不恭的希腊文艺复兴时代[6]的色彩。僭主依靠的是尚未成熟的平民的意志，而不依靠已经确立下来的法律。他的权力来自环境，并非得自神授。环境或者意志变了，他的使命也就结束了。他决没有忠顺的贵族阶级的基岩，也得不到这个阶级能够给予的社会认可和宗教的批准。（瓦德—吉里：《多里安城邦的兴起》，第Ⅲ卷第22章，*The Growth of the Dorian State*，by H. T. Wade-gery，ch. 22，vol. Ⅲ，c. a. h.）

这就是，僭主是事实上的王，然而王权起源于宗教色彩浓厚的古代，王权周围围绕有神佑的光轮。僭主崛起于古希腊的“人文主义时代”，他在古希腊那些蕞尔小邦的城市居民，特别是其中的贵族和知识分子眼中，是和自己一样的凡夫俗子，所以他的周围怎样也蒙不上一层神秘的天命。所以，虽然王和僭主事实上同样是最高政权的篡夺者，王被视为合法的首领，僭主则被视为不合法的，或非宪政的政权僭窃者。“僭主”着重地译出了“Tyrant”一词中政权篡夺者的意思，使用这个译语，显然比使用“暴君”一词要妥善一些。

僭主是城邦特殊条件下的产物

如果着重于僭主一词的篡夺者或僭窃者的意义，那么，我国战国时代分晋的三家韩、魏、赵是僭主，取代姜齐的田成子是僭主，崛起草莽的刘邦也是僭主。然而两千多年来我国史家虽有直书弑君的传统，虽有正统非正统之争，都从来没有僭主这个概念。一切开国皇帝，无论是农民暴动中崛起的刘邦、朱元璋，无论是欺凌孤儿寡妇的赵匡胤，无论是挟天子以令诸侯，终于达成“我其为周文王乎”的曹操，都是“奉天承运”的天子。其实，往上推溯，被孔丘捧到天上的文武周公的道统，从殷商“法统”的观念来看，又何尝不是僭主？

开国帝王吹捧为“奉天承运”的天子，不仅我国古代有，古希腊罗马文明传统中也有。马其顿亚历山大征服波斯，威行天下，古希腊的知识分子纷纷尊他为神。罗马的凯撒，死后被祀为神，这是共和罗马转为帝国罗马必不可少的宗教上和思想上的准备。然而城邦希腊的专制君主却被称为僭主，永不能获得“神授王权”的尊荣，这是城邦特殊条件下所产生的结果。

古希腊城邦是一些蕞尔小邦，一个城市及郊区就是一个国家，它们不像广大的领土国家那样，可以在王国中央建成一个住居着王室及朝廷以及为王室及其朝廷服务的形形色色人员的王都。这样一个王都，唯有广大领土的国家才供养得起。同样，也唯有有这样一个王都，王权才能用辉煌的宫殿、神庙、仪仗、御林军装饰起来；又唯有有这些装饰，“奉天承运”的谎言才能发生效力。蕞尔小邦的古希腊城邦，僭主周围虽然围绕着一批雇佣卫队、顾问和战友，但规模究竟有限。深宫幽居，故示神秘，森严戒备，盛饰仪仗，都是他们所办不到的。而他们兴起的时候，又值希腊古代王权传统已被航海、贸易、神人同形的宗教，人文主义的文艺所摧毁，贵族阶级亦即知识阶级充满着一种“玩世不恭”的不信神的精神的时候，要把他们属于他们侪辈的，只因为手段高明，获得了政权的僭主尊为神佑的王是绝对办不到的。于是这些事实上的专制君主，只能是僭夺者和篡窃者的僭主了。

古希腊僭主，也有力图建成王业的。叙拉古三次出现大僭主，头两次的机伦（公元前 5 世纪前期）和岱奥尼素（公元前 4 世纪前期）都有战胜迦太基的武功，他们力图建成王业的手段，有依靠雇佣军征服周围城邦，以及把附近希腊城市的居民迁到叙拉古以扩大该城，并在该城地势险要的一角，建设堡垒林立，警备森严的王宫。确实，假使不通过兼并把城邦转化为领土国家，蹂躏城邦制度中的战士—公民这个因素，用强力把它转化为臣民—雇佣军制度，假如不建立宏伟森严的王都及王宫，僭主永远转化不成为奉天承运的“王”。古希腊史上，做到这一点的，除西西里而外，还有一个南俄的旁提卡彭。格拉脱说，两者有一个条件是相同的，即他们周围有希腊化或半希腊化的当地人民成为雇佣军的来源，这是那里僭主传统强烈，得以从僭主转成王业的原因。其他地方，无论是早期僭主还是晚期僭主，总不过是僭主而已。

亚里士多德论僭主

身为亚历山大老师的亚里士多德，在他的《政治学》中对王政是竭力加以美化的，对僭主则很不恭敬。他的《政治学》中，多处论到僭主，满是讥嘲的口吻，他说，有一种僭主政体是：

> 单独一人统驭着全邦所有与之同等或比他良好的人民，施政专以私利

为尚，对于人民的公益则毫不顾惜，而且也没有任何人或机构可以限制他个人的权力。（第203页）

他也纵论僭主的“僭术”：

相传……僭主司拉绪布卢（米利都）曾遣人问计于另一邦（科林斯）的僭主伯利安德。伯利安德正站在黍田之间，对使者默然不作答，而以手杖击落高而且大的黍穗，直至黍穗四顾齐平而止。使者不懂他的用意，就这样去回报主人，司拉绪布卢听到了，心里知道伯利安德是在劝他芟刈邦内特出的人。（第155页）

（僭主）还须禁止会餐、结党、教育以及性质相类似的其他事情——这也就是说，凡是一切足以使民众聚合而产生互信和足以培养人们志气的活动，全都应加预防。此外，僭主也须禁止文化研究及类似目的的各种会社。总之，他应该用种种手段使每一个人同其他的人都好像陌生人一样……僭主还要使住在城内的人民时常集合于公共场所，时常汇集在他的宫门之前。这样僭主既可以借以窥察人民的言行，也可由此使大家习惯于奴颜婢膝的风尚……（第292页）

僭主的习惯就是永不录用具有自尊心和独立自由意志的人们。在他看来，这些品质专属于主上，如果他人也自持其尊严而独立行事，这就触犯了他的尊严和自由，因此僭主都厌恶这些妨碍他的权威的人们。僭主还有宁愿以外邦人为伴侣而不愿交接本国公民的习性……他们感到外邦人对他们毫无敌意，而公民都抱有对抗的情绪。（第294—295页）

初期僭主的历史作用

然而亚里士多德是奴隶主利益的拥护者，他也激烈反对平民政权（他所称的“民主政体”），力主平民有权参与议事或审判的贵族政体，因为当政需要贤人，而唯有贵族才是贤人。既然如此，他当然不会懂得初期僭主在历史上还起过巨大的作用。

公元前7—6世纪的僭主，史称为初期僭主，以别于伯罗奔尼撒战争以后战乱频仍的时代中，依靠雇佣军起家的军阀，僭窃政权的那些僭主，即所谓后期僭主，他们所处环境不同，所起作用各异，大体上矛头是针对民主政体的，西西里的阿加托克利斯（Agatocles，公元前3世纪）即其一例。初期僭主所取代的政权，大体上是贵族寡头政体，所依赖的力量，是无法忍受经济上惨遭剥削和政治上绝对无权的农奴或平民。他们当政以后念念不忘的固然是一己的或家庭的私利，可是为此他们就必须采取牺牲贵族，有利平民的政策。上引瓦德—吉里文中所说，他们“依靠的是尚未成熟的平民的意志”，是说得很对的。因为如果平民已经在政治上成熟了，他们就无须依靠僭主来贯彻他们的意志，他们可以自己起来革命，建立民主政体；或者，至少利用平民意志的贵族，已经不能建立僭政，只能在民主政体的框架中获得一己的领导权了。正是因为两个彼此敌对的阶级，一个已经统治不下去，一个还未成熟到可以统治，两个阶级之间的斗争胜负不决，行将两败俱伤，于是才出现凌驾于两个阶级之上的僭主专制政体，用强力来把社会维持下去。公元前7—前6世纪古希腊世界的普遍状况是：继僭主政体以后，出现了普遍的民主政治时代，僭主政体所起的，正是从贵族寡头专政到民主政治的过渡作用。

上述这种历史过渡作用，在某种程度上也见于小亚细亚诸邦作为吕底亚、波斯藩臣儿皇帝的那些僭主。那些城邦工商业一般比较发达，传统的负担较少，从贵族政体向民主政体的过渡理当较为顺利，而在外力干涉不到的地方，例如累斯博斯、米提利尼、基俄斯等岛屿，也确实是民主政体发源之地。吕底亚、波斯的进犯打断了正常的历史进程，那里普遍出现了僭主，而且是儿皇帝式的僭主，这是和希腊本土的科林斯、雅典不同的地方。然而这些僭主为了维持自己的统治，所采政治一般不能违背压抑贵族，加惠平民的常例。这样，上面所说僭主政体的历史过渡作用在他们身上也或多或少地体现出来了的。但是“过渡作用”总限于一个短暂的时期，僭主的第二代第三代又无例外地愈来愈陷于贪婪、残暴与无能，这是“城邦的人”——公民所忍受不了的。公元前5世纪初，小亚细亚藩属波斯的城邦反抗波斯统治的起义，事实上同时也是反对僭主统治的起义。希波战争的胜利，也使那些地方的僭主政体一扫而空了。

民选调解官

当城邦的阶级斗争激化，需要一个独裁者来调解敌对阶级的利益的时候，古希腊有过民选调解官[⑦]或民选独裁者的例子，雅典的梭伦，米提利尼的彼塔卡斯是著名的两个例子。亚里士多德认为民选调解官“约略相当于公举的僭主……这种统治职位有时及于终身，有时为时若干年，或以完成某些事业为期”。吴寿彭考证：

> “艾修尼德”（Aesymnites）这名称见于荷马《奥德赛》者为运动会中的裁判员，见于亚里士多德残篇者为库梅（Gyme）执政官的通称。这里所述具有特大权力的“民选总裁”制度，米利都古代……和优卑亚古代……都曾有过，哈里加那苏（Halicarnassus）的狄欧尼修（Dionysuis）《罗马掌故》……说，古希腊城邦的民选总裁和罗马的“狄克推多制”（独裁制）相同，世人往往视为僭主。（亚里士多德：《政治学》，第160页译注）

这里所说的类似僭主是指他们具有独裁权力，而不是指他们是“僭窃政权者”，因为他们既是民选的，就谈不上什么僭窃政权了。而且梭伦和彼塔卡斯两人有一切机会可以建立世袭的僭政，然而任期届满时都自动放下政权，更不类僭主行径。大征服以前，共和罗马时期国家处于紧急状态时不止一次选出独裁官，当民主政制还富有生命力，兵制还是公民军的时候，这些独裁官也都任满离职，并未企图僭窃最高政权。所以，民选调解官和僭主一样，都是城邦制度的特殊产物，专制主义盛行的“东方”，是不可能产生这类史例的。

僭主和民选调解官何以不见于我国古代

然而，当我们说僭主或民选调解官是凌驾于两个敌对阶级之上的国家权力，它是城邦制度的产物的时候，事实上已经隐默地设定了一个前提，即城邦政治是一种阶级政治。说得具体一点，那就是指在通常的不需要什么僭主或民选调解官的状态下，城邦政权掌握在利益互有冲突的两个或两个以上阶级中的一个阶级手里，而城邦的法律就是统治阶级的意志。显然这就是马克思主义国家学说的实质，马克思恩格斯对于法国两个拿破仑专制主义皇朝的分析，事实上也就是我们对于古希腊初期僭主的历史作用的分析。这里我们要提出一个问题，既然僭主、民选调解官之类的史例不见于我国古代，也不见于一切专制主义的“东方”，那么，上述国家学说又应该如何具体应用于我国和“东方”？

当然，我国古代和任何东方国家，阶级和阶级斗争是存在着的，而且是十分深刻的。然而专制主义政治有一点显然完全不同于城邦政治：那里不许可社会的各个阶层组成为政治上的各个阶级，那里没有以其政纲体现与代表不同阶级的利益的政党或政派。专制主义政体自以为“抚民如抚赤子”，亦即一切阶级无论其利害如何不同，均被视为皇帝的子民，皇帝自命为一视同仁地照顾他们的利益，不许结党，不许发表不同于皇帝的政见，不许干预皇帝的施政。事实上，一方面皇朝残酷地剥削人民，成为人民利益的最大的敌对者：一方面，皇帝的庞大的官僚机构又每日每时在产生出来新的贵族阶级，帮助皇帝剥削与统治。这样，皇朝政权及其官僚机构自己处于敌对阶级中的一方，而又讳言阶级，严禁结党，阶级斗争就只好采取骚乱、暴动、农民战争和皇朝更迭的形态。在这种状况下，阶级政治的城邦制度的一切现象当然不会出现，皇朝政权也就决不是什么凌驾于敌对诸阶级之上，不使各阶级之间胜负不决的斗争弄到两败俱伤，使社会得以持续下去的一切暂时现象了。

立法者

立法者（Lawgiver）在古希腊史上有两种意义：一是编纂法典，使之成文化，并予以公布的政治家兼法学家，旧邦如雅典的德拉孔，新邦如建城不久的西西里的卡塔拉（Catana）请卡伦达斯（Charondas）为之立法。第二种是梭伦、来库古等实现了社会和政治制度上的重大改革的立法者兼最高政权的执掌者。例如梭伦就在他“民选调解官”的任期内立了新法，改革了旧制，它们的历史意义，以前屡次说到，这里不再重复。

立法者这个名词，是文艺复兴以后的西方人常常使用的名词，如孟德斯鸠、卢梭，这个名词在我国和僭主、民选调解官一样是陌生的。近人麦孟华（康有为的门生，见所著《商君评传》）说：“中国……数千年来未闻有立法之事，惟求之于二千年上，其有足与来库古、梭伦相仿佛者，于齐则得一管子，于秦则得一商君。”在某种意义上说，这种比拟也是可以的，但是管仲、商鞅是君主的顾问和大臣，而不是民选的调解官；他们的立法活动，是为君主谋富国强兵，而不是为了调整阶级关系；他们立法取消了世卿政治，但是所确立的政治制度是专制政体。古希腊的立法者，则把贵族政体基本上改变成了民主政体，甚至斯巴达的来库古也不算例外。何以两者间有此差别，看起来，上面的解释也是适用的。春秋战国时代，正当我国历史转变的关头，但是从殷商到西周、东周长期“神授王权”的传统，已经决定了唯有绝对专制主义才能完成中国的统一，才能继承发扬并传布中国文明，虽然这种专制主义使中国长期处于停滞不前，进展有限的状态之中，但这是历史，历史是没有什么可以后悔的。

注释

①杜丹:《古代世界经济生活》。——陈敏之注

②迄今为止，我国发现的金币，只有战国时代的楚，才有加上官方印记的小金块，称为郢爰。这是成色一致，但重量未必一致的金块，未必就是贵金属铸币。我国的古钱币都是铜（有时是铁）铸的刀、斧，或“孔方兄”。用银元宝已经很晚了，银元是近代从西班牙输入的。战国时代有贵金属铸币的萌芽，秦汉以后从未发展起来，这显然是商鞅重农抑商政策的结果。

③克里米亚（Crernia）诸城市从前是古代希腊人的殖民地，他们称之为刻索尼苏斯（Chersonese），后来是密司里达提帝国（Mithridate Empire）的首都所在地；再后落入罗马手里，划归拜占庭，到了拜占庭查士丁尼（Justinian）时代，它们成了重要的贸易地点。9世纪基辅和诺夫果罗德（Novgorod）为瑞典人占领，1204年那里的贸易又丢给威尼斯（Venice）。1261年，热那亚人从威尼斯手中夺得了那里的贸易。

④按古希腊风习，托庇神坛的人不能杀害，否则死者的血既沾污了土地，必定要祓除；杀人者为罪责所沾污，这种罪责还延及后代。所以这次渎神罪使阿克密尼德世世代代“背上了黑锅”，这个氏族的后人长期间内是雅典的当政显要人物。伯里克理斯的母系就属于这个氏族，在政争中敌对的党派常据以攻击他们。

⑤吕底亚美阿母乃德（Mermnadae）王朝的创业君主。他原是吕底亚旧王的侍卫，串同王妃杀了旧王坎道列斯，僭位为王，其时在公元前7世纪初。希罗多德生动地为我们讲述了他弑君篡位的故事，见I，第7—13页。

⑥西方史家常把克里特—迈锡尼文明列为古希腊的灿烂的古代，把多里安人入侵以后的四五百年比拟为近代西方以前的黑暗的中世纪，把公元前7世纪继荷马、希西阿兴起的抒情诗时代比之为近代西方的文艺复兴。

⑦缪灵珠所译塞尔格耶夫《古希腊史》中，译“Aesymnits”为“民选官”（第154页）或“民选调停官”（第182页），吴寿彭所译亚里士多德《政治学》中，译此词为“民选总裁”。

第六章 城邦希腊从极盛到衰亡

——公元前5—前4世纪的希腊

第一节 概 况

城邦希腊的发展和古希腊城邦制度的最后形成，都以古希腊人得以比较自由地殖民于东西南北为其先决条件。大体说来，时期愈早，这个条件愈充分；时期愈晚，困难愈大。由上章，我们已经知道，公元前7世纪起，古希腊人在东方首先是面临强大的吕底亚王国，以后又面临更强大的波斯帝国，以至小亚细亚的古希腊人不得不作避难移民，或则屈服于吕底亚、波斯的统治。在西方，从公元前8世纪起，古希腊人和伊达拉里亚及迦太基之间移民竞争十分激烈。总的说来，公元前6纪世纪末，地中海和黑海周边可以殖民的地方或者已经分割完毕，或者因为内陆强国的阻力，新殖民城市已经没有建立的余地了。以本土为中心的古希腊世界到公元前6世纪末已经定型，从此再也没有扩展；古希腊城邦制度，经过长期演变，到此时也已最后形成，灿烂的古希腊文明就是在这个根基上成长起来的。

公元前6世纪以前，古希腊世界的扩张。决不是和平的扩张。进入公元前5世纪以后，古希腊人更面临着对外战争的考验。其实，从公元前6世纪中期波斯崛起于东方以来，战争愈来愈不可避免。只是因为希腊的小亚细亚诸城迷恋于长期来经济发展和“分裂繁殖”的传统，又因为他们本来就和当地人民混合，个人主义和世界主义的意识比较浓厚，民族感情不甚强烈，一时竟然安于藩属波斯的处境。公元前5世纪后期，波斯在征服小亚细亚后继续南进，公元前540年征服巴比伦，当时屈服于巴比伦的腓尼基诸邦（推罗，西顿等）随而成为波斯的藩属。公元前525年前后，波斯又征服埃及。自此以后，小亚细亚希腊诸邦处境愈来愈恶化。公元前5世纪初发生了伊奥利亚希腊诸邦反波斯起义，成为希波战争开始的信号。从此以后，直到公元前4世纪末期亚历山大征服波斯，200年间，古希腊、波斯一直处于敌对状态之中。城邦希腊和古希腊城邦制度在对波斯的长期斗争中经受了种种考验，在这些考验中，城邦希腊发展到它的极盛时代。然而斗争最后结局却是波斯被古希腊人征服了，城邦希腊也在斗争中消亡了。这200年的历史，显示了城邦制度的长处，也显示了它的致命弱点。不熟悉城邦制度的中国人，在比较仔细地研究了这200年的历史以后，确实可以对城邦制度获得比较深刻的理解。

西方希腊也面临强敌。公元前6世纪以后和古希腊人在西地中海激烈竞争殖民地盘的伊达拉里亚，在与公元前5世纪兴起的罗马的斗争中衰弱下去了，而罗马又要到公元前3世纪才得以完成意大利中部的征服，所以“大希腊”一时还没有北面来的威胁。但是公元前5世纪初的迦太基，经过国内剧烈的政治变革以后，建成了一个以雇佣军为基础的强大的海上帝国，正在波斯人积极西犯的时候，它第一次集合全帝国的力量组织大军登陆西西里，这就是和希波战争同时发生的希迦战争。和希波战争一样，希迦战争也持续了好几百年，西西里和“大希腊”诸城邦，在长期战争的考验中所走的道路和“东方希腊”颇不相同。结果是，西方希腊对迦太基的战争由罗马接了过去，在三次布匿战争中罗马征服了迦太基帝国，附带也征服了西方希腊。西方希腊的历史，也构成了城邦希腊消亡史的一部分。

公元前5世纪以后的古希腊史，古希腊罗马时代就留下了浩瀚的文献，该时期的重大历史事变，后世所知史实颇为详细。我们现在打算把这200年间的历史压缩为一章，只能简略地提到一些演变的脉络，其间波澜壮阔的史实，中文文献也有不少可以参看，我们就力从简略了。

第二节　希波战争

伊奥利亚起义

波斯征服吕底亚，先于它的征服巴比伦和埃及，已如前述。当时东方世界从事航海商业的，除古希腊而外，唯有屈服于迦勒底巴比伦的腓尼基和到此为止还保持了独立的埃及，所以，小亚细亚的古希腊城邦，是初兴的波斯帝国唯一可以依靠的海上力量。加以波斯大帝居鲁士的帝国政策，对于他所征服诸民族，在政治上允许某种程度的自治，在宗教上和文化上则是宽容的兼收并蓄的[①]，所以伊奥利亚藩属波斯初期，它们的经济发展大概没有受到什么严重影响，只不过各城都建立了亲波斯的僭主政权，中断了正常的政治演变过程而已。公元前540年及525年，波斯分别征服了巴比伦与埃及，从此波斯可以利用的海上力量增多了。尤其腓尼基诸邦拥有巨大的商业和武装舰队，一向是古希腊海上贸易的敌人，两者同处波斯属下，大概还进行着一种向帝国争宠以扩大商业利益的竞争，而竞争的结果则不利于古希腊人，这就造成了古希腊城邦的经济危机。古希腊人民对于波斯的统治和波斯傀儡的僭主们的不满也因此而逐步加深，终致爆发为公元前499年的伊奥利亚起义。

起义经过，希罗多德给我们讲了许多娓娓动听的故事（见《历史》，第Ⅴ章第30—38、49—51、97—126页；第Ⅵ章第1—33页）。近代史家的严谨的批判，认为他把起义的原因归结为少数野心家的阴谋活动是不可凭信的。事变细节，这里概从省略。总之，起义的首领是居于伊奥利亚首位的城邦米利都，伊奥利亚诸城邦在起义中有过一时的团结，甚至雅典也派去了20条船舰。公元前498年，希腊联合舰队打败了由腓尼基人组成的波斯海军，进军前吕底亚王国首都，当时波斯小亚细亚领土的统治中心萨第斯，焚毁了这个城市及其圣殿，然而未能攻克卫城。波斯结集大军转为反攻。起义军政治上不团结，指挥不统一。公元前494年，波斯（腓尼基）舰队败古希腊舰队于拉得岛，攻陷米利都，把它化为焦土。从此，在一个时期内曾是古希腊文明中心，也是伊奥利亚古希腊人的首府的米利都，就一蹶不振了。

马拉松之役

波斯镇压了伊奥利亚起义之后，两三年内，小亚细亚大陆海滨的一切古希腊城邦再度逐一屈服，接着就渡过海峡，进军色雷西亚（Thracia）海岸，并派遣使者到希腊本土诸邦要求“水和土”（屈服的象征）。

有两个雅典人在希波战争初期起了特殊作用。一是因竞争离国到克索尼苏斯去当蛮族人君王的古希腊显贵家族的米太雅德（参见上章第三节）。公元前

493年，当波斯进犯色雷西亚时回到雅典，为祖国效命，成为马拉松之役的雅典军统帅，击败了波斯军，这是希波战争中古希腊人的第一个胜仗。一是僭主庇色斯特拉托的儿子希比亚，引导波斯军从海上经西克拉底斯群岛直接进犯雅典，时在公元前490年。这就是历史上著名的马拉松战役，现在的“马拉松长跑”就得名于此。

马拉松之役，波斯一军登陆雅典对岸优卑亚大岛的爱勒特里亚围攻此城，雅典军拟取道西海岸的马拉松渡海趋救；波斯另一军为阻拦援军，登陆此地，两军相遇，对峙数日。雅典军统帅米太雅德于获悉爱勒特里亚被攻破，攻城波斯军行将从海道登陆雅典西海岸庇里犹斯时，立即进攻波斯军，两军兵力大体相等，波斯军死伤过半，雅典军伤亡轻微，就得全胜。雅典军战胜后全速行军转趋庇里犹斯，波斯军不敢再登陆，即由海道撤回。

马拉松之役是希波战争中古希腊方面第一次赢得的胜仗，这个胜仗是雅典一国独立赢得的。斯巴达领导的拉凯戴孟盟军因出发迟缓未及参战。

马拉松之役后雅典的海军建设

波斯军第二次进犯希腊本土，在马拉松之役后10年。在此期间，有些古希腊人认为波斯军在马拉松受创后不敢再度东犯。这10年中本土诸邦间和从前一样有彼此间的争执和小规模的战争。雅典和埃吉纳争霸海上的战争就是这类战争中的一个。雅典政治家铁米斯托克列斯（Themistocles）独具远识，利用雅典和埃吉纳战争的机会劝导雅典人大举建造新式的三列桨战舰200艘，准备应付行将到来的波斯进犯。这种战舰每艘需配备桨手150人（一说170人），建舰经费利用开发劳里翁（Laureum）银矿（银矿租给私人开采，每一个承包人需交一个Talent即26.2公斤的银币，并征收开采取得白银的1/24）所得国库收入（这部分国库收入本来是分配给每个公民的）开支。战舰于公元前480年大战前夕建成，为建设这些战舰，著名的庇里犹斯海港也开辟出来了。

战舰桨手，由公民中的贫民担任，战舰上的陆战队员，即是从前的陆上公民军。此后雅典霸权，全靠海军，因此贫民在政治上的地位大为提高，这是伯里克理斯民主的一个重要因素。

薛西斯的进犯和希腊本土的解放

马拉松之役，是在波斯大帝国大流士（Dalius）第一在位时进行的。公元前485年，大流士死去，薛西斯（Xerxes）继位。薛西斯于镇压埃及和巴比伦反波斯起义后，即着手进军希腊本土的准备。他从庞大的波斯帝国各州征集陆军，从伊奥利亚诸希腊城邦和腓尼基、埃及征集海军。公元前480年，陆军渡过达达尼尔海峡，经色雷西亚海滨，南下特萨利亚，侵入希腊本土。

强敌压境前夕，希腊本土诸邦集合于科林斯，决定消弭内战，共御侵略，订立了反波斯的军事同盟，盟主是原已存在的拉凯戴孟同盟盟主的斯巴达。但是，本土诸邦虽然多数参加了同盟，抗战坚决的，主要是雅典和斯巴达为首的拉凯戴孟同盟诸邦，北部中部诸邦态度暧昧。拉凯戴孟诸邦地处伯罗奔尼撒（Peloponnese）半岛，波斯军从陆上进入半岛，有科林斯地峡天险可资防守，而且拉凯戴孟同盟成立以来已将近300年间，半岛内部长期没有内战，同盟的陆军兵力是古希腊首屈一指的，对抗击波斯的胜利具有信心。不过即使如此，伯罗奔尼撒本岛上还有斯巴达的宿敌阿尔哥斯，它在战争中通波斯，守中立，没有参加科林斯同盟。倘使古希腊人不首先消灭波斯舰队，波斯军可以在地峡以南守军后方登陆，伯罗奔尼撒的优越战略防御地位也就失去作用了。这样，海战在战争中就起了决定作用。古希腊人唯有海战胜利，掌握制海权，战略上才有把握以伯罗奔尼撒和科林斯地峡天险为最后的基地，抗击波斯陆军。

在这样的战略形势面前，通过古希腊内部的种种矛盾，和一些领袖人物所起的作用，战争经历了以下诸阶段：

一、波斯军长驱直入阶段。古希腊军原拟在特萨利亚的腾皮谷及其附近海面阻击波斯陆军及海军（当时的海军都靠岸航行，并必须和陆军取得联络），以拉凯戴孟同盟军为主力的古希腊联军已开到此地，古希腊舰队也开进附近海面，但因特萨利亚当政贵族态度暧昧，不利决战，再度退却，决定在希腊中部温泉关及其附近海上的阿提密西安（Artemisium）海角，以陆海两军阻击波斯军。温泉关战役中，斯巴达王李奥尼达所率陆军300人凭天险抗击波斯大军，全军壮烈牺牲。海军在阿提密西安获得胜利。不过波斯舰队虽受重创，仍占优势。

二、萨拉米（Salamis）海战扭转战争局势。温泉关及阿提密西安战役后，古希腊军继续退却。此时希腊北部中部诸邦全部附敌，波斯军陷阿提卡，雅典全民登船避居萨拉米、埃吉纳两岛和南面伯罗奔尼撒半岛上的特洛溱（Trozen），雅典城被焚毁。古希腊诸邦联合舰队，以雅典船舰为主力，在萨拉米岛海面上迎击波斯舰队，打了一场海军的决战，史称萨拉米海战，获得全胜。波斯舰队大部被歼，残余船舰返航小亚细亚，制海权落入古希腊军手中。

三、波斯军退却和古希腊军追击的阶段。萨拉米海战后，率军亲征的波斯大帝恐惧失却制海权后无法渡过海峡返回小亚细亚，于是除留一军在彼奥提亚继续与古希腊军对峙而外，全军后撤。波斯军是一支人数巨大，成分庞杂的波斯统治下形形色色的民族组成的队伍。按希罗多德夸大的估计，战斗部队达170万人，连同各色各样的随军人员，总计达500多万人。这当然是不可能的。但是，即使把这个数目降为50万人，这还是一支数目大，成分杂的军队，这样一支军队，深入敌国，现在仓皇后撤，可以设想无法保持有组织的后勤供应，它会造成异乎寻常的混乱是势所必然的。后撤军队究竟有多少返达小亚细亚，难于推测。薛西斯及其行宫，当然是安然返回了。

薛西斯所留与古希腊军对峙的一军是全军主力，有坚强的领导。这支军队在公元前480年冬季退入彼奥提亚过冬，翌年再陷阿提卡，力图诱迫雅典单独媾和。几经曲折，拉凯戴孟全军出地峡和雅典军会合，公元前479年春，在著名的布拉的（Plataea，阿提卡和彼奥提亚边境）战役中，古希腊军获得全胜，波斯殿后军全军被歼。

与此同时，古希腊联合舰队追击波斯舰队残余于小亚细亚海滨的密卡尔（Mycale），波斯舰船全数被焚毁。

布拉的战役古希腊军统帅为斯巴达王波桑尼阿斯（Pausanias），其中雅典军由亚里斯特底斯（Aristades）指挥。密卡尔战役，联合舰队统帅为斯巴达王利俄提基德（Leotychides），其中雅典舰队由桑西巴斯（Xanthippus，伯里克理斯的父亲）指挥。在此以前，亚里斯特底斯和桑西巴斯两人都曾按陶片放逐法放逐海外，大战前夕，雅典人决定流放的人一律准许回国，得以建立战功。

公元前479年，希腊本土全境解放。

小亚细亚及爱琴海上古希腊诸邦的解放

布拉的战役以后，下一个阶段是小亚细亚及爱琴海上古希腊诸邦的解放。

现在战争的主动权始终操在古希腊人手里，公元前479年密卡尔战役后，小亚细亚西面爱琴海上四个大岛，累斯博斯、基俄斯、塞莫斯、罗陀斯自然而然获得了解放。古希腊人下一个目标是打通被波斯阻断的黑海航路。公元前

478 年，收复达达尼尔北侧，克索尼苏斯半岛上的塞斯都斯（Sestos）和拜占庭（Byzantium）。拜占庭之战，波斯率军投降，从此，黑海粮食又可源源输出。同年，古希腊人还收复了塞浦路斯岛上原属古希腊人诸邦，岛上的腓尼基城市未能攻克，以后还长期藩属于波斯。

色雷西亚还有强大的波斯守军。公元前 476 年，古希腊联军在奇蒙指挥下进军该地，围攻斯特赖蒙（Strymon）河上的埃翁（Eion）城，进行了长期的围城战，全歼波斯守军。此后古希腊人又围攻爱琴海上背离提洛同盟（参见下文）的纳克奈斯岛和海盗巢穴的西罗斯（Scyros）岛。至此，爱琴海全入雅典掌握。

公元前 467 年左右，古希腊军与波斯军又会战于小亚细亚南岸中部的攸利密顿（Eurymedon）河上。在此以前，小亚细亚西岸自米利都以北的大陆滨海诸城邦，大体上均已脱离波斯获得解放，自米利都以南，波斯还驻有大军，大陆上的古希腊城邦还在波斯轭下。奇蒙率三列桨战舰 200 艘集中于库都斯（Cuidus），不久，在攸利密顿附近海面歼灭波斯海军，俘战舰 100 艘，接着又俘增援军舰 80 艘。海战获胜后，奇蒙立即登陆攸利密顿河口，奇袭波斯陆军，波斯军溃败。

攸利密顿之役是亚历山大东征以前，整个古希腊世界团结一致进行对波战争的最后一次战役。自此以后，古希腊与波斯之间的关系，就和雅典、斯巴达争霸的内战交织在一起了。公元前 449 年，雅典和波斯签订的卡利亚斯（Kallias）和约，名义上是公元前 480 年开始的希波战争的结束，事实上，此时雅典与斯巴达的战争已经进行了很久，而且进行得十分剧烈，和约的签订已经以争霸为背景了。

希波战争的重大历史意义

希波战争的历史意义是十分巨大的。希波战争以前，古代文明世界的典型的政治形态是一种“神授的王”统治广大的领土，埃及、巴比伦、亚述、赫梯、吕底亚、福里基亚、米地（Mede）以及大卫所罗门时代的以色列王国都是这种类型的国家。城市国家诚然是有的，腓尼基的拜布罗斯、泰尔、息敦都是“城市王国”，并以航海商业为生，然而在当时的“世界政治”中，它们都不过是几个大帝国争夺的目标，从来没有，也不可能在历史上起什么积极主动的作用，也没有创造出新的，有别于起源于这些古老帝国文明的新文明来。古希腊文明本身也渊源于这些古老的东方文明，因为它从头到尾是海上文明，一连串历史事变又促使它发展起来了一种自治自给的城邦制度，这种城邦制度在可称为偶然的历史条件下——小亚细亚内陆在赫梯崩溃后长时期内没有出现强大的王国——居然获得了充分发展所必要的几百年时间，它不仅在海外巩固了，希腊本土也城邦化了。自治自给的、个人创造能力有充分发展余地的城邦制度，在这几个世纪中，在经济、军事、科学、技术、文化、艺术等各个方面，充分吸收了东方古文明的遗产，加以消化，加以改造，并以跃进的速度加以提高。公元前 6 世纪波斯征服以前，事实上古希腊文明已经高出于“东方”文明。然而自治自给的城邦制度有一个致命的弱点，它的个人主义和城邦本位主义，使它在强大的外敌侵犯面前显得是一盘散沙，使它宁愿各别屈从大帝国成为它的藩属，也无法团结起来外御强敌，并在对外战争中谋求民族统一。其结果，藩属帝国的那些城邦，还势必要派兵出钱，在帝国旗帜下向本民族的其他城邦进攻。吕底亚王国兴起后，小亚细亚诸邦先后藩属于吕底亚，有的城邦僭主还成为王国的驸马（埃弗塞斯的例子）。波斯兴起后，只有避难移民，却没有团结抗战的打算。海滨城市成了波斯藩属，波斯统治一时还伸不进来的海岛城邦，却利用这个机会，幸灾乐祸地扩大自己的势力（塞莫斯利用米利都藩属于波斯在爱琴海上的扩张）。所有这些，都已经充分证明了城邦制度的致命弱点。公元前 5 世纪初的伊奥利亚起义，是古希腊世界的一个部分团结抗敌的第一次企图，起义虽然失败，福利尼卡斯（Phrynichus）以悲剧“米利都的沦陷”在雅典上演，使观众潸然泪下，从此以后，团结抗敌逐渐成为“一盘散沙”的城邦希腊的一致要求。这种要求在不久前驱逐了僭主，贯彻发展了梭伦民主的雅典显得特别强烈。于是，虽然薛西斯动员了整个东方世界的全部人力物力，包括腓尼基海军，也包括小亚细亚诸希腊城邦，甚至包括新近归附的希腊本土北部、中部的希腊诸邦的力量，以泰山压顶之势扑向雅典和斯巴达所领导的希腊南部诸邦联军，结果竟以彻底失败告终。这次战争的结果，充分证明了创造和发展的古希腊文明优于停滞不前的东方文明，虽然前者的历史远不如后者的悠久。也证明了城邦制度固然会在各城邦之间造成互不团结，然而城邦内部的民主制度，不仅在和平生活中发展了各个人的创造能力，在存亡危急关头也把千万人团结成一个人，对敌人作坚决的斗争，一旦外敌侵犯使这些城邦结集起来成为坚定的抗敌同盟，它就完全可以战胜在专制主义统治驱迫之下的、貌似强大、实际上是离心离德的帝国军队。希波战争就是这样一个历史转折点。希波战争胜利以后，创造的而不是墨守成规的古希腊文明从此跃进得更快，“古典时期”的希腊，是人类文明的极其光辉灿烂的阶段，对后来历史的积极影响是不可估量的。这是我们研究希腊城邦制度时所不可不注意的。

然而城邦希腊并没有在希波战争中克服它制度上固有的致命弱点，这种弱点，在此后 105 年的历史演变中，最后竟不可避免地导致了城邦希腊的消亡……

第三节　提洛同盟与雅典帝国

提洛同盟的成立

公元前 480 年开始的希波战争，希腊军是科林斯会议上成立的反波斯同盟的盟军，这个同盟的领袖是斯巴达。斯巴达成为希腊本土诸邦抗击波斯的战争领袖是必然的：雅典在 10 年前虽然独立赢得了马拉松战役的胜利，此时它在联军舰队中的船舰数目最大，但是它的军力和经济力量远远比不上拥有伯罗奔尼撒半岛南部广大地区的斯巴达，何况斯巴达的重装步兵冠绝一时，以它为首的拉凯戴孟陆军又是抗击波斯可以依靠的最大最强的一支军队，而拉凯戴孟同盟到此时为止已有 200 多年的历史，斯巴达在古希腊的领袖地位也确立了很久了。正因为斯巴达是反波斯同盟的盟主，所以，不仅布拉的战役的统帅是斯巴达王，阿提密西安地角和萨拉米两次海战的统帅也是斯巴达王，公元前 478 年远征塞斯都斯、塞浦路斯和拜占庭的几次战役的统帅仍然是斯巴达王。但是斯巴达王波桑尼阿斯累胜之余，滋长起来了想当波斯大王式的独裁国王的野心，在受到部下抵制之后，进一步阴谋通敌，拜占庭战役中被人发觉，斯巴达的监察委员会召令回国，审判属实，判处死刑[②]。自此以后，斯巴达恐怕他们派出去的领导人会在外面的花花世界中腐化，不再派兵派人继续参与战争，拉凯戴孟诸邦也随而退出。此时古希腊对波斯战争的参加者成分有重大变化，新获得解放的海外诸邦纷纷参战，本土诸邦日趋减少，最后只剩下雅典和优卑亚岛上的卡尔西斯、爱勒特里亚等邦，战争的领导权自然落入雅典手中。形成这种新形势的关键时间是公元前478年的拜占庭战役。

此时科林斯会议上成立的反波斯同盟虽未正式解散，为应付新局势起见，有成立新的同盟的必要。就在拜占庭，雅典将军亚里斯特底斯与参战诸邦订立盟约，成立提洛同盟（攻守同盟，Symmachia，Alliance，或海上同盟 confeodenia）。称为提洛，是因为爱琴海上的提洛（Delos）岛被选为盟国集合的地点，同盟的金库也设在该岛的神庙中。参加同盟诸帮，包括爱琴海上一切岛屿，和小亚细亚、色雷西亚海滨一切古希腊城邦。达达尼尔、博斯福鲁两海峡和前海（马尔马拉海）诸邦也加入同盟，但黑海南岸迤西的小亚细亚诸邦及黑海北岸海滨诸邦不参加对波战争，不是同盟加盟国家。同盟加盟国家在同盟建立时为数还少，此后对波战争步步胜利，获得解放的古希腊城邦愈来愈多，加盟国家也随而逐步增加。同盟极盛时期，小亚细亚南面海滨上某些加利亚城邦也是盟邦。根据当时遗留碑铭，同盟极盛时期加入同盟的城邦及小共同体（大概是未建立城市的古希腊移民的农村或渔村）达300个，人口总额估计达1000万—1500万人。

雅典帝国

西方史家对于提洛同盟一开始的性质，有两种不同的认识。格拉脱认为提洛同盟开始是平权的同盟，一切盟邦均有平等地位，有一样的权利与义务。格拉脱以后的史家认为，根据修昔底德《伯罗奔尼撒战争史》的记载，同盟一开始就具有严重的雅典帝国的倾向。这表现为：第一，盟约是以雅典为一方，雅典以外一切盟国为一方订立起来的；第二，盟国有义务，或者提供一定数量的船舰及人员参加联军，或者免除此项义务而提供一定数额的钱款——实际上是一笔贡赋，而且，哪些盟邦出船出人，哪些盟邦出贡赋，一开始就交由雅典全权决定。鉴于雅典在反波斯战争中的领袖地位，它在战争中所蒙受的牺牲和作出的巨大贡献而赢得的崇高地位，后说恐怕更近于事实。我们倘使考虑到提洛同盟的盟国几乎都曾屈服于波斯轭下，在波斯侵入希腊本土时，许多城邦还曾出船出人参加在进攻的波斯军内，更容易想象雅典一开始就是同盟的主人，同盟发展成为雅典帝国是必然的。不过同盟成立之初，还有定期举行于提洛岛上阿波罗（Appolo）和阿丁里斯（Artinis）[③]神庙中的同盟会议，由它来决定同盟的一般政策，决定对不服从同盟盟国的强制措施。也许同盟会议的实际义务不过是批准雅典的决定，不过同盟的形式总还存在。当时同盟金库也设在提洛岛上，司库也还由同盟会议任命而不是雅典的官职。

同盟建立于公元前 479 年，不过 11 年，纳克索斯岛首先叛离同盟。此岛是一个繁荣富裕的城邦，军力较大，本是“出船出兵”而不是纳贡的盟国。叛离原因，征讨降服的条件如何，均不可考。大概它被讨服后得交出它的舰队，降为纳贡的附庸。此后盟国凡有“叛离”，一律用武力征服，并丧失“独立”，同盟也就愈来愈变成帝国了。到伯罗奔尼撒战争开始时，唯有基俄斯和累斯博斯两岛还“保持独立”，其他盟国已悉数降为附庸，同盟会议已不召开，同盟金库已迁往雅典，金库司库已成为雅典国家的官职，盟国的讼案要到雅典来审理，同盟已不存在，存在的只是雅典帝国了。

城邦雅典——帝国的中心

现在城邦雅典是帝国的中心了。

我们决不可以把这个帝国中心设想为郡县制帝国的帝都。所谓雅典帝国，是城邦雅典支配一大批纳贡的、在对外政策上听命于它的盟国，由此形成了一个以雅典为中心的城邦集团。雅典本身仍然是城邦，加盟的各个盟邦也仍然是自治自给的城邦。盟邦作为独立国家，主权现在不完整了，因为它们不再能够自行决定它的对外政策。帝国中心的城邦雅典，现在有全权决定这个巨大的城邦集团的对外政策——或者正确一点说，在所谓提洛同盟中，唯有雅典有权独立决定它的对外政策，而城邦雅典的对外政策，自然而然就是整个雅典帝国的对外政策，同盟邦没有参与决定的权利，唯有服从雅典决定之义务。此外，帝国内部诸邦之间必须维持和平，一切争执要服从雅典的裁决。虽然如此，加盟诸邦还各有自己的政府和法律，政体的类型则不免要以雅典为楷模，并非雅典式的民主政体当然是不能存在的。

雅典帝国范围内纳贡的盟邦，每年交纳一定数额的贡款之后，它们的公民不再有服兵役的义务。与此相反，城邦雅典现在除其本身的国库收入而外，还有一笔事实上它可以当作自己的国库收入来任意支配的盟邦交纳的贡赋。希波战争后，雅典跃升为古希腊世界首要的商业中心，工业和农业也有很大发展，关税和其他税收为数巨大，加上这笔贡款，国库丰裕。由此，由雅典公民组成了这个庞大帝国的武装部队，公民军在服役期间是领薪饷的，城邦雅典成了

“战士共和国”了。又，城邦雅典既是帝国的中心，有许多帝国范围的行政事务与司法事务要由它来处理，这些事务都成了雅典城邦的事务，雅典于是发展起来了一大批有报酬的公职。

值得注意的是，城邦雅典并不是通过特权的贵族阶级或者组织行政官僚机构来履行它的领导帝国的职能的，相反，在它作为帝国中心的期间，充分发扬了城邦以往的民主传统。在帝国存在的短短时期中，雅典民主竟然达到它的极盛时代——事实上这也是城邦希腊的极盛时代；史家通称的伯里克理斯民主，就在伯罗奔尼撒战争大爆发以前的30年间。

城邦自治与民族统一的矛盾

读者大概早已意识到，“自治自给”、“分裂繁殖”的城邦，在外敌侵犯面前实在缺乏抵御力量，而提洛同盟—雅典帝国实在是在反对波斯战争中诞生成长起来的，是文明迅猛发展的古希腊世界的民族统一的唯一可以寄托的力量。四五个世纪以来，希腊人在“自立门户”的精神下殖民于东西南北，形成了经济、文化、语言、宗教上一致的一个大民族，吸收了古代东方文明，以跃进的速度把它的文明提高到古代世界所不知道的高度。可是，在强大的东方帝国武力侵略面前，几乎面临灭顶之灾。现在它经历了希波战争的严峻考验，胜利地通过了这个考验，瞻望未来，要顺利地发展古希腊文明，实现民族统一是唯一可走的道路。提洛同盟—雅典帝国结集了古希腊世界最大部分的力量，它以鲜明的反波斯的旗帜与不断胜利的战绩，把原先爱奥里斯、多里安两个并非伊奥利亚系统的海外诸城邦都集合在一个同盟之内，最初这个同盟是巩固的。这个同盟虽然还远没有达到统一整个古希腊世界的程度，这总是一个良好的开端，可以指望它逐步发展，实现民族统一。当然，在提洛同盟—雅典帝国成立以前，希腊本土已经有了好几个结集若干城邦在一起的集团，这里有以斯巴达为首的拉凯戴孟同盟，有以提佛为首的彼奥提亚同盟，有特萨利亚以四个“州”组成的联邦。然而，后两者在反波斯战争中“米地化”[④]了，而且力量较小，一时没有“领袖群伦”的资格。斯巴达及拉凯戴孟同盟，成立了200多年，一直是公认的古希腊盟主，但是它在反波斯战争中所蒙受的牺牲和所作贡献都不如雅典，战争后期，实际上不再参战，不久又因国内农奴的起义而大为削弱。拉凯戴孟同盟中主要的海权国家科林斯的殖民和商业利益偏在西方（西西里和“大希腊”），它本身在希腊本土上的安全又必须依靠斯巴达拉凯戴孟同盟，它对拉凯戴孟同盟的对外政策有巨大的影响力量，此时它在“东方希腊”有意识地采取了退让政策，对于雅典霸权并不采取敌视政策。这样，从一切方面看来，由雅典为领导力量，通过提洛同盟和雅典帝国来实现古希腊民族的统一似乎是有希望的。以后古希腊，世世代代的历史家，鉴于雅典民主的进步性，鉴于古典时代希腊文明以雅典为中心获得了光辉灿烂的成就，都对雅典未能完成这个历史任务而深表惋惜，确实不是没有理由的。

然而事实上雅典确实没有能够完成这个任务。原因是多方面的。其中之一是公元前 5 世纪 60 年代以后雅典对波斯，对斯巴达政策的错误，大略经过，我们在次节内马上就要予以介绍。然而根本的原因，还在于自治城邦的精神和民族统一的原则之间，有不可克服的矛盾。我们还不妨大胆推测，当时的任何政治家，不论他的指导政策如何正确，也没有力量足以克服这个矛盾。

城邦的根本精神是自治自给，是完全的主权和完全的独立，这是古希腊文明创造性的特征的根本来源。各城邦之间的激烈竞争和导致的倾轧不和，以致经常发生决斗性质的小战争，是其致命的弱点，然而这是随着它的特殊优点即创造性而俱来的。如果听令这种“城邦本位主义”[⑤]照原样发展下去，它的优点固然可以大为发挥，经济和文化发展因经常获得刺激而大步前进，它那种弱点也无法消除。这种弱点，在强敌侵犯面前尤其是致命的，小亚细亚诸城邦长期甘居波斯轭下，并且不惜出人出兵参加波斯对希腊本土的进犯，几乎陷蓬勃发展中的古希腊文明于死地，是此种弱点的集中表现。幸而城邦制度的民主精神激励了古希腊人的坚决抗战，城邦希腊在严峻的考验中获得了胜利。但是，根深蒂固的自治独立的要求，使得城邦希腊在灭亡威胁面前战胜了强敌，却没有能够通得过胜利的考验。

城邦雅典在提洛同盟—雅典帝国内对盟邦采取的态度，有的历史家称之为“上邦政策”（塞尔格耶夫），即尽可能把盟国降为出钱买得和平，然而削弱了它的主权，使它的公民不再有尚武精神的那种附庸国家。与此同时，又通过各种途径，把它自己的公民培养成为“上马杀敌，下马议事与审判”的群众政治家。时间愈久，盟国愈感到屈辱，无法忍受。一旦有事，它们势必要提出“一切城邦都有权自治”的口号来反对雅典，这样看来，有自治城邦这个原则存在，雅典帝国的基础一开始就是不稳固的。

那么，可不可以设想，通过统一运动把提洛同盟组成一个联邦，或者，雅典把它的公民权慷慨地赋予一切盟国的公民，使同盟成为一个统一国家呢？我们记得，雅典本身就是通过统一运动，把10多个很小很小的城市集合成为一个统一城邦的。我们还知道，雅典帝国成立以前，希腊中部的彼奥提亚同盟，是8个城邦组成的同盟，各城公民保留本城公民权，又另外创设一种同盟的公民权，各城公民都有双重的公民权，而同盟的执行机构是各城邦平权选举出来的。既然有此先例存在，倘使提洛同盟成立之初，雅典的政治家采取这种显明的政策，提洛同盟不就可以长治久安了吗？

然而这是不可能的。提洛同盟成立于希波战争雅典胜利的顶峰，雅典人既然蒙受了如此巨大的牺牲，又对胜利作出了如此巨大的贡献，盟邦是雅典人把他们从波斯轭下“解放”出来的，雅典公民势必自视为理当获得特殊权利的解放者，在民主传统如此悠久的雅典，任何政治家都不可能违背这种群众情绪，所以平权同盟也好，通过把雅典公民权给予一切盟邦的这种统一运动来建立一个统一的国家也好，事实上都是行不通的。这是提洛同盟成立那个短暂时期的形势。那么，也许以后这种感情会平淡下去，平权同盟或统一运动应该是可能的了？

答复还是否定的。一方面，城邦雅典从帝国所得的特权日益成为既得权利，时间愈久，变更愈难。另一方面，彼奥提亚同盟也好，雅典的统一运动也好，都限于十分狭小的地域，在地理上，它们都没有超出城邦原则所允许的界限。提洛同盟范围如此广大，加盟城邦如此众多，在古代交通条件要在如此广大范围内实现平权同盟或统一运动是难于想象的。这里，城邦的另一个原则——公民之间的紧密的接触起了不可克服的障碍作用。贝尔克尔说：

> 5世纪中，雅典曾经企图搞城邦的统一，它的伸展得很远的帝国曾经包括爱琴海上所有的岛屿海滨。它的政策失败了；它的失败是因为它和它的盟邦同等地受到了（自治、自给的城邦神圣不可侵犯）这种思潮的妨碍，所以不能上升到一个巨大的、非城邦的、联合在一种共同公民权中的国家的概念。在雅典这方面，它不能把它的公民权扩大到盟邦去，因为它的公民权意味着——而且，也只能够意味着——出生于雅典，完全地参与在雅典当地的生活、习性和气质之中；在盟邦这方面，即使赋予雅典的公

民权，它们也不能接受，因为这些城邦的公民权，对它们来讲所意味的是恰好同样的东西。

共同的公民权会使有关系的一切人发生“一种无法忍受的一神主义”的宗教感情，因为对城邦的崇拜，事实上是一种宗教。政治上的多神主义是古希腊的信条，这种信条倾覆了雅典帝国。要细心地琢磨，才能设想宗教（城邦的宗教）瓦解了雅典帝国，宗教（在所有城邦共同崇拜一个神化了的统治者意义上的宗教）又是亚历山大在古希腊中的帝国的基础。（贝尔克尔：《公元4世纪的伟大政治思想和理论》，第Ⅵ卷第XⅥ章，*Great Political Thought and Theory in the Fourth Centry*，by Barker，ch. XⅥ，vol. Ⅵ，c. a. h.）

第四节　伯里克理斯民主——城邦希腊的极盛时代

希波战后城邦雅典经济及社会状况的演变

希波战后，雅典是雅典帝国的中心，而且也成为整个古希腊世界的经济和文化的中心。

当萨拉米海战和布拉的战役前夕，波斯军占领阿提卡全境，雅典老弱妇孺两度登船避难他乡的时候，雅典公民及其家属总计，史家估计为15万—17万人，外邦人和奴隶除外——这时候，外邦人和奴隶的人口为数是不多的。战争时期，雅典公民全数在军中服役，社会地位最低的贫民阶层在舰船上当桨手，其他各等级的公民在重装步兵中和舰上战斗部队中，确实是全民皆兵。布拉的战役以后，雅典人在战胜强敌后热情奋发地重建家园，所需物质资源，可以依赖盟国的捐款，不久就有提洛同盟的贡款可资利用，恢复大概十分迅速。我们知道，就在重建家园过程中，雅典重新建筑了被波斯人毁掉的城墙，还完成了战前已经开始的庇里犹斯海港的筑港和设防工程，海港周围筑城长达10公里。这样雅典就有了巩固的海军基地，也有了比从前规模大得多的商港。30年后，雅典人又筑长城把雅典和庇里犹斯海港连接起来了，从此雅典代替了米利都和科林斯成为古希腊世界最大的商业中心，工业如陶器、造船、武器制造也首屈一指了。

城邦雅典愈来愈富裕起来了。它的商业和手工业吸引许多外邦人来到雅典，有的来自古希腊其他城邦，有的来自“蛮邦”。国家把战俘当作奴隶出卖，“从奇蒙出征小亚细亚和色雷斯的时候起，出身异邦人的大量奴隶便涌入了古希腊市场”（卢里叶：《希罗多德论》，第45页）。奴隶在雅典全人口中的比重逐渐增大，史家估计，到伯罗奔尼撒战争前夕（公元前431年），雅典公民阶层人口大体上和希波战争前夕相仿佛，外邦人增到4万人左右，奴隶则在8万—12万人之间。公民阶层在全人口中的比例降到一半左右。

雅典国家收入，达到按古代标准来说十分惊人的数额。它征收出入庇里犹斯港货物的关税，按货物价格征20%。它有阿提卡的劳里翁银矿，和奇蒙征服的色雷西亚海滨爱昂（Eion，此城直属雅典，不是独立城邦）城附近的潘金犹斯山金矿，两矿都给国库提供了可观的收入。更重要的它有提洛同盟的贡款，这笔贡款最初定为460塔兰同，实征数约达410塔兰同。每阿提卡塔兰同合26.2公斤，460塔兰同合386000英两（盎斯）的银子（每一英两银子，合阿提卡货币7个德拉克玛Drachma略多一些，每一个德拉克玛可供五口之家一天大体过得去的生活）。加以盟国间的讼案在雅典审理要交纳讼费，以及其他国有财产的收入，都使国库收入膨胀起来。这笔收入如何使用，现在对雅典的经济生活和政治生活以至社会状况都要发生重大作用了。

“战士共和国”

这笔国库收入，首先用在维持在役的军人和“有报酬的公职”上面。亚里士多德在《雅典政制》中说：

> 由于国家日益壮大，而钱财也积累了很多，亚里斯特底斯就劝告人民，抛弃家园，入居城市，务以取得领导权为目的。告诉他们说，人人都会有饭吃，有的人服兵役，有的人当守卫军，有的人从事公社事情，这样他们就可以保持领导地位……他们又按照亚里斯特底斯的建议，为大众准备充分的粮食供应，因为贡赋、役税和盟国的捐款的综合所得足以维持两万多人的生活……（第29页）

许多证据证明，有报酬的公职（引文所谓“从事公社事情”）并非开始于亚里斯特底斯时代（70年代），那是伯里克理斯时代（50年代）的事。用公款维持军队，也许开始于希波战争中的非常时期，那时阿提卡全境被占，雅典公民军势必仰赖盟国捐款维持，以后有了提洛同盟的贡款，用它来支付在役军队的薪饷，似乎是顺理成章的。而霸权中心的城邦雅典，即使不在战时，现在也不能没有一定量的“常备军”了。它要巡逻爱琴海面以警备海盗，要守卫作为海军基地的庇里犹斯海港，要守卫帝国境内的战略前哨，要维持一支随时可以出动的机动部队，包括海军和陆战队。至于战时组成的公民军，因为现在它所要进行的战争已经不是一个小小城邦的边境冲突，而多半是跨海远征，于是除战士口粮外，也得支付定额的薪饷了。这样，雅典公民的一部分，成了终年服役的领薪饷的兵士，战时则大部分公民是领薪饷的战士，所以亚里士多德说，雅典共和国是“战士的共和国”。

公民、武装移民、外邦人和奴隶

然而，雅典这个“战士共和国”还是十分不同于斯巴达的。雅典公民大部分还在农村中，是自耕业主。务农，被看做适合于公民身份的高尚职业，伯罗奔尼撒战争开始（公元前 431 年），拉凯戴孟同盟大军侵入雅典四郊的时候，四郊务农公民的家属避难聚居雅典和庇里犹斯城内，因为人数过多，造成了严重的瘟疫。这就是说，除住在城里的公民而外，其余的公民平时还是躬耕田间，而不像斯巴达公民那样靠农奴贡赋为生的。

雅典公民，不仅在本国躬耕田间，还有机会躬耕于帝国范围内的海外地方，这就是“武装移民”制度。当盟国叛离，用兵征服，沦为附庸的时候，雅典对那个被征服的城邦的自治自给虽然仍予维持，但是为了震慑起见，常常派遣若干数量它的公民移居该地，称为“武装移民”。这种“武装移民”，虽然身处海外，但有完全的雅典公民权。他们在当地是一种特殊身份的人，为当地居民所厌恶。

“武装移民”也居住在直属雅典、并非独立城邦的城市中。色雷西亚的爱昂，爱琴海上的西罗斯岛都直属雅典。后者长期以来一直是海盗巢穴，雅典派军剿灭后，由它的“武装移民”占据。

雅典城里的公民，除从军的和从事公务的而外，有手工艺匠，其中大部分同时又是手工作坊的主人；有大小商人，有赶牲口的等。但是雅典人鄙视工业劳动，某种程度上也轻视商业，矿工尤其不是公民干的职业。于是，大批外邦人来到雅典这个古希腊世界的经济中心经商，来开设手工作坊，来当医生和教师。外邦人是自由民，没有公民权，不得在阿提卡境内购买房屋土地，还要交纳一种特别的人头税，他们有从军的义务，他们也可以拥有奴隶。手工作坊中帮助艺匠干活的帮手、矿工、家庭仆等都由奴隶充当。奴隶的来源，一部分是战俘，一部分是奴隶贩子从蛮邦贩来的。十分特别的，雅典市的警察和雅典的档案管理员也由奴隶充当，他们是国家奴隶，也是买来的，由国家供给饭食，可以自由择居，这算是最高级的奴隶。其他，充当家庭仆人和充当手工作坊帮工的奴隶，因为人数少，主人对他们接近的机会多，容易产生感情，大体上还能获得比较过得去的待遇。待遇最残酷的是矿工，他们终日在监工的鞭子下作工，奴隶主指望从他们身上得到最大的利益，毫不顾惜他们的生命，因为这种“财产”的“更新”是并不困难的。

雅典奴隶和其他城邦的奴隶一样，主人可以“释放”他们（即解除其奴籍），也可以由奴隶把他按惯例成为自己合法收入的钱款存储起来，积成整数，向主人赎身。被释放奴隶取得外邦人的身份，和他的前主人仍保持某种隶属关系。如果他死后无嗣，遗产归旧主人家继承。

斯巴达那种类型的“战士共和国”以农奴黑劳士为基础。雅典那种类型的“战士共和国”以买来的奴隶为基础。从两者历史演变过程看，脉络是十分清楚的。古典希腊并存农奴制和奴隶制两者，这是无可怀疑的。可是我国史学界对此有过很多争论，所以，本文后章对此将作专门的考察。

有报酬的公职

有报酬的公职，开始实行于50年代。众所周知的有陪审员津贴和议事会成员的报酬两项。为着使雅典公民中生活无保障的阶层也确有可能参与国家大事，伯里克理斯（或说厄菲阿尔特 Ephiahes）颁布了出庭陪审者履行义务的津贴。在进入法院大厦之前，授给每一个陪审员一根出庭杖和一枚证章，凭证可以领受规定的津贴两个欧布尔（Obol，以后又增加到三个欧布尔即半个德拉克玛）。我们知道，雅典法庭管辖范围及于帝国范围内各邦间的争议，每次开庭陪审员人数颇多，整个雅典经常有6000名公民充任陪审员，公民总人数约4万人左右，陪审员占公民中一个很大的比例。现代史家认为，充任陪审员的多数是已过军役年龄的老年公民，颁给陪审员津贴，事实上是对经历了长期军役的退伍老兵的一种照顾。雅典法庭审理案件范围既异常宽广，有报酬的陪审员制度又是中下阶层公民的极好的政治教育的机会。唯有当广大公民对国家大事有清楚的了解，掌握国家最高权力的公民大会才不致流于形式。伯里克理斯民主，在这一方面确实是获得了很大成就的。

另一项重要的有报酬的公职是议事会。希波战争后议事会人数未变，500名议事会成员以前都是无给职，伯里克理斯时每人每日津贴一个德拉克玛（可供五口之家比较过得去的生活）。同时被选任为议事会成员的资格，也比克利斯提尼时代放宽了，凡“双牛级”（中农）阶层的公民均可选入议事会。鉴于财产标准已从实物单位折成货币单位，加以物价的上涨，雅典公民限于财产而不得被选任为议事会成员的人数已经寥寥无几。现代史家计算，根据议事会成员不得连选连任的规定，雅典公民的1/3，一生中有机会被选入议事会。

雅典戏剧与观剧津贴

早在希波战争前夕，雅典戏剧已经开始繁荣。戏剧起于酒神大祭时咏唱颂歌的合唱队，后来合唱队增加一个表演的人员，跟合唱队对答台词，于是演员与合唱队之间有了“对白”。合唱和对白具有了情节，就发展成为有剧本的演唱。埃斯库罗斯（Aeschylus，参加过马拉松和萨拉米战役）把演员剧本的演唱增加到两个和两个以上，完整形态上的戏剧于此创始。古希腊剧场始终是圆剧场，倚山坡而筑，露天，没有屋顶，作半圆形，规模宏大，可以容纳大量观众。剧队主办人是富裕公民，剧队经费由这些富裕公民筹措。希波战争以后，雅典戏剧进入极其繁荣的时代，悲剧作家埃斯库罗斯、索福克勒斯（Sophocles）、幼里披底（Euripid），喜剧作家阿里斯多芬（Aristophon）的著作，传遍整个古希腊世界，为罗马时代作家所模仿。他们一些主要著作流传至今，马克思的博士论文中引埃斯库罗斯的《普罗米修斯》一剧中普罗米修斯的自白“说句老实话，我憎恨所有的神”，指出：

> （这）也就是哲学本身的自白，哲学本身的箴言，是针对着凡是不承认人的自觉为最高神格的一切天神与地神而发的。（《德谟克利特自然哲学和伊壁鸠鲁自然哲学的区别》）

古希腊戏剧主题多数取材于神话，虽然如此，剧情、对白、唱词往往针对现实。也有取材于当前局势的，如希波战争前，福利尼卡斯的《米利都的沦陷》，演出时观众为之潸然泪下，这显然是希波战争的政治鼓动剧了。埃斯库罗斯是一个古希腊的民族主义的爱国主义者，他的悲剧《波斯人》是歌颂萨拉米海战胜利的。到阿里斯托芬的喜剧，题材全为现实的政治和社会问题，他的剧本对当权人物作肆无忌惮的讽刺，在高度言论自由的民主雅典，并不因之而有任何禁演戏剧或迫害作者的措施。史家考证，希波战争后200年间，主要在雅典，前后创作出来的戏剧剧本为数超过2000，这是真正的艺术繁荣！

戏剧是古希腊人民爱国主义、民主主义和民族传统教育的极重要的工具。现在世界各地希腊城邦遗址的考古发掘，还常常找到宏伟美丽的圆剧场遗址。剧场又是酒神祭典之地，大概由公款兴建，剧队由富裕公民出资维持，每逢庆节演剧，观众要不要买门票，现在难于稽考。伯里克理斯时代的雅典，规定了一种“观剧津贴”制度，即在公共庆节演剧的时候，每个公民发给两个欧布尔的津贴，等于一人一天的生活费。这当然也是国库充裕的结果。

公民权的严格限制

我们已经知道，从梭伦时代起，有过一个时期雅典的公民权对新移人的外邦人是开放的，这是初期雅典得以吸收外邦艺匠商人，发展它当时很不发达的经济的一个重大而有效的措施。现在，雅典繁荣富裕起来了，雅典公民是一个庞大帝国中心的城邦中“轮番为治”的集体，拥有被选任为有报酬的公职，充当武装移民移居海外，领取观剧津贴等种种特权。雅典人不免认为，这是他们先辈在严酷的希波战争中，忍受极大的牺牲，英勇奋斗争取得来的。倘使公民权还是向一切新来的外邦移民开放，新来者无异坐享其成，这是他们难于同意的。这种特权思想的产生，在一般人民中也许是难免的，然而是狭隘的。在这种心理前面，雅典公民权事实上也许已经愈来愈有限制了，不幸的是，号称贤明的热诚的民主主义者伯里克理斯，固然努力发展了雅典公民范围内的民主，都未能免于这种狭隘的城邦旧公民的本位主义。公元前445年，即在规定陪审员津贴制度后不久，伯里克理斯恢复一条旧法，规定“其父母皆为雅典人者，始能为雅典人”，而且法律具有追溯既往的效力，执行得十分严格。这条法律曾引起许多曲解、欺骗和舞弊，引起许多诉讼。当时被揭发欺骗，变卖为奴者，约有5000人。

元老院、执政官与将军

希波战争后，雅典宪法上的变化，除以上所举几项外，最主要的有下列两项：

第一，元老院权力的被削弱。希波战时，梭伦宪法中誉为城邦两锚之一的元老院权力有所扩大。元老院由任满离职的执政官等重要行政官员组成，其成员都是终身任职，是雅典政制中保守的贵族成分。公元前 462 年，厄菲阿尔特通过公民大会改革元老院，极度削弱它的权力，仅保留审理杀人放火等案件和监督宗教仪式之权。它的原来职权转给陪审法庭、五百人议事会和公民大会。这些改革，加上陪审员和议事会成员的津贴制度，雅典政制，在公民范围之内，确实是高度民主的。

第二，希波战前，雅典 10 个部落选出一个将军，组成“十将军委员会”统帅军队，行政权力还在执政官掌握之中，全军由首席执政官任统帅，马拉松战役，首席执政官战死。以后战争频仍，军队统帅权逐渐长期保持在战胜的将军手中，首席将军逐渐掌握全部政务，执政官变成处理日常政务的机构。又执政官职务一直固守旧制，任期一年，不得连选连任。可是将才难得，随意更换统帅，难免造成军事上的惨败，于是“不得连选连任”之制不适用于将军。这样，70 年代起，雅典政制一方面急剧地民主化了，一方面又有事实上可以成为终身职务的首席将军在指导全国国防、外交等重大政务，伯里克理斯就连任了首席将军 15 年。按古希腊史家修昔底德的说法，“雅典在名义上是民主政治，但是事实上权力是在第一个公民手中”。（《伯罗奔尼撒战争史》，第 150 页）

公共工程——古典希腊建筑艺术的高峰

伯里克理斯时代，相当部分的国库收入用于“装饰雅典”——修建建筑史上著名的雅典娜大庙、忒修斯大庙以及豪华富丽的、饰以巨大柱廊的雅典卫城正门。从雅典城到庇里犹斯港及法勒隆（Phaletum）港的长城，也在伯里克理斯时代筑成。连同伯里克理斯时代以前庇色斯特拉托、西蒙和伯里克理斯以后雅典所建的神庙、画廊、市场、水源地及输水设备，雅典成了当时希腊世界最宏伟富丽的城市。雅典娜大庙融合多里安风格和伊奥利亚风格，直到现在，还是世界各国建筑艺术的典范。各种建筑物的外部和内部，有各式各样精美雕刻、壁画、壁像装饰，不少保存至今，成为珍贵的文物。

主持这些建筑的建筑师、雕刻家、画家来自希腊世界各地，建筑工程分成小批交由私人承包，现存碑铭，表明承包人有公民，有外邦人，也有奴隶。所给工价，三者并无区别（奴隶所得工价大概归奴隶主所得）。公民特权，也许只表现在有承包的优先权而已。

雅典——古希腊文明的中心

希腊古代学术文化，首先兴起于小亚细亚，那里是史诗、抒情诗、自然哲学、自然科学的故乡，第三章章末已约略涉及。现在，雅典是希腊世界的中心，它的建筑活动吸引一大批建筑家、雕刻家来到了雅典，在它内部，兴起了渊源于诗又超过了诗的戏剧，它的民主生活又使得议事会、陪审法庭和公民大会成为说话的艺术即雄辩术的广阔的用武之地，雄辩术可以使一个普通的公民成为民众的领袖。在这种环境下，雅典的学术文化十分活跃，雅典公民在公开的政治生活中获得广泛的知识，古希腊世界各地的知识分子也群趋雅典。伯里克理斯接近的人中有米利都自然哲学学派的哲学家阿拉克萨哥拉斯（Anaxagoras）、有名的雕刻家菲迪亚斯（Phidias）、有古希腊“历史之父”希罗多德，都来自外邦。著名的诡辩学家普罗达哥拉斯（Protagoras）、哥尔基亚（Gorgias）都到过雅典，为豪富子弟当教师，收受巨额报酬。这个传统开始于伯里克理斯时代，自此以后，长期不衰。伯里克理斯的下一代，就在战乱频仍的伯罗奔尼撒内战时期，雅典的苏格拉底（Socrates）兴起为一代哲学宗师，此后古希腊哲学的四大派：柏拉图、亚里士多德、伊璧鸠鲁、斯多葛（Stoic）都起于雅典，学派中心也一直在雅典，直到罗马时代。

以下只有题目，缺内容（编者）：

伯里克理斯时代雅典公民对国家的忠诚服务和重大牺牲

雅典以外诸邦的一般状况

对伯里克理斯民主的批评

社会义务

取之于民，用之于民——贿赂。以后更进一步发展滥用人民的积

极性

第五节　雅典与斯巴达的争霸——伯罗奔尼撒战争

第六节　西西里帝国和博斯福鲁王国

第七节　城邦希腊的消亡和古希腊文明的传播于广大区域——以马其顿为首的古希腊同盟和亚历山大征服

注释

①居鲁士征克巴比伦后，允许被迦勒底巴比伦迁移到巴比伦的犹太人返回故土，还允许他们重建被毁的耶路撒冷城及其圣殿（见《旧约·以斯拉记》，《圣经》官话译本中的“古列”就是居鲁士）。

②波桑尼阿斯被判死刑后避难神殿，监察委员们下令在神殿四周筑墙封锁，到他快要饿死的时候，才派人把他抬出来，以免玷污神殿。

波桑尼阿斯叛国案件审理过程中，发现雅典将军，雅典海上霸权的奠基者阿提密西安和萨拉米两次海战古希腊方面海军统帅铁米斯特克列斯也有通敌嫌疑。铁米斯特克列斯闻讯潜逃，辗转到达波斯王廷，波斯大王备加优待，以梅安徒（Meander）河上的马格尼西亚（原古希腊城市）为其封邑，竟终老在波斯。

③Artinis 估系 Artemis 之误，Artemis 译为阿耳特弥斯，为古希腊的月亮和狩猎女神。——陈敏之注

④波斯帝国崛起之初，首先并吞了领土跨及小亚细亚东部的米地帝国。古希腊人因为比较熟悉这个帝国，所以也把波斯人叫做米地人。波斯战争前夕，凡对波斯帝国采取屈辱的投降政策，向它献了“水和土”，以后又出人出钱参与了波斯进犯军的诸邦，被称为“米地化”了。

⑤城邦本位主义是用我们的政治术语来描述城邦制度的根本精神。西方史家往往把这种精神描述为一种宗教现象，称之为“城邦崇拜”——指每一个城邦的公民把自己的城邦看做实现公民集团共同善果的唯一途径的那种意识形态。见下引贝尔克尔（Barker）的那段话。亚里士多德的《政治学》即以此种意识形态作为他的政治理论的根本前提。

经济文稿

说价值规律调节消费品的流通而不调节它的生产，首先就被一件明显的事实所否定了，那就是劳动人民集体所有制，由于它的产品价格与劳动者的报酬紧密相连，因此，经济计划企图主观地规定它的产量，不使价格影响它的生产，事实证明这是与客观实际相背离的。即在全民所有制的企业，使消费品的价格只调节流通而不调节生产，只要这些企业的价格与本企业劳动者的报酬不发生紧密的联系，是可以做得通的。但这只是从这些企业的生产上说。从全部国民经济生活上说，不让价值规律既调节流通，又调节生产，结果必将割裂生产与消费之间的联系，因而将发生有害的结果，也已经为大家所公认了。

关于社会主义经济中价值及价值规律的问题——一个读书札记

一、问题的提出

社会主义国家，为要高速度地发展国民经济，提高劳动生产力，最大限度地满足人民日益增长的物质文化的需要，充分利用价值规律是重要办法之一。为了达到这个目的，总结实际经验，找出利用价值规律的途径是必要的，在理论上解决社会主义经济中价值及价值规律问题也是必要的。

斯大林的《社会主义经济问题》一书，对社会主义经济体系中价值规律的作用有了明确的阐述，苏联科学院的政治经济学教科书，对斯大林的理论观点又作了许多具体的解释，这对我们研究社会主义经济中的价值及价值规律问题是有极大指导作用的。

《社会主义经济问题》一书中下述论证，特别值得我们将它与马克思在《资本论》中的论证，对照起来研究：

> 下面这个论断也是完全不正确的，就是说在我们现今的经济制度下，即共产主义第一阶段上，价值规律仿佛调节着各个不同生产部门劳动分配的“比例”。
>
> 假如这是正确的，那就不能理解，为什么在我国，没有用全力去发展那些比起往往赢利很少，而且有时简直不能赢利的重工业说来是最能赢利的轻工业？

假如这是正确的，那就不能理解，为什么在我国，不关闭许多暂时还不能赢利，而且工人在其中的劳动不能产出“应有效果”的重工业企业，也不开设确实能赢利，而且工人的劳动在其中能产生“巨大效果”的轻工业新企业?

假如这是正确的，那就不能理解，为什么在我国，不依据仿佛调节着各个不同生产部门间劳动分配“比例”的价值规律，把工人从对于国民经济很需要但赢利很少的企业，调到更能赢利的企业中去?

显而易见，如果追随着这些同志的脚步走去，那我们就不得不把生产资料生产的首要地位，让给消费资料的生产。然而放弃生产资料生产的首要地位，又是什么意思呢?这就是说，消灭我国经济不断增长的可能性，因为如果不同时实现生产资料生产的首要地位，就不可能造成国民经济不断的增长。(《社会主义经济问题》，人民出版社 1953 年版，第 20—21 页)

下面是马克思的论证:

斯托赫下面一段话，也表示了许多别的人的意见。他说:“构成国民所得的各种可卖生产物，在政治经济学上，必须由两个不同的方法去考察:它们当作价值对于个人的关系，和它们当作财富对于国民的关系;因为一国的所得，不能和个人的所得一样，依照它的价值来估计，但要依照它的效用，或依照它能够满足的需要来估计。

第一，把一个在价值上面建立它的生产方式，进一步按照资本主义组织起来的国家，当作一个单纯为国民需要而劳动的总体来看，是一个错误的抽象。

第二，在资本主义生产方式废止以后，但社会化的生产维持下去，价值决定就仍然在这样的意义上有支配作用:劳动时间的调节和社会劳动在不同各类生产间的分配，最后，和这各种事项有关的簿记，会比以前任何时候变得重要。(《资本论》，人民出版社 1954 年版，第 3 卷，第 1115—1116 页)

斯大林认为不正确的论断“价值规律调节不同生产部门间劳动的分配”

是不是就是指马克思所说的“价值决定，对社会劳动在不同各类生产间的分配，仍然有支配作用”呢？就调节一词，占支配作用一词而言，可以认为是同义语。从本文第二节的引文，我们也可以知道，马克思所说的价值决定与价值规律意义也是相同的。因此，我们若认为，上述斯大林的论断与马克思的论断是直接互相反对的，也许不是没有根据的。

马列主义经典作家对同一问题论断有不同，对我们进行理论研究是有极大启发作用的。作者就是从这得到启发，根据马克思的《资本论》与《哥达纲领批判》两书，恩格斯的《反杜林论》一书，及斯大林的《社会主义经济问题》，苏联科学院的《政治经济学教科书》（第一版）等重要著作，就其中有关社会主义经济中价值及价值规律问题，所作的读书札记，希望对上述不同论断的理论根据，能够弄得稍为清楚一些。作者理论知识浅薄，对长期来苏联经济学界围绕这个问题的争论又完全无知，所能知道的社会主义经济的具体知识又极为狭隘，札记中所不免反映的个人的观点，是不免错误的。提出这个札记，完全是为了期待我国经济学界的指正，以期有助于个人的学习。

二、《资本论》及《哥达纲领批判》论价值及价值规律

1.《资本论》关于价值实体及价值规律，有下面的论证：

把商品体的使用价值丢开来看，它们就还只有一种属性，那就是劳动生产物的属性……

从（劳动生产物）那里残留下来的……不外是无差别的人类劳动的凝结物。人类劳动又不外是人类劳动力的支出，而不问它的支出的形式……当作它们同有的社会实体的结晶，它们便是价值——商品价值。（第1卷，第9—10页）

当作价值，一切商品，只是凝固的劳动时间的一定量。（同上，第12页）

只有社会必要劳动的量，或生产一个使用价值社会必要的劳动时间，决定该使用价值的价值量。（同上，第11页）

每一个使用价值，都是由它的使用价值中对象化的劳动的量，由它生产上社会必要劳动时间决定。（同上，第204页）

商品交换的规律……等价物与等价物相交换。(同上，第214页)

从上面的引文中，可知马克思关于价值实体的定义，价值决定的规律(价值规律)，商品交换的规律，是科学地、严格地区分开来的，而不是相互混同起来的。马克思所指的价值规律，就是价值决定的规律，就是“由生产它们的社会必要劳动的量，决定一个使用价值的价值”，不包含“等价物与等价物相交换”的含义在内。等价物之可以互相交换的规律，马克思称之为商品交换的规律。所以，价值决定一词，就是指“一个使用价值的价值，由生产它们的社会必要劳动的量来决定”这句话的省略语，而这就是价值规律本身。《资本论》全书“价值规律”、“价值决定”这两个用语，其含义都是严格地按照马克思自已的上述定义的。

2. 马克思指出，资本主义生产方式是在价值生产上建立起来的，资本家生产商品的目的，决不能了解为单纯为国民需要而生产（参见第一节引文)。资本家“不仅要生产一个使用价值，并且要生产一个商品；不仅要生产使用价值，并且要生产价值；不仅要生产价值，并且要生产剩余价值”(《资本论》第1卷，第203页)。在《哥达纲领批判》一书中，马克思指出，价值只存在于“生产者交换他们的生产物”的社会里，至于在共产主义社会，因为那是“基于生产手段公有之上的合作的社会，生产者并不交换他们的生产物”，所以那里的生产不再是价值生产。马克思说：

在基于生产手段公有之上的合作的社会里，生产者并不交换他们的生产物；在这里变成生产物的劳动，也同样不表现为这些生产物的价值……因为现在，和资本主义社会相反，个人劳动……是直接当作总劳动的一个构成部分存在着。(人民出版社1955年版，第19页，着重点是原文有的)

但是马克思接着指出，这是共产主义的第二阶段的情形。什么是共产主义的第二阶段呢？马克思写道：

在共产主义的更高阶段上，在个人之奴役的从属于分工，以及因此而生的精神劳动和肉体劳动的对立消灭以后，在劳动本身变成不单是生活的手段，而且是第一个生活的需要之后，在生产力跟着人们一切方面的发展也增强起来，并且在合作的财富的源泉更丰富地涌流出来之后——然后能

够完全超过那些狭隘的资产者的权利的眼界，这个社会在它的旗帜上写着：各尽所能，各取所需。（同上，第21—22页）

至于共产主义社会的第一阶段，因为它“刚从资本主义社会里生长出来”，因为“权利决不能高过于社会的经济状态以及由此而决定的文化发展”，因此，“关于消费手段在个别生产者之间进行的分配，就通行着如像在商品等价物的交换里通行的同一原则：“某一个形态的劳动，可以与另一个形态里的同量劳动相交换。”马克思指出，这种交换的原则，“内容与形式是变更了，因为在变更了的环境之下，除了他们自己的劳动之外，都没有什么其他的东西可以供给，并因为另一方面除了个人的消费手段之外，没有什么其他的东西可以成为个人的财产”（以上均见同书第20—21页），这就是说，在共产主义的第一阶段中，生产资料是公有化了的，劳动者的报酬是按劳计酬的，因而个人消费手段的分配，通行着等价物互相交换这一原则的。这个按劳计酬的原则，表明了“生产者们的权利是与他们的劳动供给相均比的；平等就是以平等的尺度，即劳动来计量”（同上，第20页）。这种平等的权利，在原则上仍然是资产者的权利。马克思写道：

所以此地平等的权利在原则上仍然是资产者的权利，尽管原理和实行早已不相矛盾，而在商品交换上等价物的交换仅仅在总平均中出现，并不是在单独的场合出现。（同上，第20页，着重点是原文有的）

列宁关于这个问题写道：

马克思不仅极其确切地估量到人们中间不可免的不平等，而且还估计到，仅仅把生产资料转为全社会公有，还是不能消除分配方面的缺点，和“资产阶级式的法权”的不平等……马克思这些解释的伟大意义，就是他在这里也一贯地应用唯物主义辩证法、发展论，把共产主义看成是从资本主义中发展出来的东西。（列宁：《国家与革命》，第五章，见《列宁文选》两卷集，人民出版社1954年版，第2卷，第242页及第246页）

社会主义各国的实际经验，生动地证明马克思与列宁的论证。

也许有人会认为，按劳计酬的原则，在原则上仍然是资产者的权利——这种论断是把社会主义降低到资本主义的水平。那么列宁对此是作了确切的回答的：根据唯物主义辩证法、发展论，把共产主义看成是从资本主义中发展出来的东西，这就是不可免的。

3. 在上引马克思的论证中，指明了消费手段在个别生产者之间进行分配，通行着等价交换的原则，是“仅仅在总平均中出现，并不是在单独的场合出现”，按照马克思的下述论证，可以理解为货币经济的废除，消费品的直接分配：

> 在社会化的生产中，货币资本已不复存在。社会将会分配劳动力与生产资料于不同的营业部门，生产者们比方说将会得到一种纸的凭证，凭此在社会的消费品储存中，取去一个与他们的劳动时间相符的数量。这种凭证，不是货币，它是不流通的。(《资本论》第2卷，第436页)

苏联的经验证明，至少在社会主义经济的初期中，废除货币经济，实行消费品的直接分配是不可能的。列宁在总结苏联战时共产主义阶段的经济时说：

> 在1921年时，即当我们度过了国内战争中最重要的阶段，并且是胜利地度过了这个阶段之后，我们就碰上了苏维埃俄国内部很大的——我认为是极大的——政治危机。这个危机不仅造成颇大一部分农民的不满，而且造成颇大一部分工人的不满……原因是……向纯社会主义形式与纯社会主义分配的直接过渡，乃是我们力量所不胜任的事。(列宁：《俄国革命五周年与世界革命的前途》，《列宁文选》两卷集，第2卷，第985页)

列宁所指的纯社会主义形式与纯社会主义分配，显然不是指“各尽所能，各取所需”的分配原则的实行，而是指余粮收集制，也指消费品的直接分配而言。[①]

斯大林在《社会主义经济问题》中指出，在苏联，无产阶级取得了政权，剥夺了工业中的资本主义的生产资料，但同时农业中因有人数众多的中小私有者，党和国家的政策是实行农业的集体化，是以一切方法发展工业，为集体农庄建立大规模的现代化技术基础，同时也必须：

> 为了城市和乡村，工业与农业的经济结合，要在一定时期内保持商品

生产（通过买卖的交换）这个为农民唯一可以接受的与城市进行经济联系的形式，并且要以全力展开苏维埃贸易，即国营贸易和合作社——集体农庄贸易，把所有一切资本家从商品流通中排挤出去。（同上，第12页）

在同书中，斯大林指出，苏联全部工业生产中，“为了抵偿生产过程中劳动力耗费所必需的消费品……是作为受价值规律影响的商品来生产和销售的”。（第17页）

这样，在苏联社会主义经济中有着商品生产和货币经济。这种商品生产与货币经济是否会引导到资本主义呢？斯大林答复说不会，因为：

只有存在着生产资料的私有制，只有存在着劳动力作为商品出现在市场上，资本家能够购买它并且在生产过程中剥削它，因而只有在国内存在着资本家剥削雇佣工人的制度时，商品生产才会引导到资本主义。资本主义生产是在这样的场合开始的，即生产资料是集中在私人手中，而被剥夺了生产资料的工人不得不把自己的劳动力作为商品出卖。没有这种情形，就没有资本主义生产。（第12—13页）

因此，斯大林指出：

我国的商品生产不是通常的商品生产，而是特种的商品生产，是没有资本家参加的商品生产，这种商品生产基本上是与联合的社会主义生产者（国家、集体农庄、合作社）的商品有关的，它的活动范围只限于个人消费品。显然，它决不能发展为资本主义生产，而且它注定了要和它的“货币经济”一起，共同为发展和巩固社会主义生产的事业服务。（同上，第15页）

我想，认为列宁和斯大林在上述问题上发展了马克思主义，认为上述论证，不仅已为苏联社会主义建设实践所证明，也已为社会主义各国，其中也包括我国的社会主义改造与社会主义建设的实践所证明，也许是没有错误的。

简单概括一下马、列、斯几位经典作家上引论证如下：

甲，社会主义经济中，实行按劳计酬的原因，就是关于消费手段的分配方面，实行等价物交换这一商品交换的原则；

乙，社会主义经济中，国家与集体农庄间交换的产品，及为满足劳动者个人需要的消费品，都必须通过买卖交换，它们都是为满足消费的使用价值的生产，但同时也是价值生产；

丙，社会主义经济中，商品生产及货币经济，注定了要为发展并巩固社会主义经济服务，它不可能引导到资本主义。

4. 前引马克思的论证，指明了在共产主义的第一阶段上，消费手段在个别生产者之间的分配，通行着商品等价物交换的原则，这个原则要在“总平均中出现”。所谓在总平均中出现，马克思是指要从社会的总的再生产过程与国民收入的形成及分配中表现。马克思在同书中指出：

> 我们首先把劳动的所得按照劳动总生产物的意思来看，那么合作的劳动所得就是社会的全部生产物。现在从全部生产物里应该扣去：
>
> 第一，抵偿那已经用去的生产手段的补充；
>
> 第二，为了扩张生产追加的部分；
>
> 第三，预备基金和保险基金……
>
> 全部生产物的其他部分，决定作为消费手段之用。
>
> 在这部分作个人的分配之前，还有一些要从这里扣除的：第一，一般的不属于生产的管理的费用……第二，注定属于共同满足种种需要者，如教育卫生设备……第三，对于无力劳动者的基金……
>
> 现在我们才论到分配。这个纲领在拉萨尔派的影响之下，褊狭地单只注意它，即只注意被分配在合作的个别生产者之间的消费手段的部分。(同上，第17—18页)

马克思在这里是批评哥达纲领中“不折不扣的劳动所得”这个说法。从我们当前研究的问题来说，马克思上述论证给我们证明了：①逐年消费资料的生产，所消耗的劳动，包括当年为生产消费资料所费去的劳动，也包括对象化在为生产消费资料所消耗的全部生产资料内的劳动；②社会年总生产物，决不仅仅是消费资料，而是包括生产资料在内的总生产物，其中包括补偿当年生产消费资料所耗费的生产资料，也包括为扩大再生产所必要的生产资料，以及预备基金保险基金所必要的部分；③全部生产资料的生产，是为消费资料的生产所必要的，没有生产资料的生产，消费资料的再生产与扩大再生产是不可能的；④社会的总的物质生产过程，是物质替换与价值补偿的统一的过程，各个生产部类之间，存在着密切的不可分割的联系。

那么，我们说，在国家与集体农庄间交换的产品，与满足劳动者个人需要的消费品的生产是使用价值的生产，同时也是价值的生产；我们再来考虑那些不是直接用在国家与集体农庄间交换的，也不是个人消费品的生产资料的生产，又是什么性质呢？从社会总的再生产过程是一个统一的不可分的过程这一点来说，它们的生产，是使用价值的生产，同时也是价值的生产。它与消费资料的生产，在本质上应该是没有什么不同的。

5. 现在我们再试着理解第一节所引马克思所论的，价值决定（价值规律）在“资本主义生产方式废止以后，但社会化的生产维持下去”的情况下所起的作用。

马克思说：“资本主义生产方式废止以后，但社会化的生产仍然维持下去。”那个仍然在物质生产上实行广泛的社会分工的，但废止了资本主义生产方式的社会，应该是指共产主义的各个阶段，其中也包括共产主义的第一阶段，即社会主义阶段。

其次是价值决定的作用，按前面我们所了解的，这是指价值决定这个规律的作用，并不包括商品之相互交换的意义在里面。因此，马克思所说的价值决定，对劳动时间的调节的支配作用，可以理解为下面的意义：当每单位产品生产的社会必要劳动量减低了，因而同样的社会总劳动量可以生产更多的生产品时，劳动人民就有可能减少他们从事生产的劳动的时间，反之亦然。这当然是正确的。苏联由于劳动生产率的不断提高，在第六个五年计划期间准备缩短劳动日为七小时，就完全证实了这个论断。

马克思所说的价值规律对“社会劳动在不同各部类生产间的分配，仍然有支配作用”，可以理解为下面的意义：（1）假设社会各类必要的生产品的量是既定的，社会劳动在各类生产间的分配比例，决定于不同各类生产品生产中所必要的劳动的量；（2）各类生产品生产中必要劳动的量发生不同变化，社会劳动在不同各类生产间分配的比例随之而变；（3）社会需要变化，因而各类产品需要的量的比例变化时，不同部门间劳动分配的比例，随需要变化而变化；（4）各类产品需要的量与生产它们的社会必要劳动的量的比例都变时，社会劳动在不同各类生产间的比例，依（2）、（3）两项复比决定。

从上述比例变化中，又决定着：（1）社会要计较同一生产部门的各生产单位间，有相同或类似使用价值的产品的生产部门间（如水力及火力发电，煤与石油，小麦与稻谷的生产之间）每单位产品的必要劳动的差别，发展那些产品单位价值低的产品的生产，减少或停止发展那些产品单位价值高的产品生产；并采取推广先进经验，采用先进技术等方法来减低各种产品生产中的社会必要劳动的量；（2）为了提高劳动生产率，采用新技术，必须优先发展生产资料的生产——重工业的生产；（3）在整个国民经济计划中关于各部类的生产量，其相互间的比例的决定，受制约于各种客观规律，同样也围绕着一个中心目标：不断减低各类产品生产中的社会必要劳动的量。正如恩格斯所说，所费劳动与有用效果的比较，将最后决定社会主义的生产计划（参见本文第三节）。

马克思说：“最后，和这各种事项有关的簿记，会比以前任何时期更为重要。”说明了，由于价值规律的作用，社会主义经济中经济核算制的重要性。经济核算制不是可有可无的，不是仅仅为了核算数字的必要，而是为了自觉运用价值规律，计较各部类生产中所费劳动与有用效果，进行有利于劳动人民福利的、各部类生产间的调节所必要的。

如果上面的理解是正确的话，马克思的论证，是被社会主义建设的实践所完全证实了的。

以马克思的特有的理论上的一贯性，我们可以断定，他作出上面的论证，是以他自已的下述论证为基础的：在社会主义经济中，商品等价物交换的原则“仅仅在总平均中出现，并不是在单独的场合出现”。这也就是说，马克思并不预定社会主义经济中还存在着商品生产与货币经济，但这并不妨碍他得出价值规律这一客观经济规律，仍然存在着对几个方面的支配作用。但社会主义经济中存在着商品生产，已如前面所述，那么价值规律的作用，应该是更为广泛的。

三、《反杜林论》论价值与价值规律

恩格斯在《反杜林论》中写道：

> 经济学所知道的唯一价值，是商品的价值。（人民出版社 1956 年版，第 323 页）
>
> 当我说，某一商品具有一定的价值，那我就是说：1. 它是社会上有用的生产品；2. 它是私人以私人打算生产出来；3. 它虽然是私人劳动的生产品，但同时，好像不为生产者所知地，而且违反生产者意志地，它又是社会劳动的生产品，而且是一定数量的社会劳动的生产品，这一数量，是以社会方法，通过交换来规定的；4. 我不把这个数量表现于劳动本身之中，也不把它表现于劳动时间的某一数目中，而是把它表现于别的商品中。（同上，第 324 页）

恩格斯把价值概念严格地限制在商品的价值的范围内，但什么是商品呢？恩格斯同样严格限制其范围为“私人以私人打算生产出来”的产品。因此，恩格斯接着指出，价值概念，预决着商品的个别价值与市场价值的差异，预决着竞争，而当劳动力成为商品时，又预决着资本主义生产方式的出现，资本家与雇佣工人的对立，繁荣与危机的交替。（同上，第 327—328 页）

恩格斯认为“一旦社会占有生产资料，并以直接社会化的样式来把它们应用于生产之时”，价值与价值概念就会消失（同上，第 326—327 页），这与马克思在《哥达纲领批判》一书中的观点是完全一致的。斯大林认为这是指的共产主义的第二阶段的情形。至于共产主义第一阶段是否会有商品生产与货币经济，恩格斯在《反杜林论》一书中未加讨论。

关于价值规律，恩格斯在该书写道：

> “根据平等估价的原则，以劳动交换劳动”——这句话如果有意义的话，那么它就是说，等量社会劳动的产品之可以互相交换，或价值的规律，正是商品生产的基本规律，所以也就是商品生产的最高形式——资本主义生产的基本规律。（同上，第 330 页）

就“等量劳动的产品之可以互相交换”这个关于价值规律的定义而论，比之马克思的定义“生产一个使用价值的社会必要劳动的量，决定这个使用价值的价值”，恩格斯加入了交换的概念到他自己的定义里面。连同他关于价值的定义（见前），价值规律，也同样预决着竞争，预决着资本主义生产方式的出现，预决着危机。按照这个定义，我们如要说，价值规律在资本主义生产方式中通过竞争发生各方面的作用时，我们简略地说“价值规律的作用”也就可以包含“通过竞争”的意思在里面了。恩格斯说下面的话以反对杜林时，正是这样来使用“价值规律”这个词的：

这一自然规律（价值规律）是包含于事物和关系本身之中，不是依靠生产者的意志和愿望的，并且是盲目的行动着的。杜林先生把这一规律，提升为他的经济公社的基本规律，而要求公社完全自觉地实施这一规律，这样，他就是要把现存社会的基本规律，当作自己的幻想的社会的基本规律。（第 330 页）

值得注意的是，恩格斯的《反杜林论》，正是为了反对杜林的下列错误主张的：1. 保留资本主义的生产方式，消灭资本主义的分配方式；2. 在经济公社（那里生产资料是公有的）和社员之间，各个经济公社之间，各个经济公社和商业公社之间进行一切生产品（因而包括消费资料与生产资料全部）的买卖交换；3. 按照“真正价值”，即不折不扣的价值，包括剩余价值在内的全部价值，支付经济公社社员的劳动报酬。为了反对这样的错误主张，恩格斯指出，按这办法，价值规律将通过竞争发生作用，社会积累（这是不可能没有的。没有积累，实际上维持简单再生产也有困难）将保留在私人手中，高利贷制将恢复，最后，“公社的高利贷主，转成为一种以流通手段来做生意的商人，转成为银行家，转成为流通手段和世界货币的支配者，因之也就转成为生产资料的支配者——虽然生产资料，在许多年内还在表面上继续作为经济公社和商业公社的财产”（第 321 页）。恩格斯在这样一个尖锐的论战中，强调“私人以私人打算生产出来”的商品生产的历史发展过程，将不可避免地在杜林的经济公社中重复，因而将“交换—竞争”的作用，归为价值规律的不可分离的部分，这原是完全正确的。但如果因此断定，恩格斯是认为马克思的价值规律的定义不完全，必须将“交换—竞争”的概念加到马克思的价值规律的定义中去，这是没有根据的。

恩格斯在同书中，指出共产主义社会中，将以劳动来直接计量产品，不必求助于价值。同时，他又指出：

> 自然就在这场合上，社会也应当知道，某种消费品的生产需要多少劳动。它应当使自己的生产计划适合于生产资料，而劳动力亦特别地包括于生产资料之中。各种消费品的有用效果（它们将被互相计较并与它们的制造所必需的劳动量相比较）最后决定这一计划。（同上，第327页）

恩格斯对这一段话加了下面的注：

> 在制定生产计划时，上述有用效果与劳动花费的比较，正是应用于政治经济学中的价值概念在共产主义社会所能余留的全部东西，这点我在1844年时已经说过了（《德法年鉴——国民经济学批判大纲》）。可是读者可以看到，这一见解的科学证明，只在《资本论》出版后，方才成为可能。（同上，第327页）

这样，恩格斯是指明了，共产主义社会，价值概念还余留一点东西，那就是有用效果与所费劳动的比较。适用于共产主义社会的，当然适合于它的初级阶段——社会主义社会。至于恩格斯所说的“这一见解的科学证明，只在《资本论》出版后，方才成为可能”，是否是指1894年出版的第三卷中马克思所指价值决定在共产主义—社会主义经济中的作用，这是有待于考证的。我们知道《资本论》第二卷第三卷是由恩格斯就马克思遗稿编成的，因此，推定恩格斯是同意马克思的观点的，也许是不会错误的。

同时，我们也要注意到，恩格斯所指明的“有用效果与所费劳动”的比较这一观点，斯大林在《社会主义经济问题》一书中是加以否定的。斯大林在反对“价值规律调节着不同生产部门间劳动分配的比例”时，举重工业不能赢利为例，指明苏联并不因为它没有获得与所费劳动比较的巨大效果而关闭它们（见本文第一节）。从这一点看，斯大林似乎把恩格斯的观点，看作与马克思的论证是相同性质的意见，而事实上这确也是相同的意见。

四、《社会主义经济问题》及《政治经济学教科书》论价值、价值规律及其理论上的难点

我们分别就下述几个方面，来研究《社会主义经济问题》与《政治经济

学教科书》两书关于价值与价值规律的论证：1. 商品生产的范围及其原因，2. 社会主义生产是否为价值生产，3. 价值规律是否对价格变动起调节作用，4. 价值规律对生产及流通的作用如何，5. 价值规律本身在社会主义经济中是否是被调节的。

1

斯大林在《社会主义经济问题》一书中指出，苏联社会主义生产是特种商品生产，它的活动范围只限于个人消费品，本文第二节已经指明了。

为什么苏联社会主义生产是特种商品生产？斯大林的回答是，因为存在着全民所有制和集体农庄所有制这两种所有制形式。斯大林写道：

> 有人说，在我国生产资料公有制已经建立，而雇佣劳动制度与剥削制度已被消灭以后，商品生产的存在就失去了意义，因此应该消除商品生产。
>
> 这也是不对的。现今在我国，存在着社会主义生产的两种基本形式，一种是国家的全民的形式，一种是不能叫作全民的集体农庄的形式。在国家企业中，生产资料和产品是全民的财产。在集体农庄的企业中，虽然生产资料（土地、机器）也属于国家，可是产品却是各个集体农庄的财产……
>
> 这种情况就使得国家所能支配的只是国家企业的产品，至于集体农庄的产品，只有集体农庄才能作为自己的财产来支配。然而，集体农庄只愿把自己的产品当作商品让出去，愿意以这种商品换得它们所需要的商品……因此，商品生产和商品流通，目前在我国，也像大约三十年以前当列宁宣布必须以全力扩展商品流通时一样，仍然是必要的东西。
>
> 当然，在出现了有权支配全国一切消费品的一个无所不包的生产部门，来代替两种基本生产部门，即国营部门和集体农庄部门之后，商品流通及其货币经济就会作为国民经济的不必要的因素而消逝了……
>
> 可见，我国的商品生产并不是通常的商品生产，而是特种商品生产……它的活动范围只限于个人消费品。（第 13—15 页）

根据上面的论证，苏联社会主义生产所以是特种商品生产的原因，是因为存在着两种所有制，以致国家不能支配全国一切消费品。反过来，当出现了有权支配全国一切消费品的一个无所不包的生产部门时，商品生产及其货币经济都会消失。根据这个论断，社会主义的联合生产者（国家、集体农庄、合作社）之间作为商品来交换的产品是商品，因此，1. 集体农庄出售的粮食、经济作物、畜产品、蔬菜等各种农产品；2. 集体农庄及其庄员交换回来的产品，包括国营工业生产的个人消费品，农业生产所必要的生产资料，如肥料、农药、小农具、建筑材料等项都是商品。至于国家与庄员以外的全部劳动者之间交换的个人消费品，以及国营企业之间，国营企业与学校、机关、军队之间，经过内部调拨，或经过零售商业供应的全部生产资料与消费资料，因为与国家及集体农庄间的交换没有关系，所以都不是商品。

这样，由两种所有制之间的产品交换来区别产品之是否为商品，涉及一部分消费资料，也涉及一部分生产资料。可是并非全部消费资料是商品，也并非全部生产资料是商品。上引斯大林的论证，由两种所有制这一原因，推论全部消费品是商品，看来前提与结论之间，并不存在必然的联系。

《政治经济学教科书》也是把个人消费品之所以为商品，归因于两种所有制的存在这单一的原因。该书写道：

> 通过收购和采购而从集体农庄转到国家和合作社手中的农产品和原料，以及集体农庄市场上出售的农产品，都是商品。国营企业生产的、集体农庄和庄员所购买的工业品（主要是个人消费品）也是商品。既然个人消费品是商品，它们也就通过买卖流转入城市居民手中。（《政治经济学教科书》第一版中译本，人民出版社 1955 年版，第 477—478 页）

上面采取的是类推解释法，“既然个人消费品是商品，它们也就通过买卖流转入城市居民手中”，这是就部分个人消费品为集体农庄及其庄员所购买，因而是商品，推及于全体个人消费品都是商品。但同样的类推解释法也能适用于生产资料：集体农庄购买部分生产资料，因而全部生产资料都是商品。但这种解释方法未用于生产资料，该书认为一般生产资料都不是商品。

《社会主义经济问题》一书，于提出上述论证之后，在别一个地方，为了解释商品的定义，指出：

> 商品是这样一种产品，它可以出售给任何买主，而且在商品出售之

后，商品所有者便失去对商品的所有权，而买主则变为商品的所有者，它可以把商品转售、抵押，或让它腐烂……（第46页）

这是有关于商品定义的解释。按照这个定义，国家与集体农庄之间交换的产品是商品，国家与全体劳动者（工人、庄员及其他劳动者）个人之间交换的消费品也是商品。那么很显然的，使社会主义生产成为商品生产的原因，不仅仅是两种所有制的存在这一个原因，一定还有其他原因在。这个原因使社会主义经济所生产的消费品成为商品，也就是这个原因使这部分商品的生产成为商品生产。应该找出这个原因来。

现在让我们回忆一下第二节所引马克思的论证。马克思指出，由于按劳计酬原则的实行，“个人消费手段在个别生产者之间进行的分配，通行着如像在商品等价物的交换里通行的同一原则”，这就说明了为抵偿生产中劳动消耗所必要的个人消费品是商品的原因了。

马克思没有涉及两种所有制的问题。马克思所没有涉及的，斯大林作了详尽的论证，这就是在社会主义的联合生产者之间有关的商品，是商品生产。社会主义各国的实际状况，证明了这是社会主义经济客观存在着的情况，因而它是真的。

马克思所说的是消费手段在个别生产者之间的分配，通行着商品交换中的等价交换原则，但这将在总平均中出现，而不在个别的场合中出现。社会主义各国的实践，证明了这不仅在总平均中出现，也在个别的场合中出现。即劳动者领受货币工资，这个工资是他的劳动所创造的价值，扣除了社会必要的积累基金及公共性质的消费基金部分后的数额，劳动者用这部分货币工资去购买他所需要的个人消费品。按照唯物主义辩证法，按照发展论，这是合理的。马克思自己就曾说过，社会主义的“分配的方式，会随社会生产有机体的特殊方式，及生产者的相应的历史发展程度而变化”。（《资本论》第1卷，第62页）

这样，我们就获得了社会主义生产之所以为商品生产的完整的原因了：1. 存在着全民所有制与劳动人民集体所有制这两种所有制形式；2. 劳动者按照按劳计酬的原则，取得个人劳动报酬。由于这两个原因，国家与集体农庄及其庄员间，国家与非庄员的全体劳动者间，关于生产资料与消费资料的交换，都通过买卖形式来实现，因而这些产品的生产是商品生产。国家与集体农庄间的交换有的经过产品交换办法来实现，那里也实行等价交换的原则，因而仍然是商品交换的性质。

此外，社会主义经济中还存在着劳动者个人副业产品作为商品在市场上出售的部分。这部分产品比重不大，但作为联合的社会主义生产者（国家、集体农庄、合作社）的生产的补充，是有其一定意义的。这部分产品的生产是商品生产，是无待证明的。

2

按上述标准来区分社会主义生产的产品是否为商品，则（甲）属于商品的产品，有1. 个人消费品，除去劳动者供自己消费的个人副业生产品；2. 出售给集体农庄与合作社的生产资料。（乙）属于非商品的生产品的，有1. 非属个人消费品的消费资料，例如学校、机关、军队的公共供应品，由国营企业生产，通过调拨方法供应的；2. 在国营企业间调拨的生产资料；3. 集体农庄自己的生产品，作为生产资料用于再生产的部分；4. 劳动者个人副业的产品供自己消费的部分等。

集体农庄付给庄员的实物报酬，从集体生产者对产品的分配观点来说，可以认为是非商品的产品。但庄员将实物报酬拿到集体农庄市场去出售时，就成为商品了。

下列几种产品：（甲）国营企业所需零星原材料或其他用品，由别的国营企业生产，但不是通过国家调拨，而在零售市场购买的；（乙）机关学校军队等所需公共供应品，由国营企业生产，但不是通过国家调拨，而是在零售市场上购买的，按生产的性质来说，不是商品生产，但形式上也经过买卖交换。国家统计社会商品周转额，往往也把这类产品计算进去。

产品之区分为商品与非商品这件事，往往与价值概念紧紧联系着。因此，我们需要弄清楚这样的问题：1. 社会主义所生产的商品，是使用价值的生产，是否同时也是价值生产？2. 社会主义经济所生产的非商品的产品，是使用价值的生产，是否同时也是价值生产？

《政治经济学教科书》确认作为商品的生产品，其生产是使用价值的生产，同时也是价值的生产。因而商品具有价值：

> 在社会主义社会中，作为商品来生产和销售的那些产品，具有由具体劳动创造的使用价值，和由抽象劳动创造的价值。（第 479 页）
>
> 个人消费品既是商品，就有价值。（第 483 页）

关于不作为商品的那部分生产品，《政治经济学教科书》认为它具有价值形式：

> 消费品既是商品，工人就只能用货币，即用货币工资去购买。因此，必须在生产资料的生产中，用货币形式来计算同工资一起构成工业品成本的其他一切要素。
>
> 既然作为商品的消费品具有价值，那么不作为商品的生产资料，就具有用以进行成本核算、计算所需要的价值形式。

所谓价值形式，按照定义，不是指价值实体的表现形式，而是一种不存在价值实体，仅取其外壳的那种货币表现形式。因此，可以断定，《政治经济学教科书》认为，商品的生产是价值的生产，非商品的产品生产，则并非价值生产。

价值概念与国民收入的性质的理论紧密联系着。关于社会主义的国民收入的本质，《政治经济学教科书》写道：

> 既然在社会主义制度下存在着商品生产，因而整个国民收入和它的一切要素，不管它具有什么样的形式，都是借价值来衡量的……（第 560 页）

这样，具有价值形式的生产品，与具有价值的生产品，又都还原到价值这个统一的范畴上来了。

按孙耀君同志《关于社会主义社会国民收入问题在苏联的讨论》一文（《人民日报》，1956 年 8 月 3 日）的介绍，苏联经济学者间对国民收入是否适用价值概念长期来是有争论的。莫·保尔认为："说国民收入是新创造的价值，这仅仅反映了资本主义商品生产的特点……社会主义社会的生产资料实际上没有价值，因而不能把价值转移到所创造的产品中去。"他认为社会主义的国民收入是"新创造的那部分产品"。伏·贝尔金认为："价值不仅是资本主义商品生产的范畴，并且一般是社会主义商品生产的范畴。只要在苏联还有商品生产，价值规律就发生作用，因此价值是社会主义生产的范畴之一……所以，国民收入是代表新创造的价值的那部分社会总产品这一定义，对于社会主义也是完全正确的。”

总而言之，把产品之是否为价值生产，与国民收入的性质的解释合在一起，总不外是下面四种论断之一：

1. 全部产品没有价值，因而社会主义社会的国民收入，不是新创造的价值，而是新创造的那部分产品；

2. 作为商品的产品具有价值，不作为商品的产品具有价值形式，即没有价值；但社会主义社会的国民收入是新创造的价值；

3. 作为商品的产品具有价值，不作为商品的产品没有价值；但社会主义社会的国民收入，不是价值，而是新创造的那部分产品；

4. 全部产品具有价值，因而社会主义社会的国民收入，是新创造的价值。

上述第二第三两种论断，在逻辑上都是矛盾的。因为它肯定全部生产品的生产中，一部分是价值生产，一部分不是价值生产，但关于国民收入的性质，则或者肯定它全部是价值，或者肯定它全部不是价值。第一种论断，不仅否认不作为商品的那部分产品具有价值，也否认作为商品的那部分产品具有价值，而这又不免是否认社会主义生产的商品生产性质的这个前提。第四种论断，是符合于再生产理论，符合于按劳计酬这个特征的，但这个论断必然要否定商品具有价值，非商品的产品不具有价值这个前提，而要肯定社会主义社会中，全部生产品的生产都是价值生产。看来，按照《政治经济学教科书》一书，关于产品之是否为价值生产的定义，价值理论与国民收入性质的理论，是很难获得理论上一贯的解决的。

造成这个理论困难的原因，在很大程度上是由于在社会主义的特种商品生产的条件下，袭用“商品——具有价值，非商品的产品——不具有价值”这个公式。是的，恩格斯曾指明“经济学所知道的唯一价值是商品的价值”（见第三节），按照这个公式，问题的另一方面就是：凡非商品生产方式所生产的产品，其生产不是价值生产，因而这类产品，不具有价值。但我们必须注意，恩格斯提出这个公式的根据与他所设定的条件。恩格斯在指明经济学所知道的唯一的价值是商品的价值时，明确地指明这个商品的价值，是私人以私人打算生产出来的商品的价值；反之，恩格斯所指的，那种可以直接用劳动时间计量而不必求助于价值的产品生产，是已经不是按照按劳计酬的原则来分配个人消费手段，已经是全部生产资料归社会所占有了的产品生产，也就是已经属于共产主义第二阶段的那种产品生产。可是，我们当前所论的是社会主义性质的特种商品生产。这种生产，既不是私人以私人打算生产出来的商品的生产，也不是共产主义第二阶段的产品生产。同时，如上面所说，我们这里区分产品之是否为商品，是按产品之是否通过买卖的交换为准，这种区分是否同时也就是区分生产之是否为价值生产的标准，还有待于证明。现在我们把特种商品生产下面，通过买卖交换的产品，等同于恩格斯公式中“私人以私人打算生产出来”的商品，把同一个特种商品生产下面不通过买卖交换的产品，等同于恩格斯公式中的共产主义第二阶段的产品，而不去考虑它们间所存在的本质的区别。或者，这正是造成理论上困难的原因所在。

让我们回顾一下社会主义生产是商品生产的原因。那不外是下面三点：(甲）社会主义社会中，资本主义生产方式被废止了，但社会化的生产仍维持下去；（乙）社会主义生产，是与联合的社会主义生产者的商品有关的特种商品生产；（丙）社会主义社会中通行着按劳计酬的原则，劳动者按照按劳计酬的原则领取货币工资，个人消费品在全体劳动者之间的分配，也是通过买卖交换的。由于以上三个原因，就使 1. 联合的社会主义生产者（国家、集体农庄、合作社）间实行产品的交换。交换的结果，国营企业的任何一种生产品都不免包含有集体农庄产品的价值原素。这不仅在直接以农产品为原料进行加工制造的国营企业产品是如此，即完全不以农产品为原料进行加工制造的国营企业也莫不如此，因为国营企业支付的劳动报酬，工人总以其一部分使用于购买食物、纺织品，或其他直接间接与集体农庄产品有关的消费品。反过来，集体农庄的产品中，也包含有国营企业产品的价值原素，其比重且是愈来愈大。因为农产品价值中，农机站工作的报酬、肥料、农药、电力、建筑物的折旧等成分，随着工业对于农业的技术支援的加强，其比重是与日俱增的。2. 国营企业的全部产品价值，与抵偿购自集体农庄的原料价值相同，归根到底是分解为劳动者的所得的。所以，当我们说，为了抵偿生产过程中劳动力的消耗所必需的消费品是具有价值的，那我们就已经是说，社会主义社会的全部产品生产是价值生产了。因为按照价值理论，同样也是按照再生产理论，当我们说产品价值决定于生产它所必需的社会必要劳动量，本来就不仅是指新加劳动新加到生产资料上面的价值，同样指生产中所消耗了的生产资料上面所对象化了的社会必要劳动量；无论社会必要劳动量的哪一部分，归根到底是要用消费品去抵偿劳动的消耗的。因此，一切生产品，归根到底是劳动生产品，不论它是消费资料还是生产资料；一切生产品所耗费的劳动力，归根到底还原为个人消费品的消耗。那么，那些决定了国营企业与集体农庄间交换的产品生产是价值生产的原因，就预决了全社会的生产是价值生产。那些决定了全部个人消费品的生产为价值生产的原因，在更完全的程度上预决了全社会的生产是价值生产。这样，区分生产品之是否为商品的那些原因，从价值理论上，从再生产理论上说，并不就是区分这种或那种生产是价值生产的原因。同样，根据价值理论与再生产理论，我们确认，社会主义社会中一部分产品是商品，因而它的全部生产是价值生产，或许是妥当的。

当然，不能因为说社会主义社会的全部生产是价值生产，因而把资本主义生产与社会主义生产的根本区别忽视了。资本主义生产的性质，正如马克思所指明的，它是在价值生产上面建立起来的生产方式，它生产使用价值，只因为这个使用价值有价值。反之，社会主义生产是以生产使用价值为目的的，这个使用价值的生产，只是因为它是与联合的社会主义生产者间的商品有关的特种商品生产，并且因为它实行按劳计酬的原则。因之，社会主义国家分配生产资料，是按照国家计划进行物资调拨的，不是如同在资本主义社会那样，一切听令自由市场的价格波动去自发地调节这种分配，因而也听令市场决定生产资料的生产。即令是消费资料，其生产规模也必须与计划所决定的消费基金相适应，并必须有适当的后备以应付可能发生的自然原因或社会原因所造成的脱节。不过在种类繁多的各种消费品的品种之间，存在着按照市场情况，经过价格政策，对供求关系进行局部调节的可能而已。

至于集体农庄自留用于生产的产品，集体农庄支付给庄员的实物报酬，即使不经过流通领域，仍然不能离开价值范畴，正如电厂的厂用电、国营农场的实物工资之不能离开价值范畴一样。在社会主义总生产中比重不大的个人副业所生产的，留为生产者自已消费的那部分产品，由于它同属全社会满足劳动者的消费品的范围，用类推的包摄方法，包括于价值范畴之内，也是完全合理的。

如果能够肯定社会主义的全部产品生产都具有价值生产的性质，国民收入的性质也就易于确定了——那无非就是新加劳动新加到生产资料上面的价值部分。原来所有的理论上的困难就消除了。

3

关于价值规律对价格的作用。斯大林在《社会主义经济问题》中指出，由于农产品收购价格是由计划规定的，农业的生产规模是由计划决定的，为生产农产品所必需的生产工具是集中在国家手中，因此，“价值规律影响农业原料价格的形成，但这种影响不起调节作用”（第49页）。《政治经济学教科书》扩大范围及于全部产品的价格，断定价值规律对价格没有调节作用：

> 社会主义国家在计划价格时要考虑到价值规律。在社会主义经济中，价格是通过计划规定的商品价值的货币表现……国家规定价格时以社会生产费用为出发点，社会生产费用在生产商品的部门中就是商品的价值。（第484页）
>
> 但是，价值规律不是国家价格的调节者，它只是影响这种价格的因素之一。在国家和合作社的商品流转中没有“自由玩弄价格”的现象。社会主义国家规定的商品价格，是同社会生产费用，同商品价值有某些差别的。（第485页）

说价格的规定以价值为出发点，很容易得出与教科书相反的结论：价值规律是价格的调节者。教科书之所以指明社会主义经济中价值规律不是价格的调节者，是由于价值与价格间有差离。发生差离的原因，教科书指明如下：

> ……社会主义国家所根据的，首先是社会主义的基本经济规律的要求，是保证生产在高度的技术基础上不断增长和满足整个社会日益增长的需要的必要性。国家利用价格机构规定各部门生产资料分配的比例。这种比例，是由国民经济有计划发展的要求决定的。
>
> 例如国家利用适当的价格政策，把一些部门创造的收入的一部分，用来迅速发展另一些赢利较少但对国民经济有很大意义的部门。国家对生产资料规定较低的价格，鼓励国营工业企业采用先进技术，同时通过机器拖拉机站以高度技术装备集体农庄生产，国家规定价格时必须保证企业有一

定收益（赢利），同时估计到某些商品的数量及其在经济上的意义。国家利用价格来刺激某些产品的生产，调节它们的需求……（第485页）

《政治经济学教科书》所解释的价值与价格差离的原因，毫无疑问是正确的。但我们还需要进一步问：当国家根据正确的理由，把各部类产品价格规定后，各部类生产中的劳动生产率发生程度不等的变化，因而各类产品的社会生产费用（价值）有的减低很多，有的减低很少，甚至少部分产品的价值提高了，国家势必要调整各部类产品的价格，这时候，在决定价格的政策不变的限度内，价格的调整是以什么为根据的？恐怕不能不以变动了的各部类产品的价值比例为根据吧。这也就是说，在社会主义社会中，仍然是像马克思所指明的那样："无论各种不同商品的价格，最初是依何种方式来相互确定或相互规定，价值规律总支配着它们的竞争。"（《资本论》第3卷，第201页）所不同的，资本主义生产方式中价值规律决定价格的运动是通过竞争来实现的，社会主义经济体系中价值规律支配价格的运动的作用是通过计划对价格的规定来实现的。正因为如此，社会主义的经济计划，可以自觉地运用价格政策（它反映国家的经济政策，也不能不反映价值规律的作用），调节各部门生产资料分配的比例，刺激某些产品的生产，调节它们的需求。如果把国家运用价格政策以实现自己的经济目的，理解成为可以脱离价值规律——一个使用价值的价值，由生产它的社会必要劳动量决定的规律——的作用，作一种任意的调节，那么价格与价值就脱离了关系，就等于否定了"国家计划价格时要以社会生产费用为出发点"这个前提，也等于否定了"价格是通过计划规定的商品价值的货币表现"这个命题。因此，看来还是应该"由（价值规律）出发以说明差离，不能反过来由差离出发来说明规律本身"（《资本论》第3卷，第201页）。

社会主义的实践也证明了价值规律对价格运动的支配作用。《社会主义经济问题》一书举棉花和谷物比价为例，说明如果棉花每吨收购价格与谷物收购价格相等，植棉者会破产，国家会没有棉花。《政治经济学教科书》举谷物、马铃薯、蔬菜、畜产品为例，说明过低的收购价格，阻碍了这些产品的生产。1953年苏联调整了谷物、蔬菜、畜产品的收购价格，因而促进了这些产品的增产（第485页）。根据赫鲁晓夫同志1953年关于农业的报告，当时在这各类产品中，集体农庄每个劳动日所能获得的报酬额如下：棉花17—36卢布，糖萝卜 12 卢布，各种工业原料作物平均 18 卢布，谷物（高加索耕作机械化程度较高地区）8—14 卢布，畜牧业 4—5 卢布。国家调整收购价格的经济根据，不能不首先是上述劳动日报酬的差别，使这种差别缩小乃至消灭，而这就无非是使各类农产品的价格比例符合于价值比例。

说价值规律不是价格的调节者，主要的根据就是“价格是计划规定的”。当我们问，计划规定价格时以什么为根据时，就不能不承认，计划规定各类产品的价格要根据其价值，虽然不是也不应该是只根据价值一项。但我们还可以退一步设想，既然计划可以调节各类产品的价格，使之与价值有相当的差离，因而可以指明：价值规律对价格变动有影响，但不起调节作用。但这样说，也还无助于解决理论上的难点。因为，个别产品价格与价值之间的差离，对社会总产品的价格总和由其价值总和来决定一事，是丝毫也不受影响的。计划可以规定个别产品价格与价值间有相当的差离，但所有个别产品价格与价值的差离，在社会总产品的价格总和与价值总和中必然互相抵消，结果，价格总和一定要等于价值总和。计划调节各项产品的价格，无论如何不能超过这个限度。所以计划的调节价格，本身是被价格总和受价值总和的决定这一客观规律所制约着的。从这点来说，认为计划可以调节个别产品的价格使其与价值发生差离，因而断定价值规律仅仅影响价格的形成，而不是价格的调节者，是完全没有科学根据的。

让我们假定某个国营工厂所生产的消费品，其价格高出于成本很多。假令产品成本远低于价格是由于生产上所消耗的原材料及固定设备价格较低，而这些生产资料价格较低的原因是，国家通过价格政策的作用，使“重工业创造的纯收入的一部分，在轻工业和其他生产日用品的部门中实现”（《政治经济学教科书》，第514页），在这种情况下，个别产品的价格与价值的差离，正是总产品的价格总和受价值总和决定的一种表现形式。个别产品价格低于价值，其性质是同样的。假定某种产品价格高于价值，不为其他产品价值对价格的超过额所抵消，将形成实际工资的减低，而如下文所述的情形。

假设产品价格总和超过价值总和，就是物价涨了，实际工资减低了。此时如不调整工资使之恢复原有实际工资水平，其结果不外是减低工资，调整各部门产品的成本结构及其相互间比例（因为各部门生产中消耗的活劳动，在全部成本中的比重是不一致的），提高纯收入在国民收入中的比重。此时所变更的是用货币所计量的各项产品的价格及其相互间的比例，价格总和与价值总和仍然是一致的，因而也证明了价格总和超过价值总和是不可能的。假如物价涨了，调整货币工资使之恢复原有实际工资水平，全部生产资料包括固定设备在内的价格也随总的物价水平的变化而调整，结果各部门产品的货币价格提高了，但它们间的价格比例、价值比例，以至实际工资、纯收入在国民收入中的比重概未变更，自然也不变更价格总和由价值总和而受的决定。

假定价格总和和价值总和的差离是一个负数，即价格总和低于价值总和，目的是提高人民的物质生活水平。这时候，社会总产品中消费资料部分的比例，必须事先增加到与减低物价所形成的实际工资提高相适应，而如果是这种情况，消费资料的生产必已经增加，因而社会总产品的价值总和也必已经有所增加了，这样才能使同一个货币工资换取更多的消费资料。总的结果，无非是全部价值总和用较前为少的货币数量表现，各部类产品的成本结构因实际工资提高而变更其相互间的比例，减低纯收入在国民收入中的比重，价格总和仍然是预先就被价值总和决定了的。假如消费资料的生产不是预先就提高了的，减低物价是要落空的。因为消费资料不足，零售商业受到压迫，零售价格不得不重新提高，使消费资料的供应，与作为购买力的劳动报酬总额相适应[②]。其结果，价格总和提高了，也就无所谓价格总和与价值总和的背离了。

所以，个别产品价格与价值的差离，不足以证明价格变动仅受价值规律的影响，而不是价值规律支配着价格的运动。价格总和与价值总和的差离，客观上是不可能存在的，无论计划如何规定价格，总是被制约于价值规律的。如果我们把社会的再生产过程作为一个整体，个别产品价格与价值的差离，正是价值规律决定价格运动的表现形式。关于这点，马克思在《资本论》中已经再三论证过了，正如马克思的再生产原理适用于社会主义经济一样，这无疑也是适用于社会主义经济的。离开社会的总的再生产过程来考虑价值规律与价格之间的关系，不免会得出这样的结论：国家对价格政策的运用，似乎不受作为客观规律的价值规律的支配，而多少是可以任意的。

上面所说，适用于国营工厂的产品。我们再来考虑一下那种不属于全民所有制的集体农庄和合作社，由它们产品的价格与价值的差离所造成的它们收入的变动，虽然不变更国民收入总额的界限，但它们与国营工厂有下列不同之点：1. 它们的纯收入部分，除税收外，不通过国家预算实行再分配；

2. 它们所实现的收入（即产品出售价格的总和，减去生产中所消耗的生产资料的成本），构成它们自己的劳动报酬和积累基金的限界；并且3. 它们的劳动报酬不是如像工厂工人那样统一规定于国家工资制度中。那么，国家规定他们产品的收购价格，如与价值有更大的差离（低于价值），实践上似乎可以更为任意一些，只要考虑价值规律的影响，不必考虑价值规律对价格的调节作用。但这种违反客观规律，人为地压低价格的办法，规律的作用就在另一方面表现出来：劳动力将从这些生产部门向外流动，生产量与劳动生产率两者都将降低。为了变更这种对国民经济有害的结果，根据价值调节这些产品的价格，就仍然是必要的。

当然，社会主义经济中各类产品的价格结构，反映了价值规律的作用，也反映了国家的经济政策。正是国家的具体经济政策，决定了这种那种产品的价格与其价值的不同程度不同方向的差离。研究社会主义的物价结构，不注意到这一点，认为只有价值规律一个因素决定物价结构，这是错误的。正如注意到价格政策是经济政策的反映，而否定价值规律对价格运动的决定作用，同样是错误的。

4

关于价值规律对社会主义的生产及商品流通的作用，斯大林在《社会主义经济问题》一书中写道：

> 在我国，价值规律发生作用的范围，首先是包括商品流通，包括通过买卖的商品交换，包括主要是个人消费的商品交换。在这里，在这个领域中，价值规律当然是在一定范围内保持着调节者的作用的。
>
> ……价值规律在我国社会主义生产中，并没有调节作用，可是它总还影响生产，这在领导生产时是不能不考虑到的。问题在于，为了抵偿生产过程中劳动力的耗费所必需的消耗品，在我国是作为受价值规律影响的商品来生产和销售的……
>
> 然而，这一切是不是说价值规律在我国也像在资本主义制度一样有广阔的发生作用的场所呢？价值规律的作用在我国是生产的调节者呢？不，不是这个意思……
>
> 价值规律只是在资本主义制度之下，在生产资料私有制存在之下，在

> 竞争和生产无政府状态，生产过剩的危机存在之下，才能是生产的调节者……在我国，价值规律发生作用的范围是被生产资料公有制的存在，被国民经济有计划发展的规律的作用所限制的，因而也被大致反映这个规律的要求的我国各个年度计划和五年计划所限制的……
>
> 简略地说，不容置疑，在我国现今的社会主义条件下，价值规律不能是各个不同生产部门间劳动分配方面的“比例调节者”。（第17—22页）

把上面的论证简括起来是如下几点：

甲，价值规律在商品（主要是个人消费品）的流通领域内，在一定范围内有调节作用；

乙，价值规律影响生产，因为抵偿劳动力消耗的个人消费品的生产与销售受价值规律的影响；

丙，因为生产资料公有化与计划经济制度的存在，价值规律对生产的作用受到限制，因此它能影响生产，但不起调节作用。

斯大林所解释的价值规律对生产的作用之受到限制，原因是两条，生产资料公有化与国民经济计划化。如果我们把国民经济计划化理解为只有当生产资料公有化了才是可能的，因而把原因归结为主要是国民经济计划化这一点，也不是不可以的。斯大林在《社会主义经济问题》一书中，曾强调生产规模、产品价格之由计划规定（参见该书第49页），这就是他所根据的限制价值规律作用的主要事实。

斯大林指明国民经济的有计划发展，对决定社会主义生产的规模及其各部类间比例的作用，这是社会主义建设的实际经验的总结，当然是正确的。社会主义生产以生产使用价值为目的，以满足劳动人民日益增长的物质文化需要为目的。根据这个目的，在现有经济发展水平的基础上，计划规定扩大再生产的规模，规定生产资料与消费资料两大部类生产间的比例，因而也规定了逐年国民收入中分配为消费基金的绝对数量及其比重，也就大致规定了社会一般的消费水准。这是社会主义经济不同于资本主义生产方式的基本特征。马克思也曾指出，社会主义（也包括共产主义）经济中，“社会生活过程（即物质生产过程）……当作自由结合的人的产物，放在他们的意识的计划的管理下面”（《资本论》第1卷，第63页），不是如像在资本主义生产方式中，整个社会的物质生产过程，是听令“资本主义的生产家的偶然的互相抵消的追逐活动去瞎搞”[③]。

但马克思在指明社会主义生产的这个特点之后，得出价值规律对生产的若干方面仍然有支配作用，与斯大林所得出的结论完全不同，其原因究竟在哪里呢？

让我们先考察一下价值规律的定义。斯大林在《社会主义经济问题》一书中没有特别对价值规律的定义有所阐明。但从他对作为商品的个人消费品，在其流通领域中而不在其生产领域中，价值规律具有调节作用这一论断来推论，斯大林所定义的价值规律，显然是与《政治经济学教科书》的下述定义是一致的：

> 价值规律是商品生产的经济规律，按照这一规律，商品的交换同生产商品所消耗的社会必要劳动量是相适应的。（第82页）

《政治经济学教科书》（一）把价值规律限制于商品生产的范围内，反过来，可以认为在非商品的产品的生产过程中，不存在价值规律；（二）把交换的概念加入价值规律内，也就是把马克思的价值规律“生产一个使用价值的社会必要劳动时间，决定该使用价值的价值量”，与他的商品交换的规律“等价物与等价物相交换”，合在一起构成了它所定义的价值规律。既如此，则随着国民经济中根据计划生产，并直接进行按计划的物资分配而不通过交换的产品愈多，价值规律的作用范围愈小。反过来，价值规律的调节作用，基本存在于交换范围之内，而被用来进行交换的物资，其生产规模及相互间的比例又是由计划所规定的，价值规律在生产范围内，自然是不起什么调节作用了。反之，马克思所说的价值规律或价值决定，严格限制其定义为“生产一个使用价值的社会必要劳动时间，决定一个使用价值的价值量”，按照这个规律的严格解释，它所发生的作用可以与产品的交换过程无关。因此，马克思虽然确认社会主义或共产主义社会中不再存在货币经济，社会各项产品不再通过交换，仍然无妨于他来断定，作为客观经济规律的价值规律，对劳动时间的调节，及社会劳动在各部类生产之间的分配，具有支配作用。

这样看来，马克思的论证与斯大林的论证之所以不同，是因为他们的前提不同——前提同是价值规律这个概念，可是概念的含义不同，因而似乎这仅仅有关于逻辑联系，不涉及问题的实质。我觉得这样的看法是不对的，因为按《社会主义经济问题》与《政治经济学教科书》两书的论证，价值规律固然以价值实体的决定为前提，但两书于加入交换概念到价值规律的定义里去以后，又借助于社会主义经济中社会各部类生产规模及相互间比例是由计划决定而不是由交换过程决定这个论断，把价值实体的决定的规律，以及这个规律对生产所起的调节作用，连带一并否认了。这个否认，正因为涉及价值实体，所以涉及事物的本质。因而这不仅涉及逻辑联系，也涉及于事物内部联系的正确认识，涉及根据这种认识，正确地指导实践的问题。

问题的基本关键是在于，当计划根据社会主义的基本经济规律，规定各部类的生产规模及其相互间的比例时，是否也被制约于作为客观经济规律的价值规律，如马克思所曾论证的那样？是的，存在于资本主义生产方式中的盲目竞争现象不再存在了，价值规律（按马克思所定义的意义）不再作为自然规律，通过资本家的“竞争，他们间相互的压迫作媒介”去贯彻了，社会主义社会在制订自己的经济计划时，是否要严格地计较各类生产的有用效果与所费劳动，如恩格斯所指明的那样？如果不进行这种计较，怎样能够保证最经济地运用现有的物质力量、自然资源与劳动力，以最快的速度提高劳动人民的生活水平？总之，如果不考虑计划本身受制约于作为客观经济规律的价值规律，计划所决定扩大再生产的规模，各部类生产量及其相互间的比例（因而也是社会一般的消费水准），可以无须计较所费劳动与有用效果，因而在这方面可以多少是任意的。是的，计划所体现的经济政策，有许多不纯粹是由于经济上的原因，诸如为了巩固国防、加快重工业的发展速度等（自然，巩固国防以保卫社会主义建设，归根到底还从属于社会主义的根本目的，即满足劳动人民不断增长的物质与文化的需要），但确定了这些目的之后，选择达到目的的道路，认为可以离开经济的计较，不去考虑价值规律的作用，仍然不免多少肯定计划的任意性。否认价值规律的作用，就不免会得出这样的结论：按所费劳动与有用效果的比较这一点而言，判断计划本身正确程度的，还不免是计划自身。这样的论断用以指导实践，不免造成若干有害的结果，这是不言而喻的。

斯大林反对马克思的“价值决定对社会劳动在不同各类生产间的分配仍然有支配作用”这一论断时所举的理由（见本文第一节）也不能认为是充分的。斯大林在那里，把劳动在重工业生产中的“有用效果”与“赢利”等同起来了。但是，正如他自己所再三指出的那样，重工业之所以必须优先发展，是为了国民经济的不断增长，劳动生产率的不断提高，这些利益，斯大林称之为高级赢利。高级赢利这个概念，只能了解为整个国民经济生活中的“有用效果”，这个“有用效果”是从整个国民经济的发展上考虑的，所以个别部分的暂时的不能赢利是可以容忍的。这正好证明重工业的发展，是按所费劳动与有用效果的计较来决定的，而不是相反。问题还不止于此。从国民经济整体考虑的生产劳动与有用效果的衡量，决定了优先发展重工业是必要的之后，发展重工业的具体办法，还必须严格进行所费劳动与有用效果的计较。如果在大的方面作了计较，决定了正确的方针，而在执行这个方针时缺乏深入到技术经济的各个角落的计较，仍然不免使国民经济受到若干损失④。所以，马克思虽然不设定社会主义社会存在着商品生产这个前提，仍然明确指示我们价值规律的作用，这不仅是在理论上，同样是在实践上，都是有十分重大的意义的。

以上所论，适用于社会主义经济中完全不通过买卖交换的生产资料，也适用于通过买卖交换的商品（包括消费资料及一部分生产资料）。关于后者，斯大林指明，在它们的流通领域内，价值规律在一定范围内起调节作用，但即令对于同一种商品，在其流通领域内起作用的价值规律，在生产领域内只起影响作用。什么是价值规律对商品生产的影响呢？斯大林写道：

> 问题在于，为了抵偿劳动力的耗费所必要的消费品，在我国是作为受价值规律影响的商品来生产和销售的。也正是在这里看出价值规律对生产的影响。因此，在我们的企业中，这样一些问题，如经济核算和赢利问题、成本问题、价格问题等，就具有现实的意义。（第 17 页）

可见，所谓价值规律对生产的影响，限于核算、计算、获得赢利，而不涉及生产资料及劳动力在生产商品的各部门间的分配。

前面所说，国民经济计划化的结果，各部类生产的规模及其相互间的比例，因而也包括消费资料的生产量、国民消费水平，都是经济计划预先决定了的，因此斯大林上述论断是有其理由的。但把这理由绝对化了，也还是要发生困难。因为说，比如关于个人消费品的流通，价值规律在一定范围内起调节作用，但无论流通领域内发生什么变化，在消费品总的生产规模不变的限度内，各类消费品生产规模及其相互间比例仍然不因而变化，那只能假定任令消费者去购买各种消费品，“热销”的消费品价格可以提高一些，“冷背货”价格减低一些，增减的结果，商品的出售收入与购买消费品的个人所得仍然相等，但国家的消费品生产计划，并不根据市场状况来调节。这在实际上是行不通的，因为消费品的生产计划，在其总的生产规模已被决定的限度内，关于品种花色的调剂方面，与不同各类消费品间的生产比例方面，不能不，也不应不根据市场状况加以调节。这不仅是国家指导消费品生产的应有的政策，理论上说，生产与消费之间，客观上也必然存在着这种联系，无论所论产品是否通过买卖交换过程。所不同的，那些不通过买卖交换过程的产品，是通过物资分配系统来反映消费（大半是生产的消费）的变化，通过买卖交换过程的产品，通过市场变化来反映需要的变化而已。自然，在买卖交换过程中，需要方面的变化，通过价格的变动，显现得特别迅速，更易察觉，更易利用来调节生产，使之适合于需要。国家的经济领导，利用这个更易察觉需要变化的市场变化，随时去调节消费品的具体生产计划，是会更有利于国计民生的。[5]

至于在集体农庄市场上，价值规律的作用更明显地直接经过流通领域内的调节作用去调节生产。《政治经济学教科书》写道：

> 价值规律的调节作用在集体农庄市场上表现得最为明显。在那里，价格是在供求的基础上形成的，而且价格的变动，影响集体农庄市场的商品流转的规模和构成。（第483页）

这当然是正确的。

5

《社会主义经济问题》一书，有关价值规律的论证中，下面的论点，很为费解。《政治经济学教科书》没有采取这个论点：

> 结果，价值规律本身，也是由社会主义生产所特有的上述事实来调节的。（第49页）

按原文的意思，“上述事实”是指①农业原料价格之由计划规定，②农业生产规模之由计划决定，③生产农业原料所必需的生产工具是集中在国家手中这三件事（参见该书第49页）。原文所指的是农业原料的生产，因为价值规律是指普遍的规律，推广为价值规律本身，受社会主义生产中普遍存在的上述一些事实来调节，大概是不会错误的。

这个论点之所以费解，是因为与斯大林在同书论规律之不能改造这个全书的前提，看来不能一致。斯大林在论规律的性质时写道：

> 有人说，在我国社会主义制度下发生作用的若干经济规律，连价值规律也在内，是在计划经济的基础上“改造过的”，或者是“根本改造过的”规律。这也是不对的。规律不能改造，尤其不能“根本改造”……
>
> 因此，当人们讲到征服自然力量或经济力量，讲到“控制”它们等的时候，他们决不是想说：人们能够“消灭”科学规律或“制定”科学规律。恰恰相反，他们只是想以此来说明，人们能够发现规律，认识它们，掌握它们，学会以完备的知识去运用它们，利用它们为社会谋福利，从而征服它们，求得控制它们。
>
> 总之，在社会主义制度下，政治经济学的规律，是反映不以我们的意志为转移的经济生活过程的规律性的客观规律。否认这个原理的人，事实上就是否认科学，而否认科学，也就是否认任何预见的可能性，因而就是否认领导经济生活的可能性。(第7—8页)

《社会主义经济问题》一书，对价值规律本身也是被社会主义生产所特有的若干事实所调节的这个论点，没有作更多的论证，我们没有根据把规律之被调节的意义，与规律之被改造的意义等同起来。但作为客观经济规律的价值规律自身，被社会主义生产所特有的一些事实所调节，究竟是什么意义呢？我们应该力图根据《社会主义经济问题》一书全书论证，寻绎其意义所在。

让我们研究一下斯大林在同书中的下列论证：

> 我们马克思主义者是从这个著名的马克思原理出发，从社会主义过渡到共产主义，以及依照需要来分配产品的共产主义原则，是摈斥任何商品交换的，因而也摈斥把产品转化为商品，同时也就是把产品转化为价值的。(第85页)
>
> 在有商品流通的地方，也就不能没有价值规律。(第17页)
>
> 在出现了有权支配全国一切消费品的一个无所不包的生产部门，来代

> 替两种基本生产部门之后，商品流通及其货币经济就会作为国民经济的不必要的因素而消失了。(第 14 页)
>
> 集体农庄究竟占有一些什么，它可以随心所欲、完全自由支配的集体农庄财产是什么？这种财产就是集体农庄的产品……即谷物、肉类、油类、蔬菜、棉花、糖萝卜、亚麻等，而建筑物和集体农庄庄员园地中的个人副业不计在内。问题在于：这种产品的大部分，即集体农庄生产的剩余品，进入市场，从而列入商品流通系统中……
>
> 为了把集体农庄所有制提高到全民所有制的水平，必须将集体农庄生产的剩余品，从商品流通系统中排除出去，把它们列入国家工业和集体农庄的产品交换系统中。问题的实质就在这里。
>
> 我们还没有发达的产品交换制度，但是有以“换货”为形式的农产品交换的萌芽……任务在于，要使农业的一切部门中都培植这些产品交换的萌芽，并把它们发展成为广大的产品交换系统，以便集体农庄在交出自己的产品时，不仅取得货币，而主要是取得必要的制成品。这样的制度需要大量地增加城市送交农村的产品，所以，推行这种制度无需特别急忙，要随城市制成品积累的程度而定。但是，应该一往直前，毫不犹豫地推行这种制度，一步一步地缩小商品流通的范围，而扩大产品交换的活动范围。(第 85—86 页)

简括以上的论证，可以归纳为下列几点：①价值规律只存在于有商品流通的地方；②社会主义存在着商品流通，这是因为集体农庄的产品，大部分是进入市场，进入商品流通系统中的；③利用产品交换制，就使集体农庄的产品，从商品流通系统中排除出去；④做到这一点，商品流通就不再存在，价值规律也不再存在了。

如果我们再注意到，我们理解斯大林对价值规律的定义，大体上是《政治经济学教科书》所表述的：“价值规律是商品生产的规律，按照这一规律，商品的交换同生产商品所消耗的社会必要劳动量是相适应的”意思，那么根据斯大林的全部论证，或许可以推定他之认为价值规律是被社会主义生产所特有的一些事实所调节的，是从下面的推论产生的：

甲，价值规律只存在于有商品流通的地方；

乙，价值规律的作用，在社会主义经济中，被限制于生产资料公有化与国民经济（计划化）这一事实，因为这些事实限制了商品流通的范围；

丙，因此社会主义特有的上述事实，就也调节着价值规律本身。

如果上面的理解没有错误的话，不难看出，这里也还存在着一些理论上的难点：①关于价值规律的定义，加上了交换的概念，然后否认价值规律在不经过买卖交换过程的产品生产上的作用，因而把价值实体的决定的规律也否定了；②承认个人消费品是商品，但在缩小商品流通范围的方案中，只涉及集体农庄的产品交换问题，而未涉及作为“抵偿生产过程中劳动力的消耗所必需的消费品”，原来是作为“受价值规律影响的商品来生产与销售的”，应该采取什么办法，使之排出于商品流通范围之外。[⑥]

假如我们肯定，价值规律，还是应该按照马克思的定义“生产一个使用价值的社会必要劳动时间，决定一个使用价值的价值量”，那么说价值规律在社会主义社会是被社会主义生产所特有的一些事实所调节的，不免易于被理解为规律之被改造了或被改造着的。这是与作为《社会主义经济问题》一书的全书前提“规律不能改变”，在逻辑上是矛盾的。

社会主义社会已经有了40年的历史，从历史上说，这不过是一个很短的时间。斯大林的《社会主义经济问题》与苏联科学院的《政治经济学教科书》是迄今为止仅有的全面阐述社会主义政治经济学的科学著作，它们在社会主义经济学的建设中，无疑已起了极为重大的作用。正如生活一样，理论也是在不断发展着的，因此在两书若干论点上出现一些理论上的困难也是不可免的。作者从马克思与斯大林关于价值规律作用的论证的不同，引起读书的兴趣，作了读书札记，在一系列有关问题上比较几位经典作家的论证，提出一些疑问。有疑问，就要假定自己解答这些疑问的观点，哪怕这些观点是错误的。然后再去发现自己观点上的错误，改正错误，这样对学习上的进步……（此处手稿有缺损）在这个读书札记中，比较、质疑与假定自己的解答就合在一起做了。再说一遍……（此处手稿有缺损）一定很多，期望经济学界指正。

（原署名：吴绛枫——编者）

1956年9月26日

注 释

①苏联战时共产主义时期的社会经济生活，瞿秋白同志的《饿乡游记》、《赤都心史》等著作作了实际的记载，见《瞿秋白文集》。

②李先念同志在八大的发言中说："近来不断接到各地干部和职工同志来信，他们问，在我国为什么不采取每年普遍降低工业品价格的方针，而采取基本稳定工业品价格的方针？我想，首先这不是由于主观上想不想降低工业品价格，而是由于客观上还不存在普遍降低工业品价格的条件。我们的轻工业品受着农业原料的限制，除了极少数产品而外，不是供过于求而是很感不足。在这种情况下，如果粗率地普遍降价，要发生严重的脱销，其结果不是被迫重新提价，便是人们买不到货，出现黑市，或者是国家被迫扩大供应范围。归根到底，降价还是一句空话。"（人民日报，1956 年 9 月 23 日）

③马克思关于资本主义生产方式的特征写道：

把资本主义生产方式的特征指示出来的，自始就是如下两个特征：

第一，它把它的生产物当作商品来生产……

(1) 生产物当作商品，(2) 商品当作资本的生产物的性质。……引起了全部的价值决定，及全部生产物由价值来调节的结果。在这个完全特别的价值形态上，劳动一方面只当作社会的劳动来发生作用，另一方面，这个社会劳动的分配，其生产物的相互补充，它们的物质变换，以及如何归属并且加入社会的机构的，却是让个别资本主义生产家的偶然的互相抵消的追逐活动去瞎搞。因为这些人不过以商品所有者的资格互相对立，每个人都企图尽可能以高价售卖商品（在生产自身的调节上，表面上也是由他一任己意去瞎搞），所以，内部的规律，只是通过他们的竞争，他们相互间的压迫作媒介去贯彻，各种差错则由此互相抵消。在这里，价值规律不过当作内部的规律，对于个别当事人，还是当作盲目的自然规律来发生作用，并由此在生产的各种偶然的变动中，维持着生产的社会平衡……

可以特别作为资本主义生产方式的标记的第二点，是剩余价值的生产，当作生产的直接的目的和决定的动机……（《资本论》第 3 卷，第 1153—1154 页）

④依·库拉科夫在《社会主义下技术发展的几个问题》一文（苏联《哲学问题》杂志，1956 年第 1 期）中写道：

衡量技术水平的第一个基本指标是满足某种需要的最后的单位产品或作业的成本。第二个衡量指标是基本建设投资的使用程度，换句话说，就是社会主义积累的使用程度。为了增加某种产品的生产，必须投入多少资金，这对整个社会来说，决不是没有关系的。国家每年可以用来进行新建设或采用更完善的技术的资金积累总是极其有限的，在增加单位生产能力上所需的资金愈少，利用这一资金而得到的额外产品就愈多。

衡量技术水平的第三个指标是流动资金……影响流动资金数量的有两个基本因素：原料、材料、成品、动力、劳动力的单位消耗量，以及从收进材料到出售产品为止的生产和分配的周期的速度。这两个因素同所使用的技术的水平有很大关系。

总之，产品成本、基建投资和流动资金的单位消耗量的减低程度，是决定这种或那种生产的技术水平和劳动生产率水平的主要指标。应该首先采用那种在成本方面以及在基建投资比额和流动资金比额方面都能提供最高指标的技术。只有这种技术才能认为是高等技术，也只有在采用这种技术的基础上，才能发展社会主义的国民经济。当然，在任何场合下都不能忘掉采用减轻劳动、保证劳动安全和舒适性的技术，保证创造新产品和创造社会新需要的技术。

由上述一切可知，经济核算制对于顺利采用高度技术是极其重要的。任何技术都要用满足一定社会需要的劳动单位消耗量来衡量。劳动的单位消耗量愈少，技术水平就愈高，我国就能生产出更多的产品，我们就能迅速地走向共产主义。（见《学习译丛》，1956 年第 2 期）

⑤在我国，特别注意利用消费品市场中价值规律的作用，使其对消费品的生产，进行有利的调节。陈云同志在八大发言中说："对一部分商品采取选购和自销，使许多小工厂单独生产，把许多手工业合作社划小，分组或按户分散经营，把许多副业产品归农业合作社社员个人经营，开放小土产的市场管理，不怕有些商品的价格在一定范围内暂时上涨，改变对某些部门的计划管理方法，所有这些，是否将使我国的市场有退回到资本主义自由市场的危险性呢？决不会这样。采取上述措施的结果，在我国出现的决不会是资本主义市场，而是一种适合于我国情况和人民需要的社会主义市场。我们的社会主义经济的情况将是这样：在工商业生产经营方面，国家经营和集体经营是工商业的主体，但是附有一定数量的个体经营。这种个体经营是国家经营和集体经营的补充。在生产的计划性方面，全国工农业产品的主要部分是按照计划生产的，但是同时有一部分产品是按照市场变化而在国家计划许可范围内自由生产的。计划生产是工农业生产的主体，按照市场变化而在国家计划许可范围内的自由生产是计划生产的补充。因此，这种社会主义经济的市场，决不是资本主义的自由市场，而是社会主义的统一市场。在社会主义的统一市场里，国家市场是它的主体，但是附有一定范围

内国家领导的自由市场。这种自由市场，是在国家领导之下，作为国家市场的补充，因此它是社会主义统一市场的组成部分。”（人民日报，1956年9月21日）

⑥苏共二十次代表大会前后，苏联为了迅速发展农业生产，除大规模建立新的国营农场，开辟新荒地之外，对集体农庄采取了下列各项措施：(1) 提高谷物、畜产品、蔬菜等收购价格；(2) 利用国家收购农产品的预付款，实行对庄员劳动日报酬的按月预付制度（用货币方式）；(3) 缩小庄员自留地的规模，加强集体农庄的公共经济；(4) 改变集体农庄的生产计划制度，除农庄应负责完成按计划交售任务外，农庄生产计划由农庄按照本身条件决定，不再由上级统一规定；(5) 原来作为庄员的农机站驾驶人员，归入国家农机站的编制；(6) 加强农机站与集体农庄的经济核算制等。实行产品交换制问题，似乎并未提到议事日程上来。

试论社会主义制度下的商品生产和价值规律

去年以来，关于社会主义制度下的商品生产、价值、货币、价值规律的作用等问题，国内经济学界有很多讨论。我国自1956年全面进入社会主义以后，研究这些问题已经具备了一定的条件。作者不揣浅陋，也提出一些不成熟的意见，请大家指正。

一、单一的全民所有制与两种所有制

研究社会主义经济，首先碰到的是：目前社会主义各国普遍存在着的全民所有制与劳动人民集体所有制这两种所有制形式，是不是典型的社会主义的所有制形式？当"两种所有制"被"单一的全民所有制"所代替时，是不是社会性质已经转变为共产主义社会而不再是社会主义社会？骆耕漠同志认为[①]，在社会主义社会中，单一的全民所有制代替两种所有制可以较早完成；而分配原则上从社会主义的"各尽所能，各取所值"转变为共产主义的"各尽所能，各取所需"的过程将在"更远更远的将来才能完成"，我认为这是正确的。

大家知道，马克思、恩格斯论证社会主义（共产主义的第一阶段），都假定单一的全民所有制，不考虑"两种所有制"的存在。社会主义各国普遍存在两种所有制的历史原因是：无产阶级领导的社会主义革命，发生在经济发展还不充分，小商品生产还没有被资本主义生产方式所排除的国家内。小生产合并为大生产的过程既没有在资本主义生产方式内完成，就只能由无产阶级领导，在社会主义阶段或向社会主义的过渡阶段内完成。两种所有制就是在社会主义社会中，联合小生产为大生产的结果，并且是走向单一的全民所有制的过渡形式。因此，实现了单一的全民所有制之后，只要社会的分配原则还是“各尽所能，各取所值”，那当然还是社会主义社会而不是共产主义社会。

在两种所有制并存条件下，两种所有制之间仍然会有产品交换。解决下面一些问题，例如社会主义的生产是否是商品生产，价值、价格、货币等经济范畴的意义如何，都不免要首先去解决因两种所有制并存而发生的一系列问题。如果我们承认两种所有制并存是向单一的全民所有制的过渡形式，单一的全民所有制是社会主义的纯粹形式，那么研究社会主义制度下的商品、价值、货币等问题时，先研究单一的全民所有制下的情形，再研究在两种所有制条件下的情形，问题的解决也许会方便一些。由于社会主义各国，大工业生产方面已集中于全民所有制的企业，它的生产占全部国民经济很大的比重，因而进行这样的研究也是可能的。

二、分配方法与核算方法

1

马克思在《哥达纲领批判》一书中，对社会主义的分配原则，作了明确的论证。为简明起见，可以把这个分配原则用公式表示如下：

（Ⅰ）社会总产品价值＝国民收入＋已消耗的生产资料价值的补偿

（Ⅱ）国民收入＝消费基金＋积累基金

（Ⅲ）消费基金＝直接生产者所领受分配的份额＋非直接生产者所领受分配的份额＋不转化为劳动者个人收入的消费

（Ⅳ）直接生产者所领受分配的消费基金＝他所创造的价值－应比例扣除的（积累基金＋公共管理基金＋社会保证基金＋科学教育保健艺术基金）

关于分配方法，马克思、恩格斯在《资本论》及其他著作中再三提到，在社会主义社会中，个人交换将被废除，作为一般等价物的货币不再存在，分配将利用劳动券。

社会主义各国的分配原则与马克思的论证是符合的。在分配方法方面，表面上看来，依然保存了货币，并以相对固定的工资率和物价表，作为积累基金与消费基金，以及消费基金在不同各类劳动者之间的分配的杠杆。

在这里，研究一下马克思、恩格斯所说的劳动券到底是什么东西是必要的。劳动券可以是规定领取一定种类一定数量消费品的领物凭证；也可以是不具体规定种类数量，而以某种计量单位（如劳动小时、劳动工分，或干脆仍用元角分这种货币单位）计算的，可以凭以自由选购各类消费品的凭证。根据恩格斯下述论证，它可以是后者而不是前者：

> ……交换的形式怎么样呢？交换是通过金属货币来实行的……可是在公社与社员之间的交易上，这些货币，绝不是货币，绝不是尽货币的职能。它们成为真正的劳动券……②

让我们来研究一下，利用货币为分配工具，国民收入的分配与再分配的具体途径如何。

一、个别企业利用工资与价值形式进行核算。假如没有其他使产品价值与价格差离的因素，那么产品成本、利润及企业缴纳的各种捐税之和，就是产品的价值。

二、工资是劳动者个人领受的劳动报酬，也就是社会总的消费基金中分配给他的部分。捐税与利润，归入国家预算体系。国家经过预算体系，将这部分预算收入分配为积累基金及公共管理基金、社会保证基金、科学教育艺术基金等。

三、在社会劳动生产力水平不变的条件下，工资率与产品价格两者，决定全部企业缴纳利润及捐税的数额，也决定社会纯收入可供再分配的数额，所以也决定了消费基金与积累基金间、各类消费基金间分配的比例。

利用上述分配方法，进行下述各种调节是方便的：

1. 当社会劳动生产力提高，可以提高工资或减低物价，使国民收入中分配为消费基金部分不致低于应有水平；

2. 社会应用较大力量进行扩大再生产，因此工资的提高或物价的减低，应低于劳动生产力提高的程度，使消费基金与积累基金间维持适当的比例；

3. 当某部类生产的劳动生产力提高的速度，高于别的部类时，可以降低这个部类生产品的价格，使价格的运动适合于各类产品间价值比例的变化；

4. 当各部类生产中的工资率，不适合于劳动者熟练程度的差别时，可依不同比例调整各部类工资率。

目前社会主义各国还存在着两种所有制，国民收入的分配与再分配的途径比上面所说的还要复杂一些，这一点我们在后面还要详细论到，现在姑且对此存而不论。假定一个单一的全民所有制的社会，消费品的分配只存在于社会与劳动者之间（“公社及其社员之间”），作为分配工具的货币，除掉保存历史上遗留下来的单位名称（例如元角分）而外，按照恩格斯的原则，就是劳动券，而不是别的。

2

采取货币这个工具来分配消费品，还有下列好处，是领物凭证式的劳动券所不能替代的。

劳动者及其家属的消费要求可归并为若干类，如食品、衣服、居住等，这些种类的消费要求是可以统计出来作为计划生产的根据的。但从具体的消费品的品种、花色而言，由于消费兴趣的多样化，人们必然要求自由选购，反对凭证领取。

个人消费要求的满足，很大部分是用购买物品的方法，但还有不用购买物品的形式的，如：1. 住宅的租赁，2. 个人生活服务如理发、洗澡、市内交通、外地旅行、旅馆服务等，3. 文化娱乐，4. 劳动者个人负担的子女教育费、托儿所费用等。满足这些要求，不能依靠领物凭证式的劳动券，只有用货币来支付。

延期消费与提前消费，在我们社会中是通行的。前者，就是储蓄，后者如分期付款购买耐用消费品。劳动者消费兴趣多样化的结果，延期消费与提前消费是不可免的。这不仅需要利用货币，并且还需要一个信贷系统，利息也还保存着。社会主义各国的经验，储蓄、信贷与利息不会造成生产资料的名存实亡的状态，因为储蓄的数量，比之公共积累是一个微小的数额，因而是无关大局的。

3

社会主义有没有利用领物凭证式的劳动券的历史经验呢？从瞿秋白同志下述记录看来，那样的经验是有过的：

> 俄国十月革命之后，每一城市作为一共产社。又一友人告我，俄国现在无物不集中，消费者都以团体为单位，个人名义很难领到需用物品……譬如莫斯科公社——市政工会之类，每月为莫斯科居民运取食粮，消费者凭劳动券领取，劳动券以工作高下为标准分好几等，每等可得若干，十日以前在消费公报登载……（1921 年 3 月 21 日）[③]
>
> 回忆二三月间，我到俄国人家里，那冷淡枯寂的生活，黑面包是常餐便饭唯一的食品……现在丰富得多了，可是非得有钱不可，市场物价因投机商人之故很不稳。然而大概而论，大多数劳动人民也受许多方便利益——工厂工资大增，废劳动券而令得购买于市场的可能。(1921 年 5 月 1 日)[④]

这里所提到的劳动券，按所记录的情形来说，应该是指领物凭证式的劳动券，因而也就是不经过货币（不经过交换）的产品直接分配。这种产品的直接分配，列宁认为，在当时是“我们力不胜任的事”：

> 在 1921 年时，即当我们渡过了国内战争中最重要的阶段，并且是胜利地渡过这个阶段之后，我们就碰上了苏维埃俄国内部很大的——我认为是极大的——政治危机，这个危机不仅造成颇大一部分农民的不满，而且造成颇大一部分工人的不满……原因是……向纯社会主义形式与纯社会主义分配的直接过渡，乃是我们力量所不能胜任的事。[⑤]

列宁所说的“力不胜任”的事，是指 1921 年前后。苏联从 1936 年建成社会主义到现在已有 21 年的历史，力量是空前强大了，“力不胜任”这样的事应该已经不再存在了。但是，苏联现在还利用货币，还没有提到用领物凭证式的劳动券，这至少证明了，在目前条件下的苏联，利用货币作为分配工具还是适合的。

4

利用货币来分配消费品，同时也就是利用货币来实行核算。因之，价值与价格在我们的日常生活中是存在的。比之劳动时间，价值是一个“相对的、动摇的、不充分的尺度”[6]，社会主义社会为什么不直接用劳动时间来衡量产品所消耗的劳动量，以便彻底消灭价值范畴呢？

在实行广泛社会分工的社会主义生产中，每个生产企业是一个核算单位。每个生产企业在核算过程中所能确切知道的数据是：1. 支付的货币工资，2. 他企业转移过来的生产资料的价格，3. 本企业转移出去的产品的价格这三项。至于所支付的捐税与上交利润等，则已属于纯收入再分配的范围了。

企业所支付的货币工资，相当于劳动者所创造的价值，扣除社会纯收入部分的余额。根据劳动时间确定货币工资率时，已经把复杂劳动与简单劳动的差别，换算为单纯的货币数额的差别了。但货币工资一经确定，必须相对地固定下来。如果个别劳动者熟练程度提高了，但还没有“提级”，货币工资仍可不变；又如果整个劳动生产力提高了，在没有通盘调整工资之前，全部货币工资率也可以不变。因此，货币工资虽反映了劳动时间消耗的量，虽已把复杂劳动与简单劳动换算为统一的货币单位，但它确实只是相对地，而不是绝对地反映了劳动时间的消耗。

货币工资内，不包括劳动者提供给社会的纯收入部分。纯收入是产品转移出去的价格与货币工资的差额，它不是货币工资的比例附加额。价格则是根据过去经验中所知道的，生产一个产品的社会必要劳动时间规定的。因此1. 产品价格大致上适用于不同企业所生产的同类产品；2. 产品价格是相对固定的，不是时时变化的。就第一点来说，劳动生产力高的企业，用同样价格出售产品将获得较大纯收入，劳动生产力低的企业，纯收入会小一些，甚至会亏本。个别企业所核算的，只是核算产品的成本与企业的盈亏。就第二点来说，产品虽有相对固定的出售价格，但产品成本是可以逐渐降低的。因此，一个生产企业到底能获得多少纯收入，不是事先预定的，它只能通过定期的财务结算，相对正确地计算出来。根据这个分析，反过来再来观察价格，就知道：1. 价格是生产产品的社会必要劳动时间的反映，它是个别企业所费劳动时间的平均，但又与任一企业的劳动消耗都不同；2. 价格是用作核算当前生产中劳动消耗的事先假定（根据过去经验作出的）的标准，不是根据当前生产中劳动消耗的结果统计出来的。由于劳动生产力经常在变动着，价格在任何时候也不能绝对正确反映当前生产中产品的社会必要劳动时间。

劳动生产力的变化，首先反映为材料消耗与生产工时的变化，它是时时变化着的；从全社会来说，只能相对地、近似地表现在价格中。除了这种直接的变化外，还有一些间接的因素影响劳动生产力的变化，例如设备利用率的高低，管理费用的大小，生产周期与流通周期的长短，废品利用的程度，都对产品所耗劳动时间发生程度不等的影响。对个别企业来说，这些因素是间接的、不确定的，即在成本核算中也只能根据一些假定的标准进行分摊计算；对社会产品来说，它对全部产品生产中劳动消耗量的影响更是不确定的、相对的。因此，根据社会统计定出产品的价格，或者根据所有企业的成本计算产品的平均成本，都只能相对地反映平均的劳动消耗量，而不能绝对地反映它。

以上还只说到了一个企业所支付的货币工资与产品出售价格两者。由于生产的社会分工，企业产品价值的大部分是他企业转移过来的生产资料的价值。生产的社会分工愈发展，个别生产企业的产品价值中，本企业生产过程中新加入的劳动消耗部分愈小，他企业转移过来的生产资料的价值部分愈大。因此，某个企业的核算过程中，假定别的企业转移过来的生产资料的价值是绝对正确的，只要新加劳动部分计算得正确，生产资料的消耗比例计算得正确，确切核算本企业产品的价值——劳动消耗是可能的。虽然这个企业所核算的，也还是本企业的成本与纯收入，不是直接核算本企业所费劳动时间，更不是核算产品生产的社会必要劳动时间，可是前面指出过，每个企业的核算结果都只能做到相对正确，产品转移价格也只能相对地代表某项产品的社会必要劳动时间，因此全部企业的核算，也只能相对正确，不能绝对正确。

这样看来，利用货币工资与预先规定的价格，作为核算的工具，就是采用了一个公共的价值尺度单位。这个价值尺度只能相对地、近似地、不充分地反映产品的劳动消耗，可是它有两种好处：第一，它是一个公共的尺度，它反映产品生产的社会必要劳动；第二，它经过个别企业的成本核算，与企业间成本和纯收入的差异，比较各企业生产活动的经济效果——即比较它们的个别价值与社会价值的差异。缺乏这个公共的价值尺度，这个实行广泛生产分工的社会化生产中，全部核算体系是建立不起来的。

社会核算体系除以个别企业为其基层核算单位而外，各生产企业所提供的社会纯收入，经过预算体系实行再分配，预算体系则是独立于各个生产企业之外的。社会纯收入分配于多种用途，它用于购买企业的生产品，也用于支付不直接从事生产的劳动者的报酬。这些劳动者的报酬，理论上也按比例扣除应提供社会的纯收入，不过因为他不直接从事生产，所以不表现出来而已。这些劳动者从事劳动，但他们所从事的劳动不表现为产品价值的增加。因此，这个独立于生产企业之外的预算体系，除掉用公共的价值尺度单位来核算纯收入的再分配之外，使用劳动时间来核算是很难设想的。

5

不管以上所说种种困难，我们还是研究一下，直接用劳动时间来衡量产品的劳动消耗，到底有没有什么问题。

要直接用劳动时间计算产品的劳动消耗，首先必须解决复杂劳动换算成为简单劳动的标准。这样的换算只能在社会平均劳动的计算中采用，它不适用于个别企业的核算。其次，这个简单劳动本身也在不断变化之中，因而它也不能是一个绝对的尺度单位。

一个社会存在着大量普遍的一般水平的简单劳动（譬如说，我国农业中的全劳动力或可认为是这种劳动），在全社会范围内，各种复杂程度不等的劳动是可以换算成为这种简单劳动的。但在一个生产企业范围内最简单的劳动，未必是这个全社会水准的简单劳动。一个生产企业的技术劳动的熟练程度是逐渐地但经常在变化着的。因之，个别企业进行核算时如采用全社会水准的简单劳动，在这个企业是已经采用了间接的尺度了。如采用本企业范围内最简单的或最大量的劳动作为基准，各部类企业的核算结果就是不可比的了。同时，每一个企业内部，各种熟练程度不等，熟练程度又经常变化着的复杂劳动，要换算成为简单劳动，也是没有一个确定的持续不变的标准的。

个别企业或全社会的简单劳动的熟练程度，本身也是在变化着的。譬如，按我国目前情况，农业中全劳动力的熟练程度，随着农村中文化技术知识的普及，其熟练程度技术水平在逐渐提高；加以国家经济建设的发展，工业运输业等职工数量的大量增加，全社会水准的简单劳动逐渐地将不以农业中的全劳动力为基准。我们完全可以想象，数十年后，在今天看来是复杂劳动的，那时将成为简单劳动。观察社会主义国家工资水平的变化，可以证明这一点。社会主义国家不同等级的工资率间的距离，就其总的趋势来说是不断缩小的（虽然可以经历一段为了发展技术劳动而扩大各级工资率间距离的时期），这正是反映了最普通的简单劳动逐渐发展成为熟练劳动的过程。

这样看来，以劳动时间作为产品所消耗的劳动量的尺度，它本身也不免是不确定的、相对的。

6

以上是社会主义各国现在的分配方法与核算方法的初步分析。根据这个分析，可以知道，经过几十年的历史发展，社会主义经济已经形成一个体系。这个体系的全部细节是马克思、恩格斯所没有全部预见，也不可能全部预见的。为什么现在社会主义各国还存在着“商品生产”与“货币经济”呢？应该从这个体系的内部关系的分析中去找答案。

可是，人们向我们指出，譬如像苏联这样第一个社会主义国家，到现在还利用货币，是因为还存在着两种所有制，因而有两种所有制之间的商品流通。这种货币还是本身具有价值的货币商品，它是商品流通下面的一般等价物，它不是劳动券。这与我们上面所说的就是相反的了。

因此，我们必须研究社会主义下面的商品生产问题。

三、商品生产

1

关于商品生产的一般性质，马克思指出：

> 使用对象成为商品，一般只因为它是互相独立经营的私人劳动的生产物……生产者由他们的劳动生产物的交换，才发生社会的接触，所以，他们的私人劳动所特有的社会性质，也要在这种交换里面才显现出来。⑦

恩格斯指出，商品“生产者的社会联系，是通过他们的生产品的交换来实现的”⑧。而作为商品生产最高形式的资本主义生产方式，则“在社会化的生产中，统治着无政府状态”⑨。

马克思、恩格斯指明，从资本主义到社会主义的转变中，生产资料将为社会所占有，商品生产将被消除。这就是说，那时社会将有计划地进行生产，生产的无政府状态将不再存在，社会的生产品将直接用为再生产的生产手段与生活资料，不再是为交换而生产的商品[10]。

恩格斯在《反杜林论》一书中批评了杜林的经济公社的幻想。他着重指出，企图在实现“劳动的真正价值”的基础上，让“活的劳动……与劳动的产品相交换”，这时，“劳动力……和它所应交换的生产品一样同是商品”，因此，杜林的方案是企图用商品生产的基本规律，除去商品生产发展成为资本主义生产进程的弊害。这也就是说，像杜林那样，认为社会主义的目的是为了实现劳动的“真正价值”，而不是有计划地分配社会劳动于社会生产，有计划地分配社会总产品于积累基金及消费基金，并分配消费品于劳动者之间；其结果，生产的无政府状态将仍继续，分散于私人手中的积累终将吞没公有化了的生产资料，劳动力的价值将服从于近代的工资规律，社会总产品也只有通过交换实现其价值，所谓社会主义不过是一句空话[11]。

这样，马克思、恩格斯指明了，社会主义是公有制，公有制下面是不存在商品生产的。

2

现在让我们来研究一下，在单一的全民所有制下面，社会仍用“货币”来分配消费品，利用货币进行核算，社会生产是否仍然是商品生产。

骆耕漠同志认为[12]，只要实行按劳计酬与经济核算，就必须利用货币来分配消费品，产品就必须计价，那就是商品生产与货币经济。骆耕漠同志接着说，马克思、恩格斯关于商品及商品生产的定义，“是就一般私有制度下的商品生产而言……这种商品生产在社会主义制度下，由于生产资料已转为公共财产，除掉在集体农庄市场上还有极个别的残迹存在外，已经是不存在了……商品生产有建立在私有制基础之上的，也有建立在公有制基础之上的。后面这种商品生产，虽然为联合的社会主义生产者所公有，但是他们必须将产品作真正的交换、买卖，即将他们的产品的所有权作真正的转移，那些产品才能算是真正的商品”[13]。

我们注意到，马克思、恩格斯从未论证过公有制下的商品生产，但这是指单一的全民所有制。说两种所有制并存时，两种所有制都是社会主义生产者，他们之间有商品交换，这种商品生产是特种商品生产，这是斯大林在《苏联社会主义经济问题》中所指明的。斯大林在那里接着指出，这种商品生产“决不能发展为资本主义生产，而且它注定了要和它的‘货币经济’一起共同为发展和巩固社会主义生产的事业服务”[14]。可是为什么两种所有制之间存在着产品交换，就决定了社会主义生产是商品生产？是不是因为劳动人民集体所有制与全民所有制存在着本质上的区别呢？同书除在个别地方略为涉及这点外（见注⑭），并没有明确指出这是基本原因。同书曾采取另一个论点，即产品成为商品的原因，是产品所有权的转移。骆耕漠同志认为正是产品所有权的转移，构成公有制下的商品生产[15]。

可是，所有权概念是一个法律概念，法律关系只能是社会经济关系的反映，它本身不是什么经济关系[16]。社会主义法制承认个人是他所获得的劳动报酬的所有权者，是按劳计酬这种经济关系的反映，承认集体农庄是它的生产资料和产品的所有权者，又是另一种经济关系——劳动人民集体所有制的反映，两者就不属同一性质。即就个人消费品而言，劳动者用货币工资购买消费品，在资本主义制度下，是劳动力再生产的一个过程；在社会主义制度下，是实现他所应领受的社会生产品份额的办法，两者也根本不属同一性质。所以，引用法律关系来解释经济关系，是未必妥当的。

3

所以，我们应该试图分析两种所有制之间的经济关系。

劳动人民集体所有制，是社会主义所有制的一种，它是不同于私人——资本主义占有制度的。从分配方面说，劳动人民集体所有制与全民所有制的区别，表现在：1. 它们的纯收入部分，除税收外，不通过国家预算实行再分配；2. 它们所实现的收入（即产品出售价格的总和，减去生产中所消耗的生产资料的成本），构成它们自己的劳动报酬和积累基金的限界；并且 3. 它们的劳动报酬不是如同工厂工人那样统一规定于国家工资制度中。这个区别，就使集体农庄在生产方面，虽要按国家计划进行，假设它们积累了巨大的经济力量，就会出现一种自发的资本主义趋势，脱离国民经济计划的轨道。但按社会主义各国现有经验来说，还没有出现过这种情况。相反的情况是出现过的，就是农产品收购价格过低，造成农业生产中若干部门的生产低落，生产量与劳动生产力两者同时降低。同样，按社会主义各国现有经验来说，规定正确的农业生产计划与农产品价格，使农业生产得以发展，而又防止劳动人民集体所有制发生那种自发的资本主义倾向，那是做得到的。

假设一种正常状态，即农产品价格的规定是正确的，集体农庄的生产是按国家经济计划进行的，那么全民所有制和劳动人民集体所有制下的劳动者的分配原则，都是一个社会主义的原则：按劳计酬。所不同的是：属于全民所有制的劳动者的分配，原则上以全社会为一个核算单位；属于劳动人民集体所有制下面的劳动者的分配，不是以全社会，而是以这个生产单位本身所创造的价值，划分为积累基金、消费基金，并进一步按照按劳计酬的原则，在劳动者之间分配它可以分配的消费基金。但集体农庄的分配，又以税收、国家银行贷款、国家设立的农机站的报酬标准、工业品与农产品的价格等，与全社会的国民收入相联系着。因为有这种联系，社会主义国家可以进行一种带有全社会性质的调节，使工农间收入的差别缩小，使农业所获得的基本建设资金适合于整个国民经济发展的水平。

全民所有制与劳动人民集体所有制之间的交换是两种所有制之间的交换。交换的价格由计划规定，它反映了全社会的按劳计酬原则与国家对工农收入间的调节，而不是按照竞争原则进行的，不是生产的无政府状态所自发形成的。因此，我们可以说劳动人民集体所有制是社会主义所有制中的一个低级阶段，但不能说劳动人民集体所有制与全民所有制的交换是一种严格意义上的商品交换，如像马克思、恩格斯所指明的私有制下或资本主义下的商品交换。这种交换，在它不会造成集体农庄自发的资本主义倾向的限度内，本质上与国营企业之间的交换，或国营企业与工人之间的交换（如果那可以称做交换的话）具有相同的性质。

自然，劳动人民集体所有制的经济本质，并不是每个时期、每种场合都相同的。在某一场合或某一时期，它们的自发资本主义倾向弱一些，或甚至达到接近全民所有制的程度；在另一种场合或另一个时期，自发资本主义趋势强一些，或甚至完全不服从国家经济计划的轨道进行生产或交换。但是，除掉那些徒具虚名的而外，在全民所有制占国民经济极大比重的条件下，劳动人民集体所有制服从国家经济计划一般是没有问题的。因此，只要它的内部分配关系是社会主义关系，两种所有制之间的关系也必然是社会主义的关系。这种关系，与私有制下两个商品生产者之间的关系是根本不同的。

所以，按照马克思主义经济学关于商品生产的性质的理论，难于得出这样的结论：因为社会主义社会还存在着两种所有制，两种所有制间的交换是商品交换，社会主义生产是商品生产。

4

如果承认两种所有制在本质上是相同的，但指明社会主义社会还存在着那种性质改变了的商品交换与货币经济，那么用“特种商品生产”来指明社会主义生产的性质，不能认为是错误的。

困难是在于“特种商品生产”这个定义，不仅与相互进行“商品”交换的两种社会主义公有制的性质有关，而且也与“经过流通过程（买卖交换过程）的产品就是商品”这个定义有关。而据说商品流通的存在，又必然要复活资本主义（参阅注⑭）。按照这个定义，只要产品经过流通过程即买卖交换过程的，它就是商品；不经过买卖交换过程的，它就不是商品。因此，只有在实行产品直接分配时，即废除目前广泛应用着的“货币”这种分配工具，变为采用领物凭证式的劳动券，或者不要劳动券也可以，反正是实行产品直接分配制度时，商品生产才会完全消灭，资本主义复活的危险才会完全消灭。

不难看出，这不是深入分析社会主义的生产关系以后所得出的结论。这是一个从商品流通的外表所得出的结论。正因为定义从商品流通的外表上得到，所以，阐述这个观点的人，就会依靠所有权的转移这种法律关系的论据，来支持这个结论。

按照这个结论，也还不免产生另外一个理论上的难点，那就是：全社会生产品有的是商品，有的不是商品，完全以其是否经过流通过程为准。可是大家知道，社会生产是一个不断的流，所有社会产品，不论它是生产资料还是消费资料，结局总是变成消费品分配于全体劳动者之间；所有生产品中活劳动的消耗部分是以当年分配的消费品抵偿的（还应该注意，全社会所消耗活劳动的一部分还是作为积累基金而不是全部以消费品来抵偿的），所消耗的过去劳动部分结局也是以消费品抵偿的，不过抵偿的时间有先后，抵偿的过程复杂得多而已。把这个不能分割的社会生产之流，分割其中一部分称之为商品生产，另一部分称之为非商品生产，于是马克思主义的再生产理论就被支离割裂，无法理解了。

5

归纳上面的分析，不难看出：社会主义各国现在利用货币作为分配工具与核算工具这种制度，如果称之为特种商品生产，以标志其形式上存在货币经济，实质上不同于私有制下的商品生产，是可以的。认为这种制度在单一的全民所有制下也将继续下去，也是正确的。但认为这种商品生产的特征是流通过程（买卖交换过程）的存在，产品所有权的转移，这是可以怀疑的。

同样，由于社会再生产过程是一个不断的流，如果承认有所谓公有制下的商品生产的话，那么，无分消费品与生产资料，也不必追究什么所有权的转移，全部产品既都必须计价，都有商品“外壳”，那就都是商品。如果说，这些产品因为直接是社会产品，不是私人以私人打算生产出来，只有在个人交换下才实现其价值的，因而它们不是商品，那么，无分消费资料与生产资料，它们都不是商品。

至于目前社会主义之所以存在着“商品生产”，应该肯定，其原因是经济核算制度的存在，不是两种所有制并存的结果。两种所有制之间的交换，是不能拿来与私人商品生产者之间的交换类比的。

四、计划经济与经济核算

1

既然社会主义所以存在着“商品生产”与“货币经济”，是实行经济核算的结果，那么，在进一步研究社会主义社会中价值、价格与价值规律的作用之前，分析一下计划经济与经济核算的特征及两者间的相互关系是必要的。

大家知道，企业实行经济核算的标志，是拥有独立的资金，独立计算盈亏。在资本主义社会内，生产企业实行经济核算是自明之事，它是随资本主义经济的发生以俱来的。从历史发展上说，社会主义的经济核算制，在苏联是结束军事共产主义时期，实行新经济政策的产物。其他社会主义各国，是在资本主义向社会主义的过渡时期内，保留资本主义经济核算的形式，改革其内容而形成的。不论历史发展的过程如何，社会主义企业的经济核算，是计划经济范围内的经济核算，这是与资本主义“经济核算”的基本区别。

社会主义经济是计划经济，马克思、恩格斯再三指明过；社会主义经济是实行经济核算的计划经济，马克思、恩格斯从未指明过。相反，他们确切指明社会主义社会将没有货币，产品将不转化为价值。列宁根据苏联建国初期的经验，确立了社会主义的经济核算制度，此后，数十年来，在苏联及其他社会主义各国，形成了实行经济核算的计划经济体系，并且证明了它是不可缺少的制度，其原因究竟何在呢?

社会主义生产，直接是使用价值的生产。按照马克思的再生产原理，社会各部类生产间必须保持一定的比例关系，这个比例关系仅借计算不同物资间物量的关系（它表现为国民经济计划中的物资平衡）是可以得到解决的。可是社会主义必须借不断提高劳动生产力来提高人民物质文化生活水平。在这里，姑且不引入价值这个概念，社会主义同样必须严格核算所费劳动与有用效果间的关系[17]。假设经济计划关于不同部类生产间的物量关系，与不同部类生产中所费劳动与有用效果的计较，能够全面地、确切地都计划妥善了，那么，让全社会生产成为一个大核算单位，让全部生产、分配、消费都规定在这个计划之中，原是够了的，用不着再让各个生产企业再去实行什么独立的经济核算了。

历史经验证明，让全社会成为一个大核算单位是不可能的。全社会必须有一个统一的经济计划，具体的经济核算单位则必须划小，至少以每个生产企业为单位进行核算。巨大的生产企业，其具体核算单位还必须划小（例如鞍钢的炼钢厂、炼铁厂、耐火材料厂等都实行鞍钢范围内的独立经济核算）。这样，全社会的经济计划，规定全社会的生产规模、积累规模、劳动生产力提高的水平、各部类物资的数量平衡，同时也进行全部生产分配过程的价值平衡。独立的经济核算单位按照经济计划进行生产分配，不得脱离计划的轨道。可是由于存在着经济核算制度，即令（一）物资全部由国家统一分配，没有企业间直接的购销与合同关系，（二）企业盈亏与企业劳动者的物质报酬之间不发生任何关系，至少也将产生这么几项结果：1. 企业间产品的转移，有了公共的价值尺度；2. 企业独立计算盈亏，推动管理部门寻求可以提高劳动生产力，减低成本的因素而加以利用。这对社会生产的发展就已经有很多好处了。至于有了货币这个工具，对消费者来说，无论如何比实行领物凭证式的劳动券要方便得多，有利得多，这在前面已经指出过了。

实行经济核算制的有利结果，实质上一定远远超过前面指出的两点。1. 不论消费品或生产资料的品种规格都千差万别，需要变化的因素也是复杂多端。如果说它们的生产与消费及两者间的平衡，全部规定在一个经济计划中，可以不发生任何困难，那是客观上做不到的。因此，2. 生产资料在不同企业间的转移，要由企业间直接的购销关系或合同关系来补计划规定之不足。3. 消费品的销售，要依赖零售市场中价格的调节来平衡供需。4. 使企业劳动者的报酬，与企业为扩大生产所需的基本建设投资，与企业出售产品的收入发生一定程度的联系，如奖励金制度、企业基金制度等。于是经济计划就成为这样一种计划，它规定有关生产分配及产品转移的全局性的、关键性的项目；它规定各个生产企业的经济指标；但它不是洞察一切的，对全部生产分配与产品转移规定得具体详明，丝毫不漏，因而是绝对指令性的计划。经济计划因为是全局性的、关键性的计划，因此，社会经济运行过程不再任令客观的经济规律盲目发生作用了；但经济计划又不是具体详明到这种程度，以致任何企业（或甚至包括任何个人）只要按照计划办事，就可以万事大吉。经济计划是用经济核算来补足的。

经济核算所起的调节作用，又使计划获得若干种用统计调查所得不到的数据，作为今后制订计划的根据。比如说，社会消费水平提高了，消费资料的生产应作相应的扩大。可是在多种消费品中，到底扩大什么，扩大多少，比例如何，无论作怎样详细的消费调查都是得不到可靠数据的。消费品零售市场中的热销、滞销、价格涨落，就可以使我们察知需要的变化，据以调节生产。同样，各个生产企业产品销售情况，价格与利润的变化，也指示了产品的生产与消费间平衡的情况，与劳动生产力变化的程度。这对制订今后的经济计划是有极大用处的[18]。社会再生产是一个不间断的过程，逐年再生产计划不是凭空制订出来的，经济核算制所提供的数据是计划制订的基本根据之一，没有这些，经济计划是制订不出来的。

必须指出，一个实行广泛社会分工的社会主义生产，只有实行计划经济，才能避免生产的无政府状态。但同时也只有当它是实行经济核算制的计划经济，才能广泛动员群众的积极性，提高劳动生产力，在计划所不能细致规定的地方（事实上过于细致的结果，一定与实际生活脱节），自动调节生产、分配、产品转移与消费之间的关系，同时也提供许多制订再生产计划的根据。生产规模愈大，生产分工愈细，消费水平愈高，经济核算制度就愈为必要。社会主义各国的经验，已经足够证明这件事了。

2

实行经济核算制，就有可能利用价格与工资率，调节劳动者的报酬，本文第二节已经述及。

价格对于产品的生产与转移，也能起调节作用。因为既然各个企业都有核算赢利的责任，赢利的来源又不外是提高劳动生产力与获得有利的产品价格两者，那么，企业总是愿意进行那种价格有利的生产。所以，实行经济核算制以后，就有经过价格结构以调节产品生产与流通的可能。前面讲过，社会主义各国运用经济核算制度的具体政策有所不同，经过经济核算制度所能发生作用的程度也有所不同。一般说来，这种作用以价格、成本、劳动者报酬与基本建设投资四者联系紧密的程度而定，这就是说：

1. 如果价格、成本、劳动者报酬与基本建设投资相互间不发生联系，分开来由企业对社会负责，经济核算制所能发生的调节作用就比较弱。例如全民所有制的企业，如价格由计划规定，产品由国家统销，赢亏由全社会包下来，劳动者报酬由国家保障，企业完成计划所定产量任务就可交账，经济核算制对生产与流通所起的影响就会很小。

2. 如果上举因素中几项联系起来，由企业独立负责，例如，产品不由国家包销，产品销不出，企业就有发不出工资，无法继续再生产活动的危险，自然就会使企业考虑产品规格、花色、价格等问题。因而经济核算制自动调节价格，调节生产与流通的程度就会提高。

3. 如果劳动者报酬与价格成本紧密联系，生产企业追求价高、利大、好销的产品就愈迫切。劳动人民集体所有制的企业，由于国家对其劳动者报酬不负保障的责任，这种倾向就会十分强烈。

4. 同样，一个生产中的企业，为扩大再生产或提高劳动生产力而进行的基本建设，如果投资由全社会包下来，那么，关于投资效果的计较一定较少；如果投资的全部或一部分要由自己的收人中筹措，投资效果的计较就不能不精密。

实行经济核算制以后，经过价格结构以调节产品的生产与流通，社会主义各国在这方面具有不同经验，目前所采取的实际政策也不尽相同。从已有的理论著作与实际办法中，可以看到最低限度的做法与最高限度的做法。本文目的不是研究具体经济政策，但为了便于研究经济核算与计划经济的关系起见，简略地介绍一些这两种做法是必要的。

所谓最低限度的做法，在理论上认为经济核算制仅仅是为了使产品能够计价，产品的计价能促使企业注意成本问题、赢利问题、价格问题，可是价格政策是不能够也不应该发挥调节生产的作用的。生产规模，无论从全社会说，从各个生产部类说，或从各个生产企业说（这又不论它是属于全民所有制的或属于劳动人民集体所有制的），是由计划规定的。价格水准无论如何规定，都不能对生产起调节作用[19]。这种理论，苏联某些经济学家认为是“价格形成中的唯意志论”。这种唯意志论“大部分表现（并且带来了巨大的损失）在农产品的采购价格方面，一部分表现在消费品的零售价格方面，在生产资料的批发价格方面表现得较少”[20]。这种价格形成方面的唯意志论，“使国民经济遭受了很大的损失”[21]。

我们所说的最高限度的做法，是充分发挥经济核算制的作用，办法是：使劳动者的物质报酬与企业赢亏发生程度极为紧密的联系，使价格成为调节生产的主要工具。因为企业会自发地追求价格有利的生产，价格也会发生自发的涨落，这种涨落就实际上在调节着生产。同时全社会还有一个统一的经济计划，不过这个计划是“某种预见，不是个别计划的综合”，因此它更富于弹性，更偏向于规定一些重要的经济指标，更减少它对于企业经济活动的具体规定[22]。由于我们缺乏具体材料，因而对实行这个办法后，如何维持重要生产部类的均衡发展（例如工业与农业），如何维持价格的稳定，物资储备与对外贸易应该采取什么具体政策等，都无法作进一步的研究。

3

由上所述，我们或者可以达到这样的认识：社会主义经济是计划经济与经济核算的矛盾统一体；在这个经济体系内，强调哪一方面，都会否定另一方面。

社会主义经济首先是计划经济。如果它不是计划经济，任令客观的经济规律盲目地、自发地起作用，它与资本主义经济就没有什么区别了。但是这个计划经济不能不是实行经济核算的计划经济。如果没有经济核算制，任令全社会成为一个大核算单位，事实上是行不通的。既然有经济核算制度，经济核算制度又能广泛动员群众的积极性，提高劳动生产力，并在生产、分配、消费与产品转移的调节方面补经济计划之不足，那么，充分发挥经济核算制的长处是必要的。如果过分强调计划的一面，达到否定价值与价格之间的关系，价格对生产分配与产品转移的影响，因而达到否定经济核算所能发挥作用的程度时，企图用计划规定一切的弊病就会出现，而这是障碍社会经济的发展的。反之，如果过分强调经济核算的长处，因而充分发挥价格、成本、利润的作用，那么，经济生活中的客观规律就会自发起作用。如果社会没有足够的经济力量去平衡控制这种自发作用，自发作用发挥到盲目程度时，社会主义经济是计划经济这个特征也会被否定掉的。

研究这个问题，在这里只是为了研究社会主义经济中的价值、价格与价值规律的作用，因此对计划经济与经济核算间的关系的分析只能到此为止。具体的经济政策的研究，只能等待别的机会了。

4

经济核算制是存在于我们社会经济生活中的现实因素，由于经济核算制，社会产品全部转化为价值。可是人们常常不敢承认这一事实。据说，承认经济核算制，承认产品之转化为价值，就是承认杜林式的经济公社。承认杜林式的经济公社，必然将使杜林式的经济公社去复活资本主义（参阅注⑭）。因此，我们确实必须研究一下，目前普遍施行于社会主义各国的经济核算制，到底与杜林式的公社有什么相似之处。

恩格斯在《反杜林论》中指出杜林式的公社所以注定要失败的特点是：1.“活的劳动——劳动力——应该与其全部生产品相交换”；2. 因此，“全部生产品，都将被分配了。而社会的一种最重要的进步职能，积累，就被剥夺并被放到个人的掌握之中、个人的意志之下”；3.“各别的个人，可以任意处置自己的‘收入’，可是社会则最多也只是和以前一样的富，一样的贫，这样，结果只是：过去所积累的生产资料之所以集中于社会手中，只是为着要使将来所积累的一切生产资料，重新分散于个人的手中”[23]。这与我们的经济核算制到底有什么相同之点呢？我们的经济核算制，丝毫也不妨碍马克思在《哥达纲领批判》一书中所指出的分配原则的实行，丝毫也不妨碍社会集中积累基金。社会主义各国实行经济核算制的经验，不是证明它将分散社会积累于私人手中，相反，它证明经济核算制有助于社会迅速扩大它的积累。那么，经济核算制与杜林式的公社到底有什么相同之点呢？

恩格斯在《反杜林论》中批评杜林是要以商品生产的基本规律，除去商品生产发展为资本主义生产的进程所产生的弊害，并指出这种想法与蒲鲁东的幻想是相同的。这是恩格斯批评杜林错误的实质所在。社会主义的经济核算制，正因为在这方面与杜林式的经济公社有基本差别，所以社会主义各国实行经济核算制，过去没有，将来也不会去复活资本主义。社会主义各国使用货币作为分配工具，利用价值这个公共尺度去建立整个核算体系，因此形式上存在商品流通，这也许是与杜林式的经济公社的相似之点。但这是方法，不是本质。并且，利用货币作为“公社与其社员之间”的交易的媒介，这时货币实质上就是劳动券，恩格斯也明白指出过，那么，社会主义各国的经济核算制，与杜林式的经济公社，到底又有什么本质上的相似之点呢？

是的，恩格斯在《反杜林论》一书中，再三指明了，社会主义社会的产品将不转化为价值，并指明，“等量劳动产品之可以互相交换”的规律，就是价值规律[24]。于是人们再也不敢设想，实行经济核算制以后，社会主义产品将转化为价值，而价值规律则只能是商品生产的规律。谁企图用价值与价值规律来解释社会主义经济中的现象，谁就是违背马克思主义。至于我们处身其中的社会主义社会，其现实的内部经济关系如何，则不想去进行认真的分析。我们周围每日每时大量重复的现象，明显地与他们所坚持的见解不相符合，他们解释说，目前存在于社会主义各国的经济制度只是过渡时期的现象，过渡时期的内部关系，不能成为理论的出发点。于是，我们不免发生一个疑问，研究社会主义经济的出发点，到底应该是我们生活其中的社会的经济关系呢，还是一些什么别的东西呢？

此外，也还应该研究一个问题：实行经济核算制，推动各生产企业严格计较经济效果。在一定范围内任令经济核算制经过价格结构自动调节生产与流通，但限制它，使它不达到否定计划经济的程度，是否会引导到生产过剩的危机?

作者认为，这是不可能的。因为计划经济不仅要组织各部类物资的产销平衡，并且也要组织全社会的价值平衡。社会主义以不断提高劳动人民物质文化生活水平为其基本目的，像资本主义那样，由于剩余价值规律的作用，缺乏有支付能力的需要，社会因生产太多而贫困的荒唐现象是不可能发生的。如果社会因不能预料的原因，以致某部类物资生产过多，社会也会用来扩大它的物资储备，来平衡较长期间的供需。那么，生产过剩的危机，很明显地不可能存在。

五、价值及价格

1

我们已经知道，实行经济核算制的计划经济，出现价值与价格是不可避免的。

马克思主义经济学认为，价值是资本主义生产方式下，私人劳动与社会劳动的矛盾统一体。因此，商品生产中的价值概念，预决着雇佣劳动，预决着经济危机[25]。社会主义以生产使用价值为目的，生产中所消耗的劳动直接表现为社会劳动。那么，社会主义怎么能存在着价值呢?

从前面的分析，我们已经知道，由于社会生产实行广泛的社会分工，所以生产的劳动作为社会劳动是经过一系列过程的。在这一系列过程中，个别产品的劳动消耗与社会平均必要劳动时间是从来也不能一致的，产品的价值，是它的个别价值与它的社会价值的矛盾的统一体。

社会主义生产是社会化的生产，是近代化的生产，劳动生产力的提高是它的经济进步的基本动力。劳动生产力提高的过程，就是不同部类生产部门、不同生产企业以至个别劳动者的生产力水平不断发生差别又不断缩小这些差别的过程。先进的超过了中间的与落后的，中间落后的赶上先进的，而新的先进的生产水平又将鼓舞大家前进。因此，产品的社会价值在不断变化之中，社会价值与个别价值之间又存在千差万异的差别。价格是价值以货币计量的表现形式。如果货币是稳定的，价格是价值的相对固定的表现形式，它将随产品社会价值的变动而变动。社会价值是个别价值的总和，但它和每一个个别价值都不相符。

产品社会价值与个别价值的差异，还表现在下述两种情况下面：

一般地说，在一个技术装备水平很高并很普遍的社会中，用简单的手工劳动从事生产是例外（譬如说，做特种手工艺品），每一个新的生产部门与生产企业以必要的技术装备为其前提，这些技术装备将按照正常的折旧办法收回它的投资，但当社会集中较大投资于技术装备很高的新的生产企业，投资额超过原有社会水平，劳动生产力也将获得突出的提高，这些企业的产品按其所消耗的劳动时间（包括折旧）来说将低于一般产品的水平，也就是说其个别价值突出地低于社会价值。当这样高的劳动生产力尚未普遍到一般生产中时，社会必将要求在较短时间内收回这笔投资，来加速装备别的企业或生产部门。因此，其价格水平将暂时以原有社会一般生产力水平为标准，一直等到这种较高的生产力比较普遍，产品的社会价值以这种生产为标准而逐渐减低时，价值与价格间的距离，个别价值与社会价值间的距离才会逐渐缩小。社会主义的产品，以一般劳动生产力水平为标准规定其价格是合理的。如果说，上面所说劳动生产力特别高的产品的价格，必须特别低于一般社会生产力水平，那么，这种产品就会供不应求，不敷分配；社会积累将不能迅速扩大，普遍的劳动生产力水平不能迅速提高。产品个别价值与社会价值的差异是应该包括这种特殊的更大的差异的。

反之，由于消费兴趣的多样化，技术水平的不断提高，社会生产中所生产的价值，低于可以实现的价值，也是会发生的。社会主义生产是计划生产，消费资料与生产资料是根据计划来生产的，但如果说因此就不会再有不受欢迎的消费品，技术上陈旧的机器，技术经济上错误的建设工程，那是不符合事实，客观上也是不可能的。至于在使用中的技术装备，因技术上陈旧而提前废弃，形成所谓无形损耗，更是大家所公认的。

所生产的价值实现不了，就全社会说是劳动生产力的降低，虽然它往往不表现为个别产品劳动消耗的提高。因之，从全社会观点来说，这也是个别价值与社会价值之间的差异。

产品的社会价值与个别价值的矛盾，是社会主义社会存在价值范畴的根据。

2

有些著作认为社会主义社会的价值，是被两种所有制之间的交换所引起的。他们根据恩格斯所说“经济学所知道的唯一价值，是商品的价值。”[26]这个论证[27]，认为社会主义社会中作为商品的产品具有价值，不作为商品的产品没有价值，或只具有价值形式。所谓商品，就是那些“通过流通过程”的产品。但是，说到社会主义的国民收入性质时，具有价值的与具有价值形式的产品，又都要借价值来衡量了：

> 个人消费品既是商品，就有价值。[28]
>
> 既然作为商品的消费品具有价值，那么不作为商品的生产资料就具有用以进行成本核算、计算和监督的商品形式和价值形式。[29]
>
> 既然在社会主义制度下存在着商品生产，因而整个国民收入和它的一切要素，不管它们具有什么样的实物形式，都是借价值来衡量的……[30]

马克思、恩格斯没有在他们的著作中提起过社会主义实行经济核算制的必要，没有提起过产品的个别价值与社会价值之间的矛盾，因而指明社会主义产品将不转化为价值，这是不足为奇的。我们不能要求马克思主义的奠基人，把社会主义的一切问题都给我们解决得那么妥善，只要我们去引证现成的结论就行了。重要的是要分析我们所生存其中的社会主义社会的具体经济关系。

分析社会主义的经济关系，不能证明当两种所有制被一种所有制所代替时，经济核算制度就不再存在，产品分配可以采用领物凭证式的劳动券，因而价值形式也将不再存在。不能证明，废除经济核算制及价值形式以后，将用什么办法来充分发掘一切足以提高社会劳动生产力的潜在力量；也无法证明，产品的个别价值与社会价值的矛盾，如何不再成为社会经济发展的推动力量。因此作者认为，像上面那样来解释社会主义的价值，是一种形式的结论，不能反映社会主义经济的内部关系。

3

如果没有特定的价格政策使价值与价格差离，又如果货币是稳定的，价格是价值（社会价值）的相对固定的表现形式。各类物资价值比例，因其劳动生产力在不同方向及不同程度上的变动而相对变动时，价值比例的变动决定价格比例的变动。但比之价值，价格是相对稳定的。

一个稳定的、能够反映各类产品价值的价格水准，与正确的工资率一样，是保证劳动者获得应有分配的保障，同时，也是各类产品的生产与消费按正常进行的条件。因为产品的社会价值，代表生产这项产品的社会必要劳动时间，所以一种产品的价值减低了，就表示它能够在劳动量不变时生产更多，就是它的消费可以扩大。较低的价格，恰足以扩大它的消费；另一种产品的数量扩大了，它的社会价值未变，这就表示社会已经增加了同比例的劳动量，因而这类产品的消费的扩大，就应低于前一类产品。其他类推[31]。

不论因为什么原因，各类物资的价格比例不符合价值比例时，生产与消费之间的正常联系就会受到妨碍。这些障碍可能是不利于国民经济的。例如，粮食价格如比价值低，并且低到这种程度，以致牲畜饲料利用牧草还不如利用粮食合算时，不可避免会有人用粮食代替牧草做饲料，而农业则会因出售价格太低而改种别种作物。又如钢铁价格如低于其价值，人们就会不正确地利用钢铁，减少别种可以代替钢铁的便宜的材料，计划经济与物资分配制度会阻止这种趋势的无限制发展，但不能彻底消灭这种不合理现象。因为经济核算制度与个人对消费品的选择，总是一种经常存在的力量，要购买便宜的东西，生产较贵的东西。

价格对生产的影响，在劳动人民集体所有制的企业更为敏锐，在全民所有制的企业比较缓和。但不论全民所有制企业的劳动者报酬与它的利润如何不发生联系，价格对生产的影响总是存在的。

因为价格对生产与消费总会发生影响，所以社会主义的计划经济，不排除利用价格政策来达到某种经济政策的目的。例如，某类产品生产不足，可以提高价格到它的价值水平之上，以刺激其生产。某类产品生产的数量超过它的正常需要时，可以减低价格到它的价值以下，以扩大它的消费等。从生产与消费间的关系来说，价格政策可以是使两者从不平衡达到平衡的手段。这在资本主义是自发形成的，在社会主义则可以通过计划规定价格来做到。

但是不论个别产品的价格可以与其价值发生何种程度的差离，价格总和总等于价值总和。因为社会总产品的价格，除去其生产中所消耗的生产资料的价格，形成全部国民收入，各类产品的价格，总不过是这个总和的部分，国民收入同时又是社会劳动所加于生产资料之上的价值总和，个别产品的价值也是这个总和的部分。从这点来说，个别产品价格高于价值，总是被别种产品的价格低于价值所抵消的。

以上所说，是价值与价格的一般关系，它其实就是价值规律对价格形成的作用问题。我们准备在次节再作进一步的研究。

六、价值规律的作用

1

价值规律在社会主义经济中的作用，是经济学界争论的焦点之一。为了便于弄清问题，我们先来探究一下马克思主义经济学关于价值规律的定义，及其在资本主义生产方式中的作用。

在《资本论》第1卷中，马克思对价值规律给了下面的定义：

> 只有社会必要劳动的量，或生产一个使用价值社会必要的劳动时间，决定该使用价值的价值量。[32]
>
> 每一商品的价值，都是由它的使用价值中对象化的劳动的量，由它生产上社会必要的劳动时间决定。[33]

马克思把“等价物与等价物相交换”称为商品交换的规律[34]。因此，马克思所定义的价值规律，就是价值决定的规律，价值决定是价值规律的另一个用语，其中并不包括“等价物与等价物相交换”的含义在内。

在马克思全部著作中，自始就把商品交换（私有制下的商品交换）看作价值形成的先决条件，但在上述价值规律的定义中，却把商品交换这个因素排除在价值规律的定义之外。价值规律的定义就是这么一个简单的说法：生产中所消耗的劳动时间（社会必要劳动时间）决定一个使用价值的价值，这似乎是一件奇怪的事。但是，如果我们细心研究全部《资本论》的论证，就会注意到正是从这个定义出发，马克思展开了对资本主义的科学的分析。这些分析，至少包括下面一些要点：

1. 只是生产一个使用价值的社会必要劳动时间，决定一个使用价值的价值量，不再有什么别的东西（如机器的生产力、土地的丰度等），参加进来决定价值量。剩余价值学说，就是建立在这个基础之上的。

2. 尽管社会再生产过程经过一个复杂的物质替换与价值补偿过程，价值是各种所得的唯一源泉[35]。“商品的总价值，是……各种不同的价格成分的源泉。”[36]这也就是说，商品的价格总和，永远等于它的价值总和。

3. 商品交换的规律是等价交换。在资本主义社会内，全部产品只有经过交换才能实现它的价值，因此竞争的作用，剩余价值规律的作用，迫使资本家不断提高劳动生产力。价值规律，作为资本主义的内部规律，通过竞争，调节全部资本主义生产。

4. 价值规律调节生产，是通过价格变动来实现的。但是，“价值规律支配价格的运动”，“价值是一个重心，价格围绕着它变动，围绕着它的价格涨落趋向于平衡”[37]。

可见，价值规律支配着资本主义的全部生产过程与分配过程，也支配着竞争中价格的运动。所以恩格斯说：“全部商品生产，以及价值规律不同各方面所借以发生作用的各种复杂关系，尤其是劳动唯一得以形成价值的条件，都要由价值由劳动时间决定这一点出发来展开。”[38]

对马克思主义经济学中价值规律的定义是有不同了解的。下列定义，指明了商品价值由劳动时间决定，但附加了一个条件：价值规律是在交换过程中显现出来的。由此，自然可以推论，在交换过程以外，就无所谓价值规律的作用：

> 价值规律是商品生产的经济规律，按照这一规律，商品的交换，同生产商品所消耗的社会必要劳动量是相适应的。[39]

这个定义所代表的，实质上是等价交换的规律而不是价值规律。采用这个定义，价值规律在生产领域与分配领域中的作用就将无法阐明。譬如说，劳动力与生产资料同是资本家以等价换进来的，这是符合“等价交换”规律的。可是资本家购买进来的劳动力不是在交换过程中而是在生产过程中产生了剩余价值。剩余价值的产生完全服从于价值规律，即“产品价值是由生产它的劳动消耗所决定”的规定。如果认为价值规律就是等价交换的规律，那么，剩余价值规律就是无法解释的了。

社会主义是实行经济核算的计划经济。要研究社会主义社会内价值规律的作用时，如果局限在交换范围内，那就是在研究供求关系对价格变动的影响[40]，而不是研究价值规律的作用了。在资本主义生产方式下，价值规律的作用及于生产分配交换的全部过程，社会主义生产是价值生产，价值规律的作用也不能不影响及于经济生活的全部过程。因此，在以下的研究中，不采取那种把价值规律局限于交换过程的定义，而是按照马克思的定义，来理解价值规律的意义的。

2

社会主义经济就其经济核算的一面而言，价值规律是明显地起作用的。因此，问题首先在于：就社会主义是计划经济这一点来说，价值规律起着什么作用?

如果按照马克思的价值规律定义，那么，价值规律制约着经济计划，因此，社会主义必须自觉地运用价值规律，经济核算是运用价值规律的基本方式之一。

纵令社会主义经济只是计划经济，下述情况仍然是客观存在着的：

1. 各项产品价值，被生产它们的社会必要劳动时间决定。因此，个别产品的劳动消耗，如高于它的社会必要劳动时间，就会有一部分劳动量是可能节省的；而要增加物资生产，就必须相应地增加劳动量，或提高劳动生产力。

2. 全部国民收入，除劳动者当年新加到生产资料中的价值而外，没有别的来源[41]。因此任何一个细小的、无益的生产中的劳动虚耗，都不免要减低国民收入的量。

这就证明了，价值规律在客观上是制约着经济计划的。

社会主义的经济计划既被制约于价值规律，那么，要使一个计划成为正确的计划，就必须按照下述原则调节全部社会生产：

1. 计算社会各类必需产品的量，各类产品数量间的正确比例，各类产品现有劳动生产力水平及生产中所需要的劳动量，分配社会劳动于各生产部类之间。

2. 努力提高各类产品的劳动生产力。当使用效果相同或可以互相替代的产品，劳动生产力发生程度不等或相反的变化时，减少或停止那些不经济的产品的生产，提高那些便宜的产品的生产。

3. 必须根据社会劳动生产力的变化情况（价值决定）来调节必须参加的劳动量，及劳动者每日每周的劳动时间。或者也可以说，必须根据社会劳动生产力的变化情况（价值决定）来调节社会的消费水平。

4. 为了达到正确地根据产品需要及其劳动生产力变化的程度来正确地调节生产，统计、记录、核算是十分重要的[42]。

这也就是马克思下述论证的意思：

> 在资本主义生产方式废止以后，但社会化的生产维持下去，价值决定就仍然在这个意义上有支配作用：劳动时间的调节和社会劳动在不同各类生产间的分配，最后和这各种事项有关的簿记，会比以前任何时候变得重要。[43]

人们总怀疑，为什么马克思再三指明社会主义的产品将不再转化为价值，却又指明价值决定（价值规律）在社会主义社会仍将起作用。这其实是不奇怪的。马克思完全可能没有预见到社会主义实行经济核算的必要，但使他得以对资本主义经济作出如此深刻的科学的分析的理论力量，不能不使他达到这样的结论：虽然资本主义是“在价值上面建立它的生产方式”的[44]，社会主义只要是“社会化的生产”[45]，价值规律仍然有它的作用，运用它为劳动人民造福是必要的。

3

社会主义经济所以必须实行经济核算，从理论上和历史经验上说，都只是因为价值规律制约着经济计划，经济计划必须运用价值规律，如果不是由经济核算制来补充经济计划，计划经济运用价值规律有无法克服的困难之故。

本文第四节曾分析了经济核算制与计划经济的关系。从那里，我们看出，经济核算制在两个方面帮助计划经济运用价值规律：

1. 经济核算制提供的，关于成本、价格、利润等资料，经济计划据以调节生产，使社会生产的经济效果是最大的；同时也帮助经济计划规定正确的国民收入分配方案，规定各生产企业与生产部类间产品转移的合理价格。

2. 经济计划规定一个合理的限度（这个限度因各国社会经济发展水平的不同而有所差别），在此限度内，任令经济核算制发挥对生产、分配及产品转移的自动调节作用。所谓“自动”，就是不必事事规定在经济计划内，事事由经济领导机关决定，而是由生产企业之间，或生产企业与劳动者、消费者之间，经过价格结构，与工资率以外的劳动报酬补充规定，自动进行产品的转移或劳动报酬的分配。

以上两种作用，都是价值规律的作用。不过在前一种作用中，计划经济借经济核算之助提供资料，使计划本身得以正确运用价值规律。这是价值规律通过计划起作用。后一种是价值规律在经济计划规定限度之内，而又是在计划本身之外，调节生产与流通。而只要经济核算制度不发展到否定计划的程度，以上两种作用，不妨归总起来，都称为价值规律通过经济计划调节全部经济生活。资本主义则是任令价值规律作为自发的规律，通过竞争，自发地调节全部生产。这就是社会主义与资本主义的基本区别所在。

4

无论价值规律通过经济计划，或经过经济核算制度调节社会生产，它总是通过价格结构的。因此，分析一下社会主义社会中，价值规律对价格形成的作用，也是必要的。

既然价值规律调节着社会生产，价值规律就应支配价格运动。因为价格是联系生产与消费的纽带，价格比例愈符合于价值比例[46]，社会经济的发展愈是正常。可是为了社会经济的迅速发展，价值与价格的差离有时是必要的，社会主义经济是计划经济这个特点，又使价值与价格的差离成为可能。我们现在不想研究各种价格政策是否正确，我们所要研究的是价值与价格的差离如何形成，价值规律对这种差离的关系如何。

如果把价值规律对价格形成的作用放在一边，价格在社会经济生活中，首先是生产与消费之间联系的纽带。消费，如果是指生产的消费，与劳动者报酬的大小，存在着间接的关系；如果是生活的消费，产品价格就直接决定劳动者的实际工资水平。生产资料的价格，在出售者决定它的收入，在购买者（生产的消费者）决定它的产品成本。因此，假定不考虑其他一切因素，价格涨跌，调节生产，调节消费，调节生产与消费间的关系。

经济计划所规定的价格，就其与生产者的关系而论，如要使它脱离其价值，首先必须使生产这个产品的生产企业，其价格、成本、利润与劳动者报酬不发生关系。因此，凡产品价格低于价值的，在劳动人民集体所有制的生产企业，生产方面的反应必极为敏锐，它将立即转而生产别种价格比较有利的产品[47]。如为自然条件所限，不可能转而生产别的产品时，较长期间内一定会发生生产下降，劳动力外流现象。要恢复这类产品的生产，非使计划价格符合产品价值不可。在全民所有制的企业，如它的价格、成本、利润与劳动者报酬完全不发生关系，这种反应就会比较迟钝，短期间内甚至会看不出来，但它无论如何还是要受"价格总和一定等于价值总和"这条规律（它是价值规律的一部分）的约束。因此，个别产品价格低于价值，必为别一部分产品价格高于价值所抵消，这就使全部产品中，价格不符于价值的产品，比例增大，因而就会对这些产品的购买方面，即消费方面发生影响。

产品价格不符于价值，将使消费者在购买时竞相选择价低的产品，形成供销脱节。计划经济的力量可以减低这种趋势，办法就是实行物资分配制度，限制经济核算制所会自动产生的那种对产品产销间的自动调节。但是这种物资分配所能发生的作用，限于生产的消费，对生活的消费不能发生很大的作用。在生产的消费之中，物资分配制度的作用又以购买者（生产的消费者）的价格、成本、利润与劳动者的报酬不发生紧密联系者为限。因此生产资料实行国家统一分配制度以抵消价格脱离价值的后果，在全民所有制企业是行得通的，在劳动人民集体所有制的企业，又往往是行不通的。

以上所说，是指各类产品价格比例不符价值比例而言。这种情况，与物资供应及购买力间的脱节属于不同范畴。如果购买力一般高于物资供应量，那是物资价格普遍低于理论上的价格，供应紧张的现象，趋向于逼迫价格普遍上涨。虽然这是不同的范畴，物价趋向于普遍上涨这件事，往往导使价格比例不符于价值比例。因为价格普遍上涨时，国家总力图使主要物资价格不过分提高。作为历史因素的积累，它常常使价值价格之间的差离扩大、加深。

不能忘掉价格是生产与消费间联系的纽带。社会主义经济既被制约于价值规律，那么，使价值规律支配价格的运动，价格就会平衡供需，刺激生产（参见第五节）。使价值与价格差离达到违反价值规律的程度，不免加深供销脱节，阻碍生产发展。因此，不论计划规定价格也好，任令经济核算制度自动调节价格也好，使价值规律支配价格的运动是必要的。自然，如果任令经济核算制自动调节价格的作用加强，各个生产企业的局部利害在价格形成中的作用也会加强。经济计划从全局的、长久的利害权衡出发加以调节是必要的，可是这又以一个雄厚的全国性的物资储备与财政储备为前提。

5

关于价值规律调节生产、调节流通问题，必须在上面所考察过的、经济生活内部的规律的基础之上，才能获得正确的解答。

基本的前提是价值规律对于经济计划的制约性，价格是生产与消费间联系的纽带也不能忽略。如果承认这两点，自然的结论就是：价值规律既调节生产，也调节流通；既调节消费资料的生产与流通，也调节生产资料的生产及其转移过程。

说价值规律调节消费品的流通而不调节它的生产，首先就被一件明显的事实所否定了，那就是劳动人民集体所有制，由于它的产品价格与劳动者的报酬紧密相连，因此，经济计划企图主观地规定它的产量，不使价格影响它的生产，事实证明这是与客观实际相背离的。即在全民所有制的企业，使消费品的价格只调节流通而不调节生产，只要这些企业的价格与本企业劳动者的报酬不发生紧密的联系，是可以做得通的。但这只是从这些企业的生产上说。从全部国民经济生活上说，不让价值规律既调节流通，又调节生产，结果必将割裂生产与消费之间的联系，因而将发生有害的结果，也已经为大家所公认了。

在生产资料方面，因为（一）它的产销双方主要都是全民所有制的企业，因此它的生产者与消费者双方，价格、成本与劳动者报酬都可以高度地脱离关系；（二）因为它在全社会总的生产过程中不过是中间环节，不是直接供生活上消费之用，因而不尖锐表现生产与消费之间的必然联系。于是表面上看来，它既不通过流通过程（所谓所有权的转移过程），它的价格与价值之间无论有何种差离，产品的生产与分配还是可以按计划进行。因而就有许多人再三指出说，生产资料的生产与分配是不受价值规律影响的。

我们先不就理论上研究这种判断是否站得住脚，让我们来考虑我国近年来经济生活中如下两件事的意义：1. 凡是劳动人民集体所有制企业所需要的生产资料，它的生产与流通是不受价值规律调节的么？为什么国家花了这样大的劲，供应农村的双轮双铧犁大量退销？2. 为什么许多国营工厂堆积了大量的机械工具没有投入生产？那些生产工具不是按计划生产，按计划分配的么？认真严肃地考虑这两件事，我们将不仅在政策上获得有益的结论，也将在理论上获得有益的结论。

农村所需生产资料的生产，有些为农业所欢迎，有些不为农业所欢迎，其关键不在什么两种所有制的不同，而在按目前我国农业的具体条件，何种生产资料能够以最小的代价，最大限度地提高它的劳动生产力。国家规定农业所需生产资料的生产计划，不能不首先考虑这个问题。如果生产计划是符合这个要求的，产品将不会销不出去，而且还将供不应求。生产这些产品的价值不仅不会实现不了，而且因为供不应求，销售价格有时还不能不受高昂的进口价格的影响，使国家投入生产这些产品工厂的投资迅速收回来。化学肥料就是一个例子。我们称这种现象为价值规律调节着农业所需的生产资料的生产，看来是不会有什么错误的。

反之，假设我国农业全部是国营农场，这些国营农场的投资是国家提供的，盈亏是国家包下来的，农场工人的工资是国家保证的，那么，双轮双铧犁全部由国家分配给农场，无论农场对这些双轮双铧犁的利用率如何，反正不会发生大量退销现象。我国农业的情形当然不是如此，可是工业中积压大量设备，不能不承认其原因正是如此。这种现象是不好的。避免这种现象的办法不外是：1. 国家对各个工业企业的基本建设投资计划，严格核计它的经济效果；2. 在企业经济核算制度中补充一些规定，使企业对它所需投资担负一定程度的经济责任。如果设想全部生产资料的生产，都严格根据：1. 生产资料生产所耗费的劳动，或其价格；2. 应用这些生产资料的企业，在应用它们以后，劳动生产力提高的程度，或其产品成本降低的程度；3. 应用这些生产资料的企业所需追加投资收回的速度，这三者的计较来决定，情况就会大为改善。而这种计较与决定，如果称之为自觉运用价值规律，使价值规律调节生产资料的生产，看来也是没有什么错误的。

所以，说生产资料的生产与分配，不受价值规律的调节，那又是从事物的外观，而不是从事物的内部关系作深刻分析所得到的结论。在全民所有制的企业之间，生产资料的生产与分配，确实可以不受价格与成本高低的影响，但这只是事物的外观。事物的内部关系是：生产资料生产所耗费的劳动量，应用它来生产所能提高劳动生产力的程度，与应用它来生产所需的追加投资三者，永远将支配全社会生产增长的速度，支配消费资料的丰饶的程度。无论我们实际应用的制度，生产资料的价格与成本高低，可以完全不影响它们本身的生产与分配，它们的生产与分配可以完全由计划决定，可是价值规律总制约着经济计划。经济计划要成为一个正确的计划，又非自觉运用价值规律不可。

从理论上说，认为价值规律调节那些价格涨跌会实际上影响其生产与流通的产品生产，而不调节价格涨跌不影响其生产与流通的产品生产，那是已经肯定了下述的前提了：1. 整个国民经济计划是不受价值规律约束的；2. 价值规律的作用限于价格涨跌影响其生产与流通的那些产品；3. 只要经济计划做到，使某种产品的价格涨跌不影响其流通与生产，经济计划就缩小了价值规律作用的范围；4. 因此价值规律作用的范围就完全是被经济政策所规定的。我对这个理论是怀疑的。

有些经济学者，正是根据这些前提，作出下列的结论：实行经济计划的结果，价值规律的作用受到限制了；正因为价值规律的作用受到限制，所以我们反而应该主动发挥价值规律的作用。这个理论更是值得怀疑的，因为不可能设想，人们会追随一个逐渐失效了的规律，要去“自觉”运用它。人们要主动地自觉地运用一个客观规律，首先必须这个规律是客观上制约着某种事物或其关系的。

七、货币

1

前面我们曾多处涉及货币，因此在本文之末，有必要简单地讨论一下社会主义的货币问题。

在单一的全民所有制的社会主义社会，货币起着下面各种作用：

1. 货币是社会分配消费品于劳动者的一种权利凭证；

2. 在实行生产的社会分工条件下，货币是各个生产企业间转移其产品与劳务的流通手段；

3. 货币是共同的价值尺度，用作经济核算的工具；

4. 货币是实行国民收入的分配与再分配的工具，除支付货币工资而外，它还用于缴税、上缴利润、预算拨款等；

5. 由于延期消费与提前消费，由于经济核算，社会主义经济会产生一个信贷体系，货币是这个信贷体系的杠杆。

货币起着以上各种作用时，它的职能也是价值尺度、流通手段、支付手段、贮藏手段等。那么，货币是否也如在资本主义制度下面那样，必须是具有价值的货币商品呢？

让我们来考察一下货币的周转过程。

仅仅作为流通手段，货币本身不必是具有价值的货币商品，它只起着筹码的作用；问题是流通过程中货币会滞留在各个环节上，货币也会作为贮藏手段起作用。正是因为这个原因，私有制与资本主义制度的货币，必须是本身具有价值的货币商品。社会主义制度下，流通过程中滞留在各个环节上的货币，与作为贮藏手段的货币是国家银行发行的。国家银行发行货币，同时就存在着社会的物资储备。保证流通过程中的货币的价值的，就是这个物资储备。设想整个社会是一个大生产企业，流通中的货币，无非就是发给劳动者的消费权利凭证，而未凭证兑取消费品的部分。

社会主义的国家银行也有黄金贮藏，作为对外支付之用，那么，货币不还是与黄金联系着，因而纸币不过是黄金的代表吗？这是不对的。黄金依然是资本主义世界的世界货币，社会主义国家与资本主义世界间的国际贸易，会利用黄金支付贸易差额，这是事实。可是社会主义国家实行对外贸易的国家专营，黄金的国际输送，只是商品的国际输送的一种。社会主义国家没有自由的外汇市场，没有长期或短期资金的国际移动，就是这一论断的证明。

所以，社会主义的货币首先是一种公共的价值尺度，货币具有价值，是因为它的发行流通过程，是与产品的生产分配过程相始终的[48]。

在并存着两种所有制时，只要假定两种所有制之间的关系是正常的，劳动人民集体所有制的企业不致窖藏贵金属，越过国家对外贸易系统直接出售产品以获取外汇等，那么，上面的分析还是适用的。我们前面已经指出，两种所有制间的交换，与私有制下两个商品生产者之间的交换，有本质的区别，因而根本不必借助于作为一般等价物的货币来媒介这种交换。

2

货币，作为公共的价值尺度，在社会主义社会有它自己的特征。

社会主义货币的价值，直接代表一定量的劳动时间，但它不可能固定在一定量的劳动时间上。因为劳动生产力经常在变化，一定量劳动时间所生产的有用物资的量，是在不断变化着的。如果作为价值尺度的货币，与一定量的生产力变动不居的劳动时间之间的比例固定起来，就会使定量货币对定量有用物资的"购买力"之间的比例，成为经常变动的，不固定的。这样，以定量货币为单位的工资率的变化，不能反映劳动者物质生活提高的程度。以货币单位计算的社会总生产额及国民收入额，不能反映全社会物质生产增长的程度。所以，所谓稳定物价政策，除了不使货币发行量超过流通所必要的量，以致物价上涨而外，也有这样的意义：使货币代表各种有用物资量的综合比例，并把这个综合比例相对地固定起来。

前面曾经说过，为了使劳动者所得报酬，与劳动生产力增长程度相适应，可以提高工资率，也可以减低物价。提高工资率，就是使货币购买力停留在原有水准，货币就可以维持它的"不变价格"。减低物价则使货币的购买力提高，货币就不再维持在其不变价格水准上了。同时，不同生产部门劳动生产力提高速度有差别，为使价格不断与价值一致，经常按照变动着的各类物资间的价值比例，调节其价格比例也是必要的。调节的结果，未必能变动个别种类的物资价格而不变更货币的不变价格。所以，作为公共价值尺度单位的货币，不仅不能直接以劳动生产力变动不居的劳动时间为单位，也未必能使之保持在代表一定量有用物资的综合比例的那种不变价格之上。这也就是说，社会主义的货币直接代表一定量的劳动时间，但作为劳动时间的尺度单位，仍然只是相对的，不充分的。

3

下面的说法是很难理解的：

> 苏联货币的稳定性不仅由黄金储备来保证，首先是由集中在国家手中

的、按固定计划价格投入商品流转中的大量商品来保证的。[49]

我们知道，当货币是由一种货币商品作为一般等价物而起价值尺度作用时，货币商品本身价值（生产它的社会必要劳动时间）的变化，将反映为全部商品的价格的变化。因此不可能由按固定计划价格的商品来保证货币的稳定性，如果这是可能的，那就必须随着这个定量物资综合价值比例对金价比例的变化，调整货币含金量，或者不规定货币含金量而随时调整对外汇兑的汇率。但同书指明，1950 年苏联规定卢布含金量以后，没有因降低物价而调整卢布含金量。金，作为一般等价物的货币商品，在全部货币制度中的作用如何，未曾进一步阐明。

或者认为，以含金量、汇率等标准来研究货币，是以资本主义的货币范畴套到社会主义货币上来了。问题的焦点正在这里。说货币作为价值尺度，只有本身具有价值的货币商品才能担当起来，这本来就是商品生产及资本主义生产方式范围内才有的事。当作价值尺度的货币，既代表“固定计划价格”，又代表一定量金（本身具有价值的货币商品），把互相排斥的两件事合成一个概念，确实令人难于理解。严肃地实事求是地研究我们的经济生活，建立一个正确的货币理论，看来也是必要的。

注释

①⑫⑬见骆耕漠：《论社会主义商品生产的必要性和它的“消亡”过程》一文，《经济研究》，1956 年第 5 期。

②⑥⑧⑨⑩⑪㉓㉕㉖恩格斯：《反杜林论》，人民出版社 1956 年版，第 319、326、284、284、285—298、327—330、323 注、329、328、323 页。

③④《瞿秋白文集》，第 1 集，人民文学出版社 1954 年版，第 106—107、119 页。

⑤列宁：《俄国革命五周年与世界革命的前途》，《列宁文选》，两卷集，第 2 卷，人民出版社 1955 年版，第 984—985 页。

⑦⑯㉜㉝㉞马克思：《资本论》，第 1 卷，人民出版社 1956 年版，第 54—55、69—70、11、204、214 页。

⑭斯大林：《苏联社会主义经济问题》，人民出版社 1956 年版，第 15 页。

斯大林在《苏联社会主义经济问题》一书中，关于产品如何成为商品的原因，及商品流通的结果，至少有下列三个不同的论点：

（1）产品成为商品，是因为两种所有制并存。这种商品生产和它的货币经济不能发展为资本主义，而且注定了要为发展和巩固社会主义的事业服务（参阅该书，人民出版社1956年版，第15页）。

（2）“在出现了有权支配全国一切消费品的一个无所不包的生产部门，来代替两种基本生产部门即国营部门和集体农庄部门之后，商品流通及其‘货币经济’就会作为国民经济的不必要的因素而消失了。”（同上，第14页）

“恩格斯在他的《反杜林论》里，批评杜林主张的在商品流通条件下活动的‘经济公社’时，确凿证明商品流通的存在，必然要使杜林的所谓‘经济公社’去复活资本主义。”（同上，第85页）

（3）“商品是这样的一种产品，它可以出售给任何买主，而且在商品出售之后，商品所有者便失去对商品的所有权，而买主则变成商品的所有者，他可以把商品转售、抵押，或让它腐烂。”（同上，第46页）

稍稍研究一下上面三个不同论点，我们可以发现其中有下列两个逻辑上的矛盾：

（1）既然经过买卖过程转移其所有权的产品才是商品，那么，国营企业生产的、出售给国营企业职工的产品，也是商品；但是，如果在两种所有制的生产企业间交换的产品才是商品，那么，国营企业生产的，出售给国营企业职工的产品，并非两种所有制企业间交换的产品，就不是商品；但是它又确实经过“买卖”过程转移了所有权，所以又应该是商品，而这是互相矛盾的。

（2）当社会不再存在雇佣劳动时，商品流通及其货币经济，或者不会去复活资本主义，或者必将去复活资本主义，两者必居其一。不能说，他不会去复活资本主义，又必将去复活资本主义。不能把两个互相排斥的论断，同时并存于同一件事情的因果关系的推论中。

上面所说的，当然仅仅是逻辑上的矛盾。我们还必须研究，隐藏在这个逻辑矛盾背后的还有些什么实质上的问题。

我们知道，斯大林在同书中提出了有名的经过产品交换制的实行，使两种所有制并存，转变为单一的全民所有制的论点。斯大林在论证两种所有制并存局面的前途时，指出商品流通及货币经济不会引导到资本主义。而当他企图证明必须实行产品交换制以达到单一的全民所有制时，又强调商品流通的存在，将引导到资本主义的复活。两个论点，分开来都可以说得过去，合起来就互相矛盾。

实行产品交换制，是不是会使两种所有制并存的局面转变为一种所有制？对于这个问题可以有不同的答案，这里不准备详细研究。我们倒是要问，即使实行产品交换制，集体农庄换来的工业品，怎样分配给庄员？还是利用以劳动日为单位的领物凭证式的劳动券？还是以一定额的货币资金（银行如不供给这些资金，不妨假定集体农庄可以自己发行某种筹码），周转于集体农庄与庄员之间，作为庄员的劳动报酬，而庄员则凭以向集体农庄专设的商店，自由选购各类工业品？这个问题看来是琐屑的，我认为有很大意义。因为斯大林在同一著作中并未说明国营企业职工的劳动报酬在单一全民所有制下，是否将废除货币工资形式。假定国营企业职工继续应用货币工资，因而有自由选择消费对象的方便，那么，有什么保证，使集体农庄庄员不要求用货币来支付劳动日报酬？彻底的办法，只有在国营企业职工与集体农庄庄员两者之间，全部废除以货币支付劳动报酬的办法，代之以领物凭证式的劳动券。

也只有实行这样彻底的办法，才真有把握地，使社会应用产品交换制，将两种所有制并存局面转变为单一全民所有制时，商品流通及其货币经济，成为国民经济中不必要的因素而消失了。斯大林在《苏联社会主义经济问题》一书中，没有得出这样确切的论断，却留下了无法解释的逻辑矛盾。我们没有理由推断，隐藏在他的两个相互矛盾的相关论点背后的真正意见，就是要实行领物凭证式的劳动券。但鉴于苏联历史上曾经实行过这种劳动券，又想到斯大林在这样重要的问题上，不应该留下这样的逻辑矛盾；又想到如果他的本意是要普遍实行领物凭证式的劳动券，过早提出这个意见，易于造成社会经济生活上的震动，那么推断他的本意是要普遍实行领物凭证式的劳动券，可能是他留下这个逻辑矛盾的原因，也许也不是没有几分理由的。

两种所有制之间的产品交换，是商品生产的原因，消灭商品生产的办法，就是实行产品交换制，这是斯大林在《苏联社会主义经济问题》一书中的基本论点。贯彻全书各篇的这个论断，与所有权转移是使产品成为商品这个论点固然是矛盾的，但我们如注意到，可能斯大林的根本想法是要在国营企业职工中也实行领物凭证式的劳动券，那么，他也许把国营企业职工用货币工资这件事，看做是暂时的过渡的现象，而且这又是对农村的交换应用货币，存在着商品流通这个事实所造成的结果。一旦产品交换制实行，对农村的交换不用货币了，国营企业职工工资废除货币形式将是自然而必然的结果。如果我们的推测不是完全没有理由，那么完全可能是，斯大林不把国营企业职工购买消费品，比拟于私人商品生产者通过买卖过程转移其产品所有权，视为属于同一性质。这从斯大林解释商品所有权时，对购买商品的买主可以“转售、抵押或让它腐烂”这样的语句，也可获得若干启示。这样的语句可以用来讽刺私人商品生产者之间的交换；对职工购买消费品而用如此讽示语气，不是斯大林所会做的。如果这样去理解时，斯大林的关于产品之成为商品的原因是所有权的转移这个论点，与其他论点间，也可以认为并不存在什么实质上的矛盾。

如果上面的理解还有些理由的话，或者我们可以认为，斯大林关于产品何以成为商品的几个论点之间，没有什么不可调和的矛盾。可是他的关于产品何以成为商品，与何种产品是商品的论断之间，确实存在着难于解释的逻辑矛盾。

斯大林在同书中说：

“这种商品生产基本上是与联合的社会主义生产者（国家、集体农庄、合作社）的商品有关的。它的活动范围只限于个人消费品。”（参阅人民出版社 1956 年版，第 15 页）

“为了抵偿生产过程中劳动力的耗费所必需的消费品，在我国是作为受价值规律影响的商品来生产和销售的。”（同上，第 17 页）

大家知道，如果“与联合的社会主义生产者的商品有关的”产品是商品，那么，一部分消费品是商品，一部分生产资料也是商品（不算拖拉机，那是农机站的财产。可是肥料农药总也是生产资料，这是集体农庄向国家购买的）。不是全部消费品是商品（出售给国营企业职工的消费品与两种所有制之间的交换无关），也不是全部生产资料都不是商品。说商品生产的原因是两种所有制并存，同时又断定全部消费品是商品，前提与结论之间缺乏逻辑的必然联系。

为什么斯大林把全部消费品列为商品呢？也许日常经济生活这件事表现得太明显了，斯大林不能不承认这件事。可是斯大林本人，并未为这个结论作出充分与必要的解释。

斯大林本人未作解释，阐述斯大林论点的人不能不帮助他作出解释。我们所见到的解释方法有两种。

《政治经济学教科书》第一版，是严格根据两种所有制并存的论点，用类推解释法，推论全部消费品是商品，全部生产资料不是商品（参阅第 363 页注 1）。这个类推解释法，在逻辑上有无可克服的困难。单从逻辑联系来说，用所有权转移这个论点，来解释全部消费品是商品，自然较为合适；虽然这是法律关系的解释，不是经济关系的解释，而且这样解释，也难免把职工购买消费品，与私人商品生产者购买生产资料和劳动力等量齐观。骆耕漠同志走的就是这条路。

骆耕漠同志正确地指出，只要按劳计酬原则与经济核算制度继续存在下去，“商品生产”与“货币经济”就不能废除，这是我所全部同意的（见本文第一节、第二节、第四节的论述）。骆耕漠同志正确感觉到了实际生活的力量，要求商品生产与货币经济存在下去。但他要为这个实际生活的要求，找经典著作的根据，结果他找到了所有权转移这个论点。这个论点是马克思所排斥的，据我看，也是斯大林所排斥的。因为斯大林虽偶然提到这一点，他的原意恐怕未必是坚持了什么法律观点（斯大林会坚持资产阶级法制中的所有权观念，从他一生的革命与理论活动来说是无法理解的事），而是指明社会主义下面生产资料从甲企业到乙企业的转移，与私人商品生产者之间的交换，有本质上的区别。同时，斯大林又如此坚决指明了："商品流通的存在，必然要去复活资本主义。"（参阅《苏联社会主义经济问题》，人民出版社 1956 年版，第 85 页）如果企图阐述斯大林的观点，而采取的解释方法又是斯大林本人所排斥的，那就是一件不幸的事了。

附带说及下面两件事：

（1）我认为恩格斯在《反杜林论》中反对杜林的经济公社的幻想，不是确凿证明商品流通将引导到复活资本主义，而是确凿证明那种"劳动力应与其全部生产品相交换"的幻想，必然将引导到复活资本主义。这点已在本文第四节 4 中加以讨论。

（2）斯大林所提出的用产品交换制来实现两种所有制并存局面向单一的全民所有制转变，苏共第二十次代表大会至少是无限期推迟其实行了。第二十次代表大会前后，苏联对集体农庄的下列经济措施，扩大了"货币经济"在集体农庄内的作用：甲，提高若干种农产品的收购价格；乙，增大国家收购农产品的预付款，使集体农庄有可能利用它来按月预支劳动日报酬中的货币部分；丙，加强集体农庄的经济核算，趋势是使货币标准成为集体农庄核算产品成本、利润与农庄内部生产、分配、积累的唯一标准，以代替过去曾经存在过的货币、实物、劳动日三个标准混合使用的情况。斯大林关于商品生产与价值规律的理论，如此紧密地与产品交换制的理论相联系着，而在苏联本国范围内，实际生活的发展却向相反方向进行。这一现象，确实值得人们深思。

⑮《政治经济学教科书》没有强调"所有权的转移是产品成为商品的标志"这个论据。该书确认：（1）社会主义生产所以是商品生产，因为存在着两种所有制之间的交换；（2）个人消费品是商品；（3）一般生产资料不是商品。该书写道："通过收购和采购而从集体农庄转到国家和合作社手中的农产品和原料，以及在集体农庄市场上出售的农产品，都是商品。国营企业生产的，集体农庄和庄员所购买的工业品（主要是个人消费品）也是商品。既然个人消费品是商品，它们也就通过买卖转入城市居民手中。"（见苏联科学院经济研究所编：《政治经济学教科书》，人民出版社 1955 年版，第 477—478 页）上面采取的是类推解释法，"既然个人消费品是商品，它们也就通过买卖，转入城市居民手中"，这是就部分个人消费品为集体农庄及其庄员所购买，因而是商品，推及于全体个人消费品都是商品。但同样的类推解释法也能用于生产资料。应用类推解释法，我们也能达到这样的结论：既然集体农庄购买部分生产资料，因而

全部生产资料都采取商品形式。但这种解释法未用于生产资料。该书确认，一般生产资料都不是商品。

⑱定额，是从经济核算资料中获得的。所以，有人以为有了需要量，加上定额，就可以编计划，不必依靠经济核算，是忘掉了定额本身还需要一个根据才能产生出来，它是不能凭空掉下来的。

⑲参阅斯大林：《苏联社会主义经济问题》，人民出版社 1956 年版，第 17—21 页。

⑳㉑施·图列茨基：《关于生产资料的批发价格问题》，《经济译丛》，1957 年第 4 期，第 9 页。

㉒参阅罗曼·费德尔斯基：《评南斯拉夫的工业管理制度》，波兰《新路》，1957 年第 2 期。

㉔这里已涉及价值规律的定义。本文第六节对此将作进一步的探讨。

㉗其实，恩格斯说“经济学所知道的唯一价值，是商品的价值”时，对他所说的商品是下一个严格的定义的，那就是，商品是“私人以私人打算生产出来”的。所以，无条件承袭恩格斯的公式，说社会主义社会中，只有经过流通过程的那部分产品的商品，具有价值，那是冒了一种危险的。因为根据同样的方法，我们也可以无条件把社会主义生产和私有制的生产等同起来的。

㉘㉙㉚㊴㊾苏联科学院经济研究所编：《政治经济学教科书》，人民出版社 1955 年版，第 483、483—484、559、82、488 页。

㉛有时，产品生产增大，价值也减低，但仍不能满足国内需要。产品的社会价值，就只能以进口价格为标准来决定。以目前对外贸易情形而论，进口价格，是以用来交换的出口物资的价格来决定的，因此出口物资的社会价值，决定进口物资的社会价值。

㉟㊱㊲㊳㊸㊹㊺参阅马克思：《资本论》，第 3 卷，人民出版社 1956 年版，第 1065—1159、1108、203、1175、1116、1115、1116 页。

㊵参阅希拉里·明兹在波兰统一工人党八中全会上的发言。

㊶因为劳动生产力提高，将使同量产品的价值减低，因此完全可能出现这样的情形：社会生产的价值并不增加，物资量增加。但近代各国经济史表明，劳动生产力的提高，往往不表现为价格的跌落，统计上则用不变价格表示物资生产的增加比例。

㊷这里是说的统计、记录、核算，没有涉及经济核算制度。作者认为，经济核算制度虽然也是统计记录核算，但以每个生产企业具有独立资金，独立计算盈亏，因而会发生价值、价格、成本、利润这些范畴为其基本条件。因此，这与单纯的统计、记

录、核算有别。

㊻这里所指的价值，都是指商品的社会价值。因此，凡相互可以代替使用的产品，都合起来计算它的社会价值。又个别产品劳动生产力突出地高于社会一般劳动生产力水准的，已将其应迅速收回的投资数，计算在它的社会必要劳动时间之内。

㊼这里不考虑行政力量所起的作用。行政力量的作用也是不能持久的。

㊽社会主义国家的货币物价史证明它的币值并不是一直稳定的，这与具体的货币政策有关，也与特殊情况下的财政政策与国民收入的分配政策有关，这里不能详细讨论。